2025
계리직 시험을 위한
필수 교재

김진수 · 이정숙 공편저

오직 계리직 시험 합격을 위한

# 김진수 컴퓨터일반 기출문제집

영상강의 eduwill.net

- ✔ 중요 기출문제의 내용을 모두 수록
- ✔ 상세한 해설을 통해 이론학습을 복습할 수 있도록 구성
- ✔ 기출문제의 핵심적인 의도를 파악할 수 있도록 해설

*PERSON & PEOPLE*
피앤피에듀

 PREFACE

안녕하십니까?

우리는 급변하는 디지털 시대를 살아가고 있습니다. 이러한 변화의 흐름 속에서도 우체국은 여전히 국민들의 일상생활과 밀접하게 연결된 중요한 공공기관으로서의 역할을 수행하고 있습니다. 특히 계리직 공무원은 우체국의 핵심 업무를 담당하며, 정확성과 신뢰성을 바탕으로 국민들에게 양질의 서비스를 제공하는 중추적인 역할을 맡고 있습니다.

본 기출문제집은 제가 교직 현장에서 쌓은 교육 경험과 컴퓨터교육 전공자로서의 전문성을 바탕으로, 수험생 여러분들이 보다 효율적으로 학습하실 수 있도록 구성하였습니다. 단순히 문제와 해설을 나열하는 것이 아닌, 각 문제의 출제경향과 핵심개념을 체계적으로 분석하여 수험생 여러분의 학습 효율을 극대화하고자 하였습니다.

또한 본 기출문제집과 함께, 파이널 모의고사도 출제 중에 있습니다. 이 모의고사 문제들은 철저한 기출문제 분석을 토대로, 실제 시험의 출제경향과 수준을 정확히 반영하도록 구성하고 있습니다. 특히 각 문제의 난이도와 유형을 세심하게 조절하여, 수험생 여러분이 실전 감각을 최대한 익히실 수 있도록 심혈을 기울이고 있습니다.

저 역시 교원임용고시를 준비하며 겪었던 수험생활의 어려움과 고충을 누구보다 잘 알고 있습니다. 그래서 본 기출문제집은 수험생의 입장에서, 수험생에게 진정으로 필요한 것이 무엇인지 고민하며 구성하였습니다.

특히 기존의 기출문제 해설서들과는 달리, 각 과목별로 체계적인 키워드 분석을 실시하여 수험생 여러분이 과목별 출제경향과 출제의도를 정확히 파악하실 수 있도록 하였습니다. 이러한 과목별 키워드 분석을 통해 각 과목의 핵심개념과 빈출주제를 한눈에 파악할 수 있으며, 이는 효율적인 학습계획 수립에 큰 도움이 될 것입니다. 또한 모든 해설을 최대한 쉽고 상세하게 작성하여, 혼자 공부하시는 수험생들도 어려움 없이 학습하실 수 있도록 심혈을 기울였습니다.

우체국 계리직 시험을 준비하시는 여러분들께서는 본 기출문제집을 통해 출제경향을 정확히 파악하고, 효율적인 학습전략을 수립하시어 목표하시는 바를 이루시기를 진심으로 기원합니다. 여러분의 꿈을 향한 도전에 본 기출문제집이 든든한 동반자가 되기를 희망합니다.

끝으로, 본 기출문제집이 나오기까지 도움을 주신 많은 분들께 감사의 말씀을 전합니다. 특히 현장에서 교육에 힘쓰시는 교수님들과 열정적으로 공부하는 수험생 여러분들께서 주신 의견이 본 기출문제집을 더욱 알차게 만드는 데 큰 도움이 되었습니다.

수험생 여러분의 건승을 기원합니다.

2025년 2월

김진수, 이정숙

# 차례 CONTENTS

## PART 01 컴퓨터 구조

- 계리직 컴퓨터일반 기출 분석 ········ 10
- 01 컴퓨터 구조 ········ 11
- 02 논리 회로 ········ 18
- 03 자료의 표현과 연산 ········ 27
- 04 조합논리회로 ········ 33
- 05 순서논리회로 ········ 36
- 06 내부적 자료 표현 형식 ········ 39
- 07 외부적 자료 표현 형식 ········ 47
- 08 중앙처리장치(CPU) ········ 50
- 09 기억장치 ········ 72
- 10 입출력장치(I/O Device) ········ 90
- 11 병렬처리 ········ 93

## PART 02 운영체제

- 계리직 컴퓨터일반 기출 분석 ········ 96
- 01 운영체제의 개념 ········ 97
- 02 프로세스 관리 ········ 105
- 03 기억장치 관리 ········ 135
- 04 파일 시스템 관리 ········ 149

## PART 03  데이터 통신

- 계리직 컴퓨터일반 기출 분석 ·················· 156
- 01 데이터 통신의 기초 ·························· 157
- 02 데이터 전송과 오류 제어 ···················· 159
- 03 네트워크 아키텍처와 프로토콜 ················ 163
- 04 무선 통신과 LAN 기술 ······················ 202
- 05 네트워크 보안 ······························ 209
- 06 멀티미디어 ································· 213
- 07 신기술동향 ································· 218

## PART 04  데이터베이스

- 계리직 컴퓨터일반 기출 분석 ·················· 230
- 01 데이터베이스 ······························· 231
- 02 데이터베이스 시스템 ························ 240
- 03 데이터 모델링 ······························ 243
- 04 관계 데이터 연산 ··························· 256
- 05 SQL 및 관계 데이터베이스 언어 ·············· 263
- 06 정규화 ···································· 282
- 07 트랜잭션 ·································· 290
- 08 고급 데이터베이스 ·························· 299

# 차례 CONTENTS

## PART 05 소프트웨어 공학

- 계리직 컴퓨터일반 기출 분석 ········· 302
- 01 소프트웨어 공학 개론 ········· 303
- 02 소프트웨어 개발 관리 ········· 313
- 03 품질보증과 형상관리 ········· 319
- 04 객체지향 개념 ········· 321
- 05 UML ········· 328
- 06 소프트웨어 시험 ········· 334
- 07 소프트웨어 유지보수 ········· 341
- 08 소프트웨어 재공학 ········· 343
- 09 소프트웨어 설계 ········· 344

## PART 06 엑셀

- 계리직 컴퓨터일반 기출 분석 ········· 358
- 01 데이터 입력 및 서식 설정 ········· 359
- 02 수식 및 함수 활용 ········· 360

PART 07 정보보호개론

- ■ 계리직 컴퓨터일반 기출 분석 ········································· 370
- 01 정보 보안 개요 ······················································· 371
- 02 시스템 보안 ··························································· 373
- 03 네트워크 보안 ······················································· 374
- 04 웹 보안 ································································· 375
- 05 암호 ····································································· 376
- 06 인증 ····································································· 379
- 07 접근 제어 ····························································· 386
- 08 악성코드와 소프트웨어 보안 ································· 389
- 09 정보보호 및 개인정보보호 관리체계 ························ 394

계리직 **컴퓨터일반 기출문제집**

PART

# 01

# 컴퓨터 구조

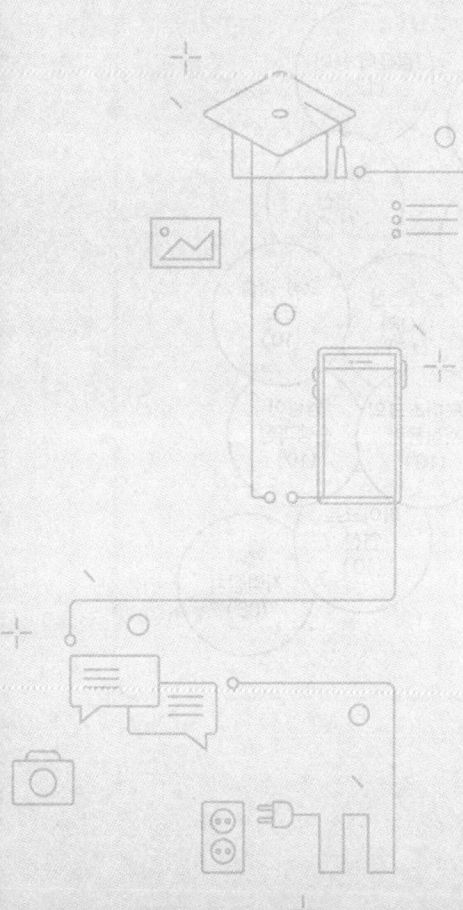

## 계리직 컴퓨터일반 기출 분석

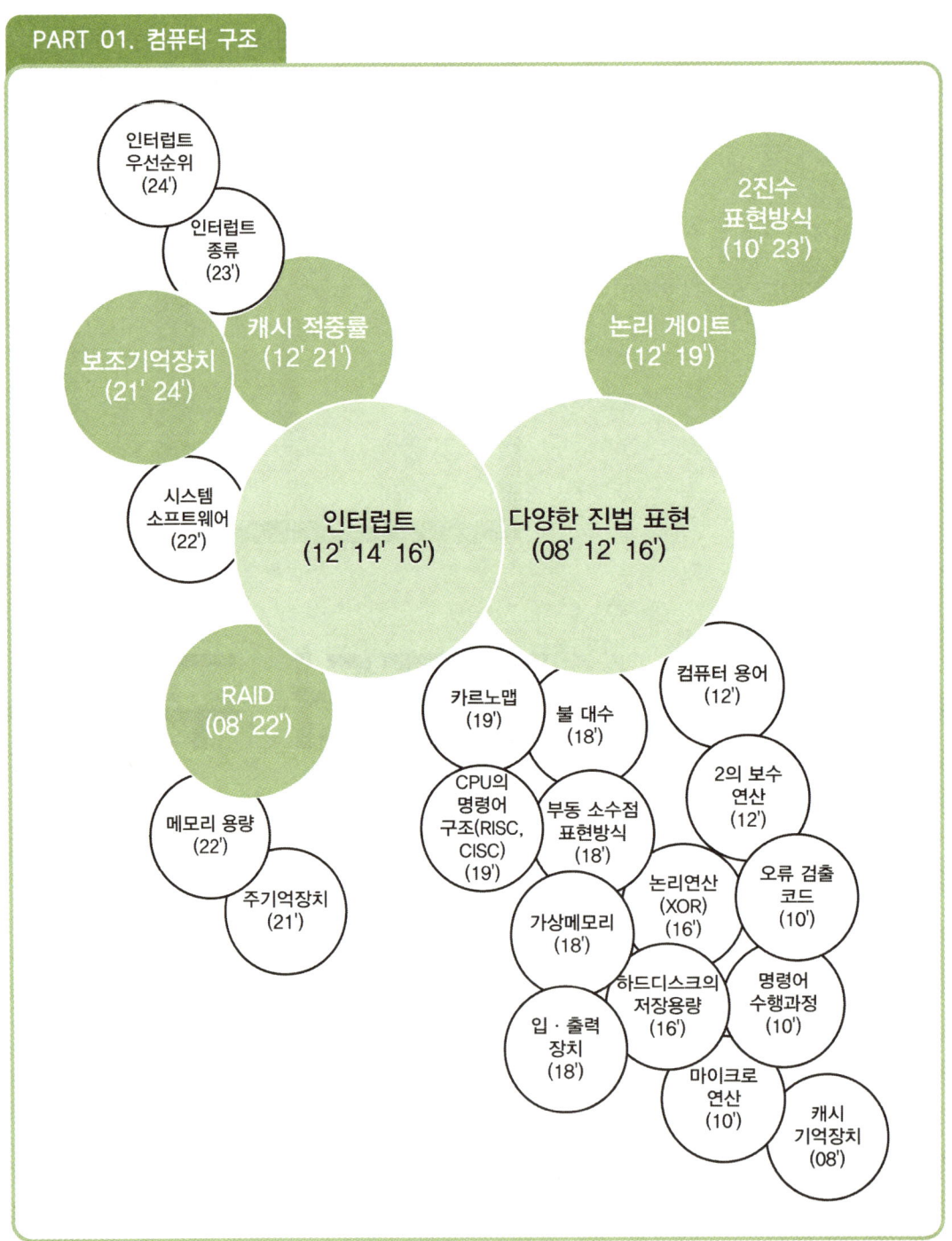

# PART 01 컴퓨터 구조

## 01 컴퓨터 구조

**01** 컴퓨터 용어에 대한 설명으로 옳지 않은 것은?     2012 계리직

① MIPS는 1초당 백만개 명령어를 처리한다는 뜻으로 컴퓨터의 연산 속도를 나타내는 단위이다.
② SRAM은 전원이 꺼져도 저장된 자료를 계속 보존할 수 있는 기억장치이다.
③ KB, MB, GB, TB 등은 기억 용량을 나타내는 단위로서 이중 TB가 가장 큰 단위이다.
④ SSI, MSI, LSI, VLSI 등은 칩에 포함되는 게이트의 집적도에 따라 구분된 용어이다.

**해설**
SRAM(Static Random Access Memory)은 전원이 꺼지면 저장된 데이터가 소실되는 휘발성 메모리이다. 전원이 꺼져도 데이터를 보존할 수 있는 메모리는 ROM(Read Only Memory)이나 플래시 메모리 등의 비휘발성 메모리이다.

**Answer** ②

**02** 컴퓨터에서 사용하는 정보량의 단위를 크기가 작은 것부터 큰 것 순서대로 바르게 나열한 것은?

① EB, GB, PB, TB
② EB, PB, GB, TB     2024 국가직
③ GB, TB, EB, PB
④ GB, TB, PB, EB

**해설**
정보량 단위를 크기 순서대로 나열하면 다음과 같다.
**Byte(B)** : 기본 단위
**KiloByte(KB)** : 1,024Bytes = $2^{10}$B
**MegaByte(MB)** : 1,024KB = $2^{20}$B
**GigaByte(GB)** : 1,024MB = $2^{30}$B
**TeraByte(TB)** : 1,024GB = $2^{40}$B
**PetaByte(PB)** : 1,024TB = $2^{50}$B
**ExaByte(EB)** : 1,024PB = $2^{60}$B
**ZettaByte(ZB)** : 1,024EB = $2^{70}$B
**YottaByte(YB)** : 1,024ZB = $2^{80}$B

**Answer** ④

## 03 컴퓨터의 계산속도 단위명을 빠른 순서대로 나열한 것은?

2013 경찰승진

① Atto → Pico → Femto → Micro → Nano → Milli
② Atto → Femto → Nano → Pico → Micro → Milli
③ Atto → Pico → Femto → Nano → Micro → Milli
④ Atto → Femto → Pico → Nano → Micro → Milli

**해설**

$10^{-3}$s 밀리(Milli) m
$10^{-6}$s 마이크로(Micro) $\mu$
$10^{-9}$s 나노(Nano) n
$10^{-12}$s 피코(Pico) p
$10^{-15}$s 펨토(Femto) f
$10^{-18}$s 아토(Atto) a

**Answer** ④

## 04 컴퓨터의 주요 장치에 대한 설명으로 옳은 것은?

2012 국가직

① 입력장치는 시스템 버스를 통하여 컴퓨터 내부에서 외부로 데이터를 전송하는 장치이다.
② 기억장치 중 하나인 캐시기억장치는 주기억장치와 동일한 용량을 가져야 한다.
③ 제어장치는 주기억장치에 적재된 프로그램의 명령어를 하나씩 꺼내어 해독하는 기능을 가지고 있다.
④ 연산장치는 산술/논리 연산을 수행하는 장치로 누산기(accumulator), 명령 레지스터(instruction register), 주소 해독기 등으로 구성된다.

**해설**

① 입력장치는 시스템 버스를 통하여 컴퓨터 내부에서 외부로 데이터를 전송하는 장치이다.(×)
 → 입력장치는 외부에서 내부로 데이터를 전송하는 장치이다. 반대로, 출력장치는 시스템 내부에서 외부로 데이터를 전송한다.
② 기억장치 중 하나인 캐시기억장치는 주기억장치와 동일한 용량을 가져야 한다.(×)
 → 캐시 메모리는 주기억장치보다 훨씬 작은 용량, 빠른 속도를 가지며, 주기억장치와 CPU 간의 속도 차이를 줄이기 위해 사용된다.
④ 연산장치는 산술/논리 연산을 수행하는 장치로 누산기(accumulator), 명령 레지스터(instruction register), 주소 해독기 등으로 구성된다.(×)
 → 연산장치(ALU)는 산술 및 논리 연산을 수행하지만, 구성 요소는 누산기(accumulator)와 레지스터 등이 포함된다.

**Answer** ③

**05** 클라우드 서버에 저장된 데이터 용량이 1024PB(Peta Byte)일 때 이 데이터와 동일한 크기의 저장 용량으로 옳지 않은 것은? (단, 1KB는 1024Byte)  <small>2021 계리직</small>

① $1024^{-1}$ZB(Zetta Byte)
② $1024^{2}$TB(Tera Byte)
③ $1024^{-3}$YB(Yotta Byte)
④ $1024^{4}$MB(Mega Byte)

> **해설**
> 데이터 단위 순서
> Byte < KB < MB < GB < TB < PB < EB < ZB < YB
> (각 단위는 1024배씩 차이)
>
> **Answer** ③

**06** 〈보기〉는 Windows XP의 실행창(시작 ⇒ 실행)에 입력할 수 있는 명령어들을 나열한 것이다. 명령어별로 수행할 수 있는 기능을 순서대로 나열한 것은?  <small>2012 계리직</small>

─| 보기 |─
dxdiag － msconfig － regedit － mstsc

① 컴퓨터사양 확인 － 시작프로그램 편집 － 레지스트리 편집 － 원격데스크탑 실행
② 원격데스크탑 실행 － 작업관리자 편집 － 서비스 편집 － 시스템 셧다운 설정
③ 컴퓨터사양 확인 － 작업관리자 편집 － 레지스트리 편집 － 원격데스크탑 실행
④ 원격데스크탑 실행 － 시작프로그램 편집 － 서비스 편집 － 시스템 셧다운 설정

> **해설**
> dxdiag : 컴퓨터사양 확인(DirectX 진단 도구)
> msconfig : 시스템 구성/시작프로그램 편집
> regedit : 레지스트리 편집기
> mstsc : 원격데스크탑 연결
>
> **Answer** ①

**07** Windows XP에서 프린터 설정에 관한 설명으로 옳지 않은 것은?  <small>2010 계리직</small>

① 기본 프린터는 오직 1대만 설정할 수 있다.
② 네트워크 프린터는 기본 프린터로 설정할 수 없다.
③ 한 대의 프린터를 여러 대의 컴퓨터에서 네트워크로 공유 가능하다.
④ [네트워크 설정 마법사]를 통해 파일 및 프린터도 공유할 수 있다.

### 해설

② 네트워크 프린터의 기본 프린터 설정(×)
  → 네트워크 프린터도 기본 프린터로 설정할 수 있다.

**Answer** ②

---

**08** 컴퓨터의 구성요소에 대한 설명으로 옳은 것만을 모두 고르면? `2023 국가직`

ㄱ. 입출력장치는 기계적 동작을 수반하기 때문에 동작 속도가 주기억장치보다 빠르다.
ㄴ. 중앙처리장치는 명령어 실행단계에서 제어장치, 내부 레지스터, 연산기를 필요로 한다.
ㄷ. 중앙처리장치는 명령어 인출단계에서 인출된 명령어를 저장하기 위한 명령어 레지스터와 다음에 실행할 명령어가 있는 기억장치의 주소를 저장할 프로그램 카운터를 필요로 한다.
ㄹ. 입출력장치는 중앙처리장치와 직접 데이터를 교환할 수 있으며, 데이터 교환은 반드시 중앙처리장치의 입출력 동작 제어에 의해서만 가능하다.

① ㄱ, ㄴ
② ㄱ, ㄹ
③ ㄴ, ㄷ
④ ㄷ, ㄹ

### 해설

ㄱ. 입출력장치는 기계적 동작을 수반하기 때문에 동작 속도가 주기억장치보다 빠르다.(×)
  → 입출력장치는 기계적 동작(예 디스크, 프린터 등)을 수반하기 때문에 주기억장치보다 속도가 느리다.
ㄹ. 입출력장치는 중앙처리장치와 직접 데이터를 교환할 수 있으며, 데이터 교환은 반드시 중앙처리장치의 입출력 동작 제어에 의해서만 가능하다.(×)
  → 데이터 교환은 DMA(Direct Memory Access)와 같이 중앙처리장치의 제어 없이 입출력장치와 주기억장치 간에 직접적으로 수행될 수도 있다.

**Answer** ③

---

**09** 프로그램 내장 방식에 대한 설명으로 옳지 않은 것은? `2019 지방직`

① 프로그램과 자료를 내부의 기억장치에 저장한 후 프로그램 내의 명령문을 순서대로 꺼내 해독하고 실행하는 개념이다.
② 컴퓨터가 작업을 할 때마다 설치된 스위치를 다시 세팅해야 하는 번거로움을 해결하기 위해 폰 노이만이 제안하였다.
③ 현재 사용되는 대부분의 컴퓨터는 프로그램 내장 방식을 사용하고 있다.
④ 프로그램 내장 방식을 사용한 최초의 컴퓨터는 에니악(ENIAC)이다.

> **해설**
> ④ 프로그램 내장 방식을 사용한 최초의 컴퓨터는 에니악(ENIAC)이다. (×)
>   → ENIAC은 프로그램 내장 방식을 사용하지 않음
>   → EDVAC(Electronic Discrete Variable Automatic Computer)이 최초의 프로그램 내장 방식 컴퓨터
>   → ENIAC은 프로그램을 물리적 스위치로 입력하는 방식 사용
>
> **Answer** ④

**10** 전통적인 폰 노이만(Von Neumann) 구조에 대한 설명으로 옳지 않은 것은? `2013 국가직`

① 폰 노이만 구조의 최초 컴퓨터는 에니악(ENIAC)이다.
② 내장 프로그램 개념(stored program concept)을 기반으로 한다.
③ 산술논리연산장치는 명령어가 지시하는 연산을 실행한다.
④ 숫자의 형태로 컴퓨터 명령어를 주기억장치에 저장한다.

> **해설**
> ① 폰 노이만 구조의 최초 컴퓨터는 에니악(ENIAC)이다. (×)
>   → ENIAC은 폰 노이만 구조를 사용하지 않음
>   → EDVAC이 최초의 폰 노이만 구조 컴퓨터
>   → ENIAC은 물리적 스위치와 케이블로 프로그래밍하는 방식 사용
>
> **Answer** ①

**11** 컴퓨터를 작동시켰을 때 발생하는 부트(boot) 과정에 대한 설명으로 옳지 않은 것은?
`2009 국가직`

① 부트스트랩 프로그램은 일반적으로 운영체제가 저장된 하드디스크에 저장되어 있다.
② 부트 과정의 목적은 운영체제를 하드디스크로부터 메모리로 적재하는 것이다.
③ 부트 과정은 여러 가지 중요한 시스템 구성 요소들의 진단 검사를 수행한다.
④ 부트 과정을 완료하면 중앙처리장치는 제어권을 운영체제로 넘겨준다.

> **해설**
> ① 부트스트랩 프로그램은 일반적으로 운영체제가 저장된 하드디스크에 저장되어 있다. (×)
>   → 부트스트랩 프로그램은 ROM이나 펌웨어(BIOS/UEFI)에 저장
>   → 하드디스크가 아닌 비휘발성 메모리에 존재해야 컴퓨터 시작 시 바로 실행 가능
>
> **Answer** ①

**12** 컴퓨터를 부팅(cold booting)할 때 롬(ROM)에 있는 바이오스(BIOS)가 하는 일이 아닌 것은?

2010 지방직

① POST(Power On Self Test)
② 시스템 초기화
③ 부트스트랩 로더 로드
④ CMOS 셋업

> **해설**
> ④ CMOS 셋업
> CMOS(Complementary Metal Oxide Semiconductor, 상보형 금속 산화 반도체)는 마이크로프로세서나 S램 등 디지털 회로를 구성하는데 사용되는 집적회로의 한 종류임
> → CMOS 셋업은 바이오스의 기능이 아님
> → CMOS는 바이오스 설정을 저장하는 메모리
> → 바이오스는 CMOS에 저장된 설정을 읽어 사용할 뿐, 셋업 자체는 바이오스의 역할이 아님
>
> Answer ④

**13** 바이오스(BIOS)에 관한 설명 중 옳지 않은 것은?

2007 국가직

① 전원이 들어올 때 시스템을 초기화한다.
② 시스템의 이상 유무를 점검한다.
③ 운영체제를 적재하는 과정을 담당한다.
④ 바이오스의 동작여부와 상관없이 컴퓨터는 제대로 동작한다.

> **해설**
> ④ 바이오스의 동작여부와 상관없이 컴퓨터는 제대로 동작한다.(×)
> → 바이오스는 컴퓨터 부팅 과정의 필수 요소
> → 바이오스 없이는 하드웨어 초기화와 운영체제 로딩이 불가능
>
> Answer ④

**14** 컴퓨터의 발전 과정에 대한 설명으로 옳지 않은 것은?

2017 국가직

① 포트란, 코볼같은 고급 언어는 집적회로(IC)가 적용된 제3세대 컴퓨터부터 사용되었다.
② 애플사는 1970년대에 개인용 컴퓨터를 출시하였다.
③ IBM PC라고 불리는 컴퓨터는 1980년대에 출시되었다.
④ 1990년대에는 월드와이드웹 기술이 적용되면서 인터넷에 연결되는 컴퓨터의 사용자가 폭발적으로 증가하였다.

✏ 해설
① 포트란, 코볼같은 고급 언어는 집적회로(IC)가 적용된 제3세대 컴퓨터부터 사용되었다.(×)
→ 포트란(FORTRAN)은 1957년, 코볼(COBOL)은 1959년에 개발됨
→ 이는 제2세대 컴퓨터 시대(트랜지스터 사용)에 해당
→ 제3세대 컴퓨터(IC 사용)는 1960년대 중반부터 시작

Answer ①

**15** 컴퓨팅 사고의 구성 요소 중 문제에서 중요하지 않은 부분을 제거하고 중요한 특징만으로 문제를 구성함으로써 문제 해결을 좀 더 쉽게 하는 것은?  2023 군무원

① 패턴인식
② 분해
③ 알고리즘
④ 추상화

✏ 해설
① 패턴인식(Pattern Recognition)
→ 문제들 사이의 공통점이나 규칙성을 파악
→ 유사한 문제에 기존 해결방법을 적용
② 분해(Decomposition)
→ 복잡한 문제를 작은 단위로 나누어 해결
→ 각 부분을 독립적으로 처리
③ 알고리즘(Algorithm)
→ 문제 해결을 위한 명확한 단계적 절차
→ 순서가 있는 구체적인 해결 과정

Answer ④

**16** 컴퓨팅 사고(Computational Thinking)에서 주어진 문제의 중요한 특징만으로 문제를 간결하게 재정의함으로써 문제 해결을 쉽게 하는 과정은?  2021 국가직

① 분해
② 알고리즘
③ 추상화
④ 패턴 인식

✏ 해설
① 분해(Decomposition)
  문제를 더 작은 하위 문제로 나누는 과정
② 알고리즘(Algorithm)
  문제를 해결하기 위한 단계적 절차를 설계하는 과정
④ 패턴 인식(Pattern Recognition)
  문제나 데이터에서 반복되는 패턴이나 규칙을 찾아내는 과정

Answer ③

## 02 논리 회로

**17** 다음 논리회로의 부울식으로 옳은 것은?

2015 지방직

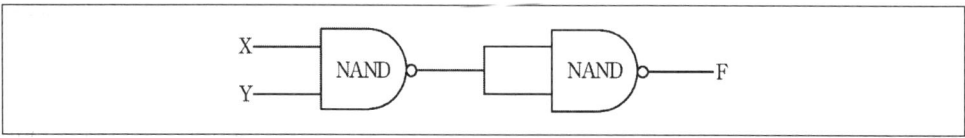

① F = XY
② F = (XY)'
③ F = X'Y
④ F = XY + (XY)'

> **해설**
> 첫 번째 NAND 게이트 : (X·Y)'
> 두 번째 NAND 게이트 : ((X·Y)'·(X·Y)')'
> 최종출력 : F = ((X·Y)'·(X·Y)')' = (X·Y) + (X·Y) = X·Y
> (동일한 입력을 NAND에 넣으면 NOT 역할)
> F = ((XY)')' = XY
>
> Answer ①

**18** 아래에 제시된 K-map(카르노 맵)을 NAND 게이트들로만 구성한 것으로 옳은 것은?

2019 계리직

| ab\cd | 00 | 01 | 11 | 10 |
|---|---|---|---|---|
| 00 | 1 | 0 | 0 | 0 |
| 01 | 1 | 1 | 1 | 0 |
| 11 | 0 | 1 | 1 | 0 |
| 10 | 1 | 1 | 0 | 0 |

①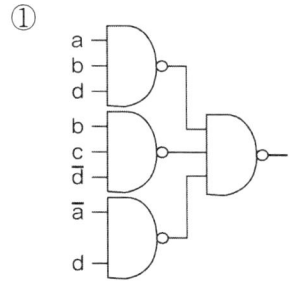

②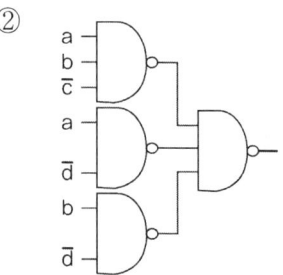

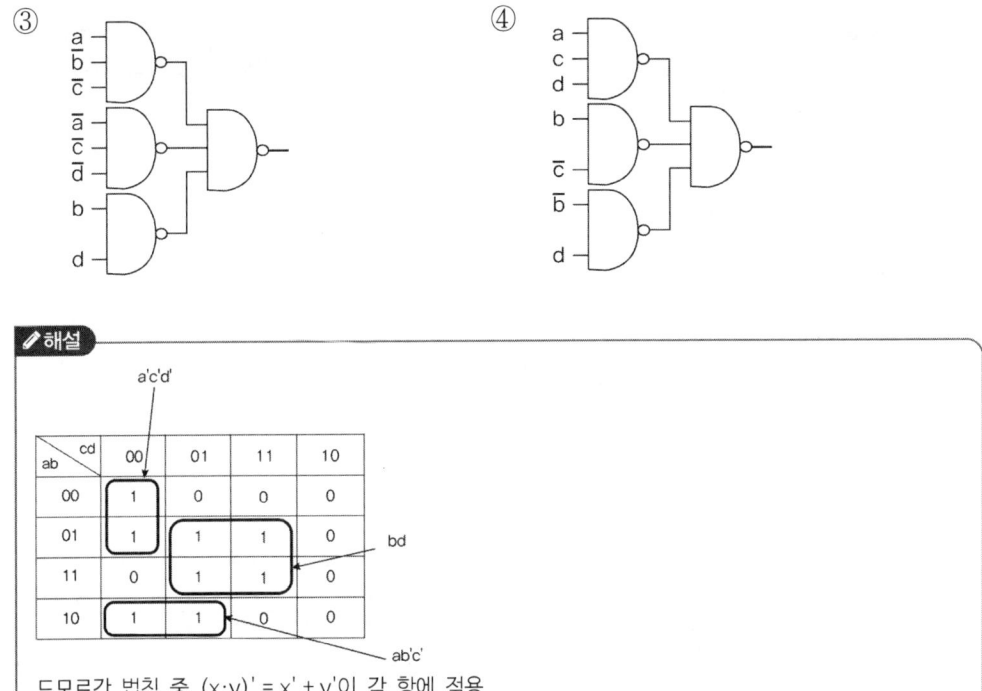

**19** 다음 타이밍 차트(Timing Chart)에서 A, B가 입력이고 C가 출력일 때, C와 같은 출력을 얻을 수 있는 게이트는?

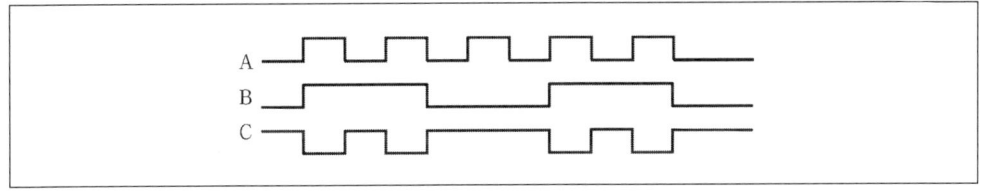

① OR 게이트
② AND 게이트
③ NOR 게이트
④ NAND 게이트

### 해설

타이밍 차트는 A와 B의 입력 신호 변화에 따른 C의 출력 변화를 시간에 따라 그래프로 나타낸 것이다.

| A | B | C |
|---|---|---|
| 0 | 0 | 1 |
| 1 | 1 | 0 |
| 0 | 1 | 1 |
| 1 | 1 | 0 |
| 0 | 0 | 1 |
| 1 | 0 | 1 |
| 0 | 0 | 1 |
| 1 | 1 | 0 |
| 0 | 1 | 1 |
| 1 | 1 | 0 |
| 0 | 0 | 1 |

A와 B가 모두 1일 때만 출력이 0이고, 그 외의 경우는 모두 1을 출력하는 NAND 게이트의 동작을 나타낸다.

**Answer** ④

---

**20** 불 대수(Boolean Algebra)에 대한 최소화로 옳지 않은 것은? `2018 계리직`

① $A(A+B) = A$
② $A + \overline{A}B = A + B$
③ $A(\overline{A}+B) = AB$
④ $AB + A\overline{B} + \overline{A}B = A$

### 해설

④ AB + AB' + A'B = A (B + B') + A'B
    = A · 1 + A'B
    = A + A'B
    = (A + A') (A + B)
    = 1 · (A + B)
    = A + B

**Answer** ④

---

**21** 나머지 셋과 다른 부울 함수를 표현하는 것은? `2016 국가직`

① F = A + A'B
② F = A(A + B)
③ F = AB' + A
④ F = (A + B)(A + B')

### 해설

① F = A + A'B
   → A + A'B = A + B (흡수 법칙)
② F = A(A + B)
   → AA + AB = A + AB = A (멱등 법칙, 흡수 법칙)
③ F = AB' + A
   → A(B' + 1) = A(1) = A (보수 법칙, 항등 법칙)
④ F = (A + B)(A + B')
   → A(A + B)(A + B') + B(A + B)B'
   → AA + AB' = A (멱등 법칙, 보수 법칙)

①은 A + B로 간소화
②, ③, ④는 모두 A로 간소화

Answer ①

**22** 다음 진리표를 만족하는 부울 함수로 옳은 것은? (단, ·은 AND, ⊕는 XOR, ⊙는 XNOR 연산을 의미한다)

2018 국가직

| 입력 | | | 출력 |
|---|---|---|---|
| A | B | C | Y |
| 0 | 0 | 0 | 1 |
| 0 | 0 | 1 | 0 |
| 0 | 1 | 0 | 0 |
| 0 | 1 | 1 | 1 |
| 1 | 0 | 0 | 0 |
| 1 | 0 | 1 | 1 |
| 1 | 1 | 0 | 1 |
| 1 | 1 | 1 | 0 |

① Y = A ⊙ B ⊙ C
② Y = A ⊕ B ⊕ C
③ Y = A ⊕ B ⊙ C
④ Y = A · B ⊕ C

> **해설**
> 부울 함수의 간소화 과정을 단계별로 요약하면 다음과 같다.
> 최초 식 : Y = A'B'C' + A'BC + AB'C + ABC'
> (A ⊕ B)를 T로 치환하여 정리 : → Y = T'C' + TC
> → Y = T ⊙ C
> T를 다시 (A ⊕ B)로 복원 : Y = (A ⊕ B) ⊙ C
> 최종 결과 : Y = A ⊕ B ⊙ C
>
> Answer ③

## 23 다음 부울 함수를 간소화한 결과로 옳은 것은?

2023 군무원

$$f(x, y, z) = xyz + x\overline{y}z + \overline{x}yz + \overline{x}\overline{y}\overline{z}$$

① $xy + yz$
② $xz + \overline{y}z$
③ $xy + \overline{y}z$
④ $\overline{x}y + xz$

> **해설**
> f(x, y, z) = xyz + xy'z + x'yz + x'yz' = x'y + xz
>
>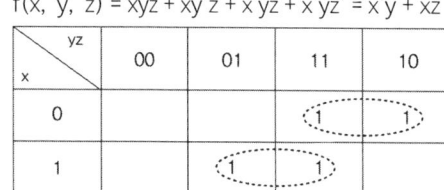
>
> Answer ④

## 24 다음 부울식을 간략화한 것은?

2017 지방직

$$AB + A'C + ABD' + A'CD' + BCD'$$

① A'C + BC
② AB + BC
③ AB + A'C
④ A'CD' + BCD'

✏️ **해설**

AB + A'C + ABD' + A'CD' + BCD'

- AB 있는 항 묶기 : AB(1 + D')
- A'C 있는 항 묶기 : A'C(1 + D')
- 나머지 항 : BCD'
- 1 + D' = 1이므로 : AB + A'C + BCD'

**Answer** ③

**25** 〈보기〉의 논리 연산식을 간략화한 논리회로는?　　　2012 계리직

| 보기 |

$$(A + B)(A + \overline{B})(\overline{A} + B)$$

① A, B — OR게이트
② A, $\overline{B}$ — OR게이트
③ A, B — AND게이트
④ A, $\overline{B}$ — AND게이트

✏️ **해설**

(A + B)(A + B')(A' + B)
= (A + B·B')(A' + B)
= (A + 0)(A' + B)
= A·(A' + B) = A·A' + AB
= 0 + AB
= AB

**Answer** ③

**26** 다음 논리 회로의 출력과 동일한 것은?　　　　　　　　　　　　　　2019 국가직

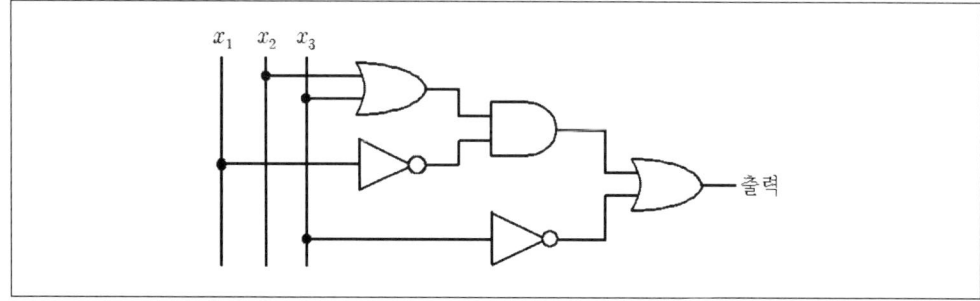

① $x_1 + x_3'$
② $x_1' + x_3$
③ $x_1' + x_3'$
④ $x_2' + x_3'$

**해설**
$(x_2 + x_3)x_1' + x_3'$
$= x_1'x_2 + x_1'x_3 + x_3'$
$= x_1'x_2 + (x_1' + x_3')(x_3 + x_3')$
$= x_1'x_2 + x_1' + x_3'$
$= x_1'(x_2 + 1) + x_3'$
$= x_1' + x_3'$

Answer ③

**27** 다음 카르노맵으로 표현되는 최적화된 논리식의 결과 Y로 옳은 것은?(X는 don't care를 나타낸다)　　　　　　　　　　　　　　　　　　　　　　　　2021 국회직

| C \ AB | 00 | 01 | 11 | 10 |
|---|---|---|---|---|
| 0 | 1 | 0 | 0 | X |
| 1 | X | 0 | 1 | 1 |

① Y = AB + C
② Y = AC + B'
③ Y = A + B + C
④ Y = A'B + C
⑤ Y = ABC'

### 해설

무관항(don't care)은 논리회로에서 특정 입력 조합에 대해 출력 값이 0이든 1이든 상관없는 경우를 의미

| AB\C | 00 | 01 | 11 | 10 |
|---|---|---|---|---|
| 0 | 1 | 0 | 0 | X |
| 1 | X | 0 | 1 | 1 |

Answer ②

**28** 다음 논리회로도에서 출력 F가 0이 되는 입력 조합을 바르게 연결한 것은?  *2024 국가직*

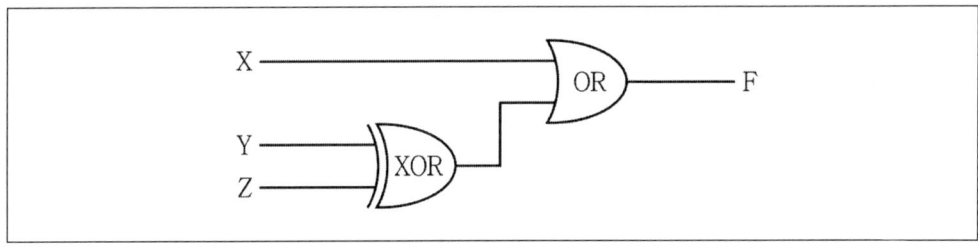

|     | X | Y | Z |     | X | Y | Z |
|---|---|---|---|---|---|---|---|
| ① | 0 | 0 | 1 | ② | 0 | 1 | 0 |
| ③ | 0 | 1 | 1 | ④ | 1 | 0 | 0 |

### 해설

**출력 F가 0이 되는 조건**
OR 게이트의 출력이 0이 되려면, 입력 조건이 모두 0
X = 0 그리고 Y ⊕ Z = 0

XOR의 출력 Y ⊕ Z가 0이 되려면 Y와 Z가 동일
Y = Z

따라서 출력 F = 0이 되기 위한 조건은 X = 0, Y = Z

Answer ③

**29** 다음 논리회로에서 A = 1010, B = 0010일 때, S에 출력되는 값은?   2016 서울시

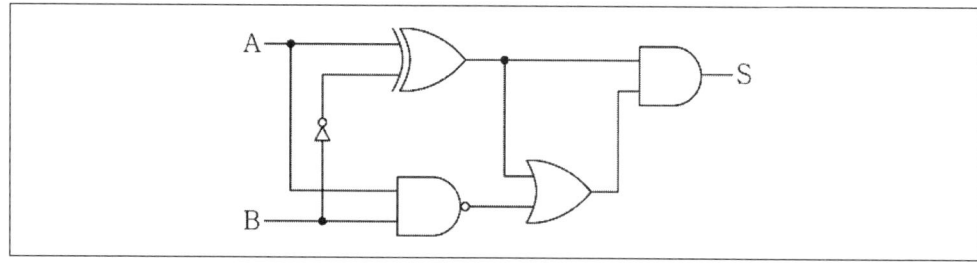

① 1011
② 1101
③ 0111
④ 1110

> **해설**
> 첫 번째 비트에서 A = 1
> B = 0
> B'(B의 보수) = 1
> A XOR B' = 1 XOR 1 = 0
> AND 게이트의 한 입력이 0이므로, S = 0
> 보기 중 첫 번째 비트가 0인 것은 ③ (0111)뿐이다.
>
> **Answer** ③

**30** 8비트 데이터 A와 B에 대해 다음 비트(bitwise) 연산을 수행하였더니, A의 값에 상관없이 연산 결과의 상위(왼쪽) 4비트는 A의 상위 4비트의 1의 보수이고 연산 결과의 하위(오른쪽) 4비트는 A의 하위 4비트와 같다. B의 값을 이진수로 표현한 것은?   2014 지방직

| A XOR B |
|---|

① $00001111_2$
② $11110000_2$
③ $10010000_2$
④ $00001001_2$

> **해설**
> 문제에서 결과의 상위 4비트는 A의 상위 4비트의 반전(1의 보수), 하위 4비트는 A의 하위 4비트와 동일해야 한다.
> 이 조건을 만족하려면 B는 상위 4비트가 A의 상위 4비트를 반전한 값이고, 하위 4비트는 0000이다.
>
> **Answer** ②

**31** 다음 두 이진수에 대한 NAND 비트(bitwise) 연산 결과는?

2013 국가직

$10111000_2$ NAND $00110011_2$

① $00110000_2$
② $10111011_2$
③ $11001111_2$
④ $01000100_2$

**해설**
NAND 연산과정
- AND 연산 : 10111000∧00110011 = 00110000
- NOT 연산 : ㄱ(00110000) = 11001111

Answer ③

## 03 자료의 표현과 연산

**32** 다음 2진수 $1010101110.11_2$를 16진수로 정확히 표현한 것은?

2007 국가직

① $2AE.3_{16}$
② $AB2.C_{16}$
③ $2AE.C_{16}$
④ $AB2.3_{16}$

**해설**
정수부 변환 (1010101110)
4비트씩 오른쪽부터 묶음 : 0010|1010|1110
각 묶음을 16진수로 변환 : 1110 = E
　　　　　　　　　　　　　 1010 = A
　　　　　　　　　　　　　 0010 = 2
따라서 정수부는 2AE

소수부 변환 (.11)
4비트로 만들기 위해 0 추가 : .1100
1100 = C
따라서 소수부는 C

최종 결과 : 2AE.C
따라서 정답은 ③ $2AE.C_{16}$

Answer ③

**33** 다음 중 가장 큰 수는? (단, 오른쪽 괄호 밖의 아래 첨자는 진법을 의미한다)  2008 국가직

① $(10000000000)_2$
② $(302)_{16}$
③ $(2001)_8$
④ $(33333)_4$

**해설**

① $(10000000000)_2 = 2^{10} = 1024$
② $(302)_{16} = 3 \times 16^2 + 0 \times 16^1 + 2 \times 16^0$
   $= 3 \times 256 + 0 \times 16 + 2 \times 1$
   $= 768 + 0 + 2 = 770$
③ $(2001)_8 = 2 \times 8^3 + 0 \times 8^2 + 0 \times 8^1 + 1 \times 8^0$
   $= 2 \times 512 + 0 \times 64 + 0 \times 8 + 1 \times 1$
   $= 1024 + 0 + 0 + 1 = 1025$
④ $(33333)_4 = 3 \times 4^4 + 3 \times 4^3 + 3 \times 4^2 + 3 \times 4^1 + 3 \times 4^0$
   $= 3 \times 256 + 3 \times 64 + 3 \times 16 + 3 \times 4 + 3 \times 1$
   $= 768 + 192 + 48 + 12 + 3 = 1023$
따라서 가장 큰 수는 ③ $(2001)_8 = 1025$이다.

Answer ③

**34** 다음 중 값이 나머지 셋과 다른 것은?  2015 서울시

① 10진수 436.625
② 8진수 $(664.5)_8$
③ 16진수 $(1B4.C)_{16}$
④ 10진수 $0.436625 \times 10^3$

**해설**

모두 10진수로 변환
① 436.625
② $664.5_8 = (6 \cdot 8^2) + (6 \cdot 8^1) + (4 \cdot 8^0) + (5 \cdot 8^{-1})$
   $= 384 + 48 + 4 + 0.625 = 436.625$
③ $(1B4.C)_{16} = (1 \cdot 16^2) + (11 \cdot 16^1) + (4 \cdot 16^0) + (12 \cdot 16^{-1})$
   $= 256 + 176 + 4 + 0.75 = 436.75$
④ $0.436625 \times 10^3 = 436.625$

Answer ③

## 35 〈보기〉의 다양한 진법으로 표현한 숫자들을 큰 숫자부터 나열한 것은?

2012 계리직

---
**보기**
ㄱ. $F9_{16}$　　　　　　　　ㄴ. $256_{10}$
ㄷ. $11111111_2$　　　　　ㄹ. $370_8$

---

① ㄱ, ㄴ, ㄷ, ㄹ
② ㄴ, ㄷ, ㄱ, ㄹ
③ ㄷ, ㄹ, ㄱ, ㄴ
④ ㄹ, ㄱ, ㄴ, ㄷ

### 해설

모두 2진수로 변환
ㄱ. $F9_{16}$ = 1111 $1001_2$
ㄴ. $256_{10}$ = 1 0000 $0000_2$
ㄷ. $11111111_2$ = $11111111_2$
ㄹ. $370_8$ = 11 111 $000_2$

**8진수와 16진수 변환 규칙**
**8진수** : 3자리 2진수로 변환
**16진수** : 4자리 2진수로 변환

큰 숫자 순으로 나열하면, ② ㄴ - ㄷ - ㄱ - ㄹ

**Answer** ②

## 36 16진수 210을 8진수로 변환한 것은?

2022 지방직

① 1020
② 2100
③ 10210
④ 20100

### 해설

16진수 210을 2진수로 변환하면 1000010000
이를 오른쪽에서부터 3자리씩 끊어 8진수로 읽으면
001 000 010 000
　1　 0 　2 　0
따라서 16진수 210은 8진수로 1020

**Answer** ①

**37** 16진수로 표현된 B9E$_{(16)}$를 2진수로 표현하면 다음 중 무엇인가?　　　2016 서울시

① 1100 0101 1101$_{(2)}$
② 0101 0101 1001$_{(2)}$
③ 1011 1001 1110$_{(2)}$
④ 1110 0101 1101$_{(2)}$

**해설**

16진수의 각 자리를 2진수 4자리로 변환
B$_{(16)}$ = 1011$_{(2)}$
9$_{(16)}$ = 1001$_{(2)}$
E$_{(16)}$ = 1110$_{(2)}$

Answer ③

---

**38** 8진수 123.321을 16진수로 변환한 것은?　　　2020 국가직

① 53.35
② 53.321
③ 53.681
④ 53.688

**해설**

1. 8진수를 2진수로 변환
   8진수의 각 자리를 3자리 2진수로 변환
   123.321$_8$ → 001 010 011.011 010 001$_2$

2. 2진수를 16진수로 변환하기 위해 4자리로 묶기
   소수점을 기준으로 4자리씩 묶고, 부족한 자리에는 0을 추가
   001 010 011.011 010 001$_2$
   → 0 0101 0011.0110 1000 1000$_2$

3. 4자리 2진수를 16진수로 변환
   0 0101 0011.0110 1000 1000$_2$를 16진수로 변환
   0 0101$_2$ = 5$_{16}$
   0011$_2$ = 3$_{16}$
   0110$_2$ = 6$_{16}$
   1000$_2$ = 8$_{16}$
   1000$_2$ = 8$_{16}$

Answer ④

**39** 0~$(64^{10}-1)$에 해당하는 정수를 이진코드로 표현하기 위해 필요한 최소 비트 수는?

① 16비트
② 60비트
③ 63비트
④ 64비트

2019 국가직

> **해설**
> $64^{10} = (2^6)^{10} = 2^{60}$
> 
> 따라서, 60비트가 필요
>
> Answer ②

**40** 10진수 $461_{(10)}$을 16진수로 나타낸 값으로 맞는 것은?

① $19A_{(16)}$
② $1CD_{(16)}$
③ $1DB_{(16)}$
④ $2DF_{(16)}$

2008 계리직

> **해설**
> $461 \div 16$
> **몫** : 28
> **나머지** : 13 (16진수로 D)
>
> $28 \div 16$
> **몫** : 1
> **나머지** : 12 (16진수로 C)
>
> 몫 1은 그대로 1
>
> Answer ②

**41** 8진수 $543_{(8)}$과 10진수 $124_{(10)}$의 합을 8진수로 표현한 것은?

① $626_{(8)}$
② $637_{(8)}$
③ $726_{(8)}$
④ $737_{(8)}$

2024 지방직

> **해설**
> 8진수 543을 10진수로 변환
> $5 \times 8^2 + 4 \times 8^1 + 3 \times 8^0 = 320 + 32 + 3 = 355$
>
> 355+124=479
>
> 10진수 479를 8진수로 변환
> - 479 ÷ 8 = 59 (몫), 나머지는 7
> - 59 ÷ 8 = 7 (몫), 나머지는 3
> - 7 ÷ 8 = 0 (몫), 나머지는 7
>
> **나머지를 역순으로 나열하면 : $479_{10} = 737_8$**
>
> Answer ④

**42** 2진수 11110000과 10101010에 대해 XOR 논리 연산을 수행한 결과값을 16진수로 바르게 표현한 것은?  2016 계리직

① 5A　　　　　　　　② 6B
③ A5　　　　　　　　④ B6

> **해설**
> XOR 연산은 두 비트가 다를 때 결과가 1이 되고, 같으면 0이 된다.
> ```
>   11110000
> ⊕ 10101010
>   01011010
> ```
> 2진수 01011010
> 01011010을 4비트씩 나누어 16진수로 변환
> 0101 → 5
> 1010 → A
>
> Answer ①

## 04 조합논리회로

**43** 현재의 출력값이 현재의 입력값에 의해서만 결정되는 논리회로에 해당하지 않는 것은?

2024 지방직

① 반가산기(half adder)
② 링 카운터(ring counter)
③ 멀티플렉서(multiplexer)
④ 디멀티플렉서(demultiplexer)

> **해설**
> ② 링 카운터
>   → 플립플롭이 사용되어 현재 출력이 이전 상태값에 따라 달라지는 순서논리회로
> 나머지는 모두 조합논리회로
> ① 반가산기 - 현재 입력으로만 출력 결정
> ③ 멀티플렉서 - 선택 신호에 따라 입력 선택
> ④ 디멀티플렉서 - 선택 신호에 따라 출력 선택
>
> **Answer** ②

**44** 다음 전가산기 논리회로에 대한 설명으로 옳지 않은 것은?

2017 서울시

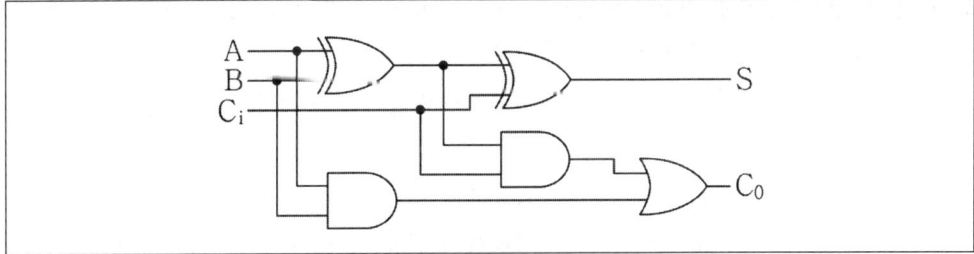

① 전가산기는 캐리를 포함하여 연산처리하기 위해 설계되었다.
② $S = (A \oplus B) \oplus C_i$
③ $C_0 = AB + AC_i + BC_i$
④ 전가산기는 두 개의 반가산기만으로 구성할 수 있다.

> **해설**
> ④ 전가산기는 두 개의 반가산기만으로 구성할 수 있다.(×)
>   → 전가산기는 두 개의 반가산기와 OR 게이트로 구성됨. 반가산기만으로는 불가능
>
> **Answer** ④

**45** 조합논리회로 중 전감산기(Full Subtractor)를 구성하는데 필요한 요소는? 2013 경찰승진

① 2개의 반감산기와 1개의 OR 게이트
② 2개의 반감산기와 2개의 OR 게이트
③ 1개의 반감산기와 1개의 AND 게이트
④ 1개의 반감산기와 2개의 AND 게이트

> **해설**
>
>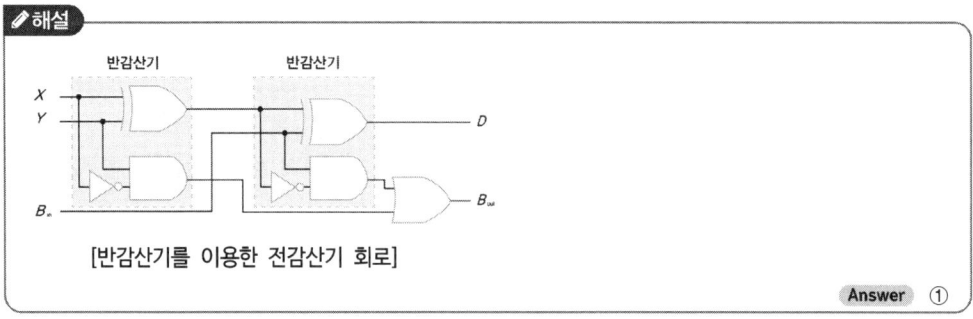
>
> [반감산기를 이용한 전감산기 회로]

**Answer** ①

**46** 논리회로의 조합회로(combinational circuit)와 순차회로(sequential circuit)에 대한 다음의 설명 중 가장 올바르지 않은 것은? 2022 군무원

① 조합회로는 현재의 입력에 의해서만 출력값이 결정된다.
② 순차회로는 현재의 입력과 저장된 값에 의해 출력값이 결정된다.
③ 복호기(decoder)와 부호기(encoder)는 조합회로로 구성되는 것이 일반적이다.
④ 멀티플렉서(multiplexer)와 디멀티플렉서(demultiplexer)는 순차회로로 구성되는 것이 일반적이다.

> **해설**
>
> ④ 멀티플렉서와 디멀티플렉서는 순차회로로 구성(×)
> → 멀티플렉서와 디멀티플렉서는 현재 입력에만 의존하는 조합회로임. 저장 요소나 피드백이 필요 없음

**Answer** ④

**47** 단일 종류의 논리 게이트(gate)만을 사용하더라도 모든 조합논리회로를 구현할 수 있는 게이트로 옳은 것은?

2016 국가직

① AND 게이트
② OR 게이트
③ NOR 게이트
④ 인버터(inverter)

**해설**

③ NOR 게이트(○)
→ NOR 게이트는 논리적 완전성을 가진 범용 게이트로, 이것만으로 모든 논리 함수를 구현할 수 있음

* **유니버셜 게이트**
단독으로 모든 논리 함수를 구현할 수 있는 게이트
NOR 게이트와 NAND 게이트가 해당됨
이들만으로도 AND, OR, NOT 등 모든 기본 논리 게이트 구현 가능

Answer ③

**48** 〈보기〉 회로의 종류를 바르게 연결한 것은?

2018 서울시

┤보기├
ㄱ. 3개의 입력 중에서 적어도 2개의 입력이 1이면 출력이 1이 되는 회로
ㄴ. 설정된 값이 표시되있을 때, 경고음을 울리는 카운터

|   | ㄱ | ㄴ |
|---|---|---|
| ① | 조합논리회로 | 조합논리회로 |
| ② | 조합논리회로 | 순차논리회로 |
| ③ | 순차논리회로 | 조합논리회로 |
| ④ | 순차논리회로 | 순차논리회로 |

**해설**

**조합논리회로** : 현재의 입력값에 의해서만 출력이 결정
예 멀티플렉서, 디코더, 인코더, 가산기, 감산기 등
**순차논리회로** : 현재의 입력값과 이전 상태에 따라 출력이 결정
메모리 기능 포함
예 플립플롭, 카운터, 레지스터 등

Answer ②

**49** 다음 논리회로의 기능에 해당하는 것은?  2020 국회직

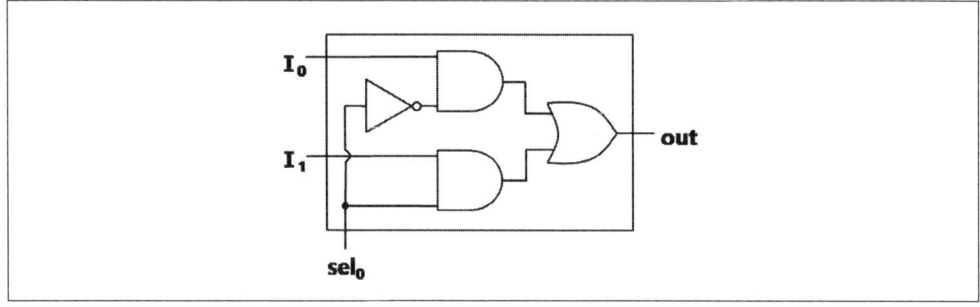

① 멀티플렉서
③ 덧셈기
⑤ 감산기
② 플립플롭
④ 곱셈기

> **해설**
> **멀티플렉서(MUX)** : 여러 개의 입력선 중 하나를 선택하여 하나의 출력으로 내보내는 조합논리회로이며, 멀티플렉서는 2n×1(입력×출력)의 구조를 가진다. (n개의 선택선으로 $2^n$개의 입력 선택 가능)
> 선택선(select)을 통해 어떤 입력을 출력할지 결정한다.
> **주요 용도** : 여러 데이터 중 하나를 선택할 때
> 병렬 데이터를 직렬로 변환할 때
>
> Answer  ①

## 05 순서논리회로

**50** 다음 중 플립플롭(flip-flop)의 용도에 해당하는 것은?  2016 국회직
① n비트의 입력에서 1의 개수가 짝수면 1, 홀수면 0을 출력한다.
② 1비트의 0과 1의 두 개의 상태 중 하나를 안정적으로 저장할 수 있다.
③ n비트의 입력에 따라 2n개의 출력 중 하나만 1을 출력한다.
④ 두 비트의 입력에 대하여 합과 자리올림(carry)을 출력한다.
⑤ 여러 개의 입력 회선 중 선택된 한 회선의 입력을 출력 회선으로 출력한다.

**해설**
② 1비트의 0과 1의 두 개의 상태 중 하나를 안정적으로 저장할 수 있다.(○)
→ 플립플롭은 1비트 데이터를 저장하는 순차논리회로의 기본 소자

Answer ②

**51** 정보를 저장할 수 있는 메모리 집적회로인 플립플롭(FLIP-FLOP)에 대한 설명으로 가장 옳지 않은 것은?　　　2013 경찰승진
① 입력신호가 상태의 변환을 일으키기 전까지는 현재의 상태를 그대로 유지한다.
② 양쪽 출력이 동시에 0 또는 1로 되는 경우가 있다.
③ 클럭(Clock) 신호에 의해 동작한다.
④ 단일 비트의 정보를 저장할 수 있는 장치이다.

**해설**
② 양쪽 출력이 동시에 0 또는 1로 되는 경우가 있다.(×)
→ 플립플롭의 출력(Q와 Q')은 항상 반대 값을 가진다.

Answer ②

**52** 다음은 정논리를 사용하는 JK 플립플롭의 진리표이다. (가)~(라)에 들어갈 내용으로 옳은 것은? (단, Q'은 Q의 반댓값을 의미한다)　　　2022 지방직

| CP | J | K | 다음상태 Q |
|---|---|---|---|
| ↑ | 0 | 0 | (가) |
| ↑ | 0 | 1 | (나) |
| ↑ | 1 | 0 | (다) |
| ↑ | 1 | 1 | (라) |

|   | (가) | (나) | (다) | (라) |
|---|---|---|---|---|
| ① | Q  | 1 | 0 | Q' |
| ② | Q' | 1 | 0 | Q  |
| ③ | Q  | 0 | 1 | Q' |
| ④ | Q' | 0 | 1 | Q  |

**해설**

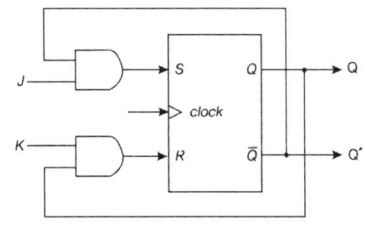

[상태표]

* **JK 플립플롭**
RS 플립플롭의 단점을 보완한 범용 플립플롭
J(Set)와 K(Reset) 두 개의 입력을 가짐

**입력에 따른 동작 :**
J=0, K=0 : 이전 상태 유지
J=0, K=1 : Reset(Q = 0)
J=1, K=0 : Set(Q = 1)
J=1, K=1 : 토글(상태 반전)

Answer ③

**53** RS 플립플롭을 개량하여 두 입력값이 동시에 입력되더라도 안정된 상태를 유지하게 개선한 플립플롭에서 두 입력값이 모두 1이면 출력값은?   2012 경북교행

① Set
② Reset
③ 반전
④ 상태불변
⑤ 허용하지 않음

**해설**

RS 플립플롭은 두 입력값 R=1과 S=1이 동시에 들어올 경우 출력 상태가 정의되지 않는 문제가 있다. 이를 해결하기 위해 개선된 플립플롭이 JK 플립플롭이다. 입력값이 J=1, K=1인 경우에 출력값 Q가 이전 상태에서 반전(toggle)된다.

Answer ③

**54** 다음 중 논리회로에 대한 설명으로 가장 적절하지 않은 것은?  `2024 군무원`

① 반가산기(half adder)는 두 개의 입력과 두 개의 출력으로 합(sum)과 자리올림(carry)을 얻는다.
② 멀티플렉서(multiplexer)는 여러 개의 입력 중 하나만 출력에 전달해준다.
③ T 플립플롭(flip-flop)은 입력 신호가 0이면 출력 상태가 반전된다.
④ D 플립플롭(flip-flop)은 입력 신호가 0이면 출력 상태가 0이다.

> **해설**
> ③ 입력 신호가 0이면 출력 상태가 반전된다.(×)
> → T 플립플롭은 입력 신호가 1일 때 출력 상태가 반전되고, 입력 신호가 0이면 출력 상태가 유지된다.
>
> **Answer** ③

## 06 내부적 자료 표현 형식

**55** 2의 보수로 표현된 n비트의 부호 있는(signed) 2진 정수가 표현할 수 있는 최댓값과 최솟값의 합은? `2017 하반기 지방직`

① -1
② 0
③ 1
④ $2^{n-1}$

> **해설**
> 2의 보수의 수 표현 범위
> 수의 표현 범위 : $-2^{n-1} \sim +2^{n-1} - 1$
> 8비트 예시로 확인하면 :
> 최댓값 : 127 ($2^7 - 1$)
> 최솟값 : -128 ($-2^7$)
> 합 : 127 + (-128) = -1
>
> **Answer** ①

**56** 비트열(bit string) A를 2의 보수로 표현된 부호 있는(signed) 2진 정수로 해석한 값은 −5이다. 비트열 A를 1의 보수로 표현된 부호 있는 2진 정수로 해석한 값은?  
2018 지방직

① −4
② −5
③ −6
④ −7

> ✏️ **해설**
>
> 양수 5의 이진수 : 0101
> −5의 1의 보수 : 1010
> −5의 2의 보수 : 1011 (이것이 비트열 A)
>
> 비트열 A(1011)를 1의 보수로 해석할 때
> 1011은 0100(4)의 반전값
> 따라서 1의 보수로는 −4를 의미
>
> 비트열 1011은 2의 보수로는 −5, 1의 보수로는 −4를 의미한다.
>
> Answer ①

**57** −35를 2의 보수(2's Complement)로 변환하면?  
2021 국가직

① 11011100
② 11011101
③ 11101100
④ 11101101

> ✏️ **해설**
>
> 35의 8비트 이진수 표현 : 00100011
> 비트 반전(1의 보수) : 11011100
> 1을 더함(2의 보수) : 11011101
> 따라서 −35의 2의 보수는 ② 11011101
>
> Answer ②

**58** 다음 중 2진수 $11010010_2$의 1의 보수(one's complement)를 16진수로 표현한 것으로 옳은 것은?  
2022 군무원

① $2D_{16}$
② $D2_{16}$
③ $D3_{16}$
④ $2E_{16}$

> **해설**
> 2진수 : 11010010
> - 1의 보수(모든 비트 반전) :
>   11010010 → 00101101
> - 16진수 변환 :
>   00101101을 4비트씩 묶음
>   0010 1101
>   0010 = 2
>   1101 = D
>
> 따라서, $2D_{16}$
>
> Answer ①

**59** 2의 보수로 표현된 부호 있는(signed) n비트 2진 정수에 대한 설명으로 옳지 않은 것은?

① 최저 음수의 값은 $-(2^{n-1} - 1)$이다.     2023 지방직
② 0에 대한 표현이 한 가지이다.
③ 0이 아닌 2진 정수 A의 2의 보수는 $(2^n - A)$이다.
④ 0이 아닌 2진 정수 A의 2의 보수는 A의 1의 보수에 1을 더해서 구할 수 있다.

> **해설**
> ① 최저 음수의 값은 $-(2^{n-1} - 1)$이다. (×)
>   → 최저 음수의 값은 $-(2^{n-1})$이다.
>
> Answer ①

**60** 음수와 양수를 동시에 표현하는 2진수의 표현 방법에는 부호-크기(sign-magnitude) 방식, 1의 보수 방식, 2의 보수 방식이 있다. 다음은 10진수의 양수와 음수를 3비트의 2진수로 나타낸 표이다. ㉠~㉢에 들어갈 방식을 순서대로 나열한 것은?

2023 계리직

| 10진 정수 | ㉠ | ㉡ | ㉢ |
|---|---|---|---|
| 3 | 011 | 011 | 011 |
| 2 | 010 | 010 | 010 |
| 1 | 001 | 001 | 001 |
| 0 | 000 | 000 | 000 |
| -0 | 100 | 111 | - |
| -1 | 101 | 110 | 111 |
| -2 | 110 | 101 | 110 |
| -3 | 111 | 100 | 101 |
| -4 | - | - | 100 |

|  | ㉠ | ㉡ | ㉢ |
|---|---|---|---|
| ① | 1의 보수 | 2의 보수 | 부호-크기 |
| ② | 2의 보수 | 1의 보수 | 부호-크기 |
| ③ | 부호-크기 | 1의 보수 | 2의 보수 |
| ④ | 부호-크기 | 2의 보수 | 1의 보수 |

**해설**

* **부호-크기 표현**: 양수와 음수는 부호 비트 값으로 구분되며, 양수는 0, 음수는 1로 표현된다.
* **1의 보수 표현**: 음수는 양수 값을 반전하여(0은 1로, 1은 0으로) 표현한다.
* **2의 보수 표현**: 음수는 1의 보수 표현에 1을 더하여 나타낸다.

Answer ③

**61** 〈보기〉의 연산을 2의 보수를 이용한 연산으로 변환한 것은?

2012 계리직

| 보기 |

$6_{10} - 13_{10}$

① $00000110_2 + 11110011_2$
② $00000110_2 - 11110011_2$
③ $11111010_2 + 11110011_2$
④ $11111010_2 - 11110011_2$

### 해설

**2의 보수 연산의 원리**
양수는 부호화 절댓값 그대로 표현하고, 음수(뺄셈 대상)는 2의 보수로 변환하여 표현한다.
$6_{10}$ = 0000 $0110_2$
$13_{10}$ = 0000 $1101_2$
$-13_{10}$의 2의 보수 = 1111 $0011_2$ (1의 보수 + 1)

따라서 $6_{10}$ - $13_{10}$은
0000 $0110_2$ + 1111 $0011_2$로 표현됨

Answer ①

## 62. 10진수 뺄셈 (7-12)를 2의 보수를 이용하여 계산한 결과는? (단, 저장 공간은 8비트로 한다)

① 0000 0100
② 0000 0101
③ 1111 0101
④ 1111 1011

2024 국가직

### 해설

1. **양수와 음수의 2진수 변환**
   7 (10진수) → 0000 0111 (2진수)
   12 (10진수) → 0000 1100 (2진수)

2. **음수 변환(12의 2의 보수 계산)**
   1의 보수 : 0000 1100
   0000 1100 → 1111 0011
   2의 보수 : 1111 0011+1=1111 0100
   따라서 -12는 1111 0100으로 표현

3. **뺄셈 계산(7-12)**
   0000 0111(7) + 1111 0100(-12)
   덧셈 수행 : 0000 0111 + 1111 0100 = 1111 1011

4. **결과 해석**
   1111 1011은 2의 보수로 표현된 음수
   1의 보수로 변환 : 1111 1011 → 0000 0100
   1을 더해 원래 값 복원 : 0000 0100 + 1 = 0000 0101
   따라서,
   1111 1011은 -5(10진수)를 의미한다.

Answer ④

## 63. 부동 소수점 데이터 형식의 특징으로 가장 옳은 것은?
2013 경찰승진

① 컴퓨터 내부에서 정수를 나타내는 데이터 형식이다.
② 2바이트와 4바이트 정수형이 있다.
③ 아주 큰 수나 작은 수를 나타낼 수 있다.
④ 소수점의 위치를 프로그램에서 맞추어야 한다.

### 해설
① 컴퓨터 내부에서 정수를 나타내는 데이터 형식이다.(×)
→ 부동 소수점은 실수를 표현하는 데이터 형식이다. 정수를 표현하는 형식은 고정 소수점이나 정수형 데이터이다.
② 2바이트와 4바이트 정수형이 있다.(×)
→ 2바이트와 4바이트는 정수형 데이터의 크기이며, 부동 소수점 형식과는 관련이 없다. 부동 소수점은 일반적으로 4바이트(단정밀도)와 8바이트(배정밀도)로 표현된다.
④ 소수점의 위치를 프로그램에서 맞추어야 한다.(×)
→ 부동 소수점 형식은 소수점 위치를 자동으로 조정하며, 프로그래머가 직접 소수점 위치를 지정할 필요가 없다.

**Answer** ③

## 64. 부동소수점(floating-point) 방식으로 표현된 두 실수의 덧셈을 수행하고자 할 때, 수행순서를 올바르게 나열한 것은?
2012 국가직

ㄱ. 정규화를 수행한다.
ㄴ. 두 수의 가수를 더한다.
ㄷ. 큰 지수에 맞춰 두 수의 지수가 같도록 조정한다.

① ㄱ → ㄴ → ㄷ
② ㄱ → ㄷ → ㄴ
③ ㄷ → ㄱ → ㄴ
④ ㄷ → ㄴ → ㄱ

### 해설
**부동소수점 덧셈의 수행 순서**
ㄷ : 큰 지수에 맞춰 두 수의 지수가 같도록 조정한다.
  두 수의 지수를 동일하게 맞추어야 가수부의 덧셈이 가능하다. 작은 지수를 가진 수의 가수를 오른쪽으로 시프트하여 큰 지수에 맞춘다.
ㄴ : 두 수의 가수를 더한다. 지수가 동일해지면 가수부끼리 덧셈을 수행한다.
ㄱ : 정규화를 수행한다.
  덧셈 결과가 정규화된 형태가 아닐 수 있으므로 마지막으로 정규화를 수행하고, 필요한 경우 가수를 시프트하고 지수를 조정한다.

**Answer** ④

**65** 부동소수점 계산(floating-point calculation)에서 정규화(normalization)를 하는 이유는?

2015 국회직

① 가수의 값을 크게 하기 위하여
② 가수부의 비트를 줄이기 위하여
③ 연산속도를 빠르게 하기 위하여
④ 유효 숫자를 늘리기 위하여
⑤ 지수부를 최대화하기 위하여

> **해설**
> ④ 유효 숫자를 늘리기 위하여
>   → 부동소수점 계산에서 정규화(normalization)를 하는 주된 이유는 유효 숫자를 늘리기 위해서이다. 정규화를 통해 가수를 특정한 범위로 맞추면, 가수의 유효 숫자가 최대한 보존되기 때문에 부동소수점 표현에서 숫자의 정밀도를 유지할 수 있다.
>
> **Answer** ④

**66** 2진 부동소수점 수를 표현하기 위한 표준 형식의 요소가 아닌 것은?

2016 지방직

① 지수(exponent)
② 가수(fraction 또는 mantissa)
③ 기수(base)
④ 부호(sign)

> **해설**
> **단일 정밀도 형식(32비트)**
> ① **부호(Sign) 비트** : 1비트로 구성되며, 0일 때 양수, 1일 때 음수
> ② **지수(Exponent) 비트** : 8비트로 구성되며, bias값 127(0111 1111, 16진수로는 7F)을 실제 지수에 더해서 저장
> ③ **가수(Fraction) 비트** : 23비트로 구성되며 정규화된 수의 경우 1.xxx에서 암묵적 1을 제외한 xxx부분을 저장하고, 나머지는 0으로 채움
>
> | Sign | Exponent | Fraction |
> |---|---|---|
> | 1bit | 8bit | 23bit |
>
> **Answer** ③

**67** 10진수 -2.75를 아래와 같이 IEEE 754 표준에 따른 32비트 단정도 부동소수점(Single Precision Floating Point) 표현 방식에 따라 2진수로 표기했을 때 옳은 것은? `2018 계리직`

| 부호 | 지수부 | 가수부 |
|---|---|---|

(부호 : 1비트, 지수부 : 8비트, 가수부 : 23비트)

① 1000 0000 0000 0000 0000 0000 0000 1011
② 1000 0000 1011 0000 0000 0000 0000 0000
③ 1010 0000 0110 0000 0000 0000 0000 0000
④ 1100 0000 0011 0000 0000 0000 0000 0000

**해설**
- $-2.75_{10} = -10.11_2$
- 정규화 : $-10.11 = -1.011 \times 2^1$
  (가수의 첫 번째 자리가 항상 1이 되도록 소수점을 조정하는 과정)
- 부호비트는 -2.75는 음수이므로 1
- 지수부는 1이므로, 2진수로 표현하면 1000 0000
- 가수부는 0110 0000 0000 0000 0000 000

| 1 | 1000 0000 | 0110 0000 0000 0000 0000 000 |
|---|---|---|

앞에서부터 4비트씩 묶어서 표현
- 1100 0000 0011 0000 0000 0000 0000 0000

**Answer** ④

**68** 컴퓨터 내부에서 실수 데이터를 표현하는데 사용되는 표준 부동소수점 데이터 형식(IEEE 754 표준)에 대한 설명으로 옳은 것을 모두 고른 것은? `2011 지방직`

> ㄱ. 단일 정밀도(single precision)는 64비트로 표현한다.
> ㄴ. 0은 특별한 값으로 별도 정의한다.
> ㄷ. 지수 값을 나타낼 때 바이어스된(biased) 표현 방식을 사용한다.
> ㄹ. 단일 정밀도에서 지수는 11비트로 나타낸다.

① ㄱ, ㄴ
② ㄱ, ㄷ
③ ㄴ, ㄷ
④ ㄴ, ㄹ

> **해설**
> ㄱ. 단일 정밀도(single precision)는 64비트로 표현한다.(×)
> → 단일 정밀도는 32비트로 구성된다. 64비트는 배정밀도(double precision)에 해당한다.
> ㄹ. 단일 정밀도에서 지수는 11비트로 나타낸다.(×)
> → 단일 정밀도에서 지수는 8비트로 나타낸다. 11비트는 배정밀도(double precision)의 지수 비트 수에 해당한다.
>
> Answer ③

## 07 외부적 자료 표현 형식

**69** 다음 중 문자 한 개를 표현하기 위해 필요한 비트 수가 가장 많은 문자 코드 체계는?

① ASCII
② BCD
③ EBCDIC
④ 유니코드(Unicode)

2023 지방직

> **해설**
> ④ 유니코드(Unicode)(○)
> 문자에 따라 다르지만, 보통 16비트 이상(최대 32비트)까지 사용 가능. 유니코드는 전 세계 모든 문자를 표현하기 위해 설계되었기 때문에 가장 많은 비트가 필요하다.
> ① ASCII : 7비트로 문자 한 개를 표현(확장 ASCII는 8비트 사용)
> ② BCD : 6비트로 숫자와 몇 가지 특수 문자만 표현
> ③ EBCDIC : 8비트로 문자 한 개를 표현
>
> Answer ④

**70** 다음 중 문자 인코딩 방법에 대한 설명으로 가장 적절한 것은?

2024 군무원

① 아스키(ASCII) 코드는 8비트로 구성되어 $2^8$(= 256)개의 문자 표현이 가능하다.
② EBCDIC(Entended Binary-Coded Decimal Interchange Code)는 7비트로 구성되어 $2^7$(= 128)개의 문자 표현이 가능하다.
③ BCD(Binary-Coded Decimal) 코드는 5비트로 구성되어 $2^5$(= 32)개의 문자 표현이 가능하다.
④ 유니코드(Unicode)는 16비트로 구성되어 $2^{16}$(=65,536)개의 문자 표현이 가능하다.

> **해설**
> ① ASCII : 7비트, 128문자 표현 가능 (8비트, 256문자 표현은 잘못된 설명)
> ② EBCDIC : 8비트, 256문자 표현 가능 (7비트, 128문자 표현은 잘못된 설명)
> ③ BCD : 4비트, 16문자 표현 가능 (5비트, 32문자 표현은 잘못된 설명)
>
> Answer ④

**71** 한 페이지에 1,024개의 문자를 포함하고 512페이지로 구성된 책을 1GB의 저장장치에 저장할 경우, 최대 몇 권을 저장할 수 있는가? (단, 유니코드(unicode) 방식으로 문자를 표현하고 압축이나 저장을 위한 부가적인 정보는 고려하지 않는다)  2011 지방직

① 512
② 1,024
③ 2,048
④ 4,096

> **해설**
> 한 권의 책 용량 계산
> 한 페이지 : 1,024문자 × 2바이트 = 2,048바이트 = $2^{11}$B
> 책 전체 : 2,048바이트 × 512페이지 = $2^{11}$B × $2^9$페이지 = $2^{20}$B = 1MB
>
> 저장장치에 저장 가능한 책의 개수
> 저장장치 용량 : 1GB = $2^{10}$MB = 1,024MB
> 한 권의 책 크기 : 1MB
> 저장 가능한 책 수 : 1024MB ÷ 1MB = 1,024
>
> Answer ②

**72** 짝수 패리티를 갖는 7비트 데이터 「0011111」이 수신되었다. 해밍코드를 이용하여 전송 중 발생한 오류를 찾아 바르게 정정한 것은?  2009 지방직

① 0011100
② 0011011
③ 0001111
④ 0010111

> **해설**
> P1 (비트 1, 3, 5, 7) : 1이 3개로 비정상 (오류 발생)
> P2 (비트 2, 3, 6, 7) : 1이 3개로 비정상 (오류 발생)
> P4 (비트 4, 5, 6, 7) : 1이 4개로 정상
> P4P2P1 = 011 = 3 (3번 비트 오류)
> 3번 비트 반전 (1 → 0) : 0001111
>
> Answer ③

## 73. 2진수 1001에 대한 해밍코드로 옳은 것은? (단, 짝수 패리티 체크를 사용한다) 〔2018 해경〕

① 0110010
② 1000011
③ 0100101
④ 0011001

> **해설**
> 
> | P1 | P2 | D1 | P4 | D2 | D3 | D4 |
> |---|---|---|---|---|---|---|
> 
> 데이터 비트
> $d1 = 1,\ d2 = 0,\ d3 = 0,\ d4 = 1$
> 
> 패리티 비트 계산
> $p1 = d1 \oplus d2 \oplus d4 = 0$
> $p2 = d1 \oplus d3 \oplus d4 = 0$
> $p4 = d2 \oplus d3 \oplus d4 = 1$
> 
> **최종 해밍코드** : 0011001
> 
> **Answer** ④

## 74. 〈보기〉는 자료의 표현과 관련된 설명이다. 옳은 것을 모두 고른 것은? 〔2010 계리직〕

**보기**
ㄱ. 2진수 0001101의 2의 보수(complement)는 1110011이다.
ㄴ. 부호화 2의 보수 표현방법은 영(0)이 하나만 존재한다.
ㄷ. 패리티(parity) 비트로 오류를 수정할 수 있다.
ㄹ. 해밍(Hamming) 코드로 오류를 검출할 수 있다.

① ㄱ, ㄹ
② ㄴ, ㄷ
③ ㄱ, ㄴ, ㄷ
④ ㄱ, ㄴ, ㄹ

> **해설**
> ㄷ. 패리티(parity) 비트로 오류를 수정할 수 있다.(×)
>   → 패리티 비트는 오류 검출만 가능, 수정은 불가능하다.
> 
> **Answer** ④

## 08 중앙처리장치(CPU)

**75** 중앙처리장치(CPU)에 대한 설명으로 옳지 않은 것은?     2008 국가직

① CPU는 산술연산과 논리연산을 수행하는 ALU를 갖는다.
② CPU 내부의 임시기억장치로 사용되는 레지스터는 DRAM으로 구성된다.
③ MIPS(Million Instructions per Second)는 CPU의 처리속도를 나타내는 단위 중 하나이다.
④ CPU는 주기억장치로부터 기계 명령어(machine instruction)를 읽어 해독하고 실행한다.

**해설**
② CPU 내부의 임시기억장치로 사용되는 레지스터는 DRAM으로 구성된다.(×)
→ 레지스터는 매우 빠른 속도를 요구하므로 DRAM이 아닌 SRAM(정적 램) 또는 플립플롭과 같은 고속 회로로 구현된다.

**Answer** ②

**76** 컴퓨터시스템의 명령어 형식이 다음과 같고, OPERAND 필드(field)가 256M 워드 크기의 메모리 주소를 나타낼 때 OPCODE 필드로 나타낼 수 있는 서로 다른 종류의 명령어가 모두 몇 개인가? (단, OPERAND는 워드단위의 주소 값을 가지고, 1워드는 32비트이며, 각 명령어 크기는 1워드이다)     2011 지방직

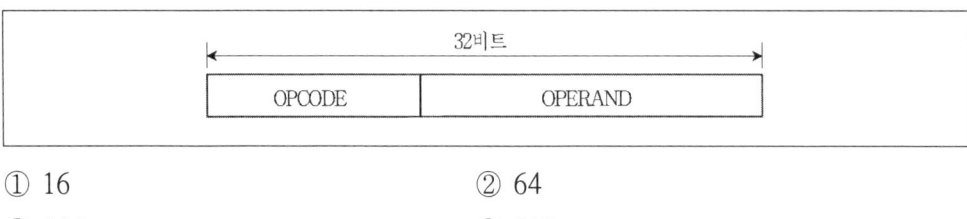

① 16
② 64
③ 256
④ 512

**해설**
**OPCODE와 OPERAND의 비트 크기 계산**: 전체 명령어는 32비트
OPERAND는 28비트를 사용하므로, OPCODE는 32 − 28 = 4비트
**OPCODE로 나타낼 수 있는 명령어의 개수**: OPCODE 필드가 4비트이면 나타낼 수 있는 명령어의 개수는 $2^4$ = 16개

**Answer** ①

## 77 다음 중 시스템버스에 대한 설명으로 옳지 않은 것은?
2016 국회직

① 하드웨어 구성요소를 물리적으로 연결하며 구성요소 사이의 데이터 통로를 제공한다.
② 주소버스는 중앙처리장치가 주기억장치나 입출력장치에 데이터를 읽거나 쓰기 위해 필요한 주소를 전달하는 통로이다.
③ 제어버스는 주소버스와 데이터버스의 동작을 제어하기 위한 신호의 전달 통로이다.
④ 데이터버스는 중앙처리장치와 기타 모듈(기억장치, 입출력장치 등) 사이의 데이터를 전달하는 통로로 양방향 버스이다.
⑤ 시스템버스는 용도에 따라 주소버스, 입출력버스, 데이터버스, 제어버스로 구성된다.

> **해설**
> ⑤ 시스템버스는 용도에 따라 주소버스, 입출력버스, 데이터버스, 제어버스로 구성된다.(×)
> → 시스템버스는 주소버스, 데이터버스, 제어버스로 구성된다. 입출력버스는 시스템버스의 구성요소가 아니다.
>
> **Answer** ⑤

## 78 범용 컴퓨터의 시스템 버스(system bus)에 해당하지 않는 것은?
2016 지방직

① 주소 버스(address bus)  ② 데이터 버스(data bus)
③ 제어 버스(control bus)  ④ 명령어 버스(instruction bus)

> **해설**
> ④ 명령어 버스(Instruction Bus)
> → 명령어 버스는 시스템 버스에 포함되지 않는 개념이다. 명령어 처리는 주로 CPU 내부에서 이루어지며, 명령어 버스는 별도의 구성 요소로 존재하지 않는다.
>
> **Answer** ④

**79** 중앙처리장치 내의 레지스터 중 PC(program counter), IR(instruction register), MAR(memory address register), AC(accumulator)와 다음 설명이 옳게 짝지어진 것은?

2017 국가직

> ㄱ. 명령어 실행 시 필요한 데이터를 일시적으로 보관한다.
> ㄴ. CPU가 메모리에 접근하기 위해 참조하려는 명령어의 주소 혹은 데이터의 주소를 보관한다.
> ㄷ. 다음에 인출할 명령어의 주소를 보관한다.
> ㄹ. 가장 최근에 인출한 명령어를 보관한다.

|   | PC | IR | MAR | AC |
|---|----|----|-----|----|
| ① | ㄱ | ㄴ | ㄷ | ㄹ |
| ② | ㄴ | ㄹ | ㄷ | ㄱ |
| ③ | ㄷ | ㄴ | ㄱ | ㄹ |
| ④ | ㄷ | ㄹ | ㄴ | ㄱ |

**✏️해설**
ㄱ. AC(Accumulator) : AC는 연산에 필요한 데이터를 일시적으로 저장하는 레지스터
ㄴ. MAR(Memory Address Register) : MAR은 CPU가 메모리에 접근할 때 참조할 주소를 보관하는 레지스터
ㄷ. PC(Program Counter) : PC는 다음에 실행할 명령어의 주소를 저장
ㄹ. IR(Instruction Register) : IR은 메모리에서 가장 최근에 가져온 명령어를 임시로 보관하는 레지스터

**Answer** ④

---

**80** 다음 중 중앙 처리 장치의 각 구성 요소에 대한 설명으로 옳지 않은 것은?

2007 국가직

① 기억 장치에서 꺼내진 명령어는 누산기가 기억한다.
② 다음에 실행될 명령어의 번지는 명령 계수기가 기억한다.
③ 명령 해독기는 명령어를 해독하여 필요한 장치로 제어 신호를 보낸다.
④ 번지 레지스터는 읽고자 하는 프로그램이나 데이터가 기억되어 있는 주기억 장치의 번지를 기억한다.

**✏️해설**
① 기억 장치에서 꺼내진 명령어는 누산기가 기억한다.(×)
→ 누산기는 연산 결과를 일시적으로 저장하는 데 사용되며, 명령어는 명령어 레지스터(Instruction Register)가 기억한다.

**Answer** ①

## 81 (가)에 들어갈 어드레싱 모드로 옳은 것은?

2022 국가직

> (가) 는 명령어가 피연산자의 주소를 가지고 있는 레지스터를 지정한다. 즉, 선택된 레지스터는 피연산자 그 자체가 아니라 피연산자의 주소이다. 일반적으로 이 모드를 사용할 때에 프로그래머는 이전의 명령어에서 레지스터가 피연산자의 주소를 가졌는지를 확인해 보아야 한다.

① 레지스터 간접 모드(Register Indirect mode)
② 레지스터 모드(Register mode)
③ 간접 주소 모드(Indirect Addressing mode)
④ 인덱스 어드레싱 모드(Indexed Addressing mode)

**해설**
② 레지스터 모드(Register Mode) : 피연산자가 레지스터에 직접 저장
③ 간접 주소 모드(Indirect Addressing Mode) : 메모리를 간접 참조하는 방식으로 레지스터가 아닌 메모리 주소를 사용
④ 인덱스 어드레싱 모드(Indexed Addressing Mode) : 기본 주소와 오프셋을 더해 주소를 계산

**Answer** ①

## 82 각 명령어가 중앙처리장치(CPU)에 의해 실행될 때, 연산을 수행하는데 필요한 데이터 혹은 데이터 주소를 오퍼랜드(operand)라 한다. 이 오퍼랜드를 지정하는 주소지정 방식(addressing mode)에 대한 설명으로 옳지 않은 것은?

2010 지방직

① 묵시적 주소지정 방식은 오퍼랜드가 묵시적으로 정해지는 방식이다.
② 직접 주소지정 방식은 오퍼랜드 내의 주소를 실제 데이터의 주소로 직접 표현하는 방식이다.
③ 레지스터 주소지정 방식은 중앙처리장치 내의 레지스터에 실제 데이터가 기억되는 방식이다.
④ 간접 주소지정 방식은 명령어 주소 부분의 값과 PC(program counter)의 값이 더해져서 유효주소가 결정되는 방식이다.

**해설**
④ 간접 주소지정 방식은 명령어 주소 부분의 값과 PC(program counter)의 값이 더해져서 유효주소가 결정되는 방식이다.(×)
→ 이 설명은 상대 주소지정 방식(Relative Addressing Mode)에 해당한다.
간접 주소지정 방식에서는 명령어의 주소 필드에 주어진 주소가 가리키는 위치를 참조하여 실제 데이터가 있는 주소를 얻는다.

**Answer** ④

**83** 현재 사용되는 PC에서와 같이, 일반적인 폰-노이만 방식의 중앙처리장치에 대한 설명으로 옳지 않은 것은?

2015 서울시

① 중앙처리장치의 중요 구성요소는 산술논리장치(ALU)와 제어부(CU)이다.
② 산술논리장치의 계산 결과는 레지스터에 저장된다.
③ 중앙처리장치에 연결된 어드레스 버스는 단방향 통신을 지원한다.
④ 중앙처리장치와 주기억장치 사이의 통신은 대부분 DMA 방식으로 처리된다.

**해설**
④ 중앙처리장치와 주기억장치 사이의 통신은 대부분 DMA 방식으로 처리된다.(×)
→ CPU와 주기억장치의 통신은 주로 CPU의 제어로 이뤄짐
　DMA는 주로 대용량 데이터를 입출력장치와 주기억장치 간 전송할 때 사용

Answer ④

**84** 중앙처리장치와 주기억장치 사이에 있는 기억장치로서, 둘 사이의 속도 차이로 인한 컴퓨터 시스템 성능 저하를 경감하기 위한 것은?

2017 하반기 국가직

① 캐시 기억장치
② 보조 기억장치
③ ROM
④ 레지스터

**해설**
* **캐시 기억장치**
CPU와 주기억장치 사이에는 큰 속도 차이가 있다. CPU는 매우 빠른 속도로 명령어를 처리하지만, 주기억장치는 상대적으로 속도가 느리다. 이로 인해 CPU가 주기억장치에서 데이터를 읽어오는 데 많은 시간이 소요되며, 이를 "폰 노이만 병목 현상"이라고 한다.
이러한 병목 현상을 완화하기 위해 캐시 기억장치가 도입되었다. 캐시 기억장치는 CPU와 주기억장치 사이에 위치하며, 자주 사용되는 데이터나 명령어를 미리 저장한다. 이를 통해 CPU는 필요한 데이터를 주기억장치에서 직접 가져오는 대신 캐시 기억장치에서 더 빠르게 읽어올 수 있다.

Answer ①

**85** 주기억장치와 CPU 캐시 기억장치만으로 구성된 시스템에서 다음과 같이 기억장치 접근 시간이 주어질 때 이 시스템의 캐시 적중률(hit ratio)로 옳은 것은? `2021 계리직`

- 주기억장치 접근 시간 : $T_m$ = 80ns
- CPU 캐시 기억장치 접근 시간 : $T_c$ = 10ns
- 기억장치 평균 접근 시간(expected memory access time) : $T_a$ = 17ns

① 80%  ② 85%
③ 90%  ④ 95%

**해설**

* 기억장치 평균 접근 시간($T_a$) 공식
$T_a = (T_c × h) + (T_m × (1 - h))$
$T_a$ = 17, $T_c$ = 10, $T_m$ = 80

17 = (10 × h) + (80 × (1 - h))
17 = 10h + 80 - 80h
17 = 80 - 70h
70h = 80 - 17
70h = 63
h = 0.9 = 90%

**Answer** ③

**86** 주기억장치와 캐시 기억장치만으로 구성된 시스템에서 〈보기〉와 같이 기억장치 접근시간이 주어질 때 캐시 적중률(hit ratio)은? `2012 계리직`

|보기|
- 평균 기억장치 접근시간 : $T_a$ = 1.9ms
- 주기억장치 접근시간 : $T_m$ = 10ms
- 캐시 기억장치 접근시간 : $T_c$ = 1ms

① 80%  ② 85%
③ 90%  ④ 95%

> **해설**
> 
> \* 기억장치 평균 접근시간($T_a$) 공식
> $T_a = (T_c \times h) + (T_m \times (1-h))$
> $T_a = 1.9$, $T_c = 1$, $T_m = 10$
> 
> $1.9 = (1 \times h) + (10 \times (1-h))$
> $1.9 = h + 10 - 10h$
> $1.9 = -9h + 10$
> $-8.1 = -9h$
> $h = 0.9 = 90\%$
> 
> Answer ③

## 87. 중앙처리장치(CPU)의 구성 요소로만 묶은 것은?

2019 지방직

| ㄱ. ALU | ㄴ. DRAM | ㄷ. PCI |
| ㄹ. 레지스터 | ㅁ. 메인보드 | ㅂ. 제어장치 |

① ㄱ, ㄴ, ㄹ
② ㄱ, ㄹ, ㅂ
③ ㄹ, ㅁ, ㅂ
④ ㄱ, ㄷ, ㄹ, ㅂ

> **해설**
> 
> \* 중앙처리장치의 구성 요소
> ① 제어장치(Control Unit) : 프로그램 명령어를 해석하고 실행 순서를 제어
> ② 연산장치(Arithmetic Logic Unit, ALU) : 산술 연산과 논리 연산을 수행
> ③ 레지스터(Registers) : 데이터를 임시로 저장하고 빠르게 접근할 수 있는 메모리
> 
> Answer ②

## 88. CPU 내의 레지스터에 대한 설명으로 옳지 않은 것은?

2020 국가직

① Accumulator(AC) : 연산 과정의 데이터를 일시적으로 저장하는 레지스터
② Program Counter(PC) : 다음에 인출될 명령어의 주소를 보관하는 레지스터
③ Memory Address Register(MAR) : 가장 최근에 인출한 명령어를 보관하는 레지스터
④ Memory Buffer Register(MBR) : 기억장치에 저장될 데이터 혹은 기억장치로부터 읽힌 데이터가 일시적으로 저장되는 버퍼 레지스터

> ✏️ 해설
> ③ Memory Address Register(MAR) : 가장 최근에 인출한 명령어를 보관하는 레지스터(×)
> → 메모리 주소를 보관
>
> Answer ③

**89** CPU 내부 레지스터로 옳지 않은 것은?   2019 국가직

① 누산기(accumulator)
② 캐시 메모리(cache memory)
③ 프로그램 카운터(program counter)
④ 메모리 버퍼 레지스터(memory buffer register)

> ✏️ 해설
> ② 캐시 메모리(cache memory)
> → 캐시 메모리는 CPU 내부가 아닌 주기억장치와 CPU 사이에서 데이터를 임시 저장하여 처리 속도를 높이는 장치로 CPU 내부 레지스터에 해당하지 않음
>
> Answer ②

**90** 〈보기〉가 설명하는 것은?   2019 서울시

┤ 보기 ├
다음에 실행할 명령어의 주소를 보관하는 레지스터이다. 계수기로 되어 있어 실행할 명령어를 메모리에서 읽으면 명령어의 길이만큼 증가하여 다음 명령어를 가리키며, 분기 명령어는 목적 주소로 갱신할 수 있다.

① 명령어 레지스터
② 프로그램 카운터
③ 데이터 레지스터
④ 주소 레지스터

> ✏️ 해설
> ① 명령어 레지스터
> → 명령어 레지스터는 현재 실행 중인 명령어를 보관하는 레지스터
> ③ 데이터 레지스터
> → 데이터 레지스터는 연산에 필요한 데이터를 임시로 저장하는 레지스터
> ④ 주소 레지스터
> → 주소 레지스터는 메모리에서 데이터를 읽거나 쓰기 위해 메모리 주소를 보관하는 레지스터
>
> Answer ②

**91** 다음에 실행할 명령의 번지를 기억하고 있는 레지스터는?  2014 서울시
① 프로그램 카운터(Program Counter)
② 누산기(Accumulator)
③ 명령어 레지스터(Instruction Register)
④ 메모리 버퍼 레지스터(Memory Buffer Register)
⑤ 인덱스 레지스터(Index Register)

> **해설**
> ② 누산기(Accumulator)
>   → 누산기는 연산 결과를 일시적으로 저장하는 레지스터
> ③ 명령어 레지스터(Instruction Register)
>   → 명령어 레지스터는 현재 실행 중인 명령어를 저장
> ④ 메모리 버퍼 레지스터(Memory Buffer Register)
>   → 메모리 버퍼 레지스터는 메모리와 CPU 사이에서 데이터를 임시로 저장하는 레지스터
> ⑤ 인덱스 레지스터(Index Register)
>   → 인덱스 레지스터는 특정 데이터의 주소 계산에 사용
>
> **Answer** ①

**92** CPU의 제어장치에 해당하지 않는 것은?  2023 국가직
① 순서 제어 논리 장치      ② 명령어 해독기
③ 시프트 레지스터         ④ 서브루틴 레지스터

> **해설**
> ③ 시프트 레지스터
>   → ALU(산술논리장치)에 속하며, 데이터를 비트 단위로 이동시키는 레지스터이다.
>
> **Answer** ③

**93** 데이지-체인(daisy-chain) 우선순위 인터럽트 방식에 대한 설명으로 옳은 것은?  2014 계리직
① 인터럽트를 발생시키는 장치들이 병렬로 연결된다.
② 두 개 이상의 장치에서 동시에 인터럽트가 발생되면 중앙처리장치(CPU)는 이들 인터럽트를 모두 무시한다.
③ 인터럽트를 발생시킨 장치가 인터럽트 인식(acknowledge) 신호를 받으면 자신의 장치 번호를 중앙처리장치로 보낸다.
④ 중앙처리장치에서 전송되는 인터럽트 인식 신호는 우선순위가 낮은 장치부터 높은 장치로 순차적으로 전달된다.

> **해설**
>
> * 데이지 체인
> 장치들이 직렬로 연결(①번 : 병렬 연결은 틀림)
> 동시 인터럽트 시 우선순위 높은 것 먼저 처리(②번 : 모두 무시하지 않음)
> 인터럽트 발생 장치가 인식 신호를 받으면 장치번호 전송(③번 : ○)
> 인식 신호는 우선순위가 높은 장치부터 전달(④번 : 낮은 장치부터 전달은 틀림)
>
> **Answer** ③

**94** 파이프라인 구조를 갖지 않는 CPU를 개선하여 4개의 파이프라인 스테이지(stage)를 갖는 CPU를 설계하였을 때, 얻을 수 있는 이상적인 성능향상은 최대 몇 배인가? 2011 지방직

① 1
② 2
③ 4
④ 16

> **해설**
>
> 이상적인 성능향상 계산
> **비파이프라인 CPU** : 하나의 명령어가 완료된 후에 다음 명령어를 시작한다.
> **4단계 파이프라인 CPU** : 동시에 4개의 명령어가 다른 단계에서 병렬로 실행된다.
> 이상적인 상황에서 파이프라인의 성능향상(speedup)은 파이프라인 스테이지의 수와 같다. 이 경우 4개의 파이프라인 스테이지를 도입했으므로, 이상적인 성능향상은 4배가 된다.
>
> **Answer** ③

**95** 명령어 파이프라이닝의 4단계에 속하지 않는 것은? 2015 지방직

① 인터럽트
② 명령어 실행
③ 명령어 인출
④ 명령어 해독

> **해설**
>
> * 4-단계 명령어 파이프라인
> **명령어 인출**(IF, Instruction Fetch) : 메모리에서 실행할 명령어를 가져오기
> **명령어 해석**(ID, Instruction Decode) : 가져온 명령어를 해석하여 어떤 작업을 수행할지 결정
> **명령어 실행**(EX, Execute) : 해석된 명령어에 따라 연산을 수행하거나 데이터를 처리
> **결과 저장**(MEM/WB, Memory/Write Back) : 실행 결과를 레지스터나 메모리에 저장
>
> **Answer** ①

## 96 명령어 파이프라이닝에 대한 설명으로 옳지 않은 것은?

2010 국가직

① 여러 개의 명령어가 중첩 실행된다.
② 실행 명령어의 처리율을 향상시킨다.
③ 개별 명령어의 실행 속도를 높인다.
④ 하나의 명령어를 수행하는 데 여러 클럭(clock) 사이클이 필요하다.

**해설**

③ 개별 명령어의 실행 속도를 높인다.(×)
→ 파이프라이닝은 전체 처리율(throughput)을 향상시키는 데 초점이 맞춰져 있으며, 개별 명령어의 실행 속도를 직접적으로 높이지 않는다.

Answer ③

## 97 파이프라이닝(pipelining) 기법이 적용된 중앙처리장치(CPU)에서의 파이프라인 해저드(pipeline hazard) 종류와 대응 방법을 바르게 짝지은 것만을 모두 고른 것은?

2016 국가직

ㄱ. 데이터 해저드(data hazard) - 데이터 전방전달(data forwarding)
ㄴ. 구조적 해저드(structural hazard) - 부족한 자원의 추가
ㄷ. 제어 해저드(control hazard) - 분기 예측(branch prediction)

① ㄱ, ㄴ
② ㄱ, ㄷ
③ ㄴ, ㄷ
④ ㄱ, ㄴ, ㄷ

**해설**

ㄱ. 데이터 해저드(data hazard) - 데이터 전방전달(data forwarding)(○)
→ 데이터 해저드는 데이터 종속성으로 인해 발생하며, 데이터 전방전달을 통해 이전 명령어의 결과를 다음 명령어로 바로 전달하여 해결할 수 있다.
ㄴ. 구조적 해저드(structural hazard) - 부족한 자원의 추가(○)
→ 구조적 해저드는 하드웨어 자원 부족으로 발생하며, 해당 자원을 추가함으로써 해결할 수 있다.
ㄷ. 제어 해저드(control hazard) - 분기 예측(branch prediction)(○)
→ 제어 해저드는 분기 명령어로 인해 발생하며, 분기 예측을 통해 다음 실행될 명령어를 미리 예측하여 해결할 수 있다.

Answer ④

## 98. 다음 설명 중 옳은 것을 모두 묶은 것은?

2008 국가직

> ㄱ. 폰 노이만(von Neumann) 컴퓨터에서는 명령어 메모리와 데이터 메모리가 분리되어 존재하기 때문에, 명령어와 데이터를 동시에 접근할 수 있다.
> ㄴ. 다섯 단계(stage)의 파이프라이닝(pipelining)을 사용하는 CPU는 파이프라이닝을 사용하지 않는 CPU보다 5배 더 빠르다.
> ㄷ. 파이프라이닝을 사용하는 CPU의 각 파이프라인 단계는 서로 다른 하드웨어 자원을 사용한다.
> ㄹ. 파이프라이닝을 사용하는 CPU에서는 파이프라인 해저드(pipeline hazard)로 인해 일부 명령어의 실행이 잠시 지연되기도 한다.

① ㄱ, ㄷ
② ㄴ, ㄷ
③ ㄴ, ㄹ
④ ㄷ, ㄹ

**해설**

ㄱ. 폰 노이만(Von Neumann) 컴퓨터에서는 명령어 메모리와 데이터 메모리가 분리되어 존재하기 때문에, 명령어와 데이터를 동시에 접근할 수 있다.(×)
   → 폰 노이만 구조에서는 명령어와 데이터가 같은 메모리 공간을 공유하며, 동일한 버스를 사용한다. 따라서 명령어와 데이터를 동시에 접근할 수 없다.
ㄴ. 다섯 단계(stage)의 파이프라이닝(pipelining)을 사용하는 CPU는 파이프라이닝을 사용하지 않는 CPU보다 5배 더 빠르다.(×)
   → k-단계 파이프라인을 이용하면 이론상 최대 k배의 속도 향상을 얻을 수 있지만, 실제로는 해저드와 같은 문제로 인해 이상적인 성능 향상을 달성하기 어렵다.

Answer ④

## 99. 컴퓨터 시스템의 인터럽트(interrupt)에 대한 설명으로 옳지 않은 것은?

2016 계리직

① 인터럽트는 입출력 연산, 하드웨어 실패, 프로그램 오류 등에 의해서 발생한다.
② 인터럽트 처리 우선순위 결정 방식에는 폴링(polling) 방식과 데이지 체인(daisy-chain) 방식이 있다.
③ 인터럽트가 추가된 명령어 사이클은 인출 사이클, 인터럽트 사이클, 실행 사이클 순서로 수행된다.
④ 인터럽트가 발생할 경우, 진행 중인 프로그램의 재개(resume)에 필요한 레지스터 문맥(register context)을 저장한다.

> **해설**
> ③ 인터럽트가 추가된 명령어 사이클은 인출 사이클, 인터럽트 사이클, 실행 사이클 순서로 수행된다.(×)
> * 명령어 사이클에서 인터럽트는 일반적으로 인출 사이클 → 실행 사이클 → 인터럽트 처리의 순서로 수행된다.
>
> **Answer** ③

## 100 인터럽트(interrupt)에 대한 설명 중 옳지 않은 것은?  2007 국가직

① 연산오류가 발생할 경우에 인터럽트가 발생한다.
② 메모리 보호 구역에 접근을 시도하는 경우에 인터럽트가 발생한다.
③ 인터럽트 요구를 처리하는 서비스 프로그램의 시작 주소는 명령어의 주소 영역에 지정된다.
④ 입출력이 완료되었을 때 인터럽트가 발생한다.

> **해설**
> ③ 인터럽트 요구를 처리하는 서비스 프로그램의 시작 주소는 명령어의 주소 영역에 지정된다.(×)
>   → 인터럽트 서비스 루틴의 시작 주소는 인터럽트 벡터 테이블에 저장되며, 명령어의 주소 영역이 아닌 별도의 시스템 영역에 지정된다.
>
> **Answer** ③

## 101 인터럽트 처리를 위한 〈보기〉의 작업이 올바로 나열된 것은?  2012 계리직

―| 보기 |―
ㄱ. 인터럽트 서비스 루틴을 수행한다.
ㄴ. 보관한 프로그램 상태를 복구한다.
ㄷ. 현재 수행 중인 명령을 완료하고 상태를 저장한다.
ㄹ. 인터럽트 발생 원인을 찾는다.

① ㄷ → ㄹ → ㄱ → ㄴ
② ㄷ → ㄹ → ㄴ → ㄱ
③ ㄹ → ㄷ → ㄱ → ㄴ
④ ㄹ → ㄷ → ㄴ → ㄱ

> **해설**
> **인터럽트 처리 과정**
> 인터럽트 요청 신호 발생
>   ㄷ. 현재 수행 중인 명령을 완료하고 상태를 저장
>   ㄹ. 인터럽트 요청 장치를 확인
>   ㄱ. 인터럽트 서비스 루틴 수행
>   ㄴ. 보존된 프로그램 상태 복구 후 작업 재개
>
> **Answer** ①

## 102
컴퓨터에서 사건이 발생하면 이를 처리하기 위해 인터럽트 기술을 사용한다. 사건의 발생지에 따라 동기와 비동기 인터럽트로 분류된다. 다음 중 비동기 인터럽트는? 2017 서울시

① 프로세스가 실행 중에 0으로 나누기를 할 때 발생하는 인터럽트
② 키보드 혹은 마우스를 사용할 때 발생하는 인터럽트
③ 프로세스 내 명령어 실행 때문에 발생하는 인터럽트
④ 프로세스 내 명령어가 보호 메모리영역을 참조할 때 발생하는 인터럽트

**해설**
① 프로세스가 실행 중에 0으로 나누기를 할 때 발생하는 인터럽트(×)
→ 0으로 나누기와 같은 연산 오류는 프로세스 실행 중 발생하며, 이는 동기 인터럽트에 해당한다.
③ 프로세스 내 명령어 실행 때문에 발생하는 인터럽트(×)
→ 명령어 실행 도중 발생하는 인터럽트는 프로세스 실행에 의존적이므로 동기 인터럽트에 해당한다.
④ 프로세스 내 명령어가 보호 메모리영역을 참조할 때 발생하는 인터럽트(×)
→ 메모리 보호 오류도 프로세스 실행 중 발생하는 것이므로 동기 인터럽트에 해당한다.

**Answer** ②

## 103
다음 설명 중 인터럽트(interrupt)와 서브루틴 호출(subroutine call)이 공통적으로 갖는 특징은? 2008 국가직

ㄱ. 순차적으로 다음 명령어가 아닌 다른 명령어 주소에서부터 명령어들을 실행한다.
ㄴ. 호출되는 루틴(routine)을 사용자(user) 프로그램이 선택할 수 있다.
ㄷ. 호출되는 루틴으로부터 돌아오기 위해 필요한 복귀주소(return address)를 저장한다.
ㄹ. 프로그램의 명령어 실행에 의해서만 발생한다.

① ㄱ, ㄴ
② ㄱ, ㄷ
③ ㄴ, ㄷ
④ ㄴ, ㄹ

**해설**
ㄴ. 호출되는 루틴(routine)을 사용자(user) 프로그램이 선택할 수 있다.(×)
→ 서브루틴은 사용자가 선택할 수 있지만, 인터럽트 처리 루틴은 미리 정해진 시스템 루틴으로 사용자가 선택할 수 없다.
ㄹ. 프로그램의 명령어 실행에 의해서만 발생한다.(×)
→ 서브루틴은 프로그램 명령어에 의해 발생하지만, 인터럽트는 하드웨어나 외부 요인에 의해서도 발생할 수 있다.

**Answer** ②

## 104 입출력과 관련하여 폴링(polling) 방식과 인터럽트(interrupt) 방식에 대한 설명으로 옳지 않은 것은?

2017 지방직

① 폴링 방식에서는 프로세서가 입출력을 위해 입출력장치의 상태를 반복적으로 검사한다.
② 인터럽트 방식은 폴링 방식 대비 프로세서의 시간을 낭비하는 단점이 있다.
③ 인터럽트 방식에서는 인터럽트 간에 우선순위를 둘 수 있다.
④ 인터럽트 방식에서는 인터럽트 처리를 위해 인터럽트 처리 루틴을 호출한다.

**해설**
② 인터럽트 방식은 폴링 방식 대비 프로세서의 시간을 낭비하는 단점이 있다.(×)
→ 폴링 방식에 대한 설명

**Answer** ②

## 105 프로세서에서 I/O 장치의 요청을 처리하는 방법에는 인터럽트(Interrupt) 방식과 폴링(Polling) 방식이 있다. 폴링 방식의 단점으로 옳은 것은?

2021 국회직

① I/O 장치가 다른 요청을 처리하는 동안 문맥교환(context switch)을 통해서 다른 작업을 처리할 수 있다.
② 프로세서가 반복적으로 I/O 장치의 상태를 체크해야 한다.
③ 프로세서가 문맥교환(context switch)을 하지 않고 I/O 장치의 요청을 처리할 수 있다.
④ 프로세서가 문맥교환(context switch)을 빈번하게 수행한다.
⑤ I/O 장치에서 요청이 있어야 처리 루틴을 시작한다.

**해설**
② 프로세서가 반복적으로 I/O 장치의 상태를 체크해야 한다.(○)
→ 폴링(Polling) 방식은 프로세서가 I/O 장치의 상태를 주기적으로 확인하여 요청을 처리하는 방식이다. 이 방식의 주요 단점은 프로세서가 반복적으로 I/O 장치의 상태를 확인하느라 불필요한 자원을 소모하고, 다른 작업을 수행하지 못하게 되는 비효율성이 있다.

**Answer** ②

## 106
하드웨어적으로 인터럽트를 요구한 장치를 찾는 기법으로, 인터럽트 선을 공유하면서 인터럽트를 발생시키는 모든 장치를 직렬로 연결하여 연결 순서에 따라 우선순위가 결정되는 방식으로 옳은 것은?

2023 계리직

① 소프트웨어 폴링(polling) 방식
② 데이지 체인(daisy chain) 방식
③ 인터럽트 벡터(interrupt vector) 방식
④ 다수 인터럽트 선(multiple interrupt lines) 방식

**해설**

② 데이지 체인(daisy chain) 방식(○)
→ 인터럽트 선을 공유하면서, 모든 장치를 직렬로 연결하여 우선순위를 결정하는 하드웨어적인 기법이다. 연결된 순서에 따라 인터럽트 요청의 우선순위가 정해지며, 높은 우선순위를 가진 장치가 먼저 인터럽트를 처리하고, 그렇지 않으면 다음 장치로 신호가 전달된다.

Answer ②

## 107
〈보기〉에서 인터럽트의 우선순위를 바르게 나열한 것은?

2024 계리직

┌─ 보기 ─
ㄱ. 외부 신호          ㄴ. 전원 이상
ㄷ. 기계 착오          ㄹ. 입출력
ㅁ. 명령의 잘못 사용    ㅂ. 슈퍼 바이저 호출(SVC)

① ㄱ → ㄴ → ㄷ → ㄹ → ㅂ → ㅁ
② ㄱ → ㄷ → ㄴ → ㅁ → ㄹ → ㅂ
③ ㄴ → ㄱ → ㄷ → ㄹ → ㅂ → ㅁ
④ ㄴ → ㄷ → ㄱ → ㄹ → ㅁ → ㅂ

**해설**

인터럽트의 우선순위는 시스템 안정성과 연관된 긴급성을 기준으로 결정된다.
**전원 이상(ㄴ)** : 가장 긴급한 상황이므로 최우선 처리
**기계 착오(ㄷ)** : 하드웨어 오류로 시스템에 치명적일 수 있어 우선 처리
**외부 신호(ㄱ)** : 외부에서 발생하는 신호로 즉각적인 대응이 필요
**입출력(ㄹ)** : 입출력장치 관련 작업 처리
**명령의 잘못 사용(ㅁ)** : 프로그래밍 오류로 시스템 안정성에 큰 영향을 미치지 않음
**슈퍼 바이저 호출(SVC)(ㅂ)** : 운영체제 수준의 요청으로 가장 낮은 우선순위

Answer ④

## 108 마이크로프로세서에 관한 설명으로 옳은 것만을 모두 고르면?

2019 국가직

ㄱ. 모든 명령어의 실행시간은 클럭 주기(clock period)보다 작다.
ㄴ. 클럭 속도는 에너지 절약이나 성능상의 이유로 일시적으로 변경할 수 있다.
ㄷ. 일반적으로 RISC는 CISC에 비해 명령어 수가 적고, 명령어 형식이 단순하다.

① ㄷ
② ㄱ, ㄴ
③ ㄱ, ㄷ
④ ㄴ, ㄷ

**해설**

ㄱ. 모든 명령어의 실행시간은 클럭 주기(clock period)보다 작다.(×)
→ 명령어의 실행시간은 클럭 주기보다 작지 않을 수 있다. 일부 명령어는 여러 클럭 주기(사이클)를 필요로 하며, 명령어마다 실행시간이 다르다.

Answer ④

## 109 마이크로 연산(operation)에 대한 설명으로 옳지 않은 것은?

2010 계리직

① 한 개의 클럭 펄스 동안 실행되는 기본 동작이다.
② 한 개의 마이크로 연산 수행시간을 마이크로 사이클 타임이라 부르며 CPU 속도를 나타내는 척도로 사용된다.
③ 하나의 명령어는 항상 하나의 마이크로 연산이 동작되어 실행된다.
④ 시프트(shift), 로드(load) 등이 있다.

**해설**

③ 하나의 명령어는 항상 하나의 마이크로 연산이 동작되어 실행된다.(×)
→ 하나의 명령어는 여러 개의 마이크로 연산으로 구성되며, 명령어 인출, 해독, 실행 등의 단계에서 각각 여러 마이크로 연산이 필요하다.

Answer ③

## 110 다음에서 ㉠과 ㉡에 들어갈 내용이 올바르게 짝지어진 것은?

2010 계리직

> 명령어를 주기억장치에서 중앙처리장치의 명령레지스터로 가져와 해독하는 것을 ( ㉠ ) 단계라 하고, 이 단계는 마이크로 연산(operation) ( ㉡ )로 시작한다.

| | ㉠ | ㉡ | | ㉠ | ㉡ |
|---|---|---|---|---|---|
| ① | 인출 | MAR ← PC | ② | 인출 | MAR ← MBR(AD) |
| ③ | 실행 | MAR ← PC | ④ | 실행 | MAR ← MBR(AD) |

**✎해설**
인출 단계(㉠)는 MAR ← PC(㉡)로 시작한다.

Answer ①

## 111 RISC와 비교하여 CISC의 특징으로 옳지 않은 것은?

2024 국가직

① 명령어의 종류가 많다.
② 명령어의 길이가 고정적이다.
③ 명령어 파이프라인이 비효율적이다.
④ 회로 구성이 복잡하다.

**✎해설**

| 구분 | CISC (Complex Instruction Set Computer) | RISC (Reduced Instruction Set Computer) |
|---|---|---|
| 명령어 세트(ISA) | 복잡하고 다양한 명령어 세트를 가짐 | 간단하고 제한된 수의 명령어 세트를 가짐 |
| 명령어 길이 | 가변적 (명령어의 길이가 다를 수 있음) | 고정적 (대부분의 명령어가 동일한 길이) |
| 명령어 실행 시간 | 여러 클럭 사이클이 필요할 수 있음 | 한 클럭 사이클 내에 대부분의 명령어를 실행 |
| 프로세서 설계 | 복잡한 명령어 해석 로직, 마이크로코드 사용 | 간단한 명령어 해석 로직, 하드웨어 중심 설계 |
| 레지스터 수 | 적음 | 많음 |
| 메모리 접근 | 명령어 내에서 메모리 접근이 빈번함 | 명령어가 메모리 접근을 최소화하여 빠른 실행 가능 |
| 명령어 복잡도 | 높은 복잡도 (한 명령어가 여러 작업을 처리) | 낮은 복잡도 (명령어가 단순하고 빠름) |
| 파이프라인 | 파이프라인 처리의 효율성이 낮음 | 파이프라인 처리에 최적화됨 |
| R&D 비용 | 증가 | 감소 |
| 하드웨어 비용 | 더 복잡한 하드웨어 요구, 비싸고 전력 소모가 큼 | 상대적으로 간단한 하드웨어, 저비용, 저전력 |
| 성능 | 복잡한 작업을 한 번에 처리 가능하지만 평균적으로 느림 | 단순한 작업을 빠르게 처리, 성능 최적화 |
| 대표적인 CPU | Intel x86, AMD Ryzen | ARM, MIPS, PowerPC |

Answer ②

## 112 CISC(Complex Instruction Set Computer)에 대한 설명으로 가장 옳은 것은? 2018 서울시

① 고정 길이의 명령어 형식을 가진다.
② 명령어의 길이가 짧다.
③ 다양한 어드레싱 모드를 사용한다.
④ 하나의 명령으로 복잡한 명령을 수행할 수 없어 복잡한 하드웨어가 필요하다.

> **해설**
> ① 고정 길이의 명령어 형식을 가진다.(×)
>   → CISC는 가변 길이의 명령어 형식을 가지며, 명령어의 길이가 고정되지 않는 것이 일반적이다.
> ② 명령어의 길이가 짧다.(×)
>   → CISC의 명령어는 복잡하고 다양한 기능을 수행하기 때문에 명령어의 길이가 상대적으로 길다.
> ④ 하나의 명령으로 복잡한 명령을 수행할 수 없어 복잡한 하드웨어가 필요하다.(×)
>   → CISC는 하나의 명령어로 복잡한 작업을 수행할 수 있으며, 이를 처리하기 위해 복잡한 하드웨어가 필요하다.

**Answer** ③

## 113 RISC 프로세서에 대한 설명으로 옳지 않은 것은? 2009 지방직

① 각 프로세서의 명령어 길이가 고정되어 있다.
② CISC에 비해 다양한 종류의 많은 명령어가 제공된다.
③ 메모리 접근은 load와 store 명령어에 의해서만 이루어진다.
④ CISC에 비해 상대적으로 많은 범용 레지스터가 제공된다.

> **해설**
> ② CISC에 비해 다양한 종류의 많은 명령어가 제공된다.(×)
>   → RISC는 명령어 집합을 단순화하여 처리 속도를 높이고 하드웨어 설계를 간단히 하기 때문에, CISC에 비해 명령어 종류가 적다.

**Answer** ②

## 114

마이크로프로세서는 명령어의 구성방식에 따라 CISC와 RISC로 구분된다. 두 방식의 일반적인 비교 설명으로 옳은 것을 모두 고른 것은?

2012 국가직

> ㄱ. RISC 방식은 CISC 방식보다 처리속도의 향상을 도모할 수 있다.
> ㄴ. CISC 방식의 프로세서는 RISC 방식의 프로세서보다 전력 소모가 적은 편이다.
> ㄷ. RISC 방식의 프로세서는 CISC 방식의 프로세서보다 내부구조가 단순하다.
> ㄹ. CISC 방식은 RISC 방식보다 단순하고 축약된 형태의 명령어를 갖고 있다.

① ㄱ, ㄷ
② ㄱ, ㄹ
③ ㄴ, ㄷ
④ ㄴ, ㄹ

**해설**
ㄴ. CISC 방식의 프로세서는 RISC 방식의 프로세서보다 전력 소모가 적은 편이다.(×)
→ RISC는 단순한 명령어 집합과 내부 구조로 인해 CISC보다 전력 소모가 낮은 편이다.
ㄹ. CISC 방식은 RISC 방식보다 단순하고 축약된 형태의 명령어를 갖고 있다.(×)
→ CISC는 복잡한 명령어 집합을 사용하며, 하나의 명령어로 복잡한 작업을 수행할 수 있다.

**Answer** ①

## 115

RISC(Reduced Instruction Set Computer) 방식 컴퓨터에 대한 설명으로 옳지 않은 것은?

2014 국회직

① RISC 방식은 CISC(Complex Instruction Set Computer) 방식보다 간단한 명령어 구조를 사용한다.
② RISC 방식은 CISC 방식보다 파이프라이닝 구현이 용이하다.
③ RISC 방식은 CISC 방식보다 주소 지정방식이 간단하다.
④ RISC 방식은 고정된 길이의 명령어 형식으로 디코딩이 간단하다.
⑤ RISC 방식의 CPU는 CISC 방식보다 상대적으로 적은 수의 레지스터를 사용한다.

### 해설

| 구분 | CISC (Complex Instruction Set Computer) | RISC (Reduced Instruction Set Computer) |
|---|---|---|
| 명령어 세트(ISA) | 복잡하고 다양한 명령어 세트를 가짐 | 간단하고 제한된 수의 명령어 세트를 가짐 |
| 명령어 길이 | 가변적 (명령어의 길이가 다를 수 있음) | 고정적 (대부분의 명령어가 동일한 길이) |
| 명령어 실행 시간 | 여러 클럭 사이클이 필요할 수 있음 | 한 클럭 사이클 내에 대부분의 명령어를 실행 |
| 프로세서 설계 | 복잡한 명령어 해석 로직, 마이크로코드 사용 | 간단한 명령어 해석 로직, 하드웨어 중심 설계 |
| 레지스터 수 | 적음 | 많음 |
| 메모리 접근 | 명령어 내에서 메모리 접근이 빈번함 | 명령어가 메모리 접근을 최소화하여 빠른 실행 가능 |
| 명령어 복잡도 | 높은 복잡도 (한 명령어가 여러 작업을 처리) | 낮은 복잡도 (명령어가 단순하고 빠름) |
| 파이프라인 | 파이프라인 처리의 효율성이 낮음 | 파이프라인 처리에 최적화됨 |
| R&D 비용 | 증가 | 감소 |
| 하드웨어 비용 | 더 복잡한 하드웨어 요구, 비싸고 전력 소모가 큼 | 상대적으로 간단한 하드웨어, 저비용, 저전력 |
| 성능 | 복잡한 작업을 한 번에 처리 가능하지만 평균적으로 느림 | 단순한 작업을 빠르게 처리, 성능 최적화 |
| 대표적인 CPU | Intel x86, AMD Ryzen | ARM, MIPS, PowerPC |

Answer ⑤

## 116 RISC(Reduced Instruction Set Computer)에 대한 설명으로 옳은 것의 총 개수는?

2019 계리직

ㄱ. 칩 제작을 위한 R&D 비용이 감소한다.
ㄴ. 개별 명령어 디코딩 시간이 CISC(Complex Instruction Set Computer)보다 많이 소요된다.
ㄷ. 동일한 기능을 구현할 경우, CISC보다 적은 수의 레지스터가 필요하다.
ㄹ. 복잡한 연산을 수행하려면 명령어를 반복수행하여야 하므로 CISC의 경우보다 프로그램이 복잡해진다.
ㅁ. 각 명령어는 한 클럭에 실행되도록 고정되어 있어 파이프라인 성능을 향상시킬 수 있다.
ㅂ. 마이크로코드 설계가 어렵다.
ㅅ. 고정된 명령어이므로 명령어 디코딩 속도가 빠르다.

① 2개　　　　② 3개
③ 4개　　　　④ 5개

### 해설

ㄴ. 개별 명령어 디코딩 시간이 CISC(Complex Instruction Set Computer)보다 많이 소요된다.(×)
　→ RISC가 CISC보다 디코딩 시간 적음
ㄷ. 동일한 기능을 구현할 경우, CISC보다 적은 수의 레지스터가 필요하다.(×)
　→ RISC는 CISC보다 많은 레지스터 사용
ㅂ. 마이크로코드 설계가 어렵다.(×)
　→ RISC는 마이크로코드 설계 단순

Answer　③

**117** 컴퓨터 메모리 용량이 8K×32Bit라 하면, MAR(Memory Address Register)과 MBR(Memory Buffer Register)은 각각 몇 비트인가?　　2022 계리직

① MAR : 8 MBR : 32
② MAR : 32 MBR : 8
③ MAR : 13 MBR : 8
④ MAR : 13 MBR : 32

### 해설

**MAR 계산** : 메모리 용량이 8K이면 주소 공간이 8192개이며 이를 이진수로 표현하면 $2^{13}$ 이므로, MAR에는 13비트가 필요
$8K = 2^3 \times 2^{10}$ 이므로 주소의 개수는 $2^{13}$
**MBR 계산** : 각 메모리 주소에서 32비트 데이터를 저장하거나 읽을 수 있으므로, MRR은 32비트가 필요

Answer　④

## 09 기억장치

**118** 자기 디스크 장치에서 헤드를 원하는 데이터가 기록된 트랙(실린더)까지 위치시키는데 걸리는 시간은?

2009 지방직

① Seek Time
② Latency Time
③ Access Time
④ Data Transfer Time

> **해설**
> ② Latency Time
> → Latency Time은 디스크가 회전하여 원하는 데이터가 헤더 아래에 도달하는 데 걸리는 시간으로 트랙 위치 이동과는 무관함
> ③ Access Time
> → Access Time은 Seek Time과 Latency Time을 합한 총 접근 시간으로, 단순히 헤더를 트랙까지 이동시키는 시간을 의미하지 않음
> ④ Data Transfer Time
> → Data Transfer Time은 데이터가 디스크에서 메모리로 전송되는 데 걸리는 시간으로 트랙 위치 이동과는 관련이 없음
>
> **Answer** ①

**119** 주기억장치로 사용될 수 없는 기억장치는?

2017 하반기 지방직

① EPROM
② 블루레이(Blu-ray) 디스크
③ SRAM
④ DRAM

> **해설**
> ② 블루레이(Blu-ray) 디스크
> → 블루레이 디스크는 대용량 데이터를 저장하고 읽는 보조기억장치로 사용되며, 주기억장치로는 사용되지 않음
>
> **Answer** ②

## 120 메모리에 대한 설명으로 옳지 않은 것은?

2011 지방직

① ROM은 읽기전용 메모리로서 전원이 끊어져도 정보가 지워지지 않는 비소멸성 메모리이다.
② SRAM은 DRAM보다 속도가 느리다.
③ 플래시 메모리는 읽고 쓸 수 있으며, 비소멸성 메모리지만 동일 영역에 대한 쓰기 반복 횟수에 제한이 있다.
④ EPROM은 데이터를 지우는 것이 가능하다.

**해설**

② SRAM은 DRAM보다 속도가 느리다.(×)
→ SRAM(Static RAM)은 DRAM(Dynamic RAM)보다 속도가 빠르다. DRAM은 데이터를 저장하기 위해 주기적인 리프레시(refresh)가 필요하지만, SRAM은 리프레시 없이 데이터를 유지하기 때문에 더 빠르다.

**Answer** ②

## 121 대표적인 반도체 메모리인 DRAM과 SRAM에 대한 설명으로 옳지 않은 것은?

2022 국가직

① DRAM은 휘발성이지만 SRAM은 비휘발성이어서 전원이 공급되지 않아도 기억을 유지할 수 있다.
② DRAM은 축전기(Capacitor)의 충전상태로 비트를 저장한다.
③ SRAM은 주로 캐시 메모리로 사용된다.
④ 일반적으로 SRAM의 접근속도가 DRAM보다 빠르다.

**해설**

① DRAM은 휘발성이지만 SRAM은 비휘발성이어서 전원이 공급되지 않아도 기억을 유지할 수 있다.(×)
→ SRAM도 DRAM과 마찬가지로 휘발성 메모리로, 전원이 끊기면 데이터를 잃어버림. 따라서 SRAM이 비휘발성이라는 설명은 잘못됨

**Answer** ①

## 122 DRAM(Dynamic Random Access Memory)에 대한 설명 중 가장 거리가 먼 것은?

2010 국가직

① DRAM은 정보를 축전기(capacitor)의 충전에 의해 저장한다.
② 저장된 정보는 한 번 저장되면 주기적인 충전이 없어도 영구히 저장된다.
③ 비교적 가격이 싸고 소비 전력이 적다.
④ 동작 속도가 비교적 빠르며 집적도가 높아 대용량의 메모리에 적합하다.

**해설**
② 저장된 정보는 한 번 저장되면 주기적인 충전이 없어도 영구히 저장된다.(×)
→ DRAM은 정보를 축전기(capacitor)에 저장하므로, 전원이 공급되는 동안에도 주기적으로 충전(refresh)을 해주지 않으면 데이터가 소실된다. 주기적인 재충전이 필수적이다.

Answer ②

## 123 다음은 무엇에 대한 설명인가?

2012 경북교행

주기억장치 안의 프로그램 양이 많아질 때, 사용하지 않는 프로그램을 보조기억장치 안의 특별한 영역으로 옮겨서, 그 보조기억장치 부분을 주기억장치처럼 사용할 수 있는데, 이때 사용하는 보조기억장치의 일부분을 말한다.

① RAM
② ROM
③ 캐시기억장치
④ 연관기억장치
⑤ 가상기억장치

**해설**
① RAM
→ RAM은 주기억장치로 데이터를 빠르게 읽고 쓰기 위해 사용
② ROM
→ ROM은 읽기 전용 비휘발성 메모리
③ 캐시기억장치
→ 캐시 메모리는 CPU와 주기억장치 사이의 속도 차이를 줄이기 위한 고속 메모리
④ 연관기억장치
→ 연관기억장치는 내용 기반으로 데이터를 검색하는 메모리

Answer ⑤

## 124 Dynamic RAM과 비교할 때 Static RAM에 대한 설명으로 가장 옳은 것은? 2013 경찰승진

① 가격이 저렴하기 때문에 대용량 기억장치에 주로 사용된다.
② 전원이 공급되는 상태에서 데이터를 영구히 유지하므로 복잡한 재생회로가 필요 없다.
③ 일정시간이 지나면 다시 전원의 재충전이 있어야 정보를 유지한다.
④ 소비전력이 적으며, 동작속도가 빠르고 집적도가 높다.

**해설**
① 가격이 저렴하기 때문에 대용량 기억장치에 주로 사용된다.(×)
→ Static RAM(SRAM)은 DRAM보다 가격이 비싸기 때문에 대용량 기억장치보다는 캐시 메모리와 같은 고속 소규모 기억장치에 사용된다.
③ 일정시간이 지나면 다시 전원의 재충전이 있어야 정보를 유지한다.(×)
→ 이는 DRAM의 특징이다. DRAM은 축전기를 이용하여 데이터를 저장하기 때문에 주기적으로 재충전해야 한다.
④ 소비전력이 적으며, 동작 속도가 빠르고 집적도가 높다.(×)
→ SRAM은 DRAM에 비해 동작 속도는 빠르지만, 소비전력이 크고 집적도가 낮다.

**Answer** ②

## 125 컴퓨터의 기억 장치에 대한 설명으로 옳지 않은 것은? 2010 국가직

① 기억장치의 계층 구조는 중앙처리장치와 I/O 장치의 속도 차이를 효율적으로 해결하도록 구성한다.
② 기억장치의 계층 구조에서 계층이 높을수록 기억장치의 용량은 감소하고 접근 속도는 증가한다.
③ 캐쉬는 주로 중앙처리장치와 보조기억장치 간의 속도 차이를 극복하기 위해 사용된다.
④ 보조기억장치로는 하드 디스크, CD-ROM, DVD 등이 사용된다.

**해설**
③ 캐쉬는 주로 중앙처리장치와 보조기억장치 간의 속도 차이를 극복하기 위해 사용된다.(×)
→ 캐쉬는 중앙처리장치(CPU)와 주기억장치(Main Memory) 간의 속도 차이를 극복하기 위해 사용된다. CPU와 보조기억장치 간의 속도 차이를 극복하는 것은 캐쉬가 아니라 주기억장치 및 가상 메모리의 역할이다.

**Answer** ③

## 126 다음 저장장치 중 접근속도가 빠른 것부터 순서대로 나열한 것은?

2014 계리직

| ㄱ. 레지스터 | ㄴ. 주기억장치 |
| ㄷ. 캐시메모리 | ㄹ. 하드디스크 |

① ㄱ, ㄷ, ㄴ, ㄹ
② ㄱ, ㄷ, ㄹ, ㄴ
③ ㄷ, ㄱ, ㄴ, ㄹ
④ ㄷ, ㄱ, ㄹ, ㄴ

**해설**

**메모리 계층 구조의 접근 속도(빠른 순)**
레지스터(ㄱ)
캐시메모리(ㄷ)
주기억장치(ㄴ)
하드디스크(ㄹ)
반대로 용량은 하드디스크가 가장 크고 레지스터가 가장 작다.

Answer ①

## 127 접근 속도가 가장 빠른 기억장치는?

2016 지방직

① 주기억장치
② 보조기억장치
③ 레지스터
④ 캐시

**해설**

**기억장치의 접근 속도 순서** : 레지스터 > 캐시 > 주기억장치 > 보조기억장치

③ 레지스터(○)
→ CPU 내부에 위치한 레지스터는 가장 빠른 접근 속도를 제공한다.

Answer ③

## 128
명령제어장치가 데이터의 전송을 요구한 후 전송이 완료될 때까지 걸리는 시간, 즉 기억장치나 주변장치로부터 데이터를 꺼내는 소요시간(Access Time)이 가장 빠른 기억장치는?

2013 경찰승진

① 보조기억장치(Auxiliary Memory)  ② 캐시기억장치(Cache Memory)
③ 가상기억장치(Virtual Memory)  ④ 주기억장치(Main Memory)

**해설**

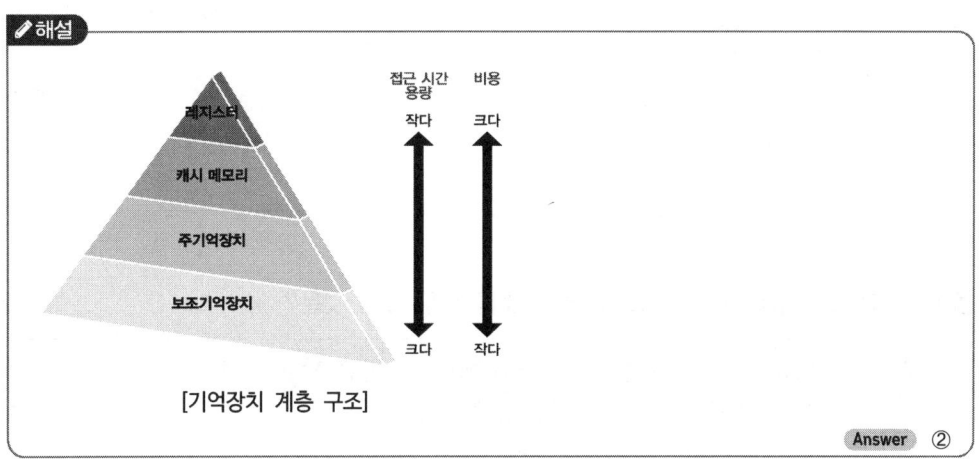

[기억장치 계층 구조]

Answer ②

## 129
하드디스크에 대한 설명으로 옳지 않은 것은?

2017 지방직

① 하드디스크는 데이터접근 방식이 직접접근 방식인 보조기억장치이다.
② 바이오스(BIOS)는 하드디스크에 저장된다.
③ 하드디스크는 주기억장치보다 접근 속도가 느리다.
④ 하드디스크는 전원이 꺼져도 저장된 데이터가 지워지지 않는다.

**해설**

② 바이오스(BIOS)는 하드디스크에 저장된다.(×)
→ BIOS는 ROM(Read Only Memory)에 저장된다. 컴퓨터 부팅 시 가장 먼저 실행되어야 하므로 전원이 꺼져도 내용이 유지되는 ROM에 저장된다.

Answer ②

## 130 다음 중 캐시 메모리로 사용되는 것으로 가장 적절한 것은?

2024 군무원

① SRAM(Static RAM)
② DRAM(Dynamic RAM)
③ PRAM(Phase-change RAM)
④ MRAM(Magnetic RAM)

> **해설**
> ① SRAM(Static RAM)
> → SRAM은 접근 속도가 빠르고, 휘발성 메모리로서 전력이 공급되는 동안 데이터 유지가 가능해 캐시 메모리로 가장 적절함
>
> Answer ①

## 131 캐쉬 메모리에 대한 설명으로 옳은 것을 모두 고른 것은?

2011 지방직

ㄱ. 적중률(hit ratio)이 높을수록 캐쉬 메모리 성능은 낮다.
ㄴ. 캐쉬 메모리의 쓰기(write) 기법 중에 write-back 기법은 적중(hit)시 캐쉬 메모리와 함께 메인 메모리의 내용도 갱신한다.
ㄷ. 메인 메모리보다 용량은 작지만 접근 속도가 빠르다.
ㄹ. 성능 향상을 위해 시간적 지역성(temporal locality), 공간적 지역성(spatial locality) 등을 이용한다.

① ㄱ, ㄴ
② ㄱ, ㄷ
③ ㄴ, ㄷ
④ ㄷ, ㄹ

> **해설**
> ㄱ. 적중률(hit ratio)이 높을수록 캐쉬 메모리 성능은 낮다.(×)
> → 적중률이 높다는 것은 CPU가 필요한 데이터가 캐쉬 메모리에 있을 확률이 높다는 뜻이다. 이는 캐쉬 메모리의 성능이 높다는 것을 의미한다.
> ㄴ. 캐쉬 메모리의 쓰기(write) 기법 중에 write-back 기법은 적중(hit)시 캐쉬 메모리와 함께 메인 메모리의 내용도 갱신한다.(×)
> → Write-back 기법은 데이터가 캐쉬 메모리에만 갱신되고, 메인 메모리는 나중에 갱신된다. 메인 메모리와 함께 즉시 갱신하는 방식은 Write-through 기법이다.
>
> Answer ④

## 132
메모리의 용량을 (워드수)×(비트수)로 표현할 때 256×8 용량의 메모리칩을 이용해서 2048×32 용량의 메모리를 설계한다면 몇 개의 칩이 필요한가?  <sub></sub>2009 지방직

① 8개  
② 16개  
③ 32개  
④ 64개

> **해설**
> 계산 과정
> 256×8 칩의 용량 계산: 256 × 8 = 2048비트 = $2^{11}$비트
> 2048×32 메모리의 총 용량 계산: 2048 × 32 = 65536비트 = $2^{16}$비트
> 필요한 칩의 개수 계산: $2^{16}/2^{11} = 2^5 = 32$
>
> Answer ③

## 133
1K×4bit RAM 칩을 사용하여 8K×16bit 기억장치 모듈을 설계할 때 필요한 RAM 칩의 최소 개수는?  2019 국가직

① 4개  
② 8개  
③ 16개  
④ 32개

> **해설**
> RAM 칩의 최소 개수
> (8K × 16bit) / (1K × 4bit) = (8 × 16)/(1 × 4) = 32개
>
> Answer ④

## 134
32K×8비트 ROM 칩에 대한 설명으로 옳지 않은 것은?  2017 지방직

① 이 ROM 칩 4개와 디코더(decoder)를 이용하여 128K×8비트 ROM 모듈을 구현할 수 있다.  
② 데이터 핀은 8개이다.  
③ 워드 크기가 8비트인 컴퓨터 시스템에서만 사용된다.  
④ 32,768개의 주소로 이루어진 주소 공간(address space)을 갖게 된다.

> **해설**
> ③ 워드 크기가 8비트인 컴퓨터 시스템에서만 사용된다. (×)
>   → ROM은 워드 크기와 관계없이 다양한 시스템에서 사용될 수 있다. 여러 개의 ROM을 조합하여 다른 워드 크기의 시스템에서도 사용 가능하다.
>
> Answer ③

## 135 컴퓨터 시스템의 주기억장치 및 보조기억장치에 대한 설명으로 옳지 않은 것은? 2021 계리직

① RAM은 휘발성(volatile) 기억장치이며 HDD 및 SSD는 비휘발성(non-volatile) 기억장치이다.
② RAM의 경우, HDD나 SSD 등의 보조기억장치에 비해 상대적으로 접근 속도가 빠르다.
③ SSD에서는 일반적으로 특정 위치의 데이터를 읽는 데 소요되는 시간이 같은 위치에 데이터를 쓰는 데 소요되는 시간보다 더 오래 걸린다.
④ SSD의 경우, 일반적으로 HDD보다 가볍고 접근 속도가 빠르며 전력 소모가 적다.

**해설**
③ SSD에서는 일반적으로 특정 위치의 데이터를 읽는 데 소요되는 시간이 같은 위치에 데이터를 쓰는 데 소요되는 시간보다 더 오래 걸린다.(×)
→ SSD는 데이터를 읽는 속도가 데이터를 쓰는 속도보다 일반적으로 더 빠르다. 쓰기 작업은 셀을 지우고 다시 쓰는 과정이 포함되므로 읽기보다 더 오래 걸린다.

**Answer** ③

## 136 SSD(Solid-State Drive)에 대한 설명으로 옳지 않은 것은? 2022 국가직

① 반도체 기억장치 칩들을 이용하여 구성된 저장장치이다.
② 하드디스크에 비해 저장용량 대비 가격이 비싸다.
③ 기계적 장치를 사용하여 하드디스크보다 데이터 입출력 속도가 빠르다.
④ 하드디스크를 대체하려고 개발한 저장장치로서 플래시 메모리로 구성된다.

**해설**
③ 기계적 장치를 사용하여 하드디스크보다 데이터 입출력 속도가 빠르다.(×)
→ SSD는 기계적 장치를 사용하지 않고 전자적 방식으로 동작하기 때문에 더 빠른 입출력 속도를 제공한다.

**Answer** ③

## 137 플래시 메모리(Flash Memory)에 대한 설명으로 옳지 않은 것은? 2024 계리직

① 자기디스크(magnetic disk)보다 읽기 속도가 빠르다.
② 메모리 어드레싱이 아닌 섹터 어드레싱을 한다.
③ 메모리 셀을 NAND 플래시는 수평으로, NOR 플래시는 수직으로 배열한다.
④ 메모리 칩의 정보를 유지하는데 전력이 필요 없는 비휘발성 메모리이다.

> **해설**
> ③ 메모리 셀을 NAND 플래시는 수평으로, NOR 플래시는 수직으로 배열한다.(×)
> → NAND 플래시는 메모리 셀을 직렬(수직)로 연결하고, NOR 플래시는 병렬(수평)로 연결하는데, 문제에서는 이와 반대로 설명하고 있다.
>
> Answer ③

**138** 비휘발성 메모리로서 전원이 끊기더라도 저장된 정보를 그대로 보존할 수 있어서 디지털카메라, 휴대전화, PDA, 게임기, MP3 플레이어 등에 이용되고 있는 메모리는? `2010 지방직`

① 플래시 메모리  ② 캐시 메모리
③ 버퍼 메모리  ④ 블루레이 디스크

> **해설**
> ② 캐시 메모리
> → 캐시 메모리는 CPU와 주기억장치 간의 속도 차이를 줄이기 위해 사용되는 고속 휘발성 메모리로, 전원이 꺼지면 데이터가 사라진다.
> ③ 버퍼 메모리
> → 버퍼 메모리는 데이터를 임시로 저장하여 처리 속도를 조율하는 휘발성 메모리로, 전원이 꺼지면 데이터가 사라진다.
> ④ 블루레이 디스크
> → 광학 저장 매체로, 메모리가 아닌 디스크 형태의 저장 장치이다.
>
> Answer ①

**139** 다음 중 EPROM(Erasable Programmable ROM)에 대한 설명으로 가장 적절하지 않은 것은? `2024 군무원`

① 비휘발성 메모리이다.
② 데이터 갱신 횟수의 제한이 없다.
③ 데이터를 갱신하려면 저장되어 있는 데이터를 지워야 한다.
④ 플래시 메모리는 EPROM의 한 종류이다.

> **해설**
> ② 데이터 갱신 횟수의 제한이 없다.(×)
> → EPROM은 데이터 갱신 횟수에 제한이 있으며, 일반적으로 데이터를 지우고 다시 프로그래밍할 수 있는 횟수가 정해져 있다.
>
> Answer ②

## 140
CPU와 메인 메모리의 속도차이 때문에 발생하는 명령어 처리 성능 저하 현상을 방지하기 위하여, CPU와 메인 메모리 사이에 설치하는 메모리로 옳은 것은?

2021 군무원

① 레지스터(register)
② ROM(Read Only Memory)
③ 캐시(cache)
④ I/O 버퍼(buffer)

> **해설**
> ① 레지스터(register)
>   → 레지스터는 CPU 내부에 있는 고속 메모리로, 캐시와는 다르게 CPU 외부 데이터와 직접 연관되지 않음
> ② ROM(Read Only Memory)
>   → ROM은 데이터가 고정된 비휘발성 메모리로, 명령어 처리 성능 저하를 방지하는 데 사용되지 않음
> ④ I/O 버퍼(buffer)
>   → I/O 버퍼는 입출력장치와 메인 메모리 사이에서 데이터를 일시적으로 저장하는 용도로 사용되며, CPU와 메인 메모리 간 속도 차이 문제를 해결하지 않음

**Answer** ③

## 141
캐시(cache)에 대한 설명으로 옳지 않은 것은?

2021 지방직

① CPU와 인접한 곳에 위치하거나 CPU 내부에 포함되기도 한다.
② CPU와 상대적으로 느린 메인(main) 메모리 사이의 속도 차이를 줄이기 위해 사용된다.
③ 다중프로세서 시스템에서는 write-through 정책을 사용하더라도 데이터 불일치 문제가 발생할 수 있다.
④ 캐시에 쓰기 동작을 수행할 때 메인 메모리에도 동시에 쓰기 동작이 이루어지는 방식을 write-back 정책이라고 한다.

> **해설**
> ④ 캐시에 쓰기 동작을 수행할 때 메인 메모리에도 동시에 쓰기 동작이 이루어지는 방식을 write-back 정책이라고 한다.(×)
>   → 캐시에 쓰기 동작을 수행할 때 메인 메모리에도 동시에 쓰기 동작이 이루어지는 방식은 write-through 정책이다. Write-back 정책은 캐시에 쓰기 동작을 수행하고, 캐시의 내용이 교체될 때에만 메인 메모리에 반영하는 방식이다.

**Answer** ④

## 142 캐시 기억 장치(cache memory)에 대한 설명으로 알맞지 않은 것은?  <sub>2008 계리직</sub>

① 직접 사상(direct mapping) 방식은 주기억장치의 임의의 블록들이 어떠한 슬롯으로든 사상될 수 있는 방식이다.
② 세트-연관 사상(set-associative mapping) 방식은 직접 사상 방식과 연관 사상(associative mapping) 방식을 혼합한 방식이다.
③ 슬롯의 수가 128개인 4-way 연관 사상 방식인 경우 슬롯을 공유하는 주기억 장치 블록들이 4개의 슬롯으로 적재될 수 있는 방식이다.
④ 캐시 쓰기 정책(cache write policy)은 write through 방식과 write back 방식 등이 있다.

> **해설**
> ① 직접 사상(direct mapping) 방식은 주기억장치의 임의의 블록들이 어떠한 슬롯으로든 사상될 수 있는 방식이다.(×)
>   → 주기억장치의 블록이 캐시의 지정된 한 곳에만 사상된다. 임의의 슬롯으로 사상되는 것은 연관 사상 방식의 특징이다.
>
> **Answer** ①

## 143 RAID(Redundant Array of Independent Disks) 레벨에 대한 설명으로 옳지 않은 것은?  <sub>2020 국가직</sub>

① RAID 1 구조는 데이터를 두 개 이상의 디스크에 패리티 없이 중복 저장한다.
② RAID 2 구조는 데이터를 각 디스크에 비트 단위로 분산 저장하고 여러 개의 해밍코드 검사디스크를 사용한다.
③ RAID 4 구조는 각 디스크에 데이터를 블록 단위로 분산 저장하고 하나의 패리티 검사 디스크를 사용한다.
④ RAID 5 구조는 각 디스크에 데이터와 함께 이중 분산 패리티 정보를 블록 단위로 분산 저장한다.

> **해설**
> ④ RAID 5 구조는 각 디스크에 데이터와 함께 이중 분산 패리티 정보를 블록 단위로 분산 저장한다.(×)
>   → RAID 5는 단일 패리티 정보를 각 디스크에 블록 단위로 분산 저장하며, 이중 패리티는 RAID 6의 특징이다.
>
> **Answer** ④

## 144 RAID(Redundant Array of Inexpensive Disks) 레벨에 대한 설명으로 옳지 않은 것은?

2024 국가직

① RAID 레벨 0 : 패리티 없이 데이터를 분산 저장한다.
② RAID 레벨 1 : 패리티 비트를 사용하여 오류를 검출한다.
③ RAID 레벨 2 : 해밍 코드를 사용하여 오류 검출 및 정정이 가능하다.
④ RAID 레벨 5 : 데이터와 함께 패리티 정보를 블록 단위로 분산 저장한다.

**해설**
② RAID 레벨 1 : 패리티 비트를 사용하여 오류를 검출한다.(×)
→ 오류 검출/정정은 패리티가 아니라 미러링을 통해 이루어짐

**Answer** ②

## 145 RAID(Redundant Array of Inexpensive Disks)에 대한 설명으로 알맞지 않은 것은?

2008 계리직

① RAID-0는 디스크 스트라이핑(disk striping) 방식으로 중복 저장과 오류 검출 및 교정이 없는 방식이다.
② RAID-1은 디스크 미러링(disk mirroring) 방식이며 높은 신뢰도를 갖는 방식이다.
③ RAID-4는 데이터를 비트 단위로 여러 디스크에 분할하여 저장하며 별도의 패리티 디스크를 사용한다.
④ RAID-5는 패리티 블록들을 여러 디스크에 분산 저장하는 방식이며 단일 오류 검출 및 교정이 가능한 방식이다.

**해설**
③ RAID-4는 데이터를 비트 단위로 여러 디스크에 분할하여 저장하며 별도의 패리티 디스크를 사용한다.(×)
→ 비트 단위가 아닌 블록 단위로 저장하며, 별도의 패리티 디스크를 사용한다.

**Answer** ③

## 146 RAID(Redundant Array of Inexpensive Disks)에 대한 설명으로 옳지 않은 것은?

2022 계리직

① RAID 1은 디스크 미러링(disk mirroring) 방식으로, 디스크 오류 시 데이터 복구가 가능하지만 디스크 용량의 효율성이 떨어진다.
② RAID 3은 데이터를 비트 또는 바이트 단위로 여러 디스크에 분할 저장하는 방식으로, 디스크 접근 속도가 향상되지는 않지만 쓰기 동작 시 시간 지연이 발생하지 않는다.
③ RAID 4는 데이터를 블록 단위로 여러 디스크에 분할 저장하는 방식으로, 오류의 검출 및 정정을 위해 별도의 패리티 비트를 사용한다.
④ RAID 5는 패리티 블록들을 여러 디스크에 분산 저장하는 방식으로, 단일 오류 검출 및 정정이 가능하다.

> **해설**
> ② RAID 3은 데이터를 비트 또는 바이트 단위로 여러 디스크에 분할 저장하는 방식으로, 디스크 접근 속도가 향상되지는 않지만 쓰기 동작 시 시간 지연이 발생하지 않는다.(×)
> → RAID 3은 데이터를 비트 또는 바이트 단위로 분할 저장하고 하나의 디스크를 패리티 디스크로 사용하지만, 쓰기 동작 시 패리티 계산과 쓰기로 인해 시간 지연이 발생할 수 있다.
>
> **Answer** ②

## 147 RAID(Redundant Array of Inexpensive Disks)에 관한 설명으로 옳지 않은 것은?

2018 해경

① RAID 0은 디스크 스트라이핑 방식으로 빠른 입·출력이 가능하도록 여러 개의 하드디스크에 데이터를 분산 저장한다.
② RAID 3은 RAID 0처럼 데이터를 byte단위로 분산 저장하는데 에러검출·수정을 위해 패리티 드라이브를 사용한다.
③ RAID 4는 데이터를 bit 단위로 여러 디스크에 분할하여 저장하며 별도의 패리티 디스크를 사용한다.
④ RAID 5는 별도의 패리티 디스크를 사용하지 않고 데이터를 저장하는 디스크에 패리티를 라운드 로빈 방식으로 분산하여 저장한다.

> **해설**
> ③ RAID 4는 데이터를 bit 단위로 여러 디스크에 분할하여 저장하며 별도의 패리티 디스크를 사용한다.(×)
> → RAID 4는 블록(block) 단위로 데이터를 분산 저장한다. bit 단위 분할은 잘못된 설명이다.
>
> **Answer** ③

## 148 RAID(Redundant Array of Inexpensive Disks)에 관한 설명으로 옳지 않은 것은?

① 데이터 복구의 용이성을 위해 사용한다.
② 다수의 디스크에 데이터를 분할하여 전송함으로써 전체적인 데이터 전송 속도 향상을 위해 사용한다.
③ 한 개의 데이터를 여러 디스크에 저장하여 데이터 안정성을 향상시키기 위해 사용한다.
④ 한 개의 대용량 디스크를 여러 개의 디스크처럼 나누어 사용함으로써 데이터 효율성을 향상시키기 위해 사용한다.

2017 해경

**해설**

④ 한 개의 대용량 디스크를 여러 개의 디스크처럼 나누어 사용함으로써 데이터 효율성을 향상시키기 위해 사용한다.(×)
→ RAID는 여러 개의 물리적 디스크를 하나의 논리적 디스크처럼 사용하는 기술이다. 한 개의 디스크를 나누는 것이 아니라, 여러 개의 디스크를 결합하는 기술이다.

**Answer** ④

## 149 RAID에 대한 설명으로 옳은 것은?

2015 지방직

① RAID 레벨 1은 패리티를 이용한다.
② RAID 레벨 0은 디스크 미러링을 이용한다.
③ RAID 레벨 0과 RAID 레벨 1을 조합해서 사용할 수 없다.
④ RAID 레벨 5는 패리티를 모든 디스크에 분산시킨다.

**해설**

① RAID 레벨 1은 패리티를 이용한다.(×)
→ RAID 1은 패리티를 사용하지 않고 미러링 기법을 사용한다. 동일한 데이터를 두 개 이상의 디스크에 복제하여 저장한다.
② RAID 레벨 0은 디스크 미러링을 이용한다.(×)
→ RAID 0은 미러링이 아닌 스트라이핑을 사용한다. 데이터를 여러 디스크에 분산 저장하여 성능을 향상시킨다.
③ RAID 레벨 0과 RAID 레벨 1을 조합해서 사용할 수 없다.(×)
→ RAID 0과 RAID 1은 조합하여 RAID 0+1 또는 RAID 1+0으로 구성할 수 있다. 이를 통해 성능과 안정성을 모두 확보할 수 있다.

**Answer** ④

## 150 RAID에 대하여 올바르게 설명한 것은?

2014 국회직

① 자기 테이프를 효율적으로 구성하기 위한 기술이다.
② 자기 디스크에 더 많은 양의 데이터를 저장하기 위한 기술이다.
③ 읽기 전용 보조기억장치를 구성하기 위한 것이다.
④ RAID 레벨 0은 빠르기보다는 데이터의 안정성에 중점을 둔 구성 방법이다.
⑤ RAID 레벨 5는 패리티(parity)가 모든 디스크에 분산된다.

**해설**
① 자기 테이프를 효율적으로 구성하기 위한 기술이다.(×)
→ RAID는 자기 테이프가 아닌 하드 디스크를 위한 기술이다.
② 자기 디스크에 더 많은 양의 데이터를 저장하기 위한 기술이다.(×)
→ RAID는 저장 용량 증가가 아닌 성능 향상과 신뢰성 확보가 주목적이다.
③ 읽기 전용 보조기억장치를 구성하기 위한 것이다.(×)
→ RAID는 읽기/쓰기가 모두 가능한 저장장치를 구성하는 기술이다.
④ RAID 레벨 0은 빠르기보다는 데이터의 안정성에 중점을 둔 구성 방법이다.(×)
→ RAID 0은 데이터 안정성이 아닌 성능 향상에 중점을 둔 방식이다.

**Answer** ⑤

## 151 RAID 레벨 0에서 성능 향상을 위해 채택한 기법은?

2013 국가직

① 미러링(mirroring) 기법
② 패리티(parity) 정보저장 기법
③ 스트라이핑(striping) 기법
④ 쉐도잉(shadowing) 기법

**해설**
① 미러링(mirroring) 기법
→ 미러링은 RAID 1에서 사용하는 기법으로, 데이터를 복제하여 다른 디스크에 저장하는 방식이다.
② 패리티(parity) 정보저장 기법
→ 패리티 정보저장은 RAID 5에서 사용하는 기법으로, 오류 복구를 위해 패리티 정보를 분산 저장하는 방식이다.
④ 쉐도잉(shadowing) 기법
→ 쉐도잉은 미러링과 유사한 개념으로, RAID 0에서 사용하지 않는 기법이다.

**Answer** ③

## 152 RAID에 대한 설명으로 옳은 것은?

2012 지방직

① RAID 0은 모든 데이터를 복사하여 별도의 디스크에 저장하며, 하나의 디스크에 오류가 발생하더라도 실시간으로 모든 데이터의 복구가 가능하다는 장점이 있다.
② RAID 1은 데이터를 여러 개의 디스크에 분산하여 저장하며, 데이터 전송이 병렬로 이루어져 읽기와 쓰기 성능이 개선되지만 디스크 오류 시 데이터 복구가 어렵다.
③ RAID 2는 데이터를 여러 개의 디스크에 분산하여 저장하며, 해밍코드를 사용하는 패리티를 항상 하나의 패리티 디스크에만 저장한다.
④ RAID 5는 별도의 패리티 디스크를 사용하지 않고 데이터를 저장하는 디스크에 패리티를 라운드 로빈 방식으로 분산하여 저장한다.

### 해설

① RAID 0은 모든 데이터를 복사하여 별도의 디스크에 저장하며, 하나의 디스크에 오류가 발생하더라도 실시간으로 모든 데이터의 복구가 가능하다는 장점이 있다.(×)
→ 설명은 RAID 1(미러링)의 특징이다. RAID 0은 데이터를 여러 디스크에 분산 저장(스트라이핑)하여 성능을 향상시키지만, 중복성이 없어 데이터 복구가 불가능하다.
② RAID 1은 데이터를 여러 개의 디스크에 분산하여 저장하며, 데이터 전송이 병렬로 이루어져 읽기와 쓰기 성능이 개선되지만 디스크 오류 시 데이터 복구가 어렵다.(×)
→ 설명은 RAID 0의 특징이다. RAID 1은 모든 데이터를 두 개 이상의 디스크에 똑같이 복사하여 저장하는 미러링 방식이다.
③ RAID 2는 데이터를 여러 개의 디스크에 분산하여 저장하며, 해밍코드를 사용하는 패리티를 항상 하나의 패리티 디스크에만 저장한다.(×)
→ RAID 2는 해밍코드를 여러 패리티 디스크에 저장한다. 설명과 달리 하나의 패리티 디스크가 아닌 여러 개의 패리티 디스크를 사용한다.

**Answer** ④

## 153 〈보기〉와 같은 특성을 갖는 하드 디스크의 최대 저장 용량은?

2016 계리직

> **보기**
> - 실린더(cylinder) 개수 : 32,768개
> - 면(surface) 개수 : 4개
> - 트랙(track) 당 섹터(sector) 개수 : 256개
> - 섹터 크기(sector size) : 512 bytes

① 4GB
② 16GB
③ 64GB
④ 1TB

✏️ **해설**

32,768(실린더) × 4(면) × 256(섹터/트랙) × 512(바이트/섹터)
= 32,768 × 4 × 256 × 512
= $2^{15} \times 2^2 \times 2^8 \times 2^9$
= $2^{34}$
= $2^4 \times 2^{30}$
= 16GB

Answer ②

**154** 파일을 보조기억장치에 블록단위로 저장할 때 다음 그림과 같은 공간할당 방식은?

2012 지방직

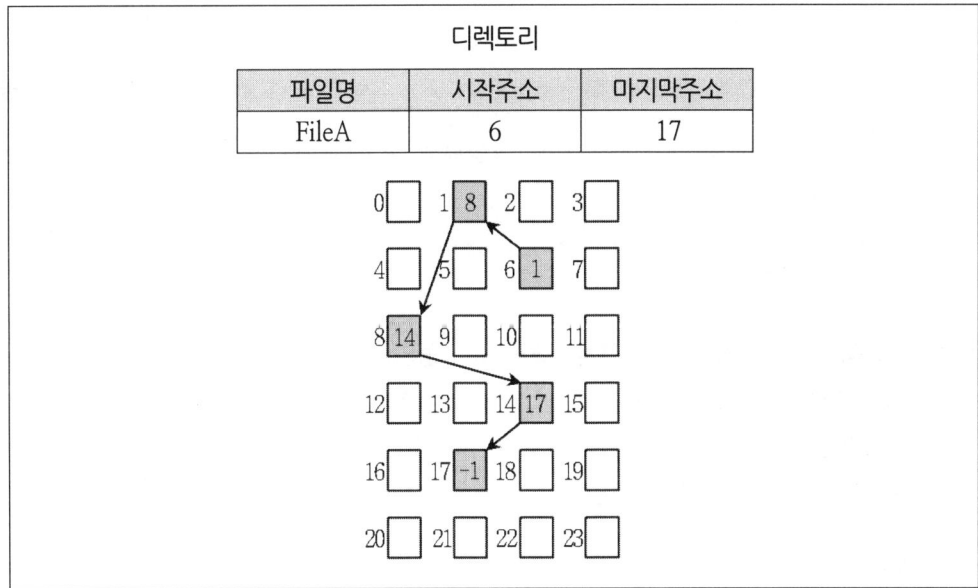

① 연속 할당(Continuous Allocation)   ② 연결 할당(Linked Allocation)
③ 색인 할당(Indexed Allocation)      ④ 압축 할당(Compressed Allocation)

✏️ **해설**

② 연결 할당(Linked Allocation)
→ 파일의 각 블록이 다음 블록의 주소를 저장하는 방식으로, 물리적으로 연속되지 않은 블록들을 효율적으로 연결한다.

Answer ②

## 10 입출력장치(I/O Device)

**155** 입출력 명령어를 전담해서 처리하는 장치로 적절한 것은?  `2021 군무원`
① CPU(Central Processing Unit)
② GPU(Graphics Processing Unit)
③ DMA(Direct Memory Access) 프로세서
④ 벡터프로세서(Vector Processor)

> **해설**
> ① CPU(Central Processing Unit)
> → CPU는 컴퓨터의 중앙처리장치로, 주로 명령어 실행, 연산, 제어를 담당하며 입출력 명령어를 전담하지 않음
> ② GPU(Graphics Processing Unit)
> → GPU는 그래픽 연산과 병렬 처리를 위해 설계된 프로세서로, 입출력 명령어와는 관련이 없음
> ④ 벡터프로세서(Vector Processor)
> → 벡터 프로세서는 벡터 연산에 특화된 프로세서로, 대규모 데이터 처리를 주로 수행하며 입출력 명령어 전담과는 관계가 없음
>
> **Answer** ③

**156** 대용량의 자료전송을 위해 장치 드라이버가 중앙처리장치(CPU)의 간섭 없이 직접 메모리와 장치 간에 블록 단위로 데이터를 전송하기 위해 사용하는 기법은?  `2010 지방직`
① DMA(Direct Memory Access)
② 인터럽트(interrupt)
③ 핸드쉐이킹(handshaking)
④ 스풀링(spooling)

> **해설**
> ② 인터럽트(interrupt)
> → 인터럽트는 입출력장치가 작업이 완료되었음을 CPU에 알리는 메커니즘이다. 데이터 전송 자체를 처리하지 않고, 요청 및 응답에 사용된다.
> ③ 핸드쉐이킹(handshaking)
> → 핸드쉐이킹은 송신자와 수신자 간 데이터 전송 전 동기화를 위한 신호 교환 과정으로, 대용량 전송과는 관련이 없다.
> ④ 스풀링(spooling)
> → 스풀링은 디스크와 같은 중간 매체를 사용해 데이터를 처리하는 방식이다. 주로 프린터와 같은 장치에서 출력 작업을 관리하는 데 사용된다.
>
> **Answer** ①

## 157 I/O 장치(모듈)가 시스템 버스에 직접 접속되지 못하는 이유로 거리가 먼 것은? 2010 국가직

① I/O 장치는 시스템 버스를 통하여 CPU와 단방향으로 통신하기 때문이다.
② 종류에 따라 제어 방법이 서로 다른 I/O 장치들의 제어 회로들을 CPU 내부에 모두 포함시키는 것이 어려워 CPU가 그들을 직접 제어할 수 없기 때문이다.
③ I/O 장치들의 데이터 전송 속도가 CPU의 데이터 처리 속도에 비하여 훨씬 더 느리기 때문이다.
④ I/O 장치들과 CPU가 사용하는 데이터 형식의 길이가 서로 다른 경우가 많기 때문이다.

> **해설**
> ① I/O 장치는 시스템 버스를 통하여 CPU와 단방향으로 통신하기 때문이다.(×)
> → I/O 장치와 CPU 간의 통신은 단방향이 아니라 양방향으로 이루어진다. CPU는 데이터를 전송하고, I/O 장치는 데이터를 수신하거나 그 반대의 작업을 수행할 수 있다.
>
> **Answer** ①

## 158 다음 중 인터럽트 입출력 제어방식은? 2015 서울시

① 입출력을 하기 위해 CPU가 계속 Flag를 검사하고, 자료 전송도 CPU가 직접 처리하는 방식이다.
② 입출력을 하기 위해 CPU가 계속 Flag를 검사할 필요가 없고, 대신 입출력 인터페이스가 CPU에게 데이터 전송 준비가 되었음을 알리고 자료전송은 CPU가 직접 처리하는 방식이다.
③ 입출력장치가 직접 주기억장치를 접근하여 Data Block을 입출력하는 방식으로, 입출력 전송이 CPU 레지스터를 경유하지 않고 수행된다.
④ CPU의 관여 없이 채널 제어기가 직접 채널 명령어로 작성된 프로그램을 해독하고 실행하여 주기억장치와 입출력장치 사이에서 자료전송을 처리하는 방식이다.

> **해설**
> ① 입출력을 하기 위해 CPU가 계속 Flag를 검사하고, 자료 전송도 CPU가 직접 처리하는 방식이다.(×)
> → 이는 프로그램된 입출력 방식으로, CPU가 입출력 상태를 지속적으로 확인(폴링)하며 입출력을 처리하는 방식임
> ③ 입출력장치가 직접 주기억장치를 접근하여 Data Block을 입출력하는 방식으로, 입출력 전송이 CPU 레지스터를 경유하지 않고 수행된다.(×)
> → 이는 DMA(Direct Memory Access) 방식으로, CPU를 거치지 않고 입출력장치가 직접 메모리에 접근하여 데이터를 처리함
> ④ CPU의 관여 없이 채널 제어기가 직접 채널 명령어로 작성된 프로그램을 해독하고 실행하여 주기억장치와 입출력장치 사이에서 자료전송을 처리하는 방식이다.(×)
> → 이는 채널 입출력 방식으로, 채널 제어기가 입출력을 독립적으로 처리하는 방식임
>
> **Answer** ②

## 159 컴퓨터 입출력 방식에서 DMA(Direct Memory Access)에 대한 설명으로 옳지 않은 것은?

① DMA를 통한 데이터 전송 시 CPU의 레지스터를 거치지 않는다.
② DMA 제어기와 CPU가 시스템 버스를 공유한다.
③ DMA 제어기에 의한 입출력이 수행되는 도중에 CPU는 다른 작업을 수행할 수 없다.
④ DMA를 통한 메모리 접근을 위해서는 사이클 스틸링이 필요하다.

2009 지방직

> **해설**
> ③ DMA 제어기에 의한 입출력이 수행되는 도중에 CPU는 다른 작업을 수행할 수 없다.(×)
>  → DMA 방식에서는 데이터 전송 중 CPU가 직접 개입하지 않으므로, CPU는 동시에 다른 작업을 수행할 수 있다. 이는 DMA의 주요 장점 중 하나이다.
>
> **Answer** ③

## 160 다음에서 설명하는 입·출력장치로 옳은 것은?

2018 계리직

- 중앙처리장치로부터 입·출력을 지시받은 후에는 자신의 명령어를 실행시켜 입·출력을 수행하는 독립된 프로세서이다.
- 하나의 명령어에 의해 여러 개의 블록을 입·출력할 수 있다.

① 버스(Bus)
② 채널(Channel)
③ 스풀링(Spooling)
④ DMA(Direct Memory Access)

> **해설**
> ① 버스(Bus)
>  → 버스는 컴퓨터 내부에서 데이터, 주소, 제어 신호를 전달하는 경로로, 입출력 명령어를 실행하거나 독립적으로 입출력을 수행하지 않음
> ③ 스풀링(Spooling)
>  → 스풀링은 입출력 작업을 위한 데이터 관리 기법으로, 독립적인 프로세서와는 관련이 없음
> ④ DMA(Direct Memory Access)
>  → DMA는 입출력장치와 메모리 간 데이터를 전송하는 데 사용되며, 채널처럼 독립적인 명령어 실행 능력은 없음
>
> **Answer** ②

## 11 병렬처리

**161** 병렬 처리를 수행하는 기법으로 옳지 않은 것은?   2023 국가직
① 블루-레이 디스크
② VLIW
③ 파이프라인
④ 슈퍼스칼라

**해설**
① 블루-레이 디스크
→ 데이터 저장 및 재생을 위한 광학 저장장치로, 단순히 데이터를 저장/읽는 기술이다.

Answer ①

**162** 플린(Flynn)의 분류법에 따른 병렬 프로세서 구조 중 MIMD(Multiple Instruction stream, Multiple Data stream) 방식에 속하지 않는 것은?   2023 국가직
① 클러스터
② 대칭형 다중 프로세서
③ 불균일 기억장치 액세스
④ 배열 프로세서

**해설**
④ 배열 프로세서
→ 배열 프로세서는 SIMD(Single Instruction stream, Multiple Data stream) 방식에 속하며, 하나의 명령어를 여러 데이터에 동시에 적용하는 구조임. 따라서 MIMD 방식에 속하지 않음

Answer ④

**163** Flynn의 병렬컴퓨터 분류방식에 대한 설명으로 옳지 않은 것은?   2017 서울시
① SISD - 명령어와 데이터를 순서대로 처리하는 단일프로세서 시스템이다.
② SIMD - 단일 명령어 스트림을 처리하고 배열프로세서라고도 한다.
③ MISD - 여러 개의 프로세서를 갖는 구조로 밀결합 시스템(tightly-coupled system)과 소결합 시스템(loosely-coupled system)으로 분류한다.
④ MIMD - 여러 개의 프로세서들이 서로 다른 명령어와 데이터를 처리하는 진정한 의미의 병렬프로세서이다.

> **해설**
> ③ MISD - 여러 개의 프로세서를 갖는 구조로 밀결합 시스템(tightly-coupled system)과 소결합 시스템(loosely-coupled system)으로 분류한다.(×)
> → MISD(Multiple Instruction stream, Single Data stream)는 여러 명령어가 동일 데이터를 처리하는 구조이지만, 실제 구현 사례가 거의 없으며, 밀결합과 소결합 시스템의 분류는 MIMD와 관련이 있다.
>
> **Answer** ③

계리직 **컴퓨터일반** 기출문제집

PART
02

# 운영체제

# 계리직 컴퓨터일반 기출 분석

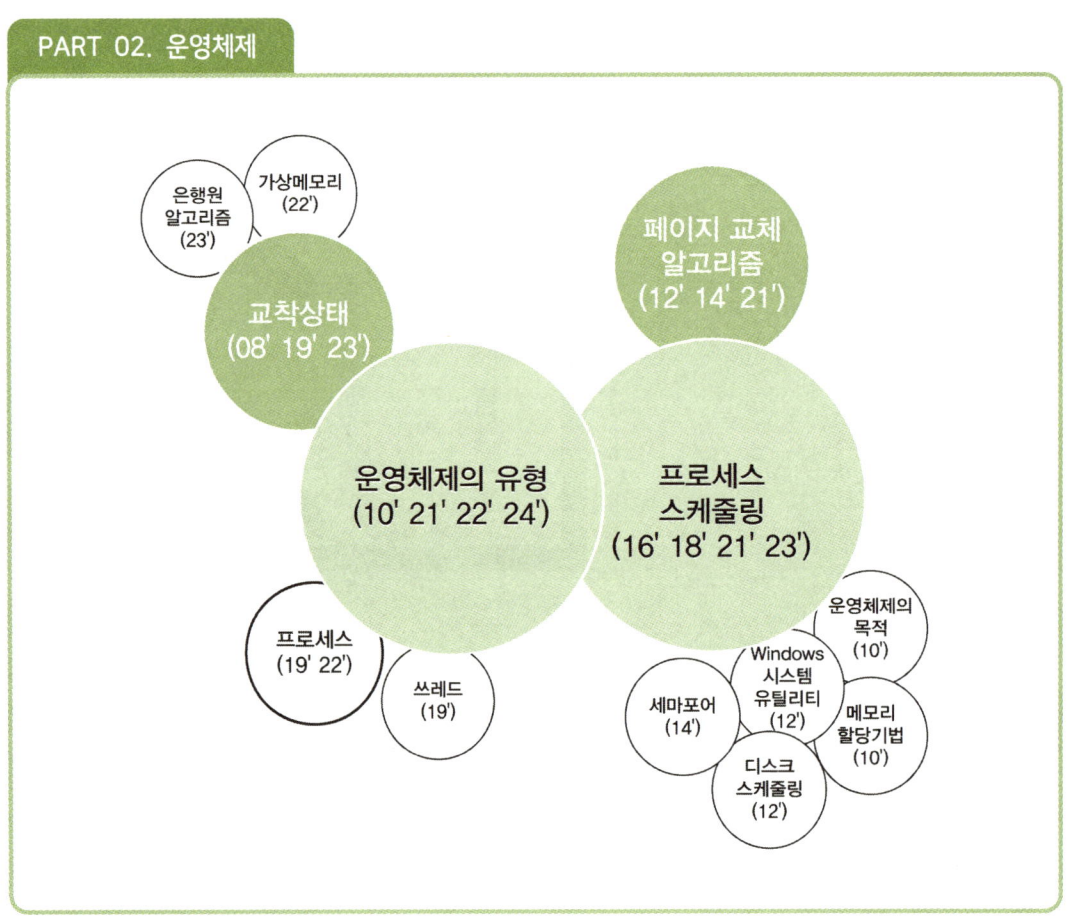

# PART 02 운영체제

## 01 운영체제의 개념

**01** 리눅스 운영체제에 대한 설명으로 알맞지 않은 것은?  `2008 계리직`

① 리눅스는 마이크로커널(microkernel) 방식으로 구현되었으며 커널 코드의 임의의 기능들을 동적으로 적재(load)하여 사용할 수 있다.
② 리눅스 커널 2.6 버전의 스케줄러는 임의의 프로세스를 선점할 수 있으며 우선순위 기반 알고리즘이다.
③ 리눅스 운영체제는 윈도우 파일 시스템인 NTFS와 저널링 파일 시스템인 JFFS를 지원한다.
④ 리눅스는 다중 사용자와 다중 프로세서를 지원하는 다중 작업형 운영체제이다.

> **해설**
> ① 리눅스는 마이크로커널(microkernel) 방식으로 구현되었으며 커널 코드의 임의의 기능들을 동적으로 적재(load)하여 사용할 수 있다.(×)
> → 리눅스는 모노리식 커널(monolithic kernel) 구조를 사용하며, 동적 모듈 로딩은 가능하다.
>
> **Answer** ①

**02** 운영체제의 기능 중 자원관리로 옳지 않은 것은?  `2023 소방경채`

① 메모리 관리
② 프로세스 관리
③ 사용자 권한 관리
④ 파일(데이터) 관리

> **해설**
> ③ 사용자 권한 관리(×)
> → 사용자 권한 관리는 보안관리 기능에 해당하며, 자원관리 기능이 아니다.
>
> **Answer** ③

## 03 다음에서 운영체제에 대한 설명으로 옳은 것만을 고른 것은?

2014 국가직, 2022 해경

―| 보기 |―
ㄱ. 운영체제는 중앙처리장치, 주기억장치, 보조기억장치, 주변장치 등의 컴퓨터 자원을 할당 및 관리하는 시스템 소프트웨어이다.
ㄴ. 스풀링(spooling)은 CPU와 입출력 장치의 속도 차이를 줄이기 위해 주기억장치의 일부분을 버퍼처럼 사용하는 것이다.
ㄷ. 비선점(non-preemptive) 방식의 CPU 스케줄링 기법은 CPU를 사용하고 있는 현재의 프로세스가 종료된 후 다른 프로세스에 CPU를 할당하는데 대표적으로 RR(Round Robin) 스케줄링 기법이 있다.
ㄹ. 가상메모리(virtual memory)는 디스크와 같은 보조기억장치에 가상의 공간을 만들어 주기억장치처럼 활용하도록 하여 실제 주기억장치의 물리적 공간보다 큰 주소 공간을 제공한다.

① ㄱ, ㄴ
② ㄱ, ㄷ
③ ㄱ, ㄹ
④ ㄷ, ㄹ

### 해설
ㄴ. 스풀링(spooling)은 CPU와 입출력 장치의 속도 차이를 줄이기 위해 주기억장치의 일부분을 버퍼처럼 사용하는 것이다.(×)
→ 스풀링은 느린 입출력 장치를 위해 디스크의 일부를 버퍼로 사용하는 것이다. 주기억장치가 아닌 디스크를 사용한다.
ㄷ. 비선점(non-preemptive) 방식의 CPU 스케줄링 기법은 CPU를 사용하고 있는 현재의 프로세스가 종료된 후 다른 프로세스에 CPU를 할당하는데 대표적으로 RR(Round Robin) 스케줄링 기법이 있다.(×)
→ RR(Round Robin) 스케줄링은 선점형(preemptive) 스케줄링의 대표적인 예이다.

**Answer** ③

## 04 시스템 소프트웨어에 포함되지 않는 것은?

2015 국가직

① 스프레드시트(spreadsheet)
② 로더(loader)
③ 링커(linker)
④ 운영체제(operating system)

### 해설
① 스프레드시트
→ 스프레드시트는 응용 소프트웨어에 해당

**Answer** ①

## 05 다음 중 시스템 소프트웨어로 알맞지 않은 것은?
2008 계리직

① 윈도우 XP
② 리눅스
③ 워드프로세서
④ 컴파일러

> **해설**
> ③ 워드프로세서
> → 워드프로세서는 특정 목적을 위해 사용되는 응용 소프트웨어에 해당
>
> Answer ③

## 06 소프트웨어에 대한 설명으로 옳지 않은 것은?
2021 국가직

① 하드웨어에 대응하는 개념으로 우리가 원하는 대로 컴퓨터를 작동하게 만드는 논리적인 바탕을 제공한다.
② 운영체제 등 컴퓨터 시스템을 가동시키는 데 사용되는 소프트웨어를 시스템 소프트웨어라 한다.
③ 문서 작성이나 게임 등 특정 분야의 업무를 처리하는 데 사용되는 소프트웨어를 응용 소프트웨어라 한다.
④ 고급 언어로 작성된 프로그램을 한꺼번에 번역한 후 실행하는 것이 인터프리터 방식이다.

> **해설**
> ④ 고급 언어로 작성된 프로그램을 한꺼번에 번역한 후 실행하는 것이 인터프리터 방식이다. (×)
> → 인터프리터 방식은 프로그램 명령어를 한 줄씩 번역하고 실행하는 방식이다. 프로그램 전체를 한꺼번에 번역한 후 실행하는 것은 컴파일러 방식이다.
>
> Answer ④

## 07 프로그래밍 언어 번역 프로그램에 대한 설명으로 옳지 않은 것은?
2022 계리직

① 인터프리터(interpreter)는 고급언어로 작성된 원시 프로그램을 함수 단위로 읽어 기계어로 번역하는 프로그램이다.
② 컴파일러(compiler)는 고급언어로 작성된 원시 프로그램을 기계어나 어셈블리어로 된 목적 프로그램으로 바꾸는 프로그램이다.
③ 어셈블러(assembler)는 어셈블리어로 작성된 원시 프로그램을 기계어로 번역하는 프로그램이다.
④ 프리프로세시(preprocessor)는 컴파일러가 컴파일을 수행하기 전에 원시 프로그램의 내용을 변경하는 것이다.

> **해설**
> ① 인터프리터(interpreter)는 고급언어로 작성된 원시 프로그램을 함수 단위로 읽어 기계어로 번역하는 프로그램이다.(×)
> → 인터프리터는 고급언어로 작성된 프로그램을 한 줄씩(명령어 단위로) 해석하여 바로 실행하는 프로그램이다.
>
> Answer ①

**08** 재배치 가능한 형태의 기계어로 된 오브젝트 코드나 라이브러리 등을 입력받아 이를 묶어 실행 가능한 로드 모듈로 만드는 번역기는?  
2019 국가직

① 링커(linker)  
② 어셈블러(assembler)  
③ 컴파일러(compiler)  
④ 프리프로세서(preprocessor)

> **해설**
> ② 어셈블러(Assembler)
>   어셈블리어를 기계어로 변환
>   1:1 번역 수행
> ③ 컴파일러(Compiler)
>   고급언어를 기계어나 어셈블리어로 변환
>   전체 소스코드를 한번에 번역
> ④ 프리프로세서(Preprocessor)
>   컴파일 전 소스코드 전처리
>   매크로 치환, 헤더 파일 포함 등 수행
>
> Answer ①

**09** 컴퓨터에 2개 이상의 CPU를 탑재하여 동시에 처리하는 운영체제의 작업 처리 방법으로 적절한 것은?  
2021 군무원

① 일괄 처리  
② 다중 처리  
③ 실시간 처리  
④ 다중프로그래밍

> **해설**
> ① 일괄 처리
>   → 작업을 모아서 순차적으로 처리
> ③ 실시간 처리
>   → 즉시 처리가 필요한 작업을 처리
> ④ 다중프로그래밍
>   → 하나의 CPU로 여러 프로그램을 동시에 처리
>
> Answer ②

**10** 하나의 컴퓨터 시스템에서 여러 개의 어플리케이션(application)들이 함께 주기억장치에 적재되어 하나의 CPU 자원을 번갈아 사용하는 형태로 수행되게 하는 기법으로 옳은 것은?

① 다중프로그래밍(multi-programming)

2021 계리직

② 다중프로세싱(multi-processing)

③ 병렬처리(parallel processing)

④ 분산처리(distributed processing)

> **해설**
> ② 다중프로세싱(multi-processing)
>   → 여러 개의 CPU가 하나의 시스템에서 동시에 여러 작업을 병렬로 수행하는 기법
> ③ 병렬처리(parallel processing)
>   → 여러 CPU나 코어가 서로 다른 작업 또는 하나의 작업을 나누어 동시에 처리하는 방식으로, 주로 대규모 연산에 사용
> ④ 분산처리(distributed processing)
>   → 여러 컴퓨터(노드)가 네트워크를 통해 연결되어 작업을 분산하여 처리하는 방식
>
> Answer ①

**11** 운영체제의 발달과정 순서를 나열한 것으로 가장 옳은 것은?

2022 군무원

① 일괄처리 시스템 → 다중모드 시스템 → 시분할 시스템 → 분산처리 시스템

② 일괄처리 시스템 → 시분할 시스템 → 다중모드 시스템 → 분산처리 시스템

③ 시분할 시스템 → 일괄처리 시스템 → 분산처리 시스템 → 다중모드 시스템

④ 시분할 시스템 → 분산처리 시스템 → 일괄처리 시스템 → 다중모드 시스템

> **해설**
> ② 일괄처리 시스템 → 시분할 시스템 → 다중모드 시스템 → 분산처리 시스템
> - **일괄처리 시스템(Batch Processing)**: 작업을 모아서 순차적으로 처리, 사용자 개입 없음
> - **시분할 시스템(Time Sharing)**: CPU 시간을 여러 작업에 분할하여 사용자와 대화식 처리
> - **다중모드 시스템(Multi Mode)**: 하나의 컴퓨터로 여러 종류의 작업을 동시에 처리
> - **분산처리 시스템(Distributed Processing)**: 네트워크로 연결된 여러 컴퓨터에 작업을 분산하여 처리
>
> Answer ②

**12** 의료용 심장 모니터링 시스템과 같이 정해진 짧은 시간 내에 응답해야 하는 시스템은?

① 다중프로그래밍 시스템　　② 시분할 시스템
③ 실시간 시스템　　　　　　④ 일괄 처리 시스템

2019 국가직

> **해설**
> ③ 실시간 시스템
> → 실시간 시스템은 정해진 시간 내에 응답을 보장하는 시스템으로, 의료용 심장 모니터링 시스템, 항공기 제어 시스템 등과 같이 시간 제약이 중요한 응용 분야에 사용된다.
>
> Answer　③

**13** 운영체제 종류에 대한 설명으로 옳지 않은 것은?　　2012 국가직

① 분산 처리 시스템(distributed processing system)은 하나의 시스템에서 두 개 이상의 프로세스를 동시에 수행시켜 작업의 처리능력을 향상시키고자 하는 시스템이다.
② 시분할 시스템(time-sharing system)은 하나의 시스템을 여러 사용자들에게 일정 시간씩 나누어 줌으로써 각 사용자의 작업을 처리하는 시스템이다.
③ 실시간 처리 시스템(real-time processing system)은 요구된 작업에 대하여 지정된 시간 내에 처리함으로써 신속한 응답이나 출력을 보장하는 시스템이다.
④ 다중 프로그래밍 시스템(multi-programming system)은 두 개 이상의 여러 프로그램을 주기억장치에 적재시켜 마치 동시에 실행되는 것처럼 처리한다.

> **해설**
> ① 분산 처리 시스템(distributed processing system)은 하나의 시스템에서 두 개 이상의 프로세스를 동시에 수행시켜 작업의 처리능력을 향상시키고자 하는 시스템이다.(×)
> → 분산 처리 시스템은 여러 개의 독립적인 시스템(컴퓨터)이 네트워크로 연결되어 협력하여 작업을 처리하는 시스템이다.
>
> Answer　①

**14** 운영체제의 목적으로 옳지 않은 것은? `2024 지방직`

① 신뢰도(reliability) 향상　　② 처리량(throughput) 향상
③ 응답 시간(response time) 증가　　④ 사용 가능도(availability) 향상

> **해설**
> ③ 응답 시간 증가(×)
> → 운영체제는 응답 시간을 감소시키는 것이 목적
> → 응답 시간이 증가하면 시스템의 성능이 저하됨
>
> **Answer** ③

**15** 컴퓨터 시스템의 성능을 측정하는 척도에 대한 설명으로 알맞지 않은 것은? `2010 계리직`

① 처리량(throughput)은 보통 안정된 상태에서 측정되며 하루에 처리되는 작업의 개수 또는 시간당 처리되는 온라인 처리의 개수 등으로 측정된다.
② 병목(bottleneck) 현상은 시스템 자원이 용량(capacity) 또는 처리량에 있어서 최대 한계에 도달할 때 발생될 수 있다.
③ 응답 시간(response time)은 주어진 작업의 수행을 위해 시스템에 도착한 시점부터 완료되어 그 작업의 출력이 사용자에게 제출되는 시점까지의 시간으로 정의된다.
④ 자원 이용도(utilization)는 일반적으로 전체 시간에 대해 주어진 자원이 실제로 사용되는 시간의 백분율로 나타낸다.

> **해설**
> ③ 응답 시간(response time)은 주어진 작업의 수행을 위해 시스템에 도착한 시점부터 완료되어 그 작업의 출력이 사용자에게 제출되는 시점까지의 시간으로 정의된다.(×)
> → **응답 시간(Response Time)** : 입력 후 첫 반응이 나타날 때까지의 시간
> 　　　　　　　　　　　　시스템이 처음 반응을 보이는 시점까지의 시간
>
> **Answer** ③

**16** 운영체제의 처리 프로그램으로 서비스 프로그램이 아닌 것은? `2002 국가직`

① 연계 편집 프로그램　　② 정렬, 병합 프로그램
③ 매체 변환 프로그램　　④ 언어 번역 프로그램

> **해설**
> ④ 언어 번역 프로그램
>  → 언어 번역 프로그램은 시스템 소프트웨어이지만 서비스 프로그램이 아님
>
> Answer ④

**17** 컴퓨터 간에 네트워크 구축이 반드시 필요한 시스템은?  2009 지방직
① 일괄처리 시스템(Batch Processing System)
② 다중처리 시스템(Multiprocessing System)
③ 전문가 시스템(Expert System)
④ 분산 처리 시스템(Distributed Processing System)

> **해설**
> ④ 분산 처리 시스템(Distributed Processing System)
>  → 분산 처리 시스템은 여러 컴퓨터가 네트워크로 연결되어 작업을 분산 처리하는 시스템으로, 네트워크 구축이 필수적이다.
>
> Answer ④

**18** 운영체제는 일괄처리(batch), 대화식(interactive), 실시간(real-time) 시스템 그리고 일괄처리와 대화식이 결합된 혼합(hybrid) 시스템 등으로 분류될 수 있다. 이와 같은 분류 근거로 가장 알맞은 것은?  2010 계리직
① 고급 프로그래밍 언어의 사용 여부
② 응답 시간과 데이터 입력 방식
③ 버퍼링(buffering) 기능 수행 여부
④ 데이터 보호의 필요성 여부

> **해설**
> ② 응답 시간과 데이터 입력 방식
>  → 운영체제의 유형은 응답 시간의 특성과 사용자의 데이터 입력 방식에 따라 분류됨
>
> Answer ②

**19** 운영체제는 일괄처리(Batch), 대화식(Interactive), 실시간(Real-Time) 시스템 그리고 일괄처리와 대화식이 결합된 혼합 시스템(Hybrid System) 등으로 분류될 수 있다. 이와 같은 분류 근거로 가장 옳은 것은?  2021 해경

① 응답 시간과 데이터 입력 방식
② 데이터 보호의 필요성 여부
③ 버퍼링(Buffering) 기능 수행 여부
④ 고급 프로그램 언어의 사용 여부

**해설**
① 응답 시간과 데이터 입력 방식
→ 운영체제의 분류는 사용자와의 상호작용 방식과 응답 시간에 따라 구분된다. 일괄처리는 모아서 한 번에 처리하고, 대화식은 즉각적인 응답을, 실시간은 정해진 시간 내 응답을 제공하는 방식이다.

**Answer** ①

## 02 프로세스 관리

**20** 스레드(thread)에 대한 설명으로 옳지 않은 것은?  2015 지방직

① 스레드는 자기만 접근할 수 있는 스레드별 데이터를 갖지 않는다.
② 단일 프로세스에 포함된 스레드들은 프로세스의 자원을 공유할 수 있다.
③ 멀티프로세서 환경에서는 각각의 스레드가 다른 프로세서에서 수행될 수 있다.
④ Pthread는 스레드 생성과 동기화를 위해 POSIX가 제정한 표준 API이다.

**해설**
① 스레드는 자기만 접근할 수 있는 스레드별 데이터를 갖지 않는다.(×)
→ 각 스레드는 다음과 같은 자신만의 데이터를 가짐
  스택 영역, 레지스터, 프로그램 카운터, 스레드 ID

**Answer** ①

**21** 운영체제 상의 프로세스(process)에 관한 설명으로 옳지 않은 것은?　2022 계리직

① 프로세스의 영역 중 스택 영역은 동적 메모리 할당에 활용된다.
② 디스패치(dispatch)는 CPU 스케줄러가 준비 상태의 프로세스 중 하나를 골라 실행 상태로 바꾸는 작업을 말한다.
③ 프로세스 제어 블록(process control block)은 프로세스 식별자, 메모리 관련 정보, 프로세스가 사용했던 중간값을 포함한다.
④ 문맥교환(context switching)은 CPU를 점유하고 있는 프로세스를 CPU에서 내보내고 새로운 프로세스를 받아들이는 작업이다.

> **해설**
> ① 프로세스의 영역 중 스택 영역은 동적 메모리 할당에 활용된다.(×)
> → 스택 영역은 지역변수, 매개변수 등이 저장되는 정적 할당 영역이며, 동적 메모리 할당은 힙(Heap) 영역에서 이루어진다.
>
> **Answer** ①

**22** 운영체제의 프로세스에 대한 설명으로 옳지 않은 것은?　2012 국가직

① 운영체제 프로세스는 사용자 작업 처리를 위해 시스템 관리 기능을 담당하는 프로세스이다.
② 사용자 프로세스는 사용자 응용프로그램을 수행하는 프로세스이다.
③ 여러 개의 프로세스들이 동시에 수행상태에 있다면 교착상태(deadlock) 프로세스라고 한다.
④ 독립 프로세스는 한 프로세스가 시스템 안에서 다른 프로세스에게 영향을 주지 않거나 또는 다른 프로세스에 의해 영향을 받지 않는 프로세스이다.

> **해설**
> ③ 여러 개의 프로세스들이 동시에 수행상태에 있다면 교착상태(deadlock) 프로세스라고 한다.(×)
> → 교착상태는 여러 프로세스가 동시에 수행상태에 있는 것이 아니라, 서로 필요한 자원을 점유한 채 대기하며 진행하지 못하는 상태를 의미한다.
>
> **Answer** ③

**23** 운영체제에서 프로세스의 정보를 관리하는 프로세스 제어블록(Process Control Block)의 포함 요소로 옳지 않은 것은?

2022 국가직

① 프로세스 식별자
② 인터럽트 정보
③ 프로세스의 우선순위
④ 프로세스의 상태

> **해설**
> ② 인터럽트 정보
> → 인터럽트 정보는 PCB가 아닌 인터럽트 벡터 테이블에서 관리한다.
>
> **Answer** ②

**24** CPU를 다른 프로세스로 교환하려면 이전 프로세스의 상태를 보관하고 새로운 프로세스의 보관된 상태로 복구하는 작업이 필요하다. 이 작업으로 옳은 것은?

2020 국가직

① 세마포어(Semaphore)
② 모니터(Monitor)
③ 상호배제(Mutual Exclusion)
④ 문맥교환(Context Switching)

> **해설**
> ① 세마포어(Semaphore)
> 프로세스 동기화와 공유 자원 접근을 제어하는 도구
> ② 모니터(Monitor)
> 공유 자원 관리를 위한 고수준의 동기화 도구로, 상호배제를 자동으로 보장
> ③ 상호배제(Mutual Exclusion)
> 공유 자원의 독점적 사용을 보장하여 임계구역 문제를 해결하는 방법
>
> **Answer** ④

**25** 다음에서 문맥 교환(Context switch)이 반드시 발생하는 경우는? (단, CPU 대기 큐(Ready queue)는 비어있지 않다고 가정한다)

2024 법원직

① 프로세스가 요청한 I/O가 완료되어 인터럽트가 발생한 경우
② 라운드 로빈(Round Robin) 방식으로 CPU 스케줄링을 하는 시스템에서 프로세스의 CPU 할당시간(Time quantum)이 만료되었음을 알려주는 인터럽트가 발생한 경우
③ 프로세스가 시스템 콜(System call)을 하는 경우
④ 다중 쓰레드(Thread)로 구성된 프로세스 내에서 쓰레드 중 하나가 I/O 요청을 하는 경우

> **해설**
> ① 프로세스가 요청한 I/O가 완료되어 인터럽트가 발생한 경우(×)
>   → I/O 완료 인터럽트가 발생해도 현재 실행 중인 프로세스의 우선순위가 더 낮지 않다면 문맥 교환이 발생하지 않을 수 있다.
> ③ 프로세스가 시스템 콜(System call)을 하는 경우(×)
>   → 시스템 콜이 빠르게 처리되는 경우 문맥 교환 없이 같은 프로세스가 계속 실행될 수 있다.
> ④ 다중 쓰레드(Thread)로 구성된 프로세스 내에서 쓰레드 중 하나가 I/O 요청을 하는 경우(×)
>   → 다중 쓰레드 환경에서는 한 쓰레드가 I/O를 기다리는 동안 같은 프로세스의 다른 쓰레드가 실행될 수 있어 반드시 문맥 교환이 발생하지는 않는다.
>
> Answer ②

## 26 다중 스레드(Multithread)에 대한 설명으로 옳은 것만을 모두 고르면? 〈2019 지방직〉

> ㄱ. 스레드는 프로세스보다 더 큰 CPU의 실행 단위이다.
> ㄴ. 단일 CPU 컴퓨터에서 작업을 수행하는 스레드들은 CPU 자원을 공유한다.
> ㄷ. 스레드는 프로세스와 마찬가지로 독립적인 PC(Program Counter)를 가진다.
> ㄹ. 프로세스 간의 문맥교환은 동일 프로세스에 있는 스레드 간의 문맥교환에 비해 비용면에서 효과적이다.

① ㄱ, ㄴ
② ㄱ, ㄹ
③ ㄴ, ㄷ
④ ㄴ, ㄹ

> **해설**
> ㄱ. 스레드는 프로세스보다 더 큰 CPU의 실행 단위이다.(×)
>   → 스레드는 프로세스보다 작은 실행 단위이다. 하나의 프로세스는 여러 개의 스레드로 구성될 수 있다.
> ㄹ. 프로세스 간의 문맥교환은 동일 프로세스에 있는 스레드 간의 문맥교환에 비해 비용면에서 효과적이다.(×)
>   → 스레드 간의 문맥교환이 프로세스 간의 문맥교환보다 비용이 적게 든다. 스레드는 프로세스의 자원을 공유하므로 교환해야 할 정보가 적다.
>
> Answer ③

**27** 다음 프로그램의 구성 요소들 중 프로세스 내에서 생성한 스레드들 사이에 공유되지 않는 것을 모두 고르면?

2016 서울시

| ㄱ. 레지스터(Register) | ㄴ. 힙(Heap) 메모리 |
| ㄷ. 전역 변수(Global variables) | ㄹ. 스택(Stack) 메모리 |

① ㄱ, ㄴ
② ㄱ, ㄹ
③ ㄴ, ㄷ
④ ㄷ, ㄹ

**해설**
스레드마다 독립적으로 가지는 것 : ㄱ. 레지스터, ㄹ. 스택 메모리
스레드 간 공유하는 것 : ㄴ. 힙 메모리, ㄷ. 전역 변수

Answer ②

**28** 프로세스(Process)와 쓰레드(Thread)에 대한 설명으로 옳지 않은 것은?

2019 계리직

① 프로세스 내 쓰레드 간 통신은 커널 개입을 필요로 하지 않기 때문에 프로세스 간 통신보다 더 효율적으로 이루어진다.
② 멀티프로세서는 탑재 프로세서마다 쓰레드를 실행시킬 수 있기 때문에 프로세스의 처리율을 향상시킬 수 있다.
③ 한 프로세스 내의 모든 쓰레드들은 정적 영역(Static Area)을 공유한다.
④ 한 프로세스의 어떤 쓰레드가 스택 영역(Stack Area)에 있는 데이터 내용을 변경하면 해당 프로세스의 다른 쓰레드가 변경된 내용을 확인할 수 있다.

**해설**
④ 한 프로세스의 어떤 쓰레드가 스택 영역(Stack Area)에 있는 데이터 내용을 변경하면 해당 프로세스의 다른 쓰레드가 변경된 내용을 확인할 수 있다.(×)
→ 스택 영역은 쓰레드마다 독립적으로 할당되어 다른 쓰레드와 공유되지 않는다.

Answer ④

**29** 다음은 다중스레드(Multi-Thread)에 관련된 설명이다. 옳지 않은 것은? 2017 서울시
① 하나의 프로세스에 2개 이상의 스레드들을 생성하여 수행한다.
② 스레드별로 각각의 프로세스를 생성하여 실행하는 것보다 효율적이다.
③ 스레드들 간은 IPC(InterProcess Communication)방식으로 통신한다.
④ 각각의 스레드는 프로세스에 할당된 자원을 공유한다.

> **해설**
> ③ 스레드들 간은 IPC 방식으로 통신한다.(×)
> → IPC는 프로세스 간 통신 방식임
>   스레드는 같은 프로세스 내에서 자원을 공유하므로 별도의 IPC가 필요 없음
>
> **Answer** ③

**30** 다중 스레드(Multi Thread) 프로그래밍의 이점에 대한 설명으로 옳지 않은 것은? 2020 국가직
① 다중 스레드는 사용자의 응답성을 증가시킨다.
② 스레드는 그들이 속한 프로세스의 자원들과 메모리를 공유한다.
③ 프로세스를 생성하는 것보다 스레드를 생성하여 문맥을 교환하면 오버헤드가 줄어든다.
④ 다중 스레드는 한 스레드에 문제가 생기더라도 전체 프로세스에 영향을 미치지 않는다.

> **해설**
> ④ 다중 스레드는 한 스레드에 문제가 생기더라도 전체 프로세스에 영향을 미치지 않는다.(×)
> → 스레드들은 공유된 메모리 공간을 사용하기 때문에, 한 스레드에서 문제가 발생하면 전체 프로세스가 중단될 수 있다.
>
> **Answer** ④

**31** 다중 스레드(thread)에 대한 설명으로 옳지 않은 것은? 2021 군무원
① 문맥교환(context switching) 효율성이 프로세스(process)간에 이루어지는 것 보다는 스레드(thread)간에 이루어지는 것이 좋다.
② 다중처리환경에서 한 프로세스 내의 다중 스레드 단위로 병렬실행이 용이하다.
③ 한 프로세스 내의 다중 스레드들은 그 프로세스에 할당된 자원(전역자원)을 공유하기 때문에 효율적이다.
④ 통상적으로 프로세스를 LWP(Light Weight Process)라 하고, 스레드를 HWP(Heavy Weight Process)라고 한다.

> **해설**
> ④ 통상적으로 프로세스를 LWP(Light Weight Process)라 하고, 스레드를 HWP(Heavy Weight Process)라고 한다.(×)
> → 스레드는 LWP(Light Weight Process)이고, 프로세스는 HWP(Heavy Weight Process)이다.
>
> Answer ④

**32** 리눅스와 같은 운영체제에서 사용되는 프로세스(process)와 스레드(thread)에 대한 설명으로 옳지 않은 것은? 2017 국회직

① 프로세스는 서로 다른 수의 스레드를 가질 수 있다.
② 다른 프로세스에 속한 스레드 간의 교착상태는 발생하지 않는다.
③ 한 프로세스에 속한 스레드들은 메모리를 공유한다.
④ 스레드 단위로 CPU 스케줄링이 일어난다.
⑤ 같은 프로세스에 속한 스레드로 문맥교환(context switching)하는 것이 다른 프로세스에 속한 스레드로 문맥교환하는 것보다 빠르다.

> **해설**
> ② 다른 프로세스에 속한 스레드 간의 교착상태는 발생하지 않는다.(×)
> → 서로 다른 프로세스의 스레드들도 공유 자원을 사용할 때 교착상태가 발생할 수 있음
> 예 데이터베이스나 파일 시스템과 같은 공유 자원 접근 시
>
> Answer ②

**33** 프로세스(process)나 스레드(thread)들이 공유자원에 하나 이상의 수정(write 또는 modify) 연산을 포함하는 동시 접근을 할 때 그 접근 부분들을 임계 구역(critical section)이라 한다. 이를 보호하기 위한 병행 프로세스 동기화 기법으로 옳은 것은? 2018 국회직

① 인터럽트(interrupt)
② 선점 스케줄링(preemptive scheduling)
③ 문맥교환(context switching)
④ 상호배제(mutual exclusion)
⑤ 교착상태(deadlock)

> **해설**
> ① **인터럽트**: 이벤트 처리를 위한 메커니즘
> ② **선점 스케줄링**: CPU 할당 방식
> ③ **문맥교환**: 프로세스 전환 기법
> ⑤ **교착상태**: 해결해야 할 문제 상황
>
> Answer ④

## 34 프로세스와 쓰레드에 관한 다음 설명 중 가장 옳지 않은 것은? 2024 법원직

① 같은 프로세스에 속한 쓰레드들은 가상 메모리를 공유한다.
② 프로세스가 스와핑(Swapping)되면 해당 프로세스에 속한 모든 쓰레드 역시 스와핑된다.
③ 쓰레드를 지원하기 위해서는 운영체제의 지원이 필수적이다.
④ 멀티코어 시스템에서는 쓰레드를 병렬로 처리하여 프로세스의 성능을 개선할 수 있다.

> **해설**
> ③ 쓰레드를 지원하기 위해서는 운영체제의 지원이 필수적이다. (×)
> → 사용자 수준 쓰레드는 운영체제의 지원 없이도 라이브러리를 통해 구현이 가능하다.
>
> Answer ③

## 35 프로세스와 스레드(thread)에 대한 설명으로 옳지 않은 것은? 2019 국가직

① 하나의 스레드는 여러 프로세스에 포함될 수 있다.
② 스레드는 프로세스에서 제어를 분리한 실행단위이다.
③ 스레드는 같은 프로세스에 속한 다른 스레드와 코드를 공유한다.
④ 스레드는 프로그램 카운터를 독립적으로 가진다.

> **해설**
> ① 하나의 스레드는 여러 프로세스에 포함될 수 있다. (×)
> → 스레드는 하나의 프로세스에만 속할 수 있음
>   한 스레드가 여러 프로세스에 동시에 속할 수 없음
>
> Answer ①

## 36 프로세스(process)와 스레드(thread)에 대한 설명으로 거리가 먼 것은?
2014 서울시

① 프로세스는 운영체제에서 작업의 기본 단위이다.
② 프로세스는 비동기적인 행위를 일으키는 주체이다.
③ 프로세스는 현재 실행중인 프로그램이라고 정의할 수 있다.
④ 스레드는 프로세스에서 실행의 개념만을 분리한 것이다.
⑤ 하나의 스레드 내에는 여러 개의 프로세스가 존재할 수 있다.

> **해설**
> ⑤ 하나의 스레드 내에는 여러 개의 프로세스가 존재할 수 있다.(×)
>  → 스레드는 프로세스의 내부 실행 단위로, 하나의 프로세스 내에 여러 스레드가 존재할 수는 있지만, 스레드는 프로세스의 구성 요소이므로 스레드가 프로세스를 포함할 수 없다.
>
> Answer ⑤

## 37 프로세스 스케줄링에 대한 설명으로 옳지 않은 것은?
2020 국가직

① FCFS(First Come First Served) 스케줄링은 비선점 방식으로 대화식 시스템에 적합하다.
② SJF(Shortest Job First) 스케줄링은 실행 시간이 가장 짧은 작업(프로세스)을 신속하게 실행하므로 평균 대기시간이 FCFS 스케줄링보다 짧다.
③ Round-Robin 스케줄링은 우선순위가 적용되지 않은 단순한 선점형 방식이다.
④ 다단계 큐(Multilevel Queue) 스케줄링은 우선순위에 따라 준비 큐를 여러 개 사용하는 방식이다.

> **해설**
> ① FCFS는 대화식 시스템에 적합하다.(×)
>  → FCFS는 대화식 시스템에 부적합함
>   긴 작업이 먼저 오면 짧은 작업들이 오래 기다려야 하는 convoy effect 발생
>   대화식 시스템은 빠른 응답시간이 필요하므로 Round-Robin과 같은 선점형 방식이 적합
>
> Answer ①

**38** CPU 스케줄링 기법 중 라운드 로빈(Round Robin) 방식에 대한 설명으로 옳지 않은 것은?

① 선점 스케줄링 기법이다.
② 여러 프로세스에 일정한 시간을 할당한다.
③ 시간할당량이 작으면 문맥 교환수와 오버헤드가 증가한다.
④ FIFO(First-In-First-Out) 방식 대비 높은 처리량을 제공한다.

2020 지방직

**해설**
④ FIFO 방식 대비 높은 처리량을 제공한다.(×)
→ 라운드 로빈은 잦은 문맥교환으로 인한 오버헤드 때문에 FIFO(FCFS)보다 처리량이 낮음

Answer ④

**39** 다음 〈보기〉의 CPU 스케줄링 기법 중 기아(starvation) 현상이 발생할 수 있는 스케줄링 기법으로 옳은 것을 모두 고르면?

2017 국회직

┤보기├
ㄱ. FIFO(First In First Out) 스케줄링
ㄴ. RR(Round Robin) 스케줄링
ㄷ. Priority 스케줄링
ㄹ. HRN(Highest Response ratio Next) 스케줄링
ㅁ. SJF(Shortest Job First) 스케줄링

① ㅁ
② ㄱ, ㄴ
③ ㄷ, ㅁ
④ ㄴ, ㄷ, ㄹ
⑤ ㄷ, ㄹ, ㅁ

**해설**
ㄱ. FIFO(First In First Out) 스케줄링
→ 도착한 순서대로 처리하므로 모든 프로세스가 차례대로 실행되어 기아 현상이 발생하지 않는다.
ㄴ. RR(Round Robin) 스케줄링
→ 시간 할당량을 기준으로 돌아가며 실행되므로 모든 프로세스가 공정하게 실행되어 기아 현상이 발생하지 않는다.
ㄹ. HRN(Highest Response ratio Next) 스케줄링
→ 대기 시간을 고려하여 응답률을 계산하므로 기아 현상이 발생하지 않는다.

Answer ③

**40** CPU 스케줄링 기법 중에서 기아상태(starvation)가 발생할 가능성이 없는 것만을 모두 고르면?
　　　　　　　　　　　　　　　　　　　　　　　　　　　　　　　　　　2014 지방직

| ㄱ. FCFS(First-Come Frist-Served) | ㄴ. 라운드 로빈(RR : Round Robin) |
| ㄷ. SJF(Shortest Job First) | ㄹ. HRRN(Highest Response Ratio Next) |

① ㄱ, ㄴ
② ㄷ, ㄹ
③ ㄱ, ㄴ, ㄷ
④ ㄱ, ㄴ, ㄹ

> **해설**
> ㄷ. SJF(Shortest Job First)
> 　가장 짧은 작업을 우선 처리하므로, 긴 작업이 계속 뒤로 밀리게 되어 기아상태가 발생할 가능성이 있다.
>
> **Answer** ④

**41** CPU 스케줄링 기법에 대한 설명으로 옳지 않은 것은?　　2023 계리직

① 라운드 로빈(Round-Robin) 스케줄링 기법은 선점 방식의 스케줄링 기법이다.
② HRN(Highest Response ratio Next) 스케줄링 기법은 우선순위에 대기 시간(waiting time)을 고려하여 기아(starvation) 문제를 해결한다.
③ 다단계 큐 스케줄링 기법은 프로세스들을 위한 준비 큐를 다수 개로 구분하며, 각 준비 큐는 자신만의 스케줄링 알고리즘을 별도로 가질 수 있다.
④ 우선순위 스케줄링 기법은 항상 선점 방식으로 구현되기 때문에 특정 프로세스에 대하여 무한대기 또는 기아(starvation) 현상 발생의 위험이 있다.

> **해설**
> ④ 우선순위 스케줄링 기법은 항상 선점 방식으로 구현되기 때문에 특정 프로세스에 대하여 무한대기 또는 기아(starvation) 현상 발생의 위험이 있다.(×)
> 　→ 우선순위 스케줄링은 선점형과 비선점형 모두로 구현이 가능하며, 항상 선점형으로만 구현되는 것이 아니다. 기아 현상은 에이징(aging) 기법을 통해 해결할 수 있다.
>
> **Answer** ④

**42** 다음 표에서 보인 4개의 프로세스들을 시간 할당량(time quantum)이 5인 라운드로빈(round-robin) 스케줄링 기법으로 실행시켰을 때 평균 반환 시간으로 옳은 것은? `2021 계리직`

| 프로세스 | 도착 시간 | 실행 시간 |
|---|---|---|
| P1 | 0 | 10 |
| P2 | 1 | 15 |
| P3 | 3 | 6 |
| P4 | 6 | 9 |

(단, 반환 시간이란 프로세스가 도착하는 시점부터 실행을 종료할 때까지 소요된 시간을 의미한다. 또한, 이들 4개의 프로세스들은 I/O 없이 CPU만을 사용한다고 가정하며, 문맥교환(context switching)에 소요되는 시간은 무시한다.)

① 24.0
② 29.0
③ 29.75
④ 30.25

> **해설**
> P1 = 20 - 0 = 20
> P2 = 40 - 1 = 39
> P3 = 31 - 3 = 28
> P4 = 35 - 6 = 29
>
> [간트차트]
>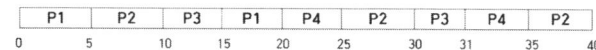
>
> P1이 완료되는 시점(5)에서는 P4가 아직 도착하지 않았으므로, P1이 P4보다 먼저 스케줄링된다.
>
> **Answer** ②

**43** 한 프로세스가 CPU를 독점하는 폐단을 방지하기 위해서 각 프로세스에게 할당된 일정한 시간(Time Slice) 동안만 CPU를 사용하도록 하는 스케줄링 기법으로 범용 시분할 시스템에 적합한 것은? `2009 지방직`

① FIFO(First-In-First-Out)
② RR(Round-Robin)
③ SRT(Shortest-Remaining-Time)
④ HRN(High-Response-ratio-Next)

### 해설

① FIFO(First-In-First-Out)
→ 선입선출 방식으로, 프로세스가 도착한 순서대로 CPU를 할당한다. 그러나 긴 작업을 가진 프로세스가 CPU를 독점할 수 있어 시분할 시스템에는 적합하지 않다.

③ SRT(Shortest-Remaining-Time)
→ 실행 시간이 가장 짧은 프로세스를 우선 처리하는 선점형 방식으로, 시분할 시스템보다는 실시간 시스템에서 사용되는 경향이 있다.

④ HRN(High-Response-ratio-Next)
→ 대기 시간과 실행 시간을 고려하여 우선순위를 계산하는 기법이다. 공정성보다는 작업의 효율성을 강조하며, 시분할 시스템에는 적합하지 않다.

Answer ②

## 44 라운드 로빈(round robin) 스케줄링 방식에 관한 설명으로 옳지 않은 것만을 〈보기〉에서 있는 대로 고른 것은?

2023 소방경채

| 보기 |

ㄱ. 비선점 스케줄링 기법이다.
ㄴ. 시분할 시스템에 효과적인 방식이다.
ㄷ. 문맥 교환이 발생할 수 있는 방식이다.
ㄹ. 프로세스들이 돌아가면서 정해진 시간만큼 CPU를 할당받아 실행되는 방식이다.

① ㄱ
② ㄴ
③ ㄱ, ㄹ
④ ㄷ, ㄹ

### 해설

ㄱ. 비선점 스케줄링 기법이다.(×)
→ 라운드 로빈은 대표적인 선점형 스케줄링 기법으로, 할당된 시간이 끝나면 강제로 CPU를 반납해야 한다.

Answer ①

## 45 프로세스 상태(process state)에 대한 설명으로 옳은 것은?

2010 지방직

① 종료상태(terminated state)는 프로세스가 기억장치를 비롯한 모든 필요한 자원을 할당받은 상태에서 프로세서의 할당을 기다리고 있는 상태이다.
② 대기상태(waiting/blocked state)는 프로세스가 원하는 자원을 할당받지 못해서 기다리고 있는 상태이다.
③ 실행상태(running state)는 사용자가 요청한 작업이 커널에 등록되어 커널 공간에 PCB 등이 만들어진 상태이다.
④ 준비상태(ready state)는 프로세스의 수행이 끝난 상태이다.

### 해설

① 종료상태(terminated state)는 프로세스가 기억장치를 비롯한 모든 필요한 자원을 할당받은 상태에서 프로세서의 할당을 기다리고 있는 상태이다.(×)
 → 종료상태는 프로세스의 수행이 끝나서 더 이상 실행되지 않으며, 운영체제가 프로세스에 할당된 자원을 해제하는 상태이다.
③ 실행상태(running state)는 사용자가 요청한 작업이 커널에 등록되어 커널 공간에 PCB 등이 만들어진 상태이다.(×)
 → 실행상태는 CPU에서 명령어가 실제로 실행 중인 상태이다. PCB 생성은 프로세스가 생성된 초기 상태에 해당한다.
④ 준비상태(ready state)는 프로세스의 수행이 끝난 상태이다.(×)
 → 준비상태는 프로세스가 CPU 할당을 기다리는 상태이다. 프로세스는 CPU만 할당되면 즉시 실행될 준비가 된 상태이다.

**Answer** ②

---

**46** 다음은 프로세스 상태 전이도이다. 각 상태 전이에 대한 예로 적절하지 않은 것은?

2021 국가직

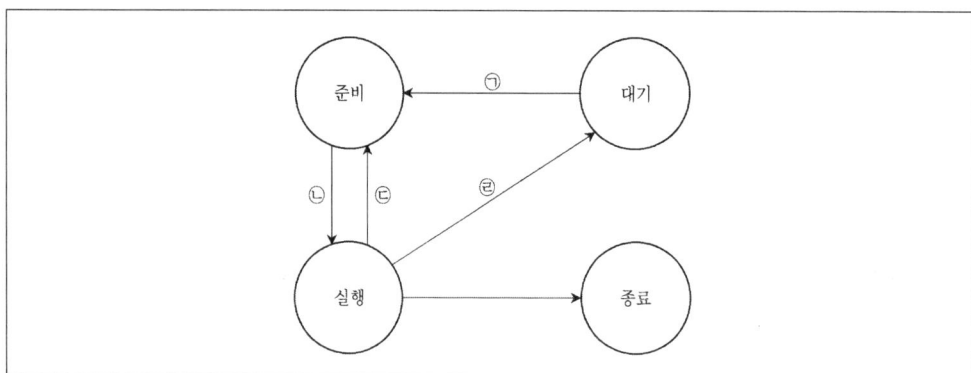

① ㉠ - 프로세스에 자신이 기다리고 있던 이벤트가 발생하였다.
② ㉡ - 실행할 프로세스를 선택할 때가 되면, 운영체제는 프로세스들 중 하나를 선택한다.
③ ㉢ - 실행 중인 프로세스가 자신에게 할당된 처리기의 시간을 모두 사용하였다.
④ ㉣ - 실행 중인 프로세스가 작업을 완료하거나 실행이 중단되었다.

### 해설

④ ㉣ - 실행 중인 프로세스가 작업을 완료하거나 실행이 중단되었다.(×)

㉣ - 실행 → 대기 전이는 프로세스가 자원을 즉시 할당받지 못하거나 입출력 작업 등으로 인해 당장 작업을 진행할 수 없어, 다른 프로세스에게 CPU를 양보하고 대기 상태로 전환되는 것을 의미한다.

**Answer** ④

**47** 프로세스 상태 전이에서 준비(Ready) 상태로 전이되는 상황만을 모두 고르면? (단, 동일한 우선순위의 프로세스가 준비 상태로 한 개 이상 대기하고 있다)  2019 지방직

ㄱ. 실행 상태에 있는 프로세스가 우선순위가 높은 프로세스에 의해 선점되었을 때
ㄴ. 블록된(Blocked) 상태에 있는 프로세스가 요청한 입출력 작업이 완료되었을 때
ㄷ. 실행 상태에 있는 프로세스가 작업을 마치지 못하고 시간 할당량을 다 썼을 때

① ㄱ, ㄴ
② ㄱ, ㄷ
③ ㄴ, ㄷ
④ ㄱ, ㄴ, ㄷ

**해설**
ㄱ. 선점형 우선순위 스케줄링 : 실행 → 준비
ㄴ. 입출력 완료 : 대기 → 준비
ㄷ. 라운드 로빈 스케줄링 : 실행 → 준비

Answer ④

**48** 선점형(Preemptive) 스케줄링에 해당하지 않는 것은?  2021 국회직

① MFQ(Multilevel Feedback Queue) 스케줄링
② RR(Round Robin) 스케줄링
③ MLQ(Multilevel Queue) 스케줄링
④ SRT(Shortest Remaining Time) 스케줄링
⑤ HRN(Highest Response ratio Next) 스케줄링

**해설**
⑤ HRN(Highest Response ratio Next)
→ HRN은 비선점형 스케줄링으로, 응답률이 가장 높은 프로세스를 선택하지만 일단 실행되면 끝까지 실행한다.

Answer ⑤

**49** SRT(Shortest Remaining Time) 스케줄링 알고리즘에 대한 설명으로 옳은 것은?

2012 지방직

① 남은 실행시간이 긴 작업은 기아상태에 빠질 가능성이 없다.
② 현재 실행 중인 작업은 자신의 남은 실행시간보다 짧은 실행시간을 가진 작업에 의해 선점된다.
③ MLQ(Multi Level Queue) 알고리즘의 변형된 형태이며 우선순위 큐를 사용한다.
④ 라운드 로빈 알고리즘과 같이 반드시 클록(Clock) 인터럽트를 필요로 한다.

> **해설**
> ① 남은 실행시간이 긴 작업은 기아상태에 빠질 가능성이 없다.(×)
>   → SRT는 짧은 작업이 계속 들어오면 긴 작업은 계속 미뤄져 기아상태에 빠질 수 있다.
> ③ MLQ(Multi Level Queue) 알고리즘의 변형된 형태이며 우선순위 큐를 사용한다.(×)
>   → SRT는 MLQ의 변형이 아니라 SJF(Shortest Job First)의 선점형 버전이다.
> ④ 라운드 로빈 알고리즘과 같이 반드시 클록(Clock) 인터럽트를 필요로 한다.(×)
>   → SRT는 새로운 작업이 도착할 때만 선점을 고려하며, 시간 할당량에 따른 클록 인터럽트를 필요로 하지 않는다.
>
> **Answer** ②

**50** 다음 CPU 스케줄링 알고리즘 중 비선점형 알고리즘만을 모두 고르면?

2024 국가직

ㄱ. FCFS(First Come First Served) 스케줄링
ㄴ. HRN(Highest Response-ratio Next) 스케줄링
ㄷ. RR(Round Robin) 스케줄링
ㄹ. SRT(Shortest Remaining Time) 스케줄링

① ㄱ, ㄴ
② ㄱ, ㄹ
③ ㄴ, ㄷ
④ ㄷ, ㄹ

> **해설**
> 1. 비선점형(Non-preemptive) 스케줄링
>    프로세스가 실행 중일 때 CPU를 강제로 빼앗지 않는 방식으로 한 프로세스가 CPU를 점유하면, 작업이 끝날 때까지 다른 프로세스가 개입할 수 없다.
>    해당 알고리즘:
>    ㄱ. FCFS(First Come First Served) : 도착 순서대로 실행
>    ㄴ. HRN(Highest Response-ratio Next) : 우선순위를 계산하여 가장 높은 우선순위의 프로세스를 실행
> 2. 선점형(Preemptive) 스케줄링
>    프로세스가 실행 중이라도, 더 높은 우선순위의 프로세스가 있다면 CPU를 빼앗아 실행한다.
>    해당 알고리즘:
>    ㄷ. RR(Round Robin) : 각 프로세스에 고정된 시간(Time Quantum)만큼만 CPU를 할당
>    ㄹ. SRT(Shortest Remaining Time) : 남은 실행 시간이 가장 짧은 프로세스를 우선 실행
>
> **Answer** ①

**51** 하나의 프로세스가 CPU를 할당받은 후에는, 스스로 CPU를 반납할 때까지 다른 프로세스가 CPU를 차지할 수 없도록 하는 스케줄링 기법에 해당하는 것만을 모두 고르면? 2019 지방직

> ㄱ. FCFS(First Come First Served)
> ㄴ. RR(Round Robin)
> ㄷ. SRT(Shortest Remaining Time)

① ㄱ
② ㄱ, ㄷ
③ ㄴ, ㄷ
④ ㄱ, ㄴ, ㄷ

**해설**
ㄴ. RR(Round Robin)
→ 선점형 스케줄링으로, 각 프로세스는 일정 시간(타임 퀀텀) 동안만 CPU를 사용할 수 있고, 시간이 끝나면 강제로 CPU를 반납해야 한다.
ㄷ. SRT(Shortest Remaining Time)
→ 선점형 스케줄링으로, 현재 실행 중인 프로세스보다 더 짧은 실행시간을 가진 프로세스가 도착하면 CPU를 강제로 빼앗을 수 있다.

Answer ①

**52** 비선점(Non-Preemptive) 스케줄링에 가장 해당하지 않는 것은? 2022 해경

① SRT(Shortest Remaining Time)
② FCFS(First Come First Served)
③ SJF(Shortest Job First)
④ HRN(Highest Response ratio Next)

**해설**
① SRT(Shortest Remaining Time)
→ SRT는 SJF와 라운드 로빈을 혼합한 방식으로, 현재 실행 중인 프로세스라도 더 짧은 실행시간을 가진 프로세스가 들어오면 CPU를 강제로 빼앗을 수 있는 선점형 스케줄링이다.

Answer ①

## 53 다음 운영체제의 프로세스 스케줄링 방법에 대한 설명 중 가장 적절하지 않은 것은?

2024 군무원

① 라운드 로빈(Round Robin) 스케줄링은 여러 프로세스를 일정 순서에 따라 단위시간 씩 실행시킨다.
② FCFS(First Come First Serve) 스케줄링은 프로세스의 평균 대기 시간을 최적화하는 실행 방법이다.
③ 우선순위 스케줄링은 프로세스별 등급에 따라 높은 순위를 먼저 실행시킨다.
④ 다단계 큐 스케줄링은 상위 단계 큐의 프로세스를 하위 단계 큐의 프로세스보다 먼저 실행시킨다.

> **해설**
> ② FCFS(First Come First Serve) 스케줄링은 프로세스의 평균 대기 시간을 최적화하는 실행 방법이다.(×)
> → FCFS(First Come First Serve) 스케줄링은 단순히 먼저 도착한 순서대로 처리하는 방식으로, 긴 프로세스가 먼저 도착하면 전체 대기 시간이 증가할 수 있어 평균 대기 시간 최적화와는 거리가 먼 방식이다.
>
> **Answer** ②

## 54 우선순위 스케줄링(priority scheduling)에 관한 설명으로 옳지 않은 것은?

2024 소방경채

① 각 프로세스의 상대적 중요성을 정의할 수 있다.
② 실행 시간이 다양하여 실시간 시스템에 사용할 수 없다.
③ 우선순위가 동일한 프로세스는 선입선처리 순서로 실행할 수 있다.
④ 노화(aging) 기법을 이용하여 낮은 우선순위 프로세스의 기아(starvation) 문제를 해결 할 수 있다.

> **해설**
> ② 실행 시간이 다양하여 실시간 시스템에 사용할 수 없다.(×)
> → 우선순위 스케줄링은 오히려 실시간 시스템에서 많이 사용된다. 긴급한 작업에 높은 우선순위를 부여하여 실시간 처리가 가능하다.
>
> **Answer** ②

**55** 다음과 같이 P1, P2, P3, P4 프로세스가 동시에 준비 상태 큐에 도착했을 때 SJF(Shortest Job First) 스케줄링 알고리즘에서 평균 반환시간과 평균 대기시간을 바르게 연결한 것은? (단, 프로세스 간 문맥교환에 따른 오버헤드는 무시하며, 주어진 4개의 프로세스 외에 처리할 다른 프로세스는 없다고 가정한다)

2022 지방직

| 프로세스 | 실행시간 |
|---|---|
| P1 | 5 |
| P2 | 6 |
| P3 | 4 |
| P4 | 9 |

|   | 평균 반환시간 | 평균 대기시간 |   | 평균 반환시간 | 평균 대기시간 |
|---|---|---|---|---|---|
| ① | 6 | 6 | ② | 6 | 7 |
| ③ | 13 | 6 | ④ | 13 | 7 |

### 해설

```
| P3 | P1 | P2 |    P4    |
0    4    9    15         24
```

| 프로세스 | 실행시간 | 대기시간 | 반환시간 |
|---|---|---|---|
| P1 | 5 | 4-0=4 | 5+4=9 |
| P2 | 6 | 9-0=9 | 6+9=15 |
| P3 | 4 | 0-0=0 | 4+0=4 |
| P4 | 9 | 15-0=15 | 9+15=24 |

평균 반환시간 = (9+15+4+24)/4=13
평균 대기시간 = (4+9+0+15)/4=7

Answer ④

**56** 프로세스 P1, P2, P3, P4를 선입선출(First In First Out) 방식으로 스케줄링을 수행할 경우 평균응답시간으로 옳은 것은? (단, 응답시간은 프로세스 도착시간부터 처리가 종료될 때까지의 시간을 말한다)

2018 계리직

| 프로세스 | 도착시간 | 처리시간 |
|---|---|---|
| P1 | 0 | 2 |
| P2 | 2 | 2 |
| P3 | 3 | 3 |
| P4 | 4 | 9 |

① 3  ② 4
③ 5  ④ 6

**✏ 해설**

```
| P1 | P2 | P3 |    P4    |
0    2    4    7          16
```

평균 응답시간 = (2 + 2 + 4 + 12) / 4
= 20 / 4
= 5

**Answer** ③

**57** 〈보기〉의 프로세스 P1, P2, P3을 시간 할당량(time quantum)이 2인 RR(Round-Robin) 알고리즘으로 스케줄링할 때, 평균 응답시간으로 옳은 것은? (단, 응답시간이란 프로세스의 도착 시간부터 처리가 종료될 때까지의 시간을 말한다. 계산 결과값을 소수점 둘째자리에서 반올림한다)

2016 계리직

| 보기 |

| 프로세스 | 도착시간 | 처리시간 |
|---|---|---|
| P1 | 0 | 3 |
| P2 | 1 | 4 |
| P3 | 3 | 2 |

① 5.7  ② 6.0
③ 7.0  ④ 7.3

**해설**

| P1 | P2 | P1 | P3 | P2 |
|---|---|---|---|---|
0   2    4   5    7   9

시간 0 : P1 시작 실행
시간 2 : P1 → P2 전환(문맥교환)
시간 4 : P2 → P1 전환(문맥교환)
시간 5 : P1 완료, P3 시작
시간 7 : P3 완료, P2 시작
시간 9 : P2 완료
평균 응답시간 = (5+8+4)/3 = 5.7초

Answer ①

## 58 운영체제 유형에 대한 〈보기〉의 설명 중 옳은 것의 총 개수는?

2022 계리직

**보기**

ㄱ. 다중 프로그래밍 시스템은 CPU가 유휴상태가 될 때, CPU 작업을 필요로 하는 여러 작업 중 한 작업이 CPU를 사용할 수 있도록 한다.
ㄴ. 다중 처리 시스템에서는 CPU 사이의 연결, 상호작업, 역할 분담 등이 고려되어야 한다.
ㄷ. 시분할 시스템은 CPU가 비선점 스케줄링 방식으로 여러 개의 작업을 교대로 수행한다.
ㄹ. 실시간 처리 시스템은 작업 실행에 대한 시간제약 조건이 있으므로 선점 스케줄링 방식을 이용한다.
ㅁ. 다중 프로그래밍 시스템의 목적은 CPU 활용의 극대화에 있으며, 시분할 시스템은 응답시간의 최소화에 목적이 있다.

① 1개  ② 2개
③ 3개  ④ 4개

**해설**

ㄷ. 시분할 시스템은 CPU가 비선점 스케줄링 방식으로 여러 개의 작업을 교대로 수행한다.(×)
→ 시분할 시스템은 선점 스케줄링 방식을 사용한다.

Answer ④

## 59 다중 프로그래밍(multi-programming)의 특징에 대한 설명으로 가장 적절한 것은?

`2011 지방직`

① 메인 메모리와 캐쉬 메모리 등의 다중 계층 메모리 사용을 통한 소프트웨어 수행 시간을 단축시킨다.
② I/O 작업과 CPU 작업을 중첩함으로써 시스템 효율을 향상시킨다.
③ 여러 개의 저장장치를 동시에 지원한다.
④ 하나의 프로그램을 여러 개의 프로세서에서 처리하여 프로그램 수행 시간을 단축시킨다.

**해설**
① 메인 메모리와 캐쉬 메모리 등의 다중 계층 메모리 사용을 통한 소프트웨어 수행 시간을 단축시킨다.(×)
  → 이는 다중 프로그래밍과 관련이 없으며, 메모리 계층 구조를 활용한 메모리 접근 속도 향상에 관한 설명이다.
③ 여러 개의 저장장치를 동시에 지원한다.(×)
  → 이는 다중 프로그래밍의 특징이 아니라 저장장치 관리와 관련된 설명이다.
④ 하나의 프로그램을 여러 개의 프로세서에서 처리하여 프로그램 수행 시간을 단축시킨다.(×)

**Answer** ②

## 60 운영체제 유형에 대한 설명으로 옳지 않은 것은?

`2024 계리직`

① 다중 프로그래밍은 여러 개의 프로그램을 주기억장치에 동시에 저장하고 하나의 CPU로 실행하는 방식이다.
② 분산 처리 시스템은 여러 사용자가 하나의 컴퓨터를 동시에 이용할 수 있도록 하기 위해 CPU 운영 시간을 잘게 쪼개어서 처리 시간을 여러 사용자에게 공평하게 제공하는 방식이다.
③ 실시간 시스템은 정해진 시간 내에 응답하는 시스템 방식으로 예약 시스템, 은행 업무 처리 서비스 등에 활용하는 방식이다.
④ 대화 처리 시스템은 여러 사용자가 컴퓨터와 직접 대화하면서 처리하는 방식으로 사용자 위주의 처리 방식이다.

**해설**
② 분산 처리 시스템은 여러 사용자가 하나의 컴퓨터를 동시에 이용할 수 있도록 하기 위해 CPU 운영 시간을 잘게 쪼개어서 처리 시간을 여러 사용자에게 공평하게 제공하는 방식이다.(×)
  → 시분할 시스템(Time Sharing System)에 대한 설명이며, 분산 처리 시스템은 네트워크로 연결된 여러 컴퓨터가 상호작용하며 작업을 처리하는 시스템을 의미한다.

**Answer** ②

## 61. 운영체제 시스템 호출에 대한 설명으로 옳지 않은 것은?
2023 국가직

① fork( )는 실행 중인 프로세스를 복사하는 함수이다.
② fork( ) 호출 시 부모 프로세스와 자식 프로세스가 차지하는 메모리 위치는 동일하다.
③ exec( )는 이미 만들어진 프로세스의 구조를 재활용하는 함수이다.
④ exec( ) 호출에 사용되는 함수 중 wait( )는 프로세스 종료 대기를 처리한다.

> **해설**
> ② fork( ) 호출 시 부모 프로세스와 자식 프로세스가 차지하는 메모리 위치는 동일하다.(×)
>   → fork( ) 실행 시 자식 프로세스는 부모 프로세스와 별도의 메모리 공간을 할당받는다.
>   → 내용은 동일하지만 위치는 다르다.
>
> **Answer** ②

## 62. 운영체제의 세마포어(Semaphore)에 대한 설명으로 옳지 않은 것은?
2022 국가직

① 프로세스 간 상호배제(Mutual Exclusion)의 원리를 보장하는 데 사용된다.
② 여러 개의 프로세스가 동시에 그 값을 수정하지 못한다.
③ 세마포어에 대한 연산은 수행 중에 인터럽트 될 수 있다.
④ 세마포어는 플래그 변수와 그 변수를 검사하거나 증감시키는 연산들로 정의된다.

> **해설**
> ③ 세마포어 연산과 인터럽트(×)
>   → 세마포어의 P(wait)와 V(signal) 연산은 원자적으로 수행되어야 하므로 중간에 인터럽트 될 수 없다.
>
> **Answer** ③

## 63. 운영체제가 제공하는 세마포(semaphore)의 기능으로 옳은 것은?
2024 소방경채

① 메모리 할당
② 데이터 암호화
③ 프로세스 비동기화
④ 공유 자원 접근 제어

> **해설**
> ① 메모리 할당
>   → 메모리 할당은 메모리 관리자가 담당하는 기능
> ② 데이터 암호화
>   → 데이터 암호화는 보안 모듈이 담당하는 기능
> ③ 프로세스 비동기화
>   → 세마포이는 프로세스 동기회를 위한 도구
>
> **Answer** ④

**64** 세마포어(semaphore)에 대한 설명으로 옳지 않은 것은?  `2012 국가직`
① 세마포어는 임계구역 문제를 해결하기 위해 사용할 수 있는 동기화 도구이다.
② 세마포어의 종류에는 이진(binary) 세마포어와 계수형(counting) 세마포어가 있다.
③ 구현할 때 세마포어 연산에 바쁜 대기(busy waiting)를 추가하여 CPU의 시간 낭비를 방지할 수 있다.
④ 표준 단위연산인 P(wait)와 V(signal)에 의해서 접근되는 정수형 공유변수이다.

> **해설**
> ③ 구현할 때 세마포어 연산에 바쁜 대기(busy waiting)를 추가하여 CPU의 시간 낭비를 방지할 수 있다.(×)
> → 바쁜 대기는 CPU가 세마포어의 사용 가능 여부를 반복적으로 확인하는 방식으로, 이는 오히려 CPU 시간 낭비를 초래한다. 바쁜 대기를 방지하기 위해 일반적으로 차단(blocking) 방식이 사용된다.
> **Answer** ③

**65** 임계구역(critical region)에 대한 설명으로 옳지 않은 것은?  `2021 군무원`
① 하나의 프로세스만 사용해야 임계구역 내의 자원의 무결성을 보장할 수 있다.
② 동시에 다수의 프로세스가 병렬적으로 실행할 수 있도록 하여 실행 효율성을 높일 수 있는 영역이다.
③ 임계구역을 정의하기 위해서는 상호배제(mutual exclusion) 기법이 필요하다.
④ 세마포어(P(s), V(s))는 임계구역 내에 하나의 프로세스만 허용하도록 하는 용도로 사용하는 기술이다.

> **해설**
> ② 병렬 실행과 효율성(×)
> → 임계구역은 동시에 여러 프로세스가 실행될 수 없는 영역이다. 오히려 한 번에 하나의 프로세스만 실행되어야 하는 영역이므로, 병렬 실행으로 효율성을 높일 수 없다.
> **Answer** ②

## 66 운영체제에서 임계구역(Critical Section)에 대한 설명으로 옳은 것은?

2009 지방직

① 동시에 여러 개의 프로세스가 진입 가능하나 한 개 프로세스만 공유데이터 읽기만 가능
② 동시에 여러 개의 프로세스가 진입 가능하나 한 개 프로세스만 공유데이터 쓰기만 가능
③ 주어진 시점에 오직 하나의 프로세스만 진입할 수 있고 공유데이터의 읽기와 쓰기 불가능
④ 주어진 시점에 오직 하나의 프로세스만 진입할 수 있고 공유데이터의 읽기와 쓰기 가능

> **해설**
> ① 동시에 여러 개의 프로세스가 진입 가능하나 한 개 프로세스만 공유데이터 읽기만 가능(×)
>   → 임계구역에서는 한 시점에 하나의 프로세스만 진입 가능하며, 여러 프로세스가 동시에 진입할 수 없다.
> ② 동시에 여러 개의 프로세스가 진입 가능하나 한 개 프로세스만 공유데이터 쓰기만 가능(×)
>   → 여러 프로세스가 동시에 진입할 수 없고, 쓰기만 제한하는 것이 아니라 읽기와 쓰기를 모두 제어한다.
> ③ 주어진 시점에 오직 하나의 프로세스만 진입할 수 있고 공유데이터의 읽기와 쓰기 불가능(×)
>   → 임계구역에서는 읽기와 쓰기 모두 가능하며, 공유데이터를 보호하기 위한 공간이다.
>
> **Answer** ④

## 67 다음 글이 설명하는 것은?

2010 지방직

> 모든 프로세스들이 임계지역(critical section)에 진입할 때 다른 프로세스가 같은 임계지역에 진입하는 일이 발생하지 않도록 하는 것으로 둘 이상이 프로세스가 동시에 하나의 임계지역에 진입하지 않게 된다.

① 상호 배제(mutual exclusion)
② 교착상태 회피(deadlock avoidance)
③ 교착상태 예방(deadlock prevention)
④ 프로세스 대기(process waiting)

> **해설**
> ② 교착상태 회피(deadlock avoidance)
>   → 시스템의 상태를 계속 감시하며 교착상태가 발생할 가능성이 있는 자원 할당을 거부하는 방법이다.
> ③ 교착상태 예방(deadlock prevention)
>   → 교착상태 발생 조건 중 하나 이상을 원천적으로 제거하여 교착상태를 방지하는 방법이다.
> ④ 프로세스 대기(process waiting)
>   → 프로세스가 자원을 기다리는 상태를 의미하며, 임계영역 접근 제어와는 직접적인 관련이 없다.
>
> **Answer** ①

## 68. 교착상태(Dead lock)가 발생할 수 있는 조건 중 비선점(No preemption) 조건에 대한 설명으로 옳은 것은?
<small>2009 지방직</small>

① 프로세스가 자신에게 이미 할당된 자원을 보유하고 있으면서 다른 프로세스에 할당된 자원을 요구하면서 기다리는 경우이다.
② 한 프로세스에게 할당된 자원은 그 프로세스가 사용을 완전히 종료하기 전까지는 해제되지 않는 경우이다.
③ 여러 프로세스들이 같은 자원을 동시에 사용하지 못하게 하는 경우이다.
④ 각 프로세스들이 서로 다른 프로세스가 가지고 있는 자원을 요구하며 하나의 순환(Cycle) 구조를 이루는 경우이다.

> **해설**
> ① 프로세스가 자신에게 이미 할당된 자원을 보유하고 있으면서 다른 프로세스에 할당된 자원을 요구하면서 기다리는 경우이다.
>   → 이는 점유와 대기(Hold and Wait) 조건의 설명이다.
> ③ 여러 프로세스들이 같은 자원을 동시에 사용하지 못하게 하는 경우이다.
>   → 이는 상호 배제(Mutual Exclusion) 조건의 설명이다.
> ④ 각 프로세스들이 서로 다른 프로세스가 가지고 있는 자원을 요구하며 하나의 순환(Cycle) 구조를 이루는 경우이다.
>   → 이는 순환 대기(Circular Wait) 조건의 설명이다.
>
> **Answer** ②

## 69. 다음 설명 중 가장 옳지 않은 것은?
<small>2024 법원직</small>

① 임계 영역 문제를 해결하기 위해서는 상호배제, 진행, 제한된 대기 조건을 만족해야 한다.
② 하드웨어적으로 임계 영역 문제를 해결하는 방법이 있다.
③ 세마포어 s의 p연산은 대기중인 프로세스를 깨우는 신호를 보내는 signal 동작으로 임계 영역에서 나오기 위한 연산을 나타낸다.
④ 모니터는 공유자원을 내부적으로 숨기고 공유자원에 접근하기 위한 인터페이스만을 제공함으로써 자원을 보호하고 프로세스 간에 동기화시킨다.

> **해설**
> ③ 세마포어 s의 p연산은 대기중인 프로세스를 깨우는 신호를 보내는 signal 동작으로 임계 영역에서 나오기 위한 연산을 나타낸다.(×)
>   → P연산(wait)은 임계 영역에 들어가기 위한 연산이며, V연산(signal)이 임계 영역에서 나오기 위한 연산이다.
>
> **Answer** ③

**70** 프로세스 동기화 문제를 해결하기 위한 방법인 세마포어(Semaphore) 알고리즘에 대한 설명으로 옳지 않은 것은?  `2014 계리직`

① 세마포어 알고리즘은 상호배제 문제를 해결할 수 없다.
② 세마포어 변수는 일반적으로 실수형 변수를 사용하지 않는다.
③ 세마포어 알고리즘은 P 연산(wait 연산)과 V 연산(signal 연산)을 사용한다.
④ P 연산과 V 연산의 구현 방법에 따라 바쁜 대기(busy waiting)를 해결할 수 있다.

> **해설**
> ① 세마포어와 상호배제(×)
>   → 세마포어는 상호배제 문제를 해결할 수 있는 대표적인 동기화 도구이다. 세마포어의 P, V 연산을 통해 임계구역 진입을 제어하여 상호배제를 보장한다.
>
> **Answer** ①

**71** 은행원 알고리즘(banker's algorithm)이 교착상태를 해결하는 방법은?  `2022 지방직`

① 예방   ② 회피
③ 검출   ④ 회복

> **해설**
> ① 예방
>   → 교착상태 발생 조건 중 하나 이상을 원천적으로 제거하는 방법
> ③ 검출
>   → 시스템에 교착상태가 발생했는지 주기적으로 조사하는 방법
> ④ 회복
>   → 이미 발생한 교착상태를 해결하기 위해 프로세스를 강제 종료하거나 자원을 선점하는 방법
>
> **Answer** ②

**72** 교착상태(deadlock)와 은행원 알고리즘(banker's algorithm)에 대한 설명으로 옳은 것은?  `2023 계리직`

① 교착상태는 불안전한 상태(unsafe state)에 속한다.
② 은행원 알고리즘은 교착상태 회복(recovery) 알고리즘이다.
③ 불안전한 상태(unsafe state)는 항상 교착상태로 빠지게 된다.
④ 은행원 알고리즘은 불안전한 상태(unsafe state)에서 교착상태로 전이되는 것을 거부한다.

> **해설**
> ② 은행원 알고리즘은 교착상태 회복(recovery) 알고리즘이다. (×)
>   → 은행원 알고리즘은 교착상태 회피(avoidance) 알고리즘으로, 교착상태가 발생하기 전에 예방하는 것이지 이미 발생한 교착상태를 회복하는 알고리즘이 아니다.
> ③ 불안전한 상태(unsafe state)는 항상 교착상태로 빠지게 된다. (×)
>   → 불안전한 상태가 발생했다고 해서 반드시 교착상태가 되는 것은 아니며, 교착상태로 빠질 가능성이 있는 상태를 의미한다.
> ④ 은행원 알고리즘은 불안전한 상태(unsafe state)에서 교착상태로 전이되는 것을 거부한다. (×)
>   → 은행원 알고리즘은 안전한 상태에서 불안전한 상태로 전이되는 것을 거부하는 것이지, 불안전한 상태에서 교착상태로 전이되는 것을 거부하는 것이 아니다.
>
> Answer ①

## 73. 프로세스 관리 과정에서 발생할 수 있는 교착상태(Deadlock)를 예방하기 위한 조치로 옳은 것은?

**2019 계리직**

① 상호배제(Mutual Exclusion) 조건을 제거하고자 할 경우, 프로세스 A가 점유하고 있던 자원에 대하여 프로세스 B로부터 할당 요청이 있을 때 프로세스 B에게도 해당자원을 할당하여 준다. 운영체제는 프로세스 A와 프로세스 B가 종료되는 시점에서 일관성을 점검하여 프로세스 A와 프로세스 B 중 하나를 철회시킨다.

② 점유대기(Hold and Wait) 조건을 제거하고자 할 경우, 자원을 점유한 프로세스가 다른 자원을 요청하였지만 할당받지 못하면 일단 자신이 점유한 자원을 반납한다. 이후 그 프로세스는 반납하였던 자원과 요청하였던 자원을 함께 요청한다.

③ 비선점(No Preemption) 조건을 제거하고자 할 경우, 프로세스는 시작시점에서 자신이 사용할 모든 자원들에 대하여 일괄할당을 요청한다. 일괄할당이 이루어지지 않을 경우, 일괄할당이 이루어지기까지 지연됨에 따른 성능저하가 발생할 수 있다.

④ 환형대기(Circular Wait) 조건을 제거하고자 할 경우, 자원들의 할당 순서를 정한다. 자원 $R_i$가 자원 $R_k$보다 먼저 할당되는 것으로 정하였을 경우, 프로세스 A가 $R_i$를 할당받은 후 $R_k$를 요청한 상태에서 프로세스 B가 $R_k$를 할당받은 후 $R_i$를 요청하면 교착상태가 발생하므로 운영체제는 프로세스 B의 자원요청을 거부한다.

> **해설**
> - **상호배제(Mutual Exclusion)** : 특정 자원을 한 번에 한 프로세스만 사용할 수 있는 필수 조건으로, 제거 불가능하며 데이터 일관성을 유지한다.
> - **점유대기(Hold and Wait)** : 자원을 점유한 상태에서 추가 자원을 요청하는 상황으로, 이를 예방하려면 프로세스가 자원을 모두 반납하거나 일괄 요청해야 한다.
> - **비선점(No Preemption)** : 프로세스가 점유 중인 자원을 강제로 빼앗을 수 없는 조건으로, 예방하려면 자원 요청 실패 시 점유 자원을 반납하도록 해야 한다.
>
> Answer ④

**74** 운영체제에서 교착상태(deadlock)가 발생할 필요 조건으로 알맞지 않은 것은? `2008 계리직`

① 환형 대기(circular wait) 조건으로 각 프로세스는 순환적으로 다음 프로세스가 요구하는 자원을 가지고 있다.
② 선점(preemption) 조건으로 프로세스가 소유하고 있는 자원은 다른 프로세스에 의해 선점될 수 있다.
③ 점유하며 대기(hold and wait) 조건으로 프로세스는 할당된 자원을 가진 상태에서 다른 자원을 기다린다.
④ 상호 배제(mutual exclusion) 조건으로 프로세스들은 필요로 하는 자원에 대해 배타적인 통제권을 갖는다.

> **해설**
> ② 선점(preemption) 조건으로 프로세스가 소유하고 있는 자원은 다른 프로세스에 의해 선점될 수 있다.(×)
>   → 교착상태 조건은 다른 프로세스가 자원을 강제로 빼앗을 수 없는 것이다.
>
> Answer ②

**75** 교착상태(deadlock)가 발생하기 위한 필요조건에 해당하지 않는 것은? `2024 국가직`

① 상호 배제(mutual exclusion)  ② 선점(preemption)
③ 순환 대기(circular wait)     ④ 점유와 대기(hold and wait)

> **해설**
> ② 선점(×)
>   → 교착상태에서는 선점이 불가능해야 한다.
>
> Answer ②

## 76 컴퓨터 시스템에서 교착상태의 해결 방안에 대한 설명으로 옳지 않은 것은? 2019 지방직

① 교착상태가 발생할 가능성을 사전에 없앤다.
② 하나의 프로세스만이 한 시점에서 하나의 자원을 사용할 수 있게 한다.
③ 교착상태가 탐지되면, 교착상태와 관련된 프로세스와 자원을 시스템으로부터 제거한다.
④ 교착상태가 발생할 가능성을 인정하고, 교착상태가 발생하려고 할 때 이를 회피하도록 한다.

> **해설**
> ② 하나의 프로세스만이 한 시점에서 하나의 자원을 사용할 수 있게 한다.(×)
>   → 이는 상호배제 조건을 더 강화하는 것으로, 시스템의 자원 활용도를 크게 저하시키며 교착상태 해결 방법으로 적절하지 않다.
>
> Answer ②

## 77 교착상태(deadlock)를 해결할 수 있는 방법으로 적당하지 않은 것은? 2015 서울시

① 프로세스들이 필요로 하는 자원에 대해 배타적인 통제권을 갖게 한다.
② 자원에 선형으로 고유번호를 할당하고, 각 프로세스는 현재 점유한 자원의 고유번호보다 큰 번호 방향으로만 자원을 요구하도록 한다.
③ 한 프로세스가 실행되는 데 필요한 모든 자원을 할당한 후 실행시킨다.
④ 자원을 점유하고 있는 프로세스가 다른 자원을 요구할 때, 점유하고 있는 자원을 반납하고 요구하도록 한다.

> **해설**
> ① 프로세스들이 필요로 하는 자원에 대해 배타적인 통제권을 갖게 한다.(×)
>   → 프로세스들이 자원에 대해 배타적 통제권을 갖게 하는 것은 오히려 교착상태를 유발할 수 있다. 이는 상호배제(Mutual Exclusion) 조건을 강화하는 것으로, 교착상태의 발생 가능성을 높인다.
>
> Answer ①

## 78 다중 프로그램 실행 환경에서 일련의 프로세스들이 서로가 가진 자원을 무한정 기다리며 더 이상 진행이 될 수 없는 상태를 일컫는 용어로 가장 옳은 것은? 2022 군무원

① deadlock
② pipelining
③ preemption
④ mutual exclusion

> **해설**
> ② pipelining(파이프라이닝)은 CPU가 명령어를 실행할 때 여러 단계를 중첩되게 처리하여 성능을 향상시키는 기법이다.
> ③ preemption(선점)은 운영체제가 실행 중인 프로세스로부터 강제로 CPU를 회수하여 다른 프로세스에게 할당하는 기법이다.
> ④ mutual exclusion(상호배제)은 둘 이상의 프로세스가 동시에 공유 자원에 접근하는 것을 방지하는 기법이다.
>
> Answer ①

## 03 기억장치 관리

**79** 다음과 같은 가용 공간을 갖는 주기억장치에 크기가 각각 25KB, 30KB, 15KB, 10KB인 프로세스가 순차적으로 적재 요청된다. 최악적합(worst-fit) 배치전략을 사용할 경우 할당되는 가용 공간 시작주소를 순서대로 나열한 것은?

2017 지방직

| 가용 공간 리스트 | |
|---|---|
| 시작주소 | 크기 |
| w | 30KB |
| x | 20KB |
| y | 15KB |
| z | 35KB |

① w → x → y → z
② x → y → z → w
③ y → z → w → x
④ z → w → x → y

> **해설**
> 최악적합(worst-fit)은 가용 공간 중 가장 큰 공간으로 할당하는 방법이다.
> 25KB는 가장 큰 공간인 35KB에 할당된다(z).
> 30KB는 남은 것 중에 가장 큰 공간인 30KB에 할당된다(w).
> 15KB는 남은 것 중에 가장 큰 공간인 20KB에 할당된다(x).
> 10KB는 마지막 남은 공간인 15KB에 할당된다(y).
>
> Answer ④

**80** 주기억장치에서 사용가능한 부분은 다음과 같다. M1은 16KB(kilobyte), M2는 14KB, M3는 5KB, M4는 30KB이며 주기억장치의 시작 부분부터 M1, M2, M3, M4 순서가 유지되고 있다. 이때 13KB를 요구하는 작업이 최초적합(First Fit) 방법, 최적적합(Best Fit) 방법, 최악적합(Worst Fit) 방법으로 주기억장치에 각각 배치될 때 결과로 옳은 것은? 단, 배열순서는 왼쪽에서 첫 번째가 최초적합 결과이며 두 번째가 최적적합 결과 그리고 세 번째가 최악적합 결과를 의미한다.

[2010 계리직]

① M1, M2, M3
② M1, M2, M4
③ M2, M1, M4
④ M4, M2, M3

> **해설**
> 13KB를 할당하는 각 방식
> - **최초적합(First Fit)** : 처음으로 발견되는 충분한 공간에 할당
>   M1(16KB) > 13KB이므로 M1에 할당
> - **최적적합(Best Fit)** : 요구 공간보다 크면서 가장 작은 공간에 할당
>   M1(16KB), M2(14KB), M4(30KB) 중 M2가 최적
> - **최악적합(Worst Fit)** : 가장 큰 공간에 할당
>   M4(30KB)가 가장 큰 공간이므로 M4에 할당
>
> Answer ②

**81** 기억 장치 배치 전략 방법인 최초 적합 전략(first-fit), 최적 적합 전략(best-fit), 최악 적합 전략(worst-fit)으로 각각 5K의 프로그램을 할당할 때, 할당영역으로 가장 옳은 것은?

[2022 군무원]

| 할당영역 | 운영체제 |
|---|---|
| 1 | 4K 공백 |
| 2 | 15K 공백 |
| 3 | 10K 공백 |
| 4 | 5K 공백 |
| 5 | 20K 공백 |

① 할당영역 : 2, 3, 2
② 할당영역 : 2, 3, 5
③ 할당영역 : 2, 4, 5
④ 할당영역 : 2, 4, 1

> **해설**
> 최초 적합은 첫 번째로 발견된 할당영역을 의미하며, 이는 15K 영역이다. 최적 적합은 여러 대안 중에서 가장 이상적인 해결책을 나타내며, 차이가 가장 적은 값인 5K 영역이다. 최악 적합은 여러 대안 중에서 차이가 가장 큰 해결책을 의미하며, 20K 영역이 해당된다.
>
> Answer ③

## 82 메모리 관리 방안에 대한 설명으로 옳은 것만을 모두 고르면?

2022 국회직

> ㄱ. Worst-fit 할당은 가장 큰 공간에 프로세스를 배치하는 방식이다.
> ㄴ. Best-fit 할당 방식은 요청하는 메모리 크기에 가장 일치하는 크기의 메모리 블록을 할당함으로써 외부 단편화를 최소화할 수 있다.
> ㄷ. First-fit 할당 방식은 탐색 시 요청한 메모리 크기를 할당할 수 있는 메모리 블록을 찾았을 때 바로 할당함으로써 탐색시간을 줄일 수 있다.
> ㄹ. Buddy 할당 방식은 메모리를 2의 거듭제곱 단위의 크기로 할당하여 내부 단편화를 최소화할 수 있다.

① ㄱ, ㄷ   ② ㄱ, ㄹ   ③ ㄴ, ㄹ
④ ㄱ, ㄴ, ㄷ   ⑤ ㄴ, ㄷ, ㄹ

> **해설**
> ㄴ. Best-fit 할당 방식은 요청하는 메모리 크기에 가장 일치하는 크기의 메모리 블록을 할당함으로써 외부 단편화를 최소화할 수 있다.(×)
>   → Best-fit은 내부 단편화를 최소화할 수 있는 방식이며, 외부 단편화와는 관련이 없다.
> ㄹ. Buddy 할당 방식은 메모리를 2의 거듭제곱 단위의 크기로 할당하여 내부 단편화를 최소화할 수 있다.(×)
>   → Buddy 시스템은 메모리를 2의 거듭제곱 단위로 할당하지만, 이는 내부 단편화를 최소화하는 것이 아니라 오히려 증가시킬 수 있다. 예를 들어, 257바이트가 필요한 경우 512바이트를 할당해야 하므로 내부 단편화가 발생한다.
>
> Answer ①

**83** 주기억장치의 현재 사용 중인 영역과 사용 가능한 영역의 크기가 다음 그림과 같다. 메모리 할당 시스템은 최악적합(worst-fit) 방법으로 요청 영역을 배당한다. 만일 15K 기억공간을 요청 받은 경우 메모리 할당 시스템이 배당한 영역번호는?

2010 지방직

| 영역번호 | 사용 가능 크기 |
|---|---|
| 1 | 40K |
| 2 | 사용 중 |
| 3 | 145K |
| 4 | 사용 중 |
| 5 | 300K |
| 6 | 사용 중 |
| 7 | 15K |

① 1
② 3
③ 5
④ 7

**해설**
가장 큰 사용 가능한 영역을 선택해야 하므로, 5번 영역(300K)이 선택된다.

Answer ③

**84** 크기가 각각 12KB, 30KB, 20KB인 프로세스가 다음과 같은 메모리 공간에 순차적으로 적재 요청될 때, 모든 프로세스를 적재할 수 있는 알고리즘만을 모두 고른 것은?

2016 지방직

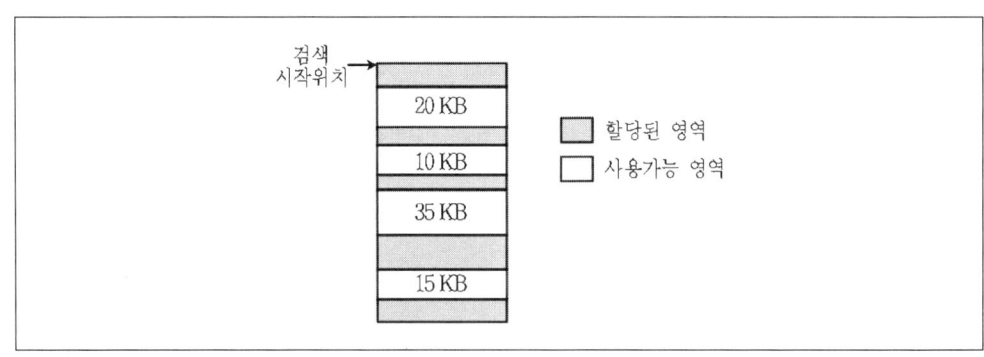

ㄱ. 최초 적합(first-fit)　　ㄴ. 최적 적합(best-fit)　　ㄷ. 최악 적합(worst-fit)

① ㄱ
② ㄴ
③ ㄱ, ㄴ
④ ㄴ, ㄷ

> **해설**
> 최초 적합(ㄱ) : 20KB 프로세스가 적재되지 않아 실패
> 최악 적합(ㄷ) : 30KB 프로세스가 적재되지 않아 실패
>
> Answer ②

**85** 가상 기억장치 기술에 대한 설명으로 옳지 않은 것은?  2017 하반기 국가직

① 가상 주소(virtual address)에서 물리 주소(physical address)로의 주소 변환(address translation)이 이루어진다.
② 가상 주소와 물리 주소의 비트 수가 서로 다를 수 있다.
③ 다중 프로그래밍 정도(degree of multiprogramming)가 높아짐에 따라 CPU 이용률(utilization)은 계속 높아진다.
④ 서로 다른 프로세스가 동일한 물리 기억장치 영역을 공유할 수 있다.

> **해설**
> ③ CPU 이용률과 다중 프로그래밍 정도(×)
>   → 다중 프로그래밍 정도가 증가하면 CPU 이용률이 처음에는 증가하나, 특정 수준을 넘어서면 페이지 부재 증가로 인해 오히려 성능이 저하된다(스레싱). 따라서 지속적인 증가는 아니다.
>
> Answer ③

**86** 다음 설명에 해당하는 페이지 테이블 기술은?  2023 국가직

> 물리 메모리의 프레임당 단 한 개의 페이지 테이블 항목을 할당함으로써 페이지 테이블이 차지하는 공간을 줄이는 기술

① 변환 참조 버퍼
② 계층적 페이지 테이블
③ 역 페이지 테이블
④ 해시 페이지 테이블

> **해설**
> ① **변환 참조 버퍼(TLB)**
>   자주 참조되는 페이지 테이블 항목을 저장하는 고속 캐시
>   페이지 테이블 접근 시간 단축
> ② **계층적 페이지 테이블**
>   페이지 테이블을 여러 단계로 구성
>   테이블 공간을 효율적으로 사용
> ④ **해시 페이지 테이블**
>   해시 함수를 사용하여 페이지 테이블 접근
>   검색 시간 단축을 위한 기법
>
> Answer ③

**87** 기억장치의 동적분할에서 발생하는 단편화 문제를 해결하기 위한 운영체제의 기법은?

① 압축
② 체이닝
③ 스풀링
④ 동기화

[2008 경찰]

**해설**
단편화 문제는 기억장치에서 작은 크기의 빈 공간들이 많이 생겨나는 현상을 말한다. 이를 해결하기 위해 운영체제는 메모리 압축·합병기법을 사용한다.

Answer ①

**88** 주기억 장치의 페이지 교체 기법에 대한 설명으로 가장 옳은 것은?

[2018 서울시]

① FIFO(First In First Out)는 가장 오래된 페이지를 교체한다.
② MRU(Most Recently Used)는 최근에 적게 사용된 페이지를 교체한다.
③ LRU(Least Recently Used)는 가장 최근에 사용한 페이지를 교체한다.
④ LFU(Least Frequently Used)는 최근에 사용 빈도가 가장 많은 페이지를 교체한다.

**해설**
② MRU
 → Most Recently Used : 가장 최근에 사용된 페이지를 교체하는 기법
③ LRU
 → Least Recently Used : 가장 오랫동안 사용되지 않은 페이지를 교체하는 기법
④ LFU
 → Least Frequently Used : 사용 빈도가 가장 적은 페이지를 교체하는 기법

Answer ①

**89** 캐시기억장치 교체 알고리즘에 대한 설명으로 옳지 않은 것은?

[2020 국가직]

① LRU는 최근에 가장 오랫동안 사용되지 않았던 블록을 교체하는 방법이다.
② FIFO는 캐시에 적재된 지 가장 오래된 블록을 먼저 교체하는 방법이다.
③ LFU는 캐시 블록마다 참조 횟수를 기록함으로써 가장 많이 참조된 블록을 교체하는 방법이다.
④ Random은 사용 횟수와 무관하게 임의로 블록을 교체하는 방법이다.

**해설**
③ LFU는 캐시 블록마다 참조 횟수를 기록함으로써 가장 많이 참조된 블록을 교체하는 방법이다.(×)
 → LFU는 참조 횟수를 기준으로 가장 적게 참조된 블록을 교체한다.

Answer ③

**90** 가상 메모리 시스템에서 메모리 부족 시의 페이지 교체 기법(page replacement algorithm)들에 대한 설명으로 옳지 않은 것은?   2018 국회직

① LRU(Least Recently Used) 기법은 메모리에 적재된 페이지 중 가장 오랫동안 참조되지 않았던 페이지를 교체하는 기법이다.
② LRU 기법은 실제 그 구현 오버헤드가 커서, 일반적으로 오버헤드를 줄인 여러 유형의 LRU 근사 알고리즘(LRU approximation algorithm)들이 사용되는 것이 보통이다.
③ LRU 기법은 물리적 페이지의 개수를 확장했음에도 페이지 폴트가 늘어나는 경우가 발생할 수도 있는데, 이를 Belady's anomaly라 한다.
④ 이론적으로는 최적의 페이지 교체 기법은 메모리에 적재된 페이지들 중에서 앞으로 가장 오랫동안 참조되지 않을 페이지를 교체하는 것이다.
⑤ FIFO(First In First Out) 기법은 메모리에 적재된 페이지들 중 가장 먼저 메모리에 적재된 페이지를 교체하는 방법이다.

> **해설**
> ③ Belady's anomaly와 LRU(×)
> → Belady's anomaly는 FIFO 페이지 교체 알고리즘에서만 발생하는 현상으로, 페이지 프레임 수를 증가시켰음에도 페이지 폴트가 증가하는 이상 현상을 의미한다. LRU는 이 현상이 발생하지 않는 알고리즘이다.
>
> **Answer** ③

**91** 운영체제에서 다음 설명에 해당하는 페이지 교체 알고리즘은?   2023 지방직

> 페이지 교체가 필요한 시점에서 최근 가장 오랫동안 사용되지 않은 페이지를 제거하여 교체한다.

① 최적(optimal) 교체 알고리즘
② FIFO(First In First Out) 교체 알고리즘
③ LRU(Least Recently Used) 교체 알고리즘
④ LFU(Least Frequently Used) 교체 알고리즘

> **해설**
> ① 최적(optimal) 교체 알고리즘
> → 앞으로 가장 오랫동안 사용되지 않을 페이지를 교체하는 알고리즘으로, 미래의 참조를 알아야 하므로 실제 구현은 불가능하다.
> ② FIFO(First In First Out) 교체 알고리즘
> → 가장 먼저 들어온 페이지를 교체하는 알고리즘으로, 페이지의 사용 빈도나 최근 사용 여부를 고려하지 않는다.
> ④ LFU(Least Frequently Used) 교체 알고리즘
> → 사용 빈도가 가장 적은 페이지를 교체하는 알고리즘으로, 사용 횟수를 기준으로 한다.
>
> **Answer** ③

**92** 다음 〈조건〉에 따라 페이지 기반 메모리 관리시스템에서 LRU(Least Recently Used) 페이지 교체 알고리즘을 구현하였다. 주어진 참조열의 모든 참조가 끝났을 경우 최종 스택(stack)의 내용으로 옳은 것은?

2014 계리직

---
**조건**

- LRU 구현 시 스택 사용한다.
- 프로세스에 할당된 페이지 프레임은 4개이다.
- 메모리 참조열 : 1 2 3 4 5 3 4 2 5 4 6 7 2 4

---

① 
| 스택 top | 7 |
|---|---|
|  | 6 |
|  | 4 |
| 스택 bottom | 5 |

② 
| 스택 top | 2 |
|---|---|
|  | 7 |
|  | 6 |
| 스택 bottom | 4 |

③ 
| 스택 top | 5 |
|---|---|
|  | 4 |
|  | 6 |
| 스택 bottom | 2 |

④ 
| 스택 top | 4 |
|---|---|
|  | 2 |
|  | 7 |
| 스택 bottom | 6 |

**해설**

| Stack | 1 | 2 | 3 | 4 | 5 | 3 | 4 | 2 | 5 | 4 | 6 | 7 | 2 | 4 |
|---|---|---|---|---|---|---|---|---|---|---|---|---|---|---|
| 4 |  |  |  | 4 | 5 | 3 | 4 | 2 | 5 | 4 | 6 | 7 | 2 | 4 |
| 3 |  |  | 3 | 3 | 4 | 5 | 3 | 4 | 2 | 5 | 4 | 6 | 7 | 2 |
| 2 |  | 2 | 2 | 2 | 3 | 4 | 5 | 3 | 4 | 2 | 5 | 4 | 6 | 7 |
| 1 | 1 | 1 | 1 | 1 | 2 | 2 | 2 | 5 | 3 | 3 | 2 | 5 | 4 | 6 |

Answer ④

**93** 가상(virtual) 기억장치의 페이지 부재 발생 시, 페이지 교체기법 중 LRU 방식에 대하여 올바르게 설명한 것은?

2014 국회직

① 가장 오랫동안 사용되지 않고 있는 페이지를 교체 대상으로 선택한다.
② 참조된 횟수가 가장 적은 페이지를 교체 대상으로 선택한다.
③ 주기억장치에 가장 먼저 적재된 페이지를 교체 대상으로 선택한다.
④ 프로세스에 더 많은 수의 페이지 프레임을 할당하였을 때 오히려 페이지 부재의 발생 횟수가 증가하는 현상이 발생할 수 있다.
⑤ 페이지 부재 발생 비율에 따라 페이지 프레임의 수를 추가 할당하거나 회수하는 기법이다.

### 해설

② 참조된 횟수가 가장 적은 페이지를 교체 대상으로 선택한다.
  → LFU(Least Frequently Used) 알고리즘에 해당한다.
③ 주기억장치에 가장 먼저 적재된 페이지를 교체 대상으로 선택한다.
  → FIFO(First-In, First-Out) 알고리즘에 해당한다.
④ 프로세스에 더 많은 수의 페이지 프레임을 할당하였을 때 오히려 페이지 부재의 발생 횟수가 증가하는 현상이 발생할 수 있다.
  → 벨라디의 이상현상(Belady's Anomaly)으로, FIFO 알고리즘에서 발생할 수 있다.
⑤ 페이지 부재 발생 비율에 따라 페이지 프레임의 수를 추가 할당하거나 회수하는 기법이다.
  → 워킹셋(Working Set) 또는 페이지 부재율 기반 할당 기법(PFF)에 해당한다.

Answer ①

**94** LRU(Least Recently Used) 교체 기법을 사용하는 요구 페이징(demand paging) 시스템에서 3개의 페이지 프레임(page frame)을 할당받은 프로세스가 다음과 같은 순서로 페이지에 접근했을 때 발생하는 페이지 부재(page fault) 횟수로 옳은 것은? (단, 할당된 페이지 프레임들은 초기에 모두 비어 있다고 가정한다.)  2021 계리직

> 페이지 참조 순서(page reference string):
> 1, 2, 3, 1, 2, 3, 1, 2, 3, 1, 2, 3, 4, 5, 6, 7, 4, 5, 6, 7, 4, 5, 6, 7

① 7번
② 10번
③ 14번
④ 15번

### 해설

LRU(Least Recently Used) 알고리즘은 가장 오랫동안 참조되지 않은 페이지를 교체하는 페이지 교체 기법이다.

| 참조 페이지 | 1 | 2 | 3 | 1 | 2 | 3 | 1 | 2 | 3 | 1 | 2 | 3 | 4 | 5 | 6 | 7 | 4 | 5 | 6 | 7 | 4 | 5 | 6 | 7 |
|---|---|---|---|---|---|---|---|---|---|---|---|---|---|---|---|---|---|---|---|---|---|---|---|---|
| 페이지 프레임 | 1 | 1 | 1 | 1 | 1 | 1 | 1 | 1 | 1 | 1 | 1 | 1 | 4 | 4 | 4 | 7 | 7 | 6 | 6 | 6 | 5 | 5 | 5 | 5 |
|  |  | 2 | 2 | 2 | 2 | 2 | 2 | 2 | 2 | 2 | 2 | 2 | 2 | 5 | 5 | 5 | 4 | 4 | 4 | 7 | 7 | 7 | 6 | 6 |
|  |  |  | 3 | 3 | 3 | 3 | 3 | 3 | 3 | 3 | 3 | 3 | 3 | 3 | 6 | 6 | 6 | 5 | 5 | 5 | 4 | 4 | 4 | 7 |
| 페이지 부재 | f | f | f |  |  |  |  |  |  |  |  |  | f | f | f | f | f | f | f | f | f | f | f | f |

Answer ④

**95** 여덟 개의 페이지(0~7페이지)로 구성된 프로세스에 네 개의 페이지 프레임이 할당되어 있고, 이 프로세스의 페이지 참조 순서는 〈보기〉와 같다. 이 경우 LRU 페이지 교체 알고리즘을 적용할 때 페이지 적중률(hit ratio)은 얼마인가? 단, 〈보기〉의 숫자는 참조하는 페이지번호를 나타내고, 최초의 페이지 프레임은 모두 비어있다고 가정한다.

2012 계리직

┤보기├
1, 0, 2, 2, 2, 1, 7, 6, 7, 0, 1, 2

① $\frac{5}{12}$　　　　　　　② $\frac{6}{12}$

③ $\frac{7}{12}$　　　　　　　④ $\frac{8}{12}$

**해설**

12번 중 7번의 페이지 부재가 발생하고 5번의 페이지 적중이 이루어졌으므로, 적중률은 5/12

| 참조 페이지 | 1 | 0 | 2 | 2 | 2 | 1 | 7 | 6 | 7 | 0 | 1 | 2 |
|---|---|---|---|---|---|---|---|---|---|---|---|---|
| 페이지 프레임 | 1 | 1 | 1 | 1 | 1 | 1 | 1 | 1 | 1 | 1 | 1 | 1 |
| | | 0 | 0 | 0 | 0 | 0 | 0 | 6 | 6 | 6 | 6 | 2 |
| | | | 2 | 2 | 2 | 2 | 2 | 2 | 2 | 0 | 0 | 0 |
| | | | | | | | 7 | 7 | 7 | 7 | 7 | 7 |
| 페이지 부재 | f | f | f | | | | f | f | | f | | f |

Answer ①

**96** 3개의 페이지 프레임으로 구성된 기억장치에서 다음과 같은 참조열 순으로 페이지가 참조될 때, 페이지 부재 발생 횟수가 가장 적은 교체 방법은? (단, 초기 페이지 프레임은 비어 있으며, 페이지 교체 과정에서 사용 빈도수가 동일한 경우는 가장 오래된 것을 먼저 교체한다)

2024 국가직

참조열 : 2 1 2 3 1 4 5 1 4 3

① FIFO(First In First Out)　　② LFU(Least Frequently Used)
③ LRU(Least Recently Used)　　④ MFU(Most Frequently Used)

### 해설

페이지 부재 발생 횟수
① FIFO(First In First Out) : 7회
② LFU(Least Frequently Used) : 7회
③ LRU(Least Recently Used) : 6회
④ MFU(Most Frequently Used) : 7회

Answer ③

**97** FIFO 페이지 교체 알고리즘을 사용하는 가상메모리에서 프로세스 P가 다음과 같은 페이지 번호 순서대로 페이지에 접근할 때, 페이지 부재(page-fault) 발생 횟수는? (단, 프로세스 P가 사용하는 페이지 프레임은 총 4개이고, 빈 상태에서 시작한다) 2019 국가직

| 1 2 3 4 5 2 1 1 6 7 5 |

① 6회  ② 7회
③ 8회  ④ 9회

### 해설

| 참조 페이지 | 1 | 2 | 3 | 4 | 5 | 2 | 1 | 1 | 6 | 7 | 5 |
|---|---|---|---|---|---|---|---|---|---|---|---|
| 페이지 프레임 | 1 | 1 | 1 | 1 | 5 | 5 | 5 | 5 | 5 | 5 | 5 |
|  |   | 2 | 2 | 2 | 2 | 2 | 1 | 1 | 1 | 1 | 1 |
|  |   |   | 3 | 3 | 3 | 3 | 3 | 3 | 6 | 6 | 6 |
|  |   |   |   | 4 | 4 | 4 | 4 | 4 | 4 | 7 | 7 |
| 페이지 부재 | f | f | f | f | f |   | f |   | f | f |   |

Answer ③

**98** 페이지 프레임(page frame)의 수가 4이고 가상 페이지(virtual page)의 수가 8인 가상 메모리에서 선입선출(FIFO) 페이지 교체정책이 사용된다. 처음에 4개의 페이지 프레임들이 비어 있다고 가정했을 때 페이지 참조 열이 0, 1, 7, 2, 3, 2, 7, 1, 0, 3이라면 페이지 부재(page fault) 횟수와 페이지 교체(page replacement) 횟수로 옳은 것은? 2021 국회직

① 페이지 부재 횟수 = 6, 페이지 교체 횟수 = 2
② 페이지 부재 횟수 = 6, 페이지 교체 횟수 = 3
③ 페이지 부재 횟수 = 7, 페이지 교체 횟수 = 2
④ 페이지 부재 횟수 = 7, 페이지 교체 횟수 = 3
⑤ 페이지 부재 횟수 = 8, 페이지 교체 횟수 = 3

> **해설**
> 페이지 참조열 0, 1, 7, 2, 3, 2, 7, 1, 0, 3을 순서대로 처리하면 다음과 같다.
>
> 0 : 부재 발생 (비어있음) → [0]
> 1 : 부재 발생 (비어있음) → [0,1]
> 7 : 부재 발생 (비어있음) → [0,1,7]
> 2 : 부재 발생 (비어있음) → [0,1,7,2]
> 3 : **부재 발생 (교체 필요)** → [1,7,2,3] (0이 교체됨)
> 2 : 적중 (이미 존재)
> 7 : 적중 (이미 존재)
> 1 : 적중 (이미 존재)
> 0 : **부재 발생 (교체 필요)** → [7,2,3,0] (1이 교체됨)
> 3 : 적중 (이미 존재)
>
> 따라서,
> **페이지 부재 횟수** : 6회 (0, 1, 7, 2, 3, 0)
> **페이지 교체 횟수** : 2회 (0 → 3, 1 → 0)
>
> Answer ①

## 99. 3개의 페이지 프레임으로 구성된 기억장치에서 다음과 같은 순서대로 페이지 요청이 일어날 때, 페이지 교체 알고리즘으로 LFU(Least Frequently Used)를 사용한다면 몇 번의 페이지 부재가 발생하는가? (단, 초기 페이지 프레임은 비어있다고 가정한다) 2014 국가직

| 요청된 페이지 번호의 순서 : 2, 3, 1, 2, 1, 2, 4, 2, 1, 3, 2 |

① 4번　　　　　　　　　② 5번
③ 6번　　　　　　　　　④ 7번

> **해설**
> LFU(Least Frequently Used)는 참조 횟수가 가장 적은 페이지를 교체 대상으로 선택하는 페이지 교체 알고리즘이다.
>
> | 참조 페이지 | 2 | 3 | 1 | 2 | 1 | 2 | 4 | 2 | 1 | 3 | 2 |
> |---|---|---|---|---|---|---|---|---|---|---|---|
> | 페이지 프레임 | 2 | 2 | 2 | 2 | 2 | 2 | 2 | 2 | 2 | 2 | 2 |
> | | | 3 | 3 | 3 | 3 | 3 | 4 | 4 | 4 | 3 | 3 |
> | | | | 1 | 1 | 1 | 1 | 1 | 1 | 1 | 1 | 1 |
> | 페이지 부재 | f | f | f | | | | f | | | f | |
>
> Answer ②

**100** 스레싱(Thrashing)에 대한 설명으로 옳지 않은 것은?   2018 국가직

① 프로세스의 작업 집합(Working Set)이 새로운 작업 집합으로 전이 시 페이지 부재율이 높아질 수 있다.
② 작업 집합 기법과 페이지 부재 빈도(Page Fault Frequency) 기법은 한 프로세스를 중단(Suspend)시킴으로써 다른 프로세스들의 스레싱을 감소시킬 수 있다.
③ 각 프로세스에 설정된 작업 집합 크기와 페이지 프레임 수가 매우 큰 경우 다중 프로그래밍 정도(Degree of Multiprogramming)를 증가시킨다.
④ 페이지 부재 빈도 기법은 프로세스의 할당받은 현재 페이지 프레임 수가 설정한 페이지 부재율의 하한보다 낮아지면 보유한 프레임 수를 감소시킨다.

> **해설**
> ③ 다중 프로그래밍과 작업 집합(×)
> → 작업 집합 크기와 페이지 프레임이 매우 큰 경우에도 시스템 자원은 한정되어 있으므로, 다중 프로그래밍 정도를 증가시키면 오히려 스레싱이 발생할 수 있다. 따라서 이런 경우에는 다중 프로그래밍 정도를 감소시켜야 한다.
>
> **Answer** ③

**101** 다중 프로그래밍 시스템에서 하나의 프로세스가 작업수행 과정 중 지나치게 페이지 부재가 발생함으로써 전체 시스템의 성능이 저하되는 현상은?   2012 경북교행

① 폴링(Polling)
② 스풀링(Spooling)
③ 스래싱(Thrashing)
④ 인터리빙(Interleaving)
⑤ 사이클 스틸링(Cycle Stealing)

> **해설**
> ① 폴링(Polling)
> → 장치 상태를 주기적으로 점검하여 작업을 처리하는 방식
> ② 스풀링(Spooling)
> → 데이터를 중간 저장소에 저장하여 입력 또는 출력 작업을 관리하는 기법
> ④ 인터리빙(Interleaving)
> → 여러 데이터 스트림이나 작업을 병렬로 처리하는 기술
> ⑤ 사이클 스틸링(Cycle Stealing)
> → DMA 컨트롤러가 CPU의 클럭 사이클을 차용하여 데이터를 전송하는 기법
>
> **Answer** ③

## 102 ㉠에 들어갈 용어로 옳은 것은?

2018 계리직

> 주기억장치의 물리적 크기의 한계를 해결하기 위한 기법으로 주기억장치의 크기에 상관없이 프로그램이 메모리의 주소를 논리적인 관점에서 참조할 수 있도록 하는 것을 ( ㉠ )라고 한다.

① 레지스터(Register)
② 정적 메모리(Static Memory)
③ 가상 메모리(Virtual Memory)
④ 플래시 메모리(Flash Memory)

**해설**
① 레지스터는 CPU 내부의 고속 임시 기억장치
② 정적 메모리는 전원이 공급되는 동안 데이터를 유지하는 RAM의 한 종류
④ 플래시 메모리는 전기적으로 데이터를 지우고 쓸 수 있는 비휘발성 메모리

**Answer** ③

## 103 가상 메모리에 대한 〈보기〉의 설명 중 옳은 것을 모두 고른 것은?

2022 계리직

**보기**
ㄱ. 인위적 연속성이란 프로세스의 가상주소 공간상의 연속적인 주소가 실제 기억장치에서도 연속성이 보장되어야 함을 의미한다.
ㄴ. 다중 프로그래밍 정도가 높은 경우, 프로세스가 프로그램 수행시간보다 페이지 교환시간에 더 많은 시간을 소요하고 있다면 스레싱(thrashing) 현상이 발생한 것이다.
ㄷ. 프로세스를 실행하는 동안 일부 페이지만 집중적으로 참조하는 경우를 지역성(locality)이라 하며, 배열 순회는 공간 지역성의 예이다.
ㄹ. 프로세스가 자주 참조하는 페이지의 집합을 작업 집합(working set)이라 하며, 작업 집합은 최초 한번 결정되면 그 이후부터는 변하지 않는다.

① ㄱ, ㄴ
② ㄱ, ㄹ
③ ㄴ, ㄷ
④ ㄴ, ㄷ, ㄹ

**해설**
ㄱ. 인위적 연속성
 → 인위적 연속성은 반대로 가상주소 공간상의 연속적인 주소가 실제 기억장치에서는 연속적이지 않아도 된다는 의미
ㄹ. 작업 집합
 → 작업 집합은 프로세스가 자주 참조하는 페이지 집합이지만, 프로세스 실행 중에 계속 변할 수 있음

**Answer** ③

## 104 가상 메모리에 대한 설명으로 옳지 않은 것은?   2009 국가직

① 가상 메모리는 물리적 메모리 개념과 논리적 메모리 개념을 분리한 것이다.
② 가상 메모리를 이용하면 개별 프로그램의 수행 속도가 향상된다.
③ 가상 메모리를 이용하면 각 프로그램에서 메모리 크기에 대한 제약이 줄어든다.
④ 프로그램의 일부분만 메모리에 적재(load)되므로 다중 프로그래밍이 쉬워진다.

> **해설**
> ② 가상 메모리를 이용하면 개별 프로그램의 수행 속도가 향상된다.(×)
> → 가상 메모리를 사용하면 메모리 효율성이 증가하지만, 프로그램의 수행 속도는 오히려 페이지 교체로 인해 느려질 가능성이 있다.
>
> Answer  ②

### 04 파일 시스템 관리

## 105 UNIX 명령어 ls -l을 수행했을 때의 결과에 대한 설명으로 알맞지 않은 것은?   2008 계리직

```
-rwxr-xr--  2  peter  staff  3542 8월 31일 10:00 aaash
```

① peter라는 사용자는 aaash 파일을 수정할 수 있다.
② staff 그룹 사용자는 aaash 파일을 실행할 수 있다.
③ aaash 파일은 심볼릭 링크(symbolic link)가 2개 있다.
④ 다른 사용자도 이 파일의 내용을 볼 수 있다.

> **해설**
> ③ aaash 파일은 심볼릭 링크(symbolic link)가 2개 있다.(×)
> → 숫자 2는 하드링크(hard link) 수를 의미하며, 심볼릭 링크(symbolic link)와는 다르다.
>
> Answer  ③

## 106 파일의 디스크 공간 할당 방법 중 다음 설명에 해당되는 것으로 가장 적절한 것은?

2024 군무원

- 순차 접근과 직접 접근이 모두 가능하다.
- 외부 단편화 문제가 없다.

① 연속 할당
② 연결 할당
③ 고정 할당
④ 색인(index) 할당

### 해설

① 연속 할당
→ 디스크상에 연속된 블록에 파일을 저장하며, 순차 접근과 직접 접근이 모두 가능하지만, 외부 단편화가 발생할 수 있다.
② 연결 할당
→ 파일을 연결 리스트 형태로 저장하며, 순차 접근은 효율적이지만 직접 접근은 비효율적이고, 외부 단편화는 발생하지 않는다.
③ 고정 할당
→ 주로 메모리 할당 방식에서 사용되는 용어, 파일 시스템의 할당 방식과는 직접적인 연관이 적다.

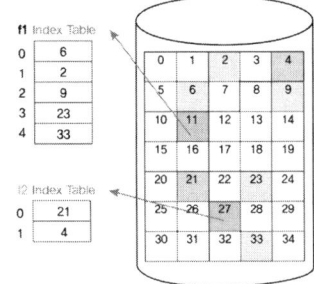

Answer ④

**107** 〈보기〉는 0~199번의 200개 트랙으로 이루어진 디스크 시스템에서, 큐에 저장된 일련의 입출력 요청들과 어떤 디스크 스케줄링(disk scheduling) 방식에 의해 처리된 서비스 순서이다. 이 디스크 스케줄링 방식은 무엇인가? 단, 〈보기〉의 숫자는 입출력할 디스크 블록들이 위치한 트랙 번호를 의미하며, 현재 디스크 헤드의 위치는 트랙 50번이라고 가정한다.

2012 계리직

―| 보기 |―
- 요청 큐 : 99, 182, 35, 121, 12, 125, 64, 66
- 서비스 순서 : 64, 66, 99, 121, 125, 182, 12, 35

① FCFS  ② C-SCAN
③ SSTF  ④ SCAN

✎해설
현재 헤드 위치(50번)에서 증가하는 방향으로 이동하며 요청 처리(64 → 182)
끝에 도달 후 처음으로 돌아와 남은 요청 처리(12 → 35)
① FCFS
   도착 순서대로 처리
   서비스 순서 : 99 → 182 → 35 → 121 → 12 → 125 → 64 → 66
③ SSTF
   현재 헤드와 가장 가까운 요청 먼저 처리
   서비스 순서 : 64 → 66 → 35 → 12 → 99 → 121 → 125 → 182
④ SCAN
   한쪽 끝까지 이동 후 반대 방향으로 이동하며 처리
   서비스 순서 : 64 → 66 → 99 → 121 → 125 → 182 → 35 → 12

Answer ②

**108** 트랙 번호가 0부터 199인 200개의 트랙을 가진 디스크가 있다. 디스크 스케줄링 기법 중 C-SCAN을 사용하여 다음과 같은 작업 대기 큐(디스크 큐)의 작업을 처리하고자 하는 경우, 처리되는 트랙의 순서를 바르게 나열한 것은? (단, 현재 디스크 헤드는 트랙 35에서 트랙 47로 이동해 왔다고 가정한다)

2010 국가직

작업 대기 큐 : 139, 22, 175, 86, 13, 158
헤드 시작 위치 : 47

① 47 → 86 → 139 → 158 → 175 → 22 → 13
② 47 → 86 → 139 → 158 → 175 → 199 → 0 → 13 → 22
③ 47 → 22 → 13 → 86 → 139 → 158 → 175
④ 47 → 86 → 139 → 158 → 175 → 199 → 22 → 13

> **해설**
>
> **C-SCAN의 특징**
> 헤드가 한쪽 방향으로만 이동하면서 서비스를 제공한다. 마지막 트랙에 도달하면 시작 위치(0)로 즉시 이동하여 다시 같은 방향으로 이동한다.
> 양방향 스캔과 달리 항상 한 방향으로만 이동하므로 더 균일한 대기 시간을 제공한다.
>
> **처리 순서**
> 47 → 86 → 139 → 158 → 175 → 199(끝까지 이동)
> 0으로 즉시 이동 후 다시 증가하는 방향으로 이동
> 0 → 13 → 22
>
> **Answer** ②

**109** 디스크 큐에 다음과 같이 I/O 요청이 들어와 있다. 최소탐색시간우선(SSTF) 스케줄링 적용 시 발생하는 총 헤드 이동 거리는? (단, 추가 I/O 요청은 없다고 가정한다. 디스크 헤드는 0부터 150까지 이동 가능하며, 현재 위치는 50이다) `2022 국가직`

| 큐 : 80, 20, 100, 30, 70, 130, 40 |
|---|

① 100
② 140
③ 180
④ 430

> **해설**
>
> 큐 : 80, 20, 100, 30, 70, 130, 40
> 현재 헤드 위치 : 50
> 서비스 순서 : 50 → 40 → 30 → 20 → 70 → 80 → 100 → 130
> (요소들을 정렬한 뒤, 헤드 위치에서 가장 가까운 방향으로 이동)
>
> **Answer** ②

**110** 디스크의 서비스 요청 대기 큐에 도착한 요청이 다음과 같을 때 C-LOOK 스케줄링 알고리즘에 의한 헤드의 총 이동거리는 얼마인가? (단, 현재 헤드의 위치는 50에 있고, 헤드의 이동방향은 0에서 199방향이다.) `2014 서울시`

| 요청대기열의 순서 |
|---|
| 65, 112, 40, 16, 90, 170, 165, 35, 180 |

① 388
② 318
③ 362
④ 347
⑤ 412

> **해설**
>
> **C-LOOK 처리 순서**
> 헤드의 현재 위치가 50이므로, 50보다 큰 요청부터 처리한 다음, 가장 작은 요청으로 이동해 처리한다.
> 처리 순서는 다음과 같다.
> 50 → 65 → 90 → 112 → 165 → 170 → 180 → 16 → 35 → 40
>
> **총 이동 거리** : 318
> 15 + 25 + 22 + 53 + 5 + 10 + 164 + 19 + 5 = 318
>
> Answer ②

**111** 운영체제의 디스크 스케줄링에 대한 설명으로 옳지 않은 것은?    2011 국가직

① FCFS 스케줄링은 공평성이 유지되며 스케줄링 방법 중 가장 성능이 좋은 기법이다.
② SSTF 스케줄링은 디스크 요청들을 처리하기 위해서 현재 헤드 위치에서 가장 가까운 요청을 우선적으로 처리하는 기법이다.
③ C-SCAN 스케줄링은 양쪽 방향으로 요청을 처리하는 SCAN 스케줄링 기법과 달리 한쪽 방향으로 헤드를 이동해 갈 때만 요청을 처리하는 기법이다.
④ 섹터 큐잉(sector queuing)은 고정 헤드 장치에 사용되는 기법으로 디스크 회전 지연 시간을 고려한 기법이다.

> **해설**
>
> ① FCFS 스케줄링은 공평성이 유지되며 스케줄링 방법 중 가장 성능이 좋은 기법이다. (×)
> → FCFS(First-Come, First-Served) 스케줄링은 요청 순서를 공평하게 처리하지만, 디스크 헤드의 이동 거리가 길어질 수 있어 성능이 좋지 않은 경우가 많다.
>
> Answer ①

**112** 운영체제의 디스크 스케줄링 기법에 대한 설명으로 옳은 것은?    2014 국가직

① FCFS(First-Come-First-Served)는 현재의 판독/기록 헤드위치에서 대기 큐 내 요구들 중 탐색 시간이 가장 짧은 것을 선택하여 처리하는 기법이다.
② N-Step-SCAN은 대기 큐 내에서 디스크 암(disk arm)이 외부 실린더에서 내부 실린더로 움직이는 방향에 있는 요구들만을 처리하는 기법이다.
③ C-LOOK은 디스크 암(disk arm)이 내부 혹은 외부 트랙으로 이동할 때, 움직이는 방향에 더 이상 처리할 요구가 없는 경우 마지막 트랙까지 이동하지 않는 기법이다.
④ SSTF(Shortest-Seek-Time-First)는 각 요구 처리에 대한 응답 시간을 항상 공평하게 하는 기법이다.

> **해설**
> ① FCFS
>  → 실제로는 단순히 도착 순서대로 처리하는 기법
> ② N-Step-SCAN
>  ㆍ진행 중 새롭게 발생한 요구는 반대 방향으로 진행할 때 처리하는 기법
> ④ SSTF
>  → 현재 위치에서 가장 가까운 요청을 우선 처리하는 방식으로, 멀리 있는 요청은 지연될 수 있어 공평한 응답 시간을 보장하지 못함
>
> Answer ③

## 113 다음에서 설명하는 디스크 스케줄링은?

2018 지방직

> 디스크 헤드가 한쪽 방향으로 트랙의 끝까지 이동하면서 만나는 요청을 모두 처리한다. 트랙의 끝에 도달하면 반대 방향으로 이동하면서 만나는 요청을 모두 처리한다. 이러한 방식으로 헤드가 디스크 양쪽을 계속 왕복하면서 남은 요청을 처리한다.

① 선입 선처리(FCFS) 스케줄링
② 최소 탐색 시간 우선(SSTF) 스케줄링
③ 스캔(SCAN) 스케줄링
④ 라운드 로빈(RR) 스케줄링

> **해설**
> ① FCFS
>  → 단순히 요청이 도착한 순서대로 처리하는 방식. 디스크 헤드 이동 방향과 무관함
> ② SSTF
>  → 현재 헤드 위치에서 탐색 시간이 가장 짧은 요청을 먼저 처리하는 방식. SCAN과 다른 알고리즘임
> ④ RR
>  → 디스크 스케줄링이 아닌 프로세스 스케줄링에서 사용되는 방식으로, 정해진 시간량만큼 순환적으로 처리함
>
> Answer ③

계 리 직 **컴 퓨 터 일 반** 기 출 문 제 집

PART

# 03

# 데이터 통신

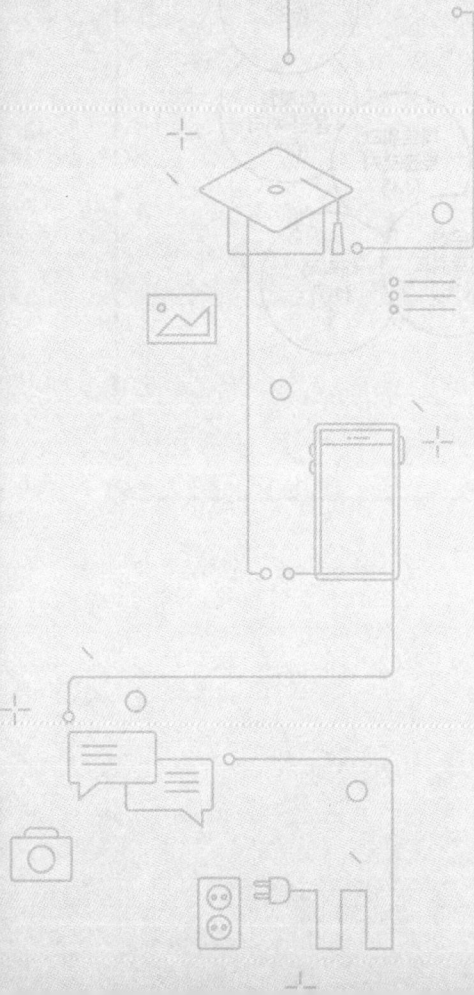

# 계리직 컴퓨터일반 기출 분석

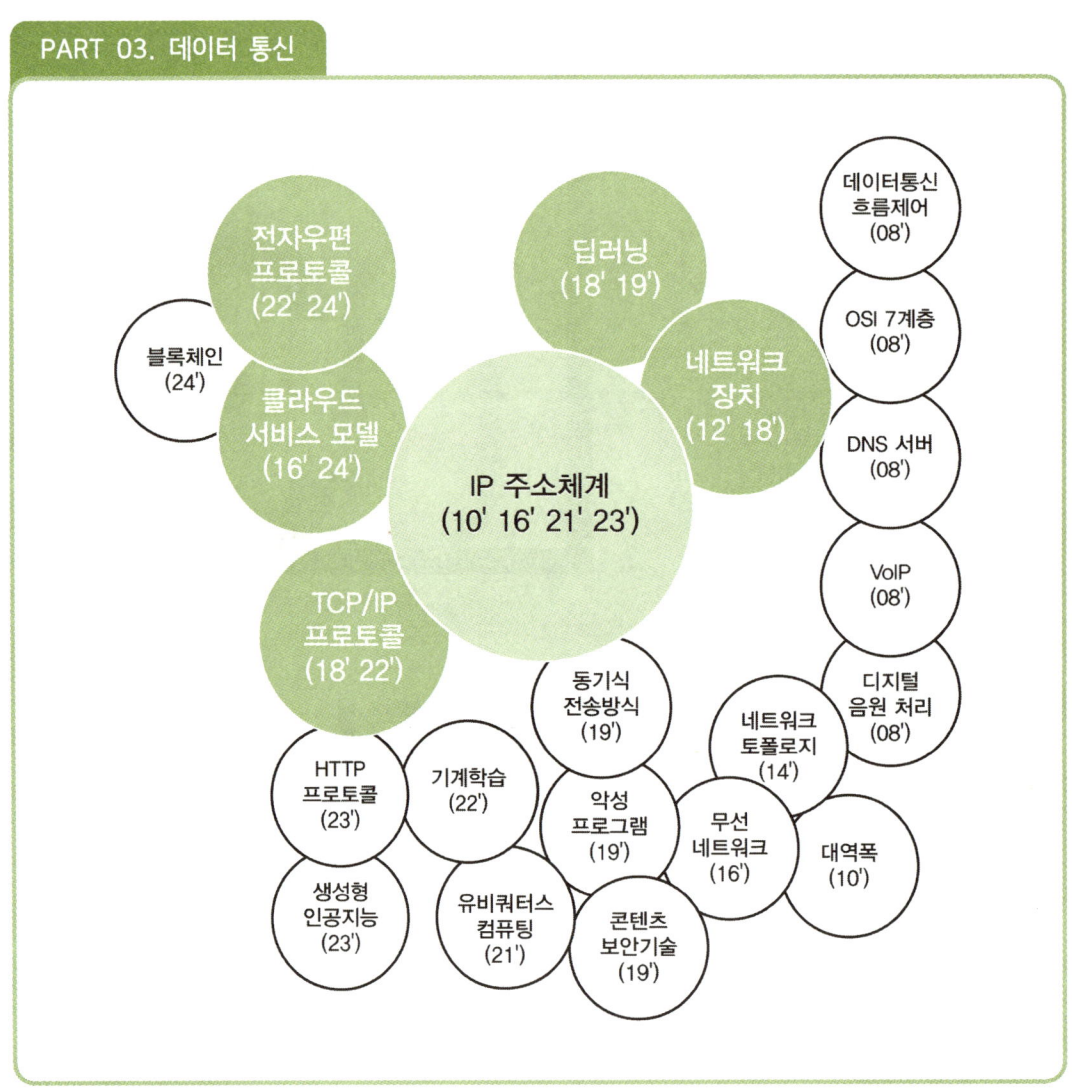

# PART 03 데이터 통신

## 01 데이터 통신의 기초

**01** 시간적으로 연속적인 아날로그 신호에 대해 일정한 시간 간격으로 아날로그 신호 값을 추출하는 과정은?  
<sub></sub>2023 국가직

① 표본화   ② 양자화
③ 부호화   ④ 자동화

**해설**
① 표본화(Sampling)
  → 아날로그 신호를 일정한 시간 간격으로 추출하는 과정
② 양자화 - 추출된 신호의 크기를 근사값으로 변환
③ 부호화 - 양자화된 값을 이진수로 변환
④ 자동화 - 디지털 변환 과정과 무관

Answer ①

**02** 아날로그 신호를 디지털 신호로 변조하기 위한 펄스부호변조(PCM) 과정으로 옳지 않은 것은?  
2020 국가직

① 분절화(Segmentation)   ② 표본화(Sampling)
③ 부호화(Encoding)   ④ 양자화(Quantization)

**해설**
① 분절화(Segmentation)(×)
  → 분절화는 PCM 과정에 포함되지 않음

PCM의 3단계 과정
• **표본화(Sampling)** : 일정 시간 간격으로 신호 추출
• **양자화(Quantization)** : 추출된 신호 크기를 정해진 레벨로 근사화
• **부호화(Encoding)** : 양자화된 값을 이진수로 변환

Answer ①

03 자료 흐름의 방향과 동시성 여부에 따라 분류한 통신 방식 중 다음에서 설명하는 통신 방식으로 옳은 것은? (단, DTE(Data Terminal Equipment)는 컴퓨터, 휴대폰, 단말기 등과 같이 통신망에서 네트워크의 끝에 연결된 장치들을 총칭하는 용어이다) 2022 국가직

> 통신하는 두 DTE가 시간적으로 교대로 데이터를 교환하는 방식의 통신으로, 한 DTE가 명령을 전송하면 다른 DTE가 이를 처리하여 그에 대한 응답을 전송하는 트랜잭션(Transaction) 처리 시스템에서 볼 수 있다.

① 단방향 통신
② 반이중 통신
③ 전이중 통신
④ 원거리 통신

**✎해설**
① **단방향(simplex) 통신** : 한 방향으로만 데이터 전송
　예 TV, 라디오 방송
② **반이중(half-duplex) 통신** : 양방향 통신이지만 동시에는 불가능, 한 번에 한 방향으로만 전송
　예 무전기, 트랜잭션 처리 시스템
③ **전이중(full-duplex) 통신** : 양방향 동시 통신 가능
　예 전화, 채팅
④ **원거리(long-distance) 통신** : 물리적으로 멀리 떨어진 지점 간의 데이터 전송을 의미하며, 데이터 전송 방향(Simplex, Half-duplex, Full-duplex)과는 무관
　예 WAN(Wide Area Network)

Answer ②

04 주파수가 300GHz~400THz로 높기 때문에 벽을 통과 할 수 없어 폐쇄된 공간에서 사용하는 주파수 명칭으로 알맞은 것은? 2021 군무원

① 마이크로파
② 라디오파
③ 적외선파
④ 음성파

**✎해설**
① **마이크로파** - 300MHz ~ 300GHz
② **라디오파** - 3Hz ~ 300MHz
④ **음성파** - 20Hz ~ 20kHz

Answer ③

## 02 데이터 전송과 오류 제어

**05** 데이터 통신 시스템에서 발생하는 에러를 제어하는 방식으로 송신측이 오류를 검출할 수 있을 정도의 부가적인 정보를 프레임에 첨가하여 전송하고 수신측이 오류 검출 시 재전송을 요구하는 방식은?

<small>2014 국가직</small>

① ARQ(Automatic Repeat reQuest)
② FEC(Forward Error Correction)
③ 순회 부호(cyclic code)
④ 해밍 부호(Hamming code)

> **해설**
> ② **FEC** - 수신측에서 스스로 오류를 정정
> ③ **순회 부호** - 오류 검출을 위한 부호화 방식
> ④ **해밍 부호** - 단일 비트 오류 정정이 가능한 부호
>
> **Answer** ①

**06** 데이터통신 흐름 제어 방식인 Go-Back-N ARQ에서 6번 프레임까지 전송을 하였는데 수신측에서 3번 프레임에 오류가 있다고 재전송을 요청해 왔을 경우 재전송되는 프레임의 수는?

① 1개　　　　　　　　② 2개
③ 3개　　　　　　　　④ 4개

<small>2008 계리직</small>

> **해설**
> • **초기 상태**
>   프레임 1~6까지 전송완료
>   3번 프레임에서 오류 발생
> • **Go-Back-N ARQ 특징**
>   오류가 발생한 프레임부터 이후의 모든 프레임을 재전송
>   3번 프레임부터 6번 프레임까지 재전송 필요
> • **재전송되는 프레임**
>   3, 4, 5, 6번 프레임
>   총 4개의 프레임 재전송
>
> **Answer** ④

**07** Go-Back-N 프로토콜에서 6번째 프레임까지 전송한 후 4번째 프레임에서 오류가 있음을 알았을 때, 재전송 대상이 되는 프레임의 개수는?  2019 국가직

① 1개　　　　　　　　　　② 2개
③ 3개　　　　　　　　　　④ 6개

> **해설**
> Go-Back-N ARQ는 오류가 발생하면 해당 프레임부터 이후에 전송된 모든 프레임을 다시 전송하는 프로토콜이다. 4번째 프레임 이후의 모든 프레임(4, 5, 6)을 재전송한다.
> **Answer** ③

**08** 슬라이딩 윈도우 기법에 대한 설명으로 옳지 않은 것은?  2008 국가직

① 흐름제어와 에러제어를 위한 기법으로 윈도우 크기만큼의 데이터 프레임을 연속적으로 전송할 수 있는 방법이다.
② 윈도우 크기를 지정하여 응답없이 전송할 수 있는 데이터 프레임의 최대 개수를 제한할 수 있다.
③ 송신측 윈도우는 데이터 프레임을 전송할 때마다 하나씩 줄어들고 응답을 받을 때마다 하나씩 늘어나게 된다.
④ 수신측 윈도우는 데이터 프레임을 수신할 때마다 하나씩 늘어나고 응답을 전송할 때마다 하나씩 줄어들게 된다.

> **해설**
> ④ 수신측 윈도우는 데이터 프레임을 수신할 때마다 하나씩 늘어나고 응답을 전송할 때마다 하나씩 줄어들게 된다.(×)
> → 수신측 윈도우는 데이터 프레임 수신 시 줄어들고, ACK를 전송하면 늘어나게 된다.
> **Answer** ④

**09** 데이터통신에서 에러 복구를 위해 사용되는 Go-back-N ARQ에 대한 설명으로 옳지 않은 것은?  2017 서울시

① Go-back-N ARQ는 여러 개의 프레임들을 순서번호를 붙여서 송신하고, 수신 측은 이 순서번호에 따라 ACK 또는 NAK를 보낸다.
② Go-back-N ARQ는 송신 측은 확인응답이 올 때까지 전송된 모든 프레임의 사본을 갖고 있어야 한다.
③ Go-back-N ARQ는 재전송 시 불필요한 재전송 프레임들이 존재하지 않는다.
④ Go-back-N ARQ는 송신 측은 n개의 Sliding Window를 가지고 있어야 한다.

> **해설**
> ③ 재전송 시 불필요한 재전송 프레임들이 존재하지 않는다.(×)
>  → Go-Back-N ARQ는 오류 발생 프레임 이후의 모든 프레임을 재전송
>  → 이미 정상적으로 수신된 프레임도 재전송되므로 불필요한 재전송 발생
>
> Answer ③

**10** 데이터 전송 방식 중에서 한 번에 한 문자 데이터를 전송하며 시작 비트(start-bit)와 정지 비트(stop-bit)를 사용하는 전송 방식은?  `2014 국가직`

① 비동기식 전송 방식(asynchronous transmission)
② 동기식 전송 방식(synchronous transmission)
③ 아날로그 전송 방식(analog transmission)
④ 병렬 전송 방식(parallel transmission)

> **해설**
> ② **동기식 전송** : 블록 단위로 전송하며 공통 클럭으로 동기화, 고속 전송에 적합
> ③ **아날로그 전송** : 연속적인 파형으로 전송, 음성/영상 신호에 사용
> ④ **병렬 전송** : 여러 비트를 동시에 전송, 근거리 고속 전송에 적합
>
> Answer ①

**11** 동기식 전송(Synchronous Transmission)에 대한 설명으로 옳지 않은 것은?  `2019 계리직`

① 정해진 숫자만큼의 문자열을 묶어 일시에 전송한다.
② 작은 비트블록 앞뒤에 Start Bit와 Stop Bit를 삽입하여 비트블록을 동기화한다.
③ 2,400bps 이상 속도의 전송과 원거리 전송에 이용된다.
④ 블록과 블록 사이에 유휴시간(Idle Time)이 없어 전송효율이 높다.

> **해설**
> ② 작은 비트블록 앞뒤에 Start Bit와 Stop Bit를 삽입(×)
>  → 이는 비동기식 전송의 특징
>  → 동기식 전송은 클럭 신호로 동기화, 시작/정지 비트 불필요
>
> Answer ②

**12** 데이터 링크 계층에서 전송 오류를 해결하는 과정에서 사용하는 프레임(frame)의 종류가 아닌 것은?

2015 서울시

① 부정 응답 프레임
② 비트 프레임
③ 긍정 응답 프레임
④ 정보 프레임

> **해설**
> ② 비트 프레임(Bit Frame)(×)
> → 이는 데이터 링크 계층의 프레임 종류가 아니다. 실제로 오류 제어를 위한 프레임 종류에는 비트 프레임이 존재하지 않는다.
>
> **Answer** ②

**13** 다중접속(multiple access) 방식에 대한 설명으로 옳지 않은 것은?

2013 국가직

① 코드분할 다중접속(CDMA)은 디지털 방식의 데이터 송수신 기술이다.
② 시분할 다중접속(TDMA)은 대역확산 기법을 사용한다.
③ 주파수분할 다중접속(FDMA)은 할당된 유효 주파수 대역폭을 작은 주파수 영역인 채널로 분할한다.
④ 시분할 다중접속(TDMA)은 할당된 주파수를 시간상에서 여러 개의 조각인 슬롯으로 나누어 하나의 조각을 한 명의 사용자가 사용하는 방식이다.

> **해설**
> ② 시분할 다중접속(TDMA)은 대역확산 기법을 사용한다.(×)
> → 대역확산 기법은 CDMA의 특징
> → TDMA는 시간을 분할하여 사용하는 방식
>
> **Answer** ②

**14** 다음 중 정보 전송의 다중화(multiplexing)에 대한 설명으로 가장 적절하지 않은 것은?

2024 군무원

① 주파수 분할 다중화(FDM)는 정보를 같은 시간에 전송하기 위해 별도의 주파수 채널을 설정해야 하고, 채널 간의 상호 간섭을 막기 위해 보호 대역이 필요하다.
② 동기식 시분할 다중화(STDM)는 전송로 대역폭 하나를 시간 슬롯으로 나눈 채널에 할당하여 채널 여러 개가 전송로의 시간을 분할하여 사용한다.
③ 비동기식 시분할 다중화(ATDM)는 STDM과 유사한 방법이지만, 전송 요구가 없을 때는 시간 슬롯 낭비가 발생한다.
④ 코드분할 다중화(CDMA)는 대역확산 기법을 사용한다.

> **해설**
> ③ 비동기식 시분할 다중화(ATDM)는 시간 슬롯 낭비가 발생한다. (×)
>   → ATDM은 전송 요구가 있는 단말기에만 시간 슬롯을 할당하므로 오히려 시간 슬롯 낭비가 적음
>   → 시간 슬롯 낭비는 STDM의 특징(데이터가 없어도 슬롯 할당)
>
> Answer ③

**15** 다중 접속 기술에 대한 설명으로 옳지 않은 것은?  *2021 군무원*

① 다중 접속 기술 중 사용 가능한 전체 대역폭을 잘게 쪼개 사용자에게 나누어 주는 방식으로, 초기 아날로그 방식에서 사용하던 방식을 FDMA라고 한다.
② 다중 접속 기술 중 하나의 채널을 여러 사람이 나누어 쓰는 방식으로, 시간을 쪼개 나눠 쓰는 방식을 ADMA라고 한다.
③ 다중 접속 기술 중 CDMA는 한국이 세계 최초로 상용화 하였다.
④ 다중 접속 기술 중 한 채널을 여러 사람이 나누어 쓰는 방식으로, 보내는 데이터를 코드의 형태로 바꾸어 사용하는 방식을 CDMA라고 한다.

> **해설**
> ② 시간을 쪼개 나눠 쓰는 방식을 ADMA라고 한다. (×)
>   → 시간을 분할하여 사용하는 방식은 TDMA(Time Division Multiple Access)
>   → ADMA는 존재하지 않는 용어
>
> Answer ②

## 03 네트워크 아키텍처와 프로토콜

**16** OSI 모델에서 데이터 링크 계층의 프로토콜 데이터 단위(protocol data unit)는?  *2024 지방직*

① 비트(bit)
② 패킷(packet)
③ 프레임(frame)
④ 세그먼트(segment)

> **해설**
> • 물리 계층 : 비트(bit)
> • 데이터 링크 계층 : 프레임(frame)
> • 네트워크 계층 : 패킷(packet)
> • 전송 계층 : 세그먼트(segment)
>
> Answer ③

**17** OSI 참조 모델에서 송·수신지의 IP 주소를 헤더에 포함하여 전송하는 논리주소 지정 기능과 송신지에서 수신지까지 데이터가 전송될 수 있도록 최단 전송 경로를 선택하는 라우팅 기능 등을 수행하는 계층으로 옳은 것은?
2008 계리직

① 데이터링크 계층
② 네트워크 계층
③ 전송 계층
④ 세션 계층

> **해설**
> ① 데이터링크 계층(Data Link Layer)
>   물리적으로 연결된 노드 간의 데이터 전송을 담당
>   MAC 주소 기반의 전송 수행
> ③ 전송 계층(Transport Layer)
>   TCP/UDP를 통해 데이터의 신뢰성과 흐름 제어를 담당
> ④ 세션 계층(Session Layer)
>   송신자와 수신자 간의 세션(연결) 관리 담당
>
> **Answer** ②

**18** OSI 모형의 네트워크 계층 프로토콜에 속하지 않는 것은?
2024 국가직

① ICMP
② IGMP
③ IP
④ SLIP

> **해설**
> ④ SLIP(Serial Line Internet Protocol)
>   → 네트워크 계층 프로토콜은 OSI 7계층 중 네트워크 계층에서 동작하며, 데이터 전송을 위한 논리적 주소 지정 및 라우팅을 담당한다.
>   → SLIP는 데이터 링크 계층에서 동작하는 직렬 통신 프로토콜로, IP 패킷을 직렬 연결로 전송하는 데 사용된다.
>
> **Answer** ④

**19** OSI(Open Systems Interconnect) 모델에 대한 설명으로 옳지 않은 것은?
2020 국가직

① 네트워크 계층은 데이터 전송에 관한 서비스를 제공하는 계층으로 송신 측과 수신 측 사이의 실제적인 연결 설정 및 유지, 오류 복구와 흐름 제어 등을 수행한다.
② 데이터링크 계층은 네트워크 계층에서 받은 데이터를 프레임(frame)이라는 논리적인 단위로 구성하고 전송에 필요한 정보를 덧붙여 물리 계층으로 전달한다.
③ 세션 계층은 전송하는 두 종단 프로세스 간의 접속(session)을 설정하고, 유지하고 종료하는 역할을 한다.
④ 표현 계층은 전송하는 데이터의 표현 방식을 관리하고 암호화하거나 데이터를 압축하는 역할을 한다.

> **해설**
> ① 네트워크 계층은 데이터 전송에 관한 서비스를 제공하는 계층으로 송신 측과 수신 측 사이의 실제적인 연결 설정 및 유지, 오류 복구와 흐름 제어 등을 수행한다.(×)
>   → 네트워크 계층의 역할은 데이터 전송 경로를 결정(라우팅)하고 패킷 전달을 관리한다.
>
> Answer ①

**20** 다음은 OSI 7계층 중 어떤 계층을 설명한 것인가?  2007 국가직

- 순서제어 : 정보의 순차적 전송을 위한 프레임 번호 부여
- 흐름제어 : 연속적인 프레임 전송 시 수신 여부의 확인
- 프레임 동기 : 정보 전송 시 컴퓨터에서 처리하기 용이하도록 프레임 단위로 전송

① 세션 계층(Session Layer)
② 데이터 링크 계층(Data Link Layer)
③ 네트워크 계층(Network Layer)
④ 트랜스포트 계층(Transport Layer)

> **해설**
> ① 세션 계층(Session Layer)
>   → 세션 계층은 데이터 교환 시 대화 관리(session control), 동기화, 체크포인트 관리와 관련된 기능을 제공한다.
> ③ 네트워크 계층(Network Layer)
>   → 네트워크 계층은 라우팅, 논리적 주소 할당(IP), 데이터 패킷의 전달 등을 다룬다.
> ④ 트랜스포트 계층(Transport Layer)
>   → 트랜스포트 계층은 엔드 투 엔드(end-to-end) 연결을 보장하며, 세그먼트 단위로 데이터 전송, 흐름 제어, 오류 복구 등을 처리한다.
>
> Answer ②

**21** OSI 7계층에서 다음의 기능을 수행하는 계층은?  2012 경북교행

- 경로 선택
- 패킷 정보 전송
- 트래픽을 제어
- 정보 교환 및 중계 기능

① 표현 계층
② 세션 계층
③ 전송 계층
④ 네트워크 계층
⑤ 데이터 링크 계층

> **해설**
> ① 표현 계층
>   → 데이터의 표현 형식(암호화, 압축, 변환 등)을 처리한다.
> ② 세션 계층
>   → 세션 설정, 유지, 종료 등 통신의 논리적 연결을 관리한다.
> ③ 전송 계층
>   → 데이터의 신뢰성 있는 전송(TCP/UDP)과 흐름 제어를 담당하며, 경로 선택은 수행하지 않는다.
> ⑤ 데이터 링크 계층
>   → 프레임 단위로 데이터 전송, 오류 제어, 흐름 제어를 수행하지만, 경로 선택은 하지 않는다.
>
> Answer ④

**22** 데이터 링크 계층(Data link layer)에서 수행하는 기능이 아닌 것은? 2008 국가직

① 프레임 기법
② 오류제어(Error control)
③ 흐름제어(Flow control)
④ 연결제어(Connection control)

> **해설**
> ④ 연결제어(Connection control)
>   → 연결제어는 전송 계층(Transport Layer)의 주요 기능이다. 전송 계층에서 연결 지향형 서비스와 비연결형 서비스를 제공하며, TCP/UDP 프로토콜을 통해 이를 구현한다.
>
> Answer ④

**23** OSI 7계층과 관련된 표준의 연결로 옳지 않은 것은? 2008 국가직

① 물리 계층 - RS-232C
② 데이터 링크 계층 - HDLC
③ 네트워크 계층 - X.25
④ 전송 계층 - ISDN

> **해설**
> ④ 전송 계층 - ISDN
>   → ISDN(Integrated Services Digital Network)은 물리 계층과 데이터 링크 계층에서 사용되며, 데이터와 음성을 통합적으로 전송하는 데 사용되는 네트워크 기술이다.
>
> Answer ④

**24** 컴퓨터 네트워크상에서 음성 데이터를 IP 데이터 패킷으로 변환하여 전화 통화와 같이 음성 통화를 가능케 해 주는 기술로 알맞은 것은?  〈2008 계리직〉

① VPN　　　　　　　　② IPSec
③ IPv6　　　　　　　　④ VoIP

> **해설**
> ① **VPN** : 공용 네트워크에서 안전한 데이터 전송을 위한 기술
> ② **IPSec** : 데이터의 보안을 위한 프로토콜
> ③ **IPv6** : 차세대 IP 주소 체계
>
> **Answer** ④

**25** 다음 글에서 설명하는 것은?  〈2012 지방직〉

> 패킷교환망인 인터넷을 이용하여 음성정보를 전달하는 전화 관련 기술로서 저렴한 전화서비스를 구현하는 데 사용된다. 관련 표준 프로토콜로 ITU H.323과 IETF SIP(Session Initiation Protocol)가 있고, 게이트웨이를 이용하여 공중전화망(PSTN)과 연결할 수 있다.

① IPTV　　　　　　　　② VoIP
③ IPv6　　　　　　　　④ IPSec

> **해설**
> ① IPTV
> → IPTV는 인터넷을 통해 동영상 콘텐츠를 전송하는 기술이다.
> ③ IPv6
> → IPv6는 차세대 IP 주소 체계로, 인터넷에서의 주소 부족 문제를 해결하기 위한 기술이다.
> ④ IPSec
> → IPSec은 인터넷 프로토콜에서 데이터를 암호화하고 인증하는 보안 기술이다.
>
> **Answer** ②

**26** OSI 7계층 중 두 시스템 사이에서 교환되는 정보의 구문 및 의미와 관련되며, 데이터의 압축 및 암호화를 담당하는 계층으로 옳은 것은?  〈2019 국회직〉

① 물리 계층(physical layer)　　　　② 데이터링크 계층(data link layer)
③ 네트워크 계층(network layer)　　④ 전송 계층(transport layer)
⑤ 표현 계층(presentation layer)

> **해설**
> ① 물리 계층 : 비트 전송, 물리적 연결
> ② 데이터링크 계층 : 오류 제어, 흐름 제어
> ③ 네트워크 계층 : 라우팅, 경로 설정
> ④ 전송 계층 : 종단간 신뢰성 있는 데이터 전송
>
> **Answer** ⑤

## 27 네트워크 장치에 대한 설명으로 옳지 않은 것은?  2018 계리직

① 허브(Hub)는 여러 대의 단말 장치가 하나의 근거리 통신망(LAN)에 접속할 수 있도록 지원하는 중계 장치이다.
② 리피터(Repeater)는 물리 계층(Physical Layer)에서 동작하며 전송 신호를 재생·중계해 주는 증폭 장치이다.
③ 브리지(Bridge)는 데이터 링크 계층(Data Link Layer)에서 동작하며 같은 MAC 프로토콜(Protocol)을 사용하는 근거리 통신망 사이를 연결하는 통신 장치이다.
④ 게이트웨이(Gateway)는 네트워크 계층(Network Layer)에서 동작하며 동일 전송 프로토콜을 사용하는 분리된 2개 이상의 네트워크를 연결해주는 통신 장치이다.

> **해설**
> ④ 게이트웨이는 네트워크 계층에서 동작하며 동일 전송 프로토콜을 사용하는 네트워크를 연결(×)
>  → 게이트웨이는 모든 계층(응용 계층까지)에서 동작
>  → 서로 다른 프로토콜을 사용하는 네트워크를 연결
>
> **Answer** ④

## 28 네트워크 장비에 대한 설명으로 옳지 않은 것은?

2017 국회직

① 허브(hub)는 여러 곳으로부터 들어온 데이터를 다른 여러 곳으로 보내는 역할을 하는 장비로, 더미 허브(dummy hub)와 스위칭 허브(switching hub)가 있다.
② 리피터(repeater)는 네트워크의 전송 거리를 연장하기 위하여 사용하는 장비로, 장거리 전송으로 인해 약해진 신호를 재생하여 전송해 준다.
③ 브리지(bridge)는 동일한 기관의 두 개 이상의 LAN의 분할된 세그먼트를 서로 연결하여 하나의 네트워크로 만드는 장비로, 네트워크에 흐르는 프레임의 물리주소를 필터링한다.
④ 게이트웨이(gateway)는 다른 네트워크로 들어가는 입구 역할을 하거나 나가는 출구 역할을 하는 장비로, 모뎀(modem)이 있다.
⑤ 라우터(router)는 LAN, MAN, WAN과 같은 네트워크를 서로 연결해 주는 장비로, 네트워크에 흐르는 패킷의 논리 주소(IP주소)에 따라 패킷을 라우팅해 준다.

> **해설**
> ④ 게이트웨이(gateway)는 다른 네트워크로 들어가는 입구 역할을 하거나 나가는 출구 역할을 하는 장비로, 모뎀(modem)이 있다. (×)
> → 게이트웨이는 서로 다른 프로토콜을 사용하는 네트워크를 연결하는 장비로, OSI 모델의 모든 계층에서 동작할 수 있다.
> → 모뎀(modem)은 아날로그 신호와 디지털 신호 간의 변환을 수행하는 별도의 장비로, 게이트웨이와는 다른 역할을 한다.
>
> **Answer** ④

## 29 네트워크 장비에 대한 설명으로 옳은 것은?

2012 지방직

① 리피터는 약한 신호를 원래대로 재생하는 장비로서 데이터링크 계층에서 동작한다.
② 수동허브는 단말기들을 네트워크에 연결하는 다중포트 스위치이며 전송계층에서 동작한다.
③ 브리지는 프레임의 목적지 주소를 검사하여 그 프레임을 계속 전달해야 할 지 아니면 버려야 할 지를 결정하며 데이터링크 계층에서 동작한다.
④ 라우터는 라우팅 프로토콜을 이용하여 최적 경로를 결정해주는 역할을 하며 전송계층에서 동작한다.

> **해설**
> ① **리피터**: 물리 계층
> ② **수동허브**: 물리 계층
> ③ **브리지**: 데이터링크 계층
> ④ **라우터**: 네트워크 계층
>
> Answer ③

**30** 통신 연결 장치와 그 장치가 동작하는 OSI(Open Systems Interconnection) 계층이 바르게 짝지어진 것은? <sub></sub>2016 국가직

> ㄱ. 네트워크 계층(network layer)
> ㄴ. 데이터 링크 계층(data link layer)
> ㄷ. 물리 계층(physical layer)

|   | 라우터(router) | 브리지(bridge) | 리피터(repeater) |
|---|---|---|---|
| ① | ㄱ | ㄴ | ㄷ |
| ② | ㄴ | ㄱ | ㄷ |
| ③ | ㄴ | ㄷ | ㄱ |
| ④ | ㄷ | ㄴ | ㄱ |

> **해설**
> • **라우터(Router)**: 네트워크 계층(ㄱ)에서 동작, IP 주소를 기반으로 패킷 라우팅
> • **브리지(Bridge)**: 데이터 링크 계층(ㄴ)에서 동작, MAC 주소 기반으로 프레임 전달
> • **리피터(Repeater)**: 물리 계층(ㄷ)에서 동작, 신호를 증폭하여 재전송
>
> Answer ①

**31** 컴퓨터 네트워크에서 게이트웨이(gateway)에 대한 설명으로 옳은 것은? 2019 국회직
① 디지털 신호와 아날로그 신호 사이의 변환을 담당하는 장치이다.
② 디지털 신호를 멀리 전송할 수 있도록 신호를 증폭하는 역할을 한다.
③ 둘 이상의 LAN을 연결하여 하나의 네트워크로 연결해주는 장치이며, 데이터링크 계층에서만 동작한다.
④ 서로 다른 통신 프로토콜을 사용하는 네트워크 사이를 연결하여 데이터를 교환할 수 있도록 하는 역할을 한다.
⑤ 사람이 읽기 쉬운 도메인 이름을 IP 주소로 변환하는 역할을 한다.

> **해설**
> ① 디지털 신호와 아날로그 신호 사이의 변환을 담당하는 장치이다.(×)
>   → 모뎀(Modem)의 설명
>   → 디지털-아날로그 신호 변환 장치
> ② 디지털 신호를 멀리 전송할 수 있도록 신호를 증폭하는 역할을 한다.(×)
>   → 리피터(Repeater)의 설명
>   → 신호 증폭으로 전송 거리 연장
> ③ 둘 이상의 LAN을 연결하여 하나의 네트워크로 연결해주는 장치이며, 데이터링크 계층에서만 동작한다.(×)
>   → 브리지(Bridge)의 설명
>   → LAN 연결 및 데이터링크 계층에서 동작
> ⑤ 사람이 읽기 쉬운 도메인 이름을 IP 주소로 변환하는 역할을 한다.(×)
>   → DNS(Domain Name System) 서버의 설명
>   → 도메인 이름을 IP 주소로 변환
>
> **Answer** ④

**32** 서로 다른 통신 프로토콜을 사용하는 네트워크를 상호 접속하는 장치로 필요한 경우 프로토콜 변환을 수행하는 네트워크 구성요소는?  `2009 지방직`

① 게이트웨이(Gateway)
② 리피터(Repeater)
③ 방화벽(Firewall)
④ 허브(Hub)

> **해설**
> ② 리피터(Repeater)
>   → 물리계층에서 동작하며, 신호를 증폭하여 전송거리를 연장하는 역할만 수행한다. 프로토콜 변환 기능은 없다.
> ③ 방화벽(Firewall)
>   → 네트워크 보안을 위해 외부로부터의 불법적인 접근을 차단하고 내부 네트워크를 보호하는 장치이다. 프로토콜 변환 기능은 없다.
> ④ 허브(Hub)
>   → 물리계층에서 동작하는 단순한 네트워크 연결 장치로, 수신한 데이터를 모든 포트로 전송하는 기능만 수행한다. 프로토콜 변환 기능은 없다.
>
> **Answer** ①

## 33 네트워크 통신 장치들에 대한 설명으로 옳지 않은 것은?
2010 국가직

① 리피터(Repeater)는 네트워크 각 단말기를 연결시키는 집선장치로 일종의 분배기 역할을 한다.
② 브리지(Bridge)는 데이터링크 계층에서 망을 연결하며 패킷을 적절히 중계하고 필터링하는 장치이다.
③ 라우터(Router)는 네트워크 계층에서 망을 연결하고 라우팅 알고리즘을 이용하여 최적의 경로를 선택하여 패킷을 전송한다.
④ 게이트웨이(Gateway)는 두 개의 서로 다른 형태의 네트워크를 상호 연결시켜 주는 관문 역할을 하는 장치이다.

**해설**
① 리피터(Repeater)는 네트워크 각 단말기를 연결시키는 집선장치로 일종의 분배기 역할을 한다.(×)
→ 리피터는 신호를 증폭하여 전송거리를 연장하는 장치이다. 단말기를 연결하는 집선장치는 허브(Hub)의 역할이다. 리피터는 물리계층에서 동작하며 단순히 신호를 재생성하는 기능만 수행한다.

**Answer** ①

## 34 인터넷에서는 도메인 주소를 IP 주소로 변환시켜주는 컴퓨터가 있어야 하는데 이러한 컴퓨터의 이름으로 알맞은 것은?
2008 계리직

① PROXY 서버
② DHCP 서버
③ WEB 서버
④ DNS 서버

**해설**
① PROXY 서버 : 인터넷 요청을 중계하고 캐싱하거나 보안을 강화하는 역할
② DHCP 서버 : 네트워크 장치에 IP 주소를 자동으로 할당하는 역할
③ WEB 서버 : 클라이언트의 요청을 받아 웹 페이지를 제공하는 서버

**Answer** ④

## 35 인터넷에 연결된 호스트의 도메인 이름을 IP 주소로 변환하기 위한 것은?
2014 지방직

① NAT
② ARP
③ DHCP
④ DNS

> **해설**
> ① NAT(Network Address Translation)
>  → 사설 IP 주소를 공인 IP 주소로 변환하는 기술이다.
> ② ARP(Address Resolution Protocol)
>  → IP 주소를 MAC 주소로 변환하는 프로토콜이다.
> ③ DHCP(Dynamic Host Configuration Protocol)
>  → 네트워크의 호스트들에게 자동으로 IP 주소를 할당하고 관리하는 프로토콜이다.
>
> Answer ④

**36** 인터넷 통신에서 IP 주소를 동적으로 할당하는 데 사용되는 것은? 〈2023 국가직〉

① TCP
② DNS
③ SOAP
④ DHCP

> **해설**
> ① TCP(Transmission Control Protocol) : 신뢰성 있는 데이터 전송을 위한 프로토콜
> ② DNS(Domain Name System) : 도메인 이름(예 www.example.com)을 IP 주소로 변환하는 프로토콜
> ③ SOAP(Simple Object Access Protocol) : 웹 서비스에서 데이터 교환을 위한 프로토콜
>
> Answer ④

**37** 다음 중 2개 이상의 LAN을 연결하여 하나의 네트워크로 만들어주고 동일 LAN 내의 단말 간 통신 트래픽이 다른 LAN으로 흐르는 것을 차단하여 효율을 높인 통신장비로 가장 적절한 것은? 〈2023 군무원〉

① 리피터(Repeater)
② 브리지(Bridge)
③ 라우터(Router)
④ 더미허브(Dummy Hub)

> **해설**
> ① **리피터** - 단순 신호 증폭
> ③ **라우터** - IP 기반 라우팅, 다른 네트워크 연결
> ④ **더미허브** - 모든 포트로 신호 전달
>
> Answer ②

## 38 네트워킹 장비에 대한 설명으로 가장 옳지 않은 것은?
2019 서울시

① 라우터(router)는 데이터 전송을 위한 최선의 경로를 결정한다.
② 허브(hub)는 전달받은 신호를 그와 케이블로 연결된 모든 노드들에 전달한다.
③ 스위치(switch)는 보안(security) 및 트래픽(traffic) 관리 기능도 제공할 수 있다.
④ 브리지(bridge)는 한 네트워크 세그먼트에서 들어온 데이터를 그의 물리적 주소에 관계 없이 무조건 다른 세그먼트로 전달한다.

> **해설**
> ④ 브리지는 물리적 주소에 관계없이 무조건 다른 세그먼트로 전달(×)
>  → 브리지는 MAC 주소(물리적 주소)를 기반으로 선택적으로 전달
>  → MAC 주소 테이블을 참조하여 필요한 세그먼트로만 전달
>
> **Answer** ④

## 39 〈보기〉의 설명에 해당하는 네트워크 장비는?
2012 계리직

| 보기 |
- OSI 계층 모델의 네트워크 계층에서 동작하는 장비이다.
- 송신측과 수신측 간의 가장 빠르고 신뢰성 있는 경로를 설정·관리하며, 데이터를 전달하는 역할을 한다.
- 주로 같은 프로토콜을 사용하는 네트워크간의 최적경로 설정을 위해 패킷이 지나가야 할 정보를 테이블에 저장하여 지정된 경로를 통해 전송한다.

① 게이트웨이(gateway)  ② 브리지(bridge)
③ 리피터(repeater)    ④ 라우터(router)

> **해설**
> ① 게이트웨이(Gateway) : 서로 다른 프로토콜을 사용하는 네트워크 간 데이터를 변환하고 전달하는 장치
> ② 브리지(Bridge) : 동일한 프로토콜을 사용하는 네트워크 세그먼트를 연결하고 트래픽을 분산시키는 장치
> ③ 리피터(Repeater) : 네트워크 신호를 증폭하여 전송 거리를 연장하는 장치
>
> **Answer** ④

**40** 전자메일 송신 또는 수신을 목적으로 하는 응용 계층 프로토콜에 해당하지 않는 것은?

① IMAP
② POP3
③ SMTP
④ SNMP

2018 지방직

> **해설**
> ④ SNMP(Simple Network Management Protocol)
> → SNMP는 네트워크 관리 프로토콜
> → 네트워크 장치의 모니터링과 제어에 사용
>
> **Answer** ④

**41** 〈보기〉에서 전자우편에 대한 설명으로 옳은 것을 모두 고른 것은?

2024 계리직

> **보기**
> ㄱ. 전자우편을 보낼 때 사용되는 일반적인 프로토콜은 POP3이다.
> ㄴ. SMTP 프로토콜은 TCP/IP 계층의 네트워크 계층에 포함된 서비스이다.
> ㄷ. 전자우편을 보낼 때 사용되는 일반적인 프로토콜은 SMTP(Simple Mail Transfer Protocol)이다.
> ㄹ. 전자우편은 Web 기반 전자우편과 POP3(Post Office Protocol, Version 3)를 사용하는 전자우편으로 나눌 수 있다.

① ㄱ, ㄴ
② ㄱ, ㄹ
③ ㄴ, ㄷ
④ ㄷ, ㄹ

> **해설**
> ㄱ. 전자우편을 보낼 때 사용되는 일반적인 프로토콜은 POP3이다. (×)
> → POP3는 메일을 수신할 때 사용하는 프로토콜
> → 메일 전송(발신)은 SMTP를 사용
> ㄴ. SMTP 프로토콜은 TCP/IP 계층의 네트워크 계층에 포함된 서비스이다. (×)
> → SMTP는 TCP/IP의 응용 계층(Application Layer)에 포함된 서비스
> → 네트워크 계층에는 IP, ICMP, IGMP 등이 포함
>
> **Answer** ④

**42** 이메일 서비스에서 사용되는 프로토콜로 적절하지 않은 것은?　　2022 계리직

① DNS
② HTTP
③ RTP
④ TCP

> **해설**
> ③ RTP(Real-time Transport Protocol)
> → 실시간 음성이나 영상 데이터 전송을 위한 프로토콜로, 이메일 서비스와는 관련이 없다.
>
> **Answer** ③

**43** TCP/IP 프로토콜에 대한 설명으로 옳은 것은?　　2018 계리직

① TCP는 비연결형 프로토콜 방식을 사용한다.
② TCP는 네트워크 계층(Network Layer)에 속한다.
③ IP는 잘못 전송된 패킷에 대하여 재전송을 요청하는 기능을 제공한다.
④ IP는 각 패킷의 주소 부분을 처리하여 패킷이 목적지에 도달할 수 있도록 한다.

> **해설**
> ① TCP는 비연결형 프로토콜 방식을 사용한다.(×)
> → TCP는 연결형 프로토콜이다.
> ② TCP는 네트워크 계층(Network Layer)에 속한다.(×)
> → TCP는 전송 계층에 속한다.
> ③ IP는 잘못 전송된 패킷에 대하여 재전송을 요청하는 기능을 제공한다.(×)
> → IP는 재전송 요청 기능이 없다.
>
> **Answer** ④

**44** TCP/IP 프로토콜에 대한 설명으로 옳지 않은 것은?　　2012 국가직

① ARP(Address Resolution Protocol)는 IP주소를 물리주소로 변환해준다.
② IP는 오류제어와 흐름제어를 통하여 패킷의 전달을 보장한다.
③ TCP는 패킷 손실을 이용하여 혼잡(congestion) 정도를 측정하여 제어하는 기능도 있다.
④ HTTP, FTP, SMTP와 같은 프로토콜은 전송 계층 위에서 동작한다.

> **해설**
> ② IP는 오류제어와 흐름제어를 통하여 패킷의 전달을 보장한다.(×)
> → IP는 패킷을 목적지까지 전달하는 역할만 수행하며, 데이터의 신뢰성 보장은 하지 않는다. 오류제어와 흐름제어는 TCP가 담당한다.
>
> **Answer** ②

## 45 TCP/IP의 계층구조에 대한 설명으로 옳지 않은 것은? 〔2009 지방직〕

① 네트워크 계층(Network Interface Layer)은 물리적 계층으로 IP 주소를 MAC(Media Access Control) 주소로 변환한다.
② 인터넷 계층(Internet Layer)에서는 데이터를 정의하고 라우팅(Routing) 업무를 담당한다.
③ 전송 계층(Transport Layer)에서는 IP 프로토콜을 이용하여 데이터를 전송한다.
④ 응용 계층(Application Layer)에서는 FTP, SMTP, Telnet 등과 같은 응용프로그램을 제공한다.

> **해설**
> ③ 전송 계층(Transport Layer)에서는 IP 프로토콜을 이용하여 데이터를 전송한다.(×)
> → 전송 계층은 TCP와 UDP 프로토콜을 사용하여 데이터를 전송한다. IP 프로토콜은 인터넷 계층에서 사용되는 프로토콜이다.
>
> **Answer** ③

## 46 다음 용어에 대한 설명으로 옳지 않은 것은? 〔2009 국가직〕

① 텔넷(TELNET)은 사용자가 원격지 호스트에 연결하여 이를 자신의 로컬 호스트처럼 사용하는 프로토콜이다.
② SNMP는 일반 사용자를 위한 응용프로토콜이 아니고, 망을 관리하기 위한 프로토콜이다.
③ 텔넷(TELNET), FTP, SMTP 등은 TCP/IP의 응용계층에 속하는 대표적인 프로토콜이다.
④ TCP/IP 프로토콜 중에서 UDP는 비연결형 데이터 전송방식을 사용하여 신뢰도가 높은 데이터 전송에 사용된다.

> **해설**
> ④ TCP/IP 프로토콜 중에서 UDP는 비연결형 데이터 전송방식을 사용하여 신뢰도가 높은 데이터 전송에 사용된다.(×)
> → UDP는 비연결형 프로토콜이지만, 신뢰성 있는 데이터 전송을 보장하지 않는다. 신뢰성 있는 데이터 전송이 필요한 경우에는 TCP를 사용한다.
>
> **Answer** ④

## 47  프로토콜에 대한 설명으로 옳지 않은 것은?  `2012 지방직`

① HTTP는 하이퍼텍스트를 전송하는 프로토콜로서 TCP를 사용하며 잘 알려진 포트 80번을 사용한다.
② TCP는 연결 지향형으로 UDP보다 신뢰성이 높은 프로토콜이다.
③ SNMP는 인터넷으로 연결된 장치들을 관리하는 네트워크 관리 프로토콜이다.
④ SMTP는 이메일 수신자가 수신된 이메일을 이메일 서버로부터 가져올 때 사용되는 프로토콜이다.

> **해설**
> ④ SMTP는 이메일 수신자가 수신된 이메일을 이메일 서버로부터 가져올 때 사용되는 프로토콜이다.(×)
> → SMTP는 이메일 전송 프로토콜이며, 수신자가 이메일을 가져오는 데는 IMAP 또는 POP3가 사용된다.
>
> **Answer** ④

## 48  인터넷 계층에서 동작하는 프로토콜로서 오류보고, 상황보고, 경로제어정보 전달 기능이 있는 프로토콜은?  `2023 국가직`

① ICMP
② RARP
③ ARP
④ IGMP

> **해설**
> ② RARP(Reverse Address Resolution Protocol)
>   물리 주소(MAC)를 통해 IP 주소를 알아내는 프로토콜
> ③ ARP(Address Resolution Protocol)
>   IP 주소를 물리 주소(MAC)로 변환하는 프로토콜
> ④ IGMP(Internet Group Management Protocol)
>   멀티캐스트 그룹 관리를 위한 프로토콜
>
> **Answer** ①

## 49  UDP 프로토콜에 대한 설명으로 옳지 않은 것은?  `2023 국가직`

① 흐름 제어가 필요없는 비신뢰적 통신에 사용한다.
② 순차적인 데이터 전송을 통해 전송을 보장한다.
③ 비연결지향으로 송신자와 수신자 사이에 연결 설정 없이 데이터 전송이 가능하다.
④ 전송되는 데이터 중 일부가 손실되는 경우 손실 데이터에 대한 재전송을 요구하지 않는다.

> **해설**
> UDP(User Datagram Protocol) 특징
> - **비신뢰적 통신** : 흐름 제어, 오류 제어, 데이터 전송 보장을 제공하지 않으며, 데이터 전송의 신속성을 중시한다.
> - **비연결지향** : 송신자와 수신자 사이에 연결 설정 없이 데이터 전송이 가능하고, 각 데이터그램은 독립적으로 처리된다.
> - **순차적 데이터 보장 없음** : UDP는 데이터가 순서대로 도착하거나, 모두 도착하는 것을 보장하지 않으므로, 데이터그램이 순서가 어긋날 수 있다.
> - **재전송 요구 없음** : 전송된 데이터가 손실되더라도 재전송을 요구하지 않는다. 데이터 손실 허용이 가능한 애플리케이션에서 주로 사용한다.
>
> **Answer** ②

## 50 UDP(User Datagram Protocol)에 대한 설명으로 옳은 것만을 모두 고르면? 2019 국가직

> ㄱ. 연결 설정이 없다.
> ㄴ. 오류검사에 체크섬을 사용한다.
> ㄷ. 출발지 포트 번호와 목적지 포트 번호를 포함한다.
> ㄹ. 혼잡제어 메커니즘을 이용하여 링크가 과도하게 혼잡해지는 것을 방지한다.

① ㄱ, ㄴ  
② ㄱ, ㄷ  
③ ㄱ, ㄴ, ㄷ  
④ ㄴ, ㄷ, ㄹ

> **해설**
> ㄹ. 혼잡제어 메커니즘을 이용하여 링크가 과도하게 혼잡해지는 것을 방지한다. (×)
> → UDP는 TCP와 달리 혼잡제어(Congestion Control) 메커니즘이 없다. 데이터 전송 속도를 조정하지 않고, 링크의 혼잡 상태와 무관하게 전송한다.
>
> **Answer** ③

## 51 TCP/IP 프로토콜의 계층과 그 관련 요소의 연결이 옳지 않은 것은? 2013 국가직

① 데이터 링크 계층(data link layer) : IEEE 802, Ethernet, HDLC
② 네트워크 계층(network layer) : IP, ICMP, IGMP, ARP
③ 전송 계층(transport layer) : TCP, UDP, FTP, SMTP
④ 응용 계층(application layer) : POP3, DNS, HTTP, TELNET

✏️ **해설**

③ **전송 계층** : TCP, UDP, FTP, SMTP(×)
→ FTP와 SMTP는 응용 계층 프로토콜
→ 전송 계층에는 TCP, UDP만 해당

**Answer** ③

## 52 TCP/IP 프로토콜 스택에 대한 설명으로 옳은 것은?  2020 국가직

① 데이터링크(datalink) 계층, 전송(transport) 계층, 세션(session) 계층 및 응용(application) 계층으로 구성된다.
② ICMP는 데이터링크 계층에서 사용 가능한 프로토콜이다.
③ UDP는 전송 계층에서 사용되는 비연결형 프로토콜이다.
④ 응용 계층은 데이터가 목적지까지 찾아갈 경로를 설정하기 위해 라우팅(routing) 프로토콜을 운영한다.

✏️ **해설**

① TCP/IP 프로토콜 스택은 응용, 전송, 인터넷, 네트워크 액세스 계층으로 구성되며, 세션 계층은 OSI 7계층 모델에 속한다.
② ICMP는 인터넷 계층의 프로토콜로, 네트워크 상태와 오류를 보고하는 프로토콜이다.
④ 라우팅 프로토콜은 인터넷 계층에서 동작하며, 응용 계층은 사용자 서비스를 제공하는 계층이다.

**Answer** ③

## 53 다음 프로토콜에 관한 설명 중 옳지 않은 것은?  2007 국가직

① TCP는 데이터의 흐름과 데이터 전송의 신뢰성을 관리한다.
② IP는 데이터가 목적지에 성공적으로 도달하는 것을 보장한다.
③ TCP/IP는 인터넷에 연결된 다른 기종의 컴퓨터 간에 데이터를 서로 주고 받을 수 있도록 한 통신 규약이다.
④ UDP를 사용하면 일부 데이터의 손실이 생길 수 있지만 TCP를 사용할 때보다 빠른 전송을 요구하는 서비스에 사용될 수 있다.

✏️ **해설**

② IP는 데이터가 목적지에 성공적으로 도달하는 것을 보장한다.(×)
→ IP(Internet Protocol)는 데이터 패킷을 목적지로 전달하는 경로 지정 기능을 담당하지만, 데이터의 성공적인 전달을 보장하지 않는다. 데이터 전송의 신뢰성 보장은 TCP와 같은 상위 계층 프로토콜에서 처리한다.

**Answer** ②

**54** 다음 중 TCP(Transmission Control Protocol)에 대한 설명으로 옳지 않은 것은?

① OSI 7-계층 모델에서 트랜스포트(transport) 계층에 해당한다.
② 다수의 기기에 대한 브로드캐스팅(broadcasting)을 지원한다.
③ Connection-oriented 프로토콜이다.
④ 패킷이 전송 도중 손상되거나 손실될 경우 재전송을 수행한다.
⑤ 흐름 제어(flow control) 기능이 지원된다.

2015 국회직

> **해설**
> ② 다수의 기기에 대한 브로드캐스팅(broadcasting)을 지원한다.(×)
> → TCP는 연결지향형 프로토콜이다. 브로드캐스팅은 UDP가 지원하는 기능이다.
>
> **Answer** ②

**55** 〈보기〉에서 TCP에 대한 설명으로 옳은 것을 모두 고른 것은?

2022 계리직

| 보기 |
ㄱ. RTT(Round Trip Time) 측정이 필요하다.
ㄴ. 하나의 TCP 연결로 양방향 데이터 전달이 가능하다.
ㄷ. 라우터 혼잡을 피하기 위해 흐름 제어(flow control)를 수행한다.
ㄹ. TCP 헤더(옵션 제외)에 데이터의 길이 정보를 나타내는 길이 필드(length field)가 존재한다.
ㅁ. 순서(sequence) 번호와 확인(acknowledgement) 번호를 사용한다.

① ㄱ, ㄷ
② ㄱ, ㄴ, ㄹ
③ ㄱ, ㄴ, ㅁ
④ ㄴ, ㄷ, ㅁ

> **해설**
> ㄷ. 라우터 혼잡을 피하기 위해 흐름 제어(flow control)를 수행한다.(×)
> → 흐름 제어는 송신자와 수신자 간의 데이터 처리 속도 차이를 해결하는 것이고, 라우터 혼잡 문제는 혼잡 제어로 해결한다.
> ㄹ. TCP 헤더(옵션 제외)에 데이터의 길이 정보를 나타내는 필드(length field)가 존재한다.(×)
> → TCP 헤더에는 별도의 데이터 길이 필드가 없으며, IP 헤더의 총 길이 필드를 사용한다.
>
> **Answer** ③

## 56 인터넷에서 사용되는 TCP(Transmission Control Protocol)에 대한 설명으로 옳지 않은 것은?
2017 국회직

① 데이터를 송수신 하기 위해서는 송신측과 수신측이 서로 미리 연결을 맺어야 한다.
② 수신측의 버퍼가 오버플로우되지 않도록 데이터 흐름 제어(flow control)를 수행한다.
③ 네트워크 내 패킷 수가 과도하게 증가하는 현상을 방지하기 위하여 혼잡 제어(congestion control)를 수행한다.
④ 서버와 클라이언트 간 파일을 전송하기 위한 FTP(File Transfer Protocol)에서 이용한다.
⑤ 송신측에서는 수신측이 데이터를 받았는지 확인할 수 없다.

**해설**
⑤ 송신측에서는 수신측이 데이터를 받았는지 확인할 수 없다.(×)
  → TCP는 ACK(확인 응답)을 통해 수신측의 데이터 수신 여부를 확인할 수 있다.

**Answer** ⑤

## 57 TCP(Transmission Control Protocol) 기반 응용 프로토콜에 해당하지 않는 것은?

① Telnet        ② FTP
③ SMTP         ④ SNMP

2022 국가직

**해설**
④ SNMP
  → SNMP는 실시간 네트워크 모니터링을 중시하는 네트워크 관리 프로토콜로, UDP 기반으로 동작한다.

**Answer** ④

## 58 프로토콜과 이에 대응하는 TCP/IP 프로토콜 계층 사이의 연결이 옳지 않은 것은?

① HTTP-응용 계층        ② SMTP-데이터링크 계층
③ IP-네트워크 계층        ④ UDP-전송 계층

2020 지방직

**해설**
② SMTP
  → SMTP는 응용 계층 프로토콜
  → 전자메일 전송에 사용되는 프로토콜

**Answer** ②

## 59. 인터넷에서 사용되는 프로토콜 중 사용 계층이 다른 하나는?

① HTTP(HyperText Transfer Protocol)
② SMTP(Simple Mail Transfer Protocol)
③ IMAP(Internet Mail Access Protocol)
④ ICMP(Internet Control Message Protocol)

2011 지방직

**해설**
④ ICMP(Internet Control Message Protocol)
→ 다른 프로토콜들(응용 계층에서 사용)과 달리 인터넷 계층(Internet Layer)에서 동작한다.

**Answer** ④

## 60. TCP/IP 프로토콜 중 전송계층인 TCP에 대한 설명으로 옳은 것을 〈보기〉에서 고른 것은?

2014 계리직

| 보기 |
ㄱ. 비연결형 서비스를 지원한다.
ㄴ. UDP보다 데이터 전송 신뢰도가 낮다.
ㄷ. 송신한 데이터를 패킷 단위로 전송한다.
ㄹ. 수신측에서 잘못 전송된 패킷에 대해 재전송을 요구한다.

① ㄱ, ㄴ
② ㄴ, ㄷ
③ ㄷ, ㄹ
④ ㄱ, ㄹ

**해설**
ㄱ. 비연결형 서비스를 지원한다.(×)
→ TCP는 연결형 서비스를 제공하며, 비연결형은 UDP와 IP의 특징이다.
ㄴ. UDP보다 데이터 전송 신뢰도가 낮다.(×)
→ TCP는 신뢰성 있는 데이터 전송을 보장하므로 UDP보다 신뢰도가 높다.

**Answer** ③

## 61. HDLC(High-level Data Link Control) 프레임의 구성과 순서를 바르게 나열한 것은?

① 플래그 – 주소부 – 제어부 – 정보부 – FCS – 플래그
② 플래그 – 주소부 – 제어부 – 정보부 – BCC – 플래그
③ 플래그 – 정보부 – 제어부 – 주소부 – FCS – 플래그
④ 플래그 – 주소부 – 텍스트 – 정보부 – FCS – 플래그

2010 경찰

> **해설**
> HDLC 프레임의 구조
>
> | 플래그 | 주소부 | 제어부 | 데이터 | FCS | 플래그 |
>
> - Flag : 프레임의 시작과 끝 표시
> - Address : 수신시 주소
> - Control : 제어 정보
> - Information : 전송할 데이터
> - FCS : 오류 검사
> - Flag : 프레임의 끝 표시
>
> Answer ①

**62** 데이터 링크 계층의 프로토콜인 HDLC(High-level Data Link Control)에 대한 설명으로 가장 적절하지 않은 것은?  2024 군무원

① 바이트 단위로 전송하는 동기 방식이다.
② 전이중(full duplex) 방식을 사용한다.
③ 비트 스터핑(bit stuffing) 기능으로 투명성을 제공한다.
④ HDLC 프레임의 플래그는 프레임 시작과 끝을 나타내며 동기화에 사용한다.

> **해설**
> ① 바이트 단위로 전송하는 동기 방식이다.(×)
>   → HDLC는 비트 단위로 전송하는 비트 지향(bit-oriented) 프로토콜
>   → 바이트 단위가 아닌 비트 단위로 정보를 전송
>
> Answer ①

**63** 인터넷에서 인접한 노드(node) 간의 프레임을 전송하며 목적지의 주소 지정, 흐름제어 및 오류 제어 기능을 제공하는 계층으로 옳은 것은?  2017 국회직

① 물리 계층(physical layer)
② 데이터 링크 계층(data link layer)
③ 네트워크 계층(network layer)
④ 트랜스포트 계층(transport layer)
⑤ 응용 계층(application layer)

### 해설

① 물리 계층(physical layer)
→ 비트 단위의 데이터를 전기 신호로 변환하여 전송하는 계층으로, 주소 지정이나 제어 기능은 수행하지 않는다.
③ 네트워크 계층(network layer)
→ 종단 간(end-to-end) 패킷 전달과 라우팅을 담당하며, IP 주소를 사용한다.
④ 트랜스포트 계층(transport layer)
→ 종단 간의 신뢰성 있는 데이터 전송을 담당하며, 포트 번호를 사용한다.
⑤ 응용 계층(application layer)
→ 사용자에게 네트워크 서비스를 제공하는 계층으로, 프로토콜의 구현을 담당한다.

Answer ②

**64** IPv4에서 데이터 크기가 6,000바이트인 데이터그램이 3개로 단편화(fragmentation)될 때, 단편화 오프셋(offset) 값으로 가능한 것만을 모두 고르면? 2019 국가직

| ㄱ. 0 | ㄴ. 500 | ㄷ. 800 | ㄹ. 2,000 |

① ㄱ, ㄴ
② ㄷ, ㄹ
③ ㄱ, ㄴ, ㄷ
④ ㄴ, ㄷ, ㄹ

### 해설

IP 단편화와 재조립
기본 원리
MTU(기본 1,500바이트) - 헤더(20바이트) = 1,480바이트
offset = 데이터 크기 ÷ 8(8바이트 단위로 지정)
예 1,480 ÷ 8 = 185 (offset)

단편화 예시(6,000바이트 데이터)
1번째 프레임 : 0 ~ 1,999(오프셋 : 0)
2번째 프레임 : 2,000 ~ 3,999(오프셋 : 250)
3번째 프레임 : 4,000 ~ 5,999(오프셋 : 500)
따라서 가능한 오프셋 값 : 0, 250, 500

Answer ①

**65** IPv4 주소를 클래스별로 분류했을 때, B 클래스에 해당하는 것은?  `2024 국가직`

① 12.23.34.45
② 111.111.11.11
③ 128.128.128.128
④ 222.111.222.111

> **해설**
> IP 클래스 구분
> A클래스 : 1~127
> B클래스 : 128~191
> C클래스 : 192~223
> D클래스 : 224~239
> E클래스 : 240~255
>
> ① 12.23.34.45
>   첫째 옥텟 12 (0~127) → A클래스
> ② 111.111.11.11
>   첫째 옥텟 111 (0~127) → A클래스
> ④ 222.111.222.111
>   첫째 옥텟 222 (192~223) → C클래스
>
> **Answer** ③

**66** 다음 IPv4에 대한 설명 중 올바른 것은?  `2015 서울시`

① 주소는 6바이트 크기로 되어 있다.
② 하나의 패킷에는 출발지주소와 목적지주소가 포함되어 있다.
③ 주소 공간은 3바이트 네트워크 주소 부분과 3바이트 호스트 주소 부분으로 나누어진다.
④ 스위치는 IPv4주소를 사용하여 해당 패킷이 어느 포트로 이동해야 할지 결정한다.

> **해설**
> ① 주소는 6바이트(×)
>   → IPv4 주소는 4바이트(32비트)
> ③ 3바이트 네트워크 + 3바이트 호스트(×)
>   → 클래스에 따라 다르게 구분됨
>   → 총 4바이트로 구성
> ④ 스위치는 IPv4주소 사용(×)
>   → 스위치는 MAC 주소 사용
>   → IP 주소는 라우터가 사용
>
> **Answer** ②

**67** IPv4 CIDR 표기법에서 네트워크 접두사(prefix)의 길이가 25일 때, 이에 해당하는 서브넷 마스크(subnet mask)는?

2021 지방직

① 255.255.255.0
② 255.255.255.128
③ 255.255.255.192
④ 255.255.255.224

**해설**

/25의 서브넷 마스크 계산과정

25비트의 의미 : 첫 25비트는 1, 나머지 7비트는 0

비트로 표현
11111111.11111111.11111111.10000000

십진수로 변환
**첫째 옥텟** : 11111111 = 255
**둘째 옥텟** : 11111111 = 255
**셋째 옥텟** : 11111111 = 255
**넷째 옥텟** : 10000000 = 128

따라서 서브넷 마스크는 255.255.255.128

Answer ②

**68** IPv4에서 서브넷 마스크가 255.255.255.0인 경우 하나의 네트워크에 최대 254대의 호스트를 연결할 수 있는 클래스로 옳은 것은?

2014 계리직

① A 클래스
② B 클래스
③ C 클래스
④ D 클래스

**해설**

C 클래스의 특징
• 기본 서브넷 마스크가 255.255.255.0
• 네트워크 주소 24비트, 호스트 주소 8비트
• 최대 호스트 수 254대

Answer ③

## 69 IP 주소에 대한 설명으로 옳지 않은 것은?
2010 국가직

① IP 주소는 컴퓨터에 부여된 유일한 주소로서 컴퓨터를 이동하여 다른 네트워크에 접속하여도 항상 이전과 동일한 IP 주소를 사용한다.
② CIDR은 IP 주소 할당 방법의 하나로, 기존 8비트 단위로 통신망부와 호스트부를 구획하지 않는다.
③ IP 버전에 따라 사용되는 주소 표현 형식이 다르다.
④ 자동 주소 설정 시에 사용될 수 있는 프로토콜은 DHCP(dynamic host configuration protocol)이다.

### 해설
① IP 주소는 컴퓨터에 부여된 유일한 주소로서 컴퓨터를 이동하여 다른 네트워크에 접속하여도 항상 이전과 동일한 IP 주소를 사용한다.(×)
→ IP 주소는 네트워크의 위치에 따라 변경될 수 있다. 컴퓨터가 다른 네트워크로 이동하면 해당 네트워크에 맞는 새로운 IP 주소를 할당받아야 한다.

**Answer** ①

## 70 DHCP(Dynamic Host Configuration Protocol)에 대한 설명으로 옳은 것은?
2013 국가직

① 자동이나 수동으로 가용한 IP 주소를 호스트(host)에 할당한다.
② 서로 다른 통신규약을 사용하는 네트워크들을 상호 연결하기 위해 통신규약을 전환한다.
③ 데이터 전송 시 케이블에서의 신호 감쇠를 보상하기 위해 신호를 증폭하고 재생하여 전송한다.
④ IP 주소를 기준으로 네트워크 패킷의 경로를 설정하며 다중 경로일 경우에는 최적의 경로를 설정한다.

### 해설
② 서로 다른 통신규약을 사용하는 네트워크들을 상호 연결하기 위해 통신규약을 전환한다.(×)
→ 게이트웨이(Gateway)의 기능에 대한 설명이다.
③ 데이터 전송 시 케이블에서의 신호 감쇠를 보상하기 위해 신호를 증폭하고 재생하여 전송한다.(×)
→ 리피터(Repeater)의 기능에 대한 설명이다.
④ IP 주소를 기준으로 네트워크 패킷의 경로를 설정하며 다중 경로일 경우에는 최적의 경로를 설정한다.(×)
→ 라우터(Router)의 기능에 대한 설명이다.

**Answer** ①

**71** IP주소가 117.17.23.253/27인 호스트에 대한 설명으로 옳은 것은?  `2023 계리직`

① 이 주소의 네트워크 주소는 117.17.23.0이다.
② 이 주소의 서브넷 마스크는 255.255.255.224이다.
③ 이 주소는 클래스 기반의 주소지정으로 C클래스 주소이다.
④ 이 주소가 포함된 네트워크에서 사용될 수 있는 IP주소는 254개이다.

> **✎해설**
> ① 이 주소의 네트워크 주소는 117.17.23.0이다.(×)
>   → IP주소가 117.17.23.253/27일 때, 네트워크 주소는 117.17.23.224이다.
> ③ 이 주소는 클래스 기반의 주소지정으로 C클래스 주소이다.(×)
>   → 비클래스형 주소 지정 표기법인 CIDR(Classless Inter-Domain Routing) 방식을 사용하므로 클래스 기반이 아니다.
> ④ 이 주소가 포함된 네트워크에서 사용될 수 있는 IP주소는 254개이다.(×)
>   → /27은 호스트 비트가 5비트이므로 사용 가능한 IP주소는 $2^5-2$ = 30개이다. (네트워크 주소와 브로드캐스트 주소 제외)
>
> **Answer** ②

**72** 회사에서 211.168.83.0(클래스 C)의 네트워크를 사용하고 있다. 내부적으로 5개의 서브넷을 사용하기 위해 서브넷 마스크를 255.255.255.224로 설정하였다. 이때 211.168.83.34가 속한 서브넷의 브로드캐스트 주소는 어느 것인가?  `2010 계리직`

① 211.168.83.15
② 211.168.83.47
③ 211.168.83.63
④ 211.168.83.255

> **✎해설**
> **서브넷 마스크 분석**
> **서브넷 비트** : 3비트(224 = 11100000)
> **호스트 비트** : 5비트
> 하나의 서브넷 크기는 $2^5$=32개의 주소를 가진다.
>
> **IP 주소가 속한 서브넷 범위**
> IP 211.168.83.34는 서브넷 크기인 32의 배수를 기준으로 속한 범위를 찾으면
> **시작 주소** : 211.168.83.32
> **마지막 주소** : 211.168.83.63
>
> **브로드캐스트 주소**
> 브로드캐스트 주소는 서브넷의 마지막 주소이므로, 211.168.83.63이다.
>
> **Answer** ③

**73** A 회사에게 인터넷 클래스 B 주소가 할당되었다. 만약 A 회사 조직이 64개의 서브넷을 가지고 있다면 각 서브넷에서 사용할 수 있는 주소의 개수는? (단, 특수주소를 포함한다)

① 256
② 512
③ 1,024
④ 2,048

2010 지방직

> **해설**
>
> 클래스 B 주소
> 기본적으로 16비트는 네트워크 부분, 나머지 16비트는 호스트 부분을 사용
> 전체 IP 주소 수는 $2^{16}$=65,536
>
> 64개의 서브넷
> 서브넷팅을 위해 네트워크 비트에서 추가 비트를 사용
> 64=$2^6$ 6비트를 서브넷 비트로 사용
> 남은 호스트 비트 : 16-6=10
>
> 호스트 주소 개수
> 각 서브넷에서 사용할 수 있는 주소 개수는 남은 호스트 비트에 따라 결정
> $2^{10}$=1,024
> 특수 주소(네트워크 주소와 브로드캐스트 주소)를 포함
>
> Answer ③

**74** 어떤 회사의 한 부서가 155.16.32.*, 155.16.33.*, 155.16.34.*, 155.16.35.*로 이루어진 IP 주소들만으로 서브넷(subnet)을 구성할 때, 서브넷 마스크(mask)로 옳은 것은? (단, IP 주소는 IPv4 주소 체계의 비클래스형(classless) 주소 지정이 적용된 것이고, IP 주소의 *는 0~255를 의미한다)

2014 지방직

① 255.255.252.0
② 255.255.253.0
③ 255.255.254.0
④ 255.255.255.0

📝 **해설**

**주어진 IP 주소 범위 분석**
155.16.32.*
155.16.33.*
155.16.34.*
155.16.35.*

**세 번째 옥텟(32~35)의 비트 패턴 분석**
32 = 00100000
33 = 00100001
34 = 00100010
35 = 00100011
→ 하위 2비트만 변화하고 있다.

**서브넷 마스크 계산**
세 번째 옥텟에서 변화하는 2비트를 제외한 나머지 6비트는 고정
따라서 세 번째 옥텟의 마스크는 11111100 = 252
네 번째 옥텟은 모두 변할 수 있으므로 마스크는 00000000 = 0

**최종 서브넷 마스크**
**첫 번째, 두 번째 옥텟** : 255.255(모두 고정)
**세 번째 옥텟** : 252(하위 2비트 제외하고 모두 1)
**네 번째 옥텟** : 0(모두 0)
255.255.252.0

Answer ①

---

## 75  IPv4와 IPv6에 대한 설명으로 옳지 않은 것은?  2018 지방직

① IPv4는 비연결형 프로토콜이다.
② IPv6 주소의 비트 수는 IPv4 주소 비트 수의 2배이다.
③ IPv6는 애니캐스트(anycast) 주소를 지원한다.
④ IPv6는 IPv4 네트워크와의 호환성을 위한 방법을 제공한다.

📝 **해설**

② IPv6 주소의 비트 수는 IPv4 주소 비트 수의 2배(×)
   → IPv4 : 32비트
   → IPv6 : 128비트($2^{96}$배)

Answer ②

**76** IPv4와 IPv6에서 IP 주소의 길이는 각각 몇 비트인가?  2014 국회직

① IPv4 : 16비트, IPv6 : 32비트
② IPv4 : 16비트, IPv6 : 64비트
③ IPv4 : 32비트, IPv6 : 64비트
④ IPv4 : 32비트, IPv6 : 128비트
⑤ IPv4 : 64비트, IPv6 : 256비트

**해설**
IPv4
32비트(4바이트)
예 192.168.0.1
각 필드 8비트씩 4개로 구성

IPv6
128비트(16바이트)
예 2001:0db8:85a3:0000:0000:8a2e:0370:7334
16비트씩 8개 필드로 구성

**Answer** ④

**77** 인터넷 주소 체계인 IPv4와 IPv6의 주소 길이와 주소 표시 방법을 각각 바르게 나열한 것은?  2016 계리직

|   | IPv4 | IPv6 |
|---|---|---|
| ① | (32비트, 8비트씩 4부분) | (128비트, 16비트씩 8부분) |
| ② | (32비트, 8비트씩 4부분) | (128비트, 8비트씩 16부분) |
| ③ | (64비트, 16비트씩 4부분) | (256비트, 32비트씩 8부분) |
| ④ | (64비트, 16비트씩 4부분) | (256비트, 16비트씩 16부분) |

**해설**
IPv4
32비트 길이
8비트씩 4부분으로 구성
예 192.168.0.1

IPv6
128비트 길이
16비트씩 8부분으로 구성
예 2001:0db8:85a3:0000:0000:8a2e:0370:7334

**Answer** ①

## 78  다음 라우팅 테이블에 대한 설명으로 옳지 않은 것은?  2022 국가직

| 목적지 네트워크 | 서브넷마스크 | 인터페이스 |
|---|---|---|
| 128.50.30.0 | 255.255.254.0 | R1 |
| 128.50.28.0 | 255.255.255.0 | R2 |
| Default | | R3 |

① 목적지 IP 주소가 128.50.30.92인 패킷과 128.50.31.92인 패킷은 서로 다른 인터페이스로 전달된다.
② 128.50.28.0 네트워크에 대한 브로드캐스트 주소는 128.50.28.255다.
③ 서브넷마스크 255.255.254.0은 CIDR 표기에 의해 /23으로 표현된다.
④ 이 라우터는 목적지 IP 주소가 128.50.28.9인 패킷을 R2로 전달한다.

> **해설**
> ① 목적지 IP 주소가 128.50.30.92인 패킷과 128.50.31.92인 패킷은 서로 다른 인터페이스로 전달된다.(×)
>   → IP 주소가 달라도 같은 네트워크에 속하면 동일한 인터페이스 사용
>   → 실제로 라우터는 하나의 인터페이스로 여러 IP 주소의 패킷 처리 가능
>   → 따라서 모든 다른 IP마다 별도의 인터페이스가 필요한 것이 아님
>
> **Answer** ①

## 79  IPv6(Internet Protocol version 6)에 대한 설명으로 옳지 않은 것은?  2007 국가직

① 128 비트의 IP 주소 크기
② 40 바이트의 크기를 갖는 기본 헤더(header)
③ IP 데이터그램의 비트 오류를 검출하기 위해 헤더 체크섬(checksum)필드가 헤더에 존재한다.
④ 중간 라우터에서는 IP 데이터그램을 조각화(fragmentation)할 수 없다.

> **해설**
> ③ IP 데이터그램의 비트 오류를 검출하기 위해 헤더 체크섬(checksum)필드가 헤더에 존재한다.(×)
>   → IPv6에서는 헤더 체크섬 필드가 제거
>   → 네트워크 계층의 비트 오류 검출은 데이터 링크 계층(예 이더넷)에서 처리되므로, 헤더 체크섬은 중복된 작업으로 간주됨
>   → 체크섬 계산을 제거하여 처리 속도를 향상시키고 라우터의 부하 감소
>
> **Answer** ③

## 80  IPv6에 관한 설명으로 옳지 않은 것은?
2009 지방직

① 64비트의 주소를 가지며 6개의 필드를 가진 기본 헤더 형식을 갖는다.
② 멀티캐스트를 지원하며 프로토콜 확장을 허용하도록 설계되었다.
③ 기본 헤더는 40바이트로 고정된다.
④ 주소를 보다 읽기 쉽게 하기 위해 16진수 콜론 표기를 사용한다.

**해설**
① 64비트의 주소를 가지며 6개의 필드를 가진 기본 헤더 형식을 갖는다.(×)
→ IPv6는 128비트의 주소를 가지며, 8개의 필드로 구성된다. 64비트가 아닌 128비트를 사용하여 더 많은 주소 공간을 제공한다.

Answer ①

## 81  IoT(Internet of Things)기기의 확산 등으로 예상되는 인터넷 주소의 고갈 문제를 해결하기 위한 것은?
2015 지방직

① HTTPS
② IPv4
③ IPv6
④ Common Gateway Interface

**해설**
① HTTPS
→ HTTPS는 웹 브라우저와 서버 간의 통신을 암호화하는 프로토콜로, 보안 문제를 해결하는 데 사용
② IPv4
→ IPv4는 32비트 주소 체계를 사용하며, 최대 약 43억 개의 주소를 제공하지만, IoT기기의 확산으로 인해 주소가 고갈되는 문제가 발생
④ Common Gateway Interface(CGI)
→ CGI는 웹 서버와 외부 프로그램 간의 데이터 교환을 위한 인터페이스

Answer ③

## 82
인터넷 접속 장비가 급격히 늘어남에 따라 신규로 할당할 수 있는 IP 주소의 고갈이 예상된다. 다음 중 IP 주소 고갈 문제에 대한 해결 방안과 연관이 있는 것을 모두 고른 것은? 2011 국가직

> ㄱ. NAT(network address translation)
> ㄴ. IPv6
> ㄷ. DHCP(dynamic host configuration protocol)
> ㄹ. ARP(address resolution protocol)

① ㄱ, ㄹ
② ㄴ, ㄷ
③ ㄱ, ㄴ, ㄷ
④ ㄴ, ㄷ, ㄹ

**해설**
ㄹ. ARP(Address Resolution Protocol)
 IP 주소를 MAC 주소로 변환하는 프로토콜로, 네트워크 통신에 사용된다.

**Answer** ③

## 83
〈보기〉에서 설명하고 있는 HTTP 프로토콜 메소드로 옳은 것은? 2023 계리직

> | 보기 |
> ㄱ. 서버로 정보를 보내는 데 사용한다.
> ㄴ. 대량의 데이터를 전송할 때 사용한다.
> ㄷ. 보내는 데이터가 URL을 통해 노출되지 않기 때문에 최소한의 보안성을 가진다.

① GET
② POST
③ HEAD
④ CONNECT

**해설**
① GET
 → GET은 서버로부터 데이터를 요청하는 메소드로, URL에 파라미터가 포함되어 보안성이 낮을 수 있으며, 브라우저나 서버에 따라 URL 길이에 제한이 있을 수 있다.
③ HEAD
 → HEAD는 HTTP 헤더 정보만을 요청하는 메소드로, 실제 문서를 요청하지 않고 문서 정보만 확인할 때 사용된다.
④ CONNECT
 → CONNECT는 클라이언트와 서버 간에 네트워크 터널을 구성할 때 사용되는 메소드이며, 주로 프록시 서버와의 통신에 사용된다.

**Answer** ②

## 84 인터넷에서 사용하는 IPv6에 대한 설명으로 옳지 않은 것은?
2021 계리직

① 패킷 헤더의 체크섬(checksum)을 통해 데이터 무결성 검증 기능을 지원한다.
② QoS(Quality of Service) 보장을 위해 흐름 레이블링(flow labeling) 기능을 지원한다.
③ IPv6의 주소 체계는 16비트씩 8개 부분, 총 128비트로 구성되어 있다.
④ IPv6 주소 표현에서 연속된 0에 대한 생략을 위한 :: 표기는 1번만 가능하다.

> **해설**
> ① 패킷 헤더의 체크섬(checksum)을 통해 데이터 무결성 검증 기능을 지원한다.(×)
>   → 체크섬 계산을 제거하여 처리 속도를 높이고 네트워크 성능을 개선
>
> **Answer** ①

## 85 네트워크 교환 방식 중 데이터를 전송하기 전에 통신을 원하는 호스트가 연결 경로를 미리 설정하는 방식에 해당되는 것은?
2021 군무원

① 회선 교환 네트워크
② 패킷 교환 네트워크
③ 메시지 교환 네트워크
④ 데이터그램 교환 네트워크

> **해설**
> ② 패킷 교환 네트워크
>   데이터를 작은 패킷으로 나누어 네트워크에서 독립적으로 전송
>   패킷은 각기 다른 경로를 통해 전달될 수 있으며, 도착지에서 재조립, 연결 설정 필요 없음
> ③ 메시지 교환 네트워크
>   데이터를 전체 메시지 단위로 전송
>   메시지를 저장 및 전달(Store and Forward)하는 방식으로 동작하며, 중간 노드에서 메시지를 임시로 저장 가능
>   주로 전보나 초기의 전자메일 시스템에서 사용
> ④ 데이터그램 교환 네트워크
>   패킷 교환의 한 유형으로, 각 패킷이 독립적으로 전송되고, 각각 최적의 경로를 선택
>   연결 설정이 없으며, 인터넷 프로토콜(IP)이 이 방식을 사용
>
> **Answer** ①

## 86 패킷교환 방식과 회선교환 방식에 대한 설명으로 옳지 않은 것은?

2009 국가직

① 패킷교환 방식은 두 호스트 간에 전용 통신 경로가 설정되지 않아도 된다.
② 일반적으로 패킷교환 방식은 회선교환 방식보다 통신선로 사용의 효율성이 낮다.
③ 회선교환 방식은 패킷교환 방식보다 전송 지연이 적다.
④ 기존 유선 전화는 회선교환 방식을 사용한다.

**해설**
② 일반적으로 패킷교환 방식은 회선교환 방식보다 통신선로 사용의 효율성이 낮다.(×)
→ 패킷교환 방식은 여러 사용자가 동시에 네트워크 자원을 공유할 수 있어 회선교환 방식보다 통신선로 사용의 효율성이 높다.

**Answer** ②

## 87 패킷 교환 네트워크에 대한 설명으로 옳지 않은 것은?

2022 지방직

① 패킷 크기는 옥텟(Octet) 단위로 사용한다.
② 네트워크로 전송되는 모든 데이터는 송·수신지 정보를 포함하는 패킷들로 구성된다.
③ 패킷 교환 방식은 접속 방식에 따라 데이터그램 방식과 가상회선 방식이 있다.
④ 패킷 교환 네트워크에서는 동시에 2쌍 이상의 통신이 불가능하다.

**해설**
④ 패킷 교환 네트워크에서는 동시에 2쌍 이상의 통신이 불가능하다.(×)
→ 패킷 교환 네트워크에서는 여러 사용자 간의 동시 통신이 가능

**Answer** ④

## 88 다음 중 설명이 옳지 않은 것은?

2021 군무원

① 모뎀은 변조와 복조를 할 수 있는 기기이다.
② LAN의 구성 형태로는 버스형, 링형, 스타형, 프레임 릴레이 방식이 있다.
③ 스타형 랜 구성 형식은 중앙 제어 노드를 중심으로 각 노드들이 점 대 점 형태로 연결되는데 각 노드들 간의 직접적인 연결은 없다.
④ 반이중 통신은 통신하는 두 데이터 단말장치가 시간적으로 교대로 데이터를 교환하는 방식의 통신이다.

> **해설**
> ② LAN의 구성 형태로는 버스형, 링형, 스타형, 프레임 릴레이 방식이 있다. (×)
> → LAN의 구성 형태에는 버스형, 링형, 스타형, 트리형 등이 포함된다.
> → 프레임 릴레이(Frame Relay)는 WAN에서 데이터를 전송하기 위한 프로토콜이다.
>
> **Answer** ②

**89** 네트워크 토폴로지에 대한 설명으로 옳지 않은 것은?   2020 국가직

① 버스(bus)형 토폴로지는 설치가 간단하고 비용이 저렴하다.
② 링(ring)형 토폴로지는 통신 회선에 컴퓨터를 추가하거나 삭제하는 등 네트워크 재구성이 용이하다.
③ 트리(tree)형 토폴로지는 허브(hub)에 문제가 발생해도 전체 네트워크에 영향을 주지 않는다.
④ 성(star)형 토폴로지는 중앙집중적인 구조이므로 고장 발견과 유지보수가 쉽다.

> **해설**
> ③ 트리(tree)형 토폴로지는 허브(hub)에 문제가 발생해도 전체 네트워크에 영향을 주지 않는다. (×)
> → 트리형 토폴로지에서 허브가 고장 나면 해당 허브에 연결된 노드들이 영향을 받는다.
>
> **Answer** ③

**90** 네트워크 접속 형태 중 트리형 토폴로지(topology)에 대한 설명으로 옳지 않은 것은?

① 네트워크의 확장이 용이하다.   2024 국가직
② 병목 현상이 나타나지 않는다.
③ 분산처리 방식을 구현할 수 있다.
④ 중앙의 서버 컴퓨터에 장애가 발생하면 전체 네트워크에 영향을 준다.

> **해설**
> ② 병목 현상이 나타나지 않는다. (×)
> → 트리형 토폴로지는 계층 구조를 갖고 있어 중앙 허브나 상위 계층 노드에 부하가 집중될 경우 병목 현상이 발생할 수 있다.
>
> **Answer** ②

## 91. 네트워크 토폴로지(Topology) 중 버스(Bus) 방식에 대한 설명으로 옳지 않은 것은?

2017 서울시

① 버스 방식은 네트워크 구성이 간단하고 작은 네트워크에 유용하며 사용이 용이하다.
② 버스 방식은 네트워크 트래픽이 많을 경우 네트워크 효율이 떨어진다.
③ 버스 방식은 통신 채널이 단 한 개이므로 버스 고장이 발생하면 네트워크 전체가 동작하지 않으므로 여분의 채널이 필요하다.
④ 버스 방식은 노드의 추가·삭제가 어렵다.

> **해설**
> ④ 버스 방식은 노드의 추가·삭제가 어렵다.(×)
> → 버스형 토폴로지는 하나의 통신 채널에 노드가 연결되므로 노드를 쉽게 추가하거나 삭제할 수 있다.
>
> **Answer** ④

## 92. 다음에서 설명하는 네트워크 구조는?

2019 지방직

- 구축 비용이 저렴하고 새로운 노드를 추가하기 쉽다.
- 네트워크의 시작과 끝에는 터미네이터(Terminator)가 붙는다.
- 연결된 노드가 많거나 트래픽이 증가하면 네트워크 성능이 크게 저하된다.

① 링(Ring)형
② 망(Mesh)형
③ 버스(Bus)형
④ 성(Star)형

> **해설**
> ① 링(Ring)형 : 노드들이 순환 형태로 연결되어 터미네이터가 필요 없음
> ② 망(Mesh)형 : 모든 노드가 서로 연결된 구조로 비용이 높고, 성능 저하 문제는 거의 없음
> ④ 성(Star)형 : 중앙 허브를 통해 연결되며, 터미네이터가 불필요함
>
> **Answer** ③

## 93
〈보기〉는 네트워크 토폴로지(topology)에 대한 설명이다. ㉠~㉢에 들어갈 내용을 옳게 나열한 것은?

2014 계리직

| 보기 |
| --- |
| • FDDI는 광케이블로 구성되며 (㉠) 토폴로지를 사용한다.<br>• 허브 장비가 필요한 (㉡) 토폴로지는 네트워크 관리가 용이하다.<br>• 터미네이터가 필요한 (㉢) 토폴로지는 전송회선이 단절되면 전체 네트워크가 중단된다. |

|   | ㉠ | ㉡ | ㉢ |
| --- | --- | --- | --- |
| ① | 링형 | 버스형 | 트리형 |
| ② | 링형 | 트리형 | 버스형 |
| ③ | 버스형 | 링형 | 트리형 |
| ④ | 버스형 | 트리형 | 링형 |

**해설**

㉠ **링형(Ring)**
   FDDI는 이중 링 구조의 광케이블 네트워크
㉡ **트리형(Tree)**
   허브/스위치 장비 사용
   중앙 집중식 관리 용이
㉢ **버스형(Bus)**
   양 끝에 터미네이터 필요
   케이블 단절 시 전체 네트워크 중단

Answer ②

## 94
다음 네트워크 토폴로지(topology) 중 링크의 고장으로 인해 통신 두절이 가장 심하게 발생하는 구조는?

2007 국가직

① 링(ring)
② 메쉬(mesh)
③ 스타(star)
④ 트리(tree)

**해설**

① 링(Ring) 토폴로지
   → 링 구조에서는 모든 노드가 원형으로 연결되어 있어, 하나의 링크가 끊어지면 데이터가 반대 방향으로 전달되지 않는 경우 통신이 두절된다. 따라서 단일 고장으로 네트워크 전체에 영향을 미칠 수 있는 구조적 단점이 있다.

Answer ①

**95** 네트워크의 구성 유형에서 중앙에 컴퓨터가 있고 이를 중심으로 단말기를 연결시킨 중앙 집중식 네트워크 구성 유형은? <sub>2014 서울시</sub>

① 스타(star) 형
② 트리(tree) 형
③ 버스(bus) 형
④ 링(ring) 형
⑤ 그물(mesh) 형

> **해설**
> ② 트리(tree) 형
>   트리 형은 계층적 구조로, 상위 노드에서 하위 노드로 확장되며 중앙에 단일 컴퓨터가 없음
> ③ 버스(bus) 형
>   단일 통신 채널(버스)에 모든 노드가 연결되는 구조로, 중앙 장치가 없음
> ④ 링(ring) 형
>   노드들이 원형으로 연결된 구조로, 중앙 장치가 없음
> ⑤ 그물(mesh) 형
>   각 노드가 서로 연결된 분산형 구조로, 중앙 장치가 필요 없음
>
> **Answer** ①

**96** 네트워크 토폴로지(topology)의 연결 형태에 대한 설명으로 옳지 않은 것은? <sub>2012 국가직</sub>

① 버스(bus) 토폴로지는 각 노드의 고장이 전체 네트워크에 영향을 거의 주지 않는다.
② 스타(star) 토폴로지는 중앙 노드에서 문제가 발생하면 전체 네트워크의 통신이 곤란해진다.
③ 링(ring) 토폴로지는 데이터가 한 방향으로 전송되기 때문에 충돌(collision) 위험이 없다.
④ 메쉬(mesh) 토폴로지는 다른 토폴로지에 비해 많은 통신회선이 필요하지만, 메시지 전송의 신뢰성은 높지 않다.

> **해설**
> ④ 메쉬(mesh) 토폴로지는 다른 토폴로지에 비해 많은 통신회선이 필요하지만, 메시지 전송의 신뢰성은 높지 않다.(×)
>   → 메쉬 토폴로지는 많은 통신회선이 필요하지만, 그로 인해 여러 개의 대체 경로가 존재하여 메시지 전송의 신뢰성이 매우 높다.
>
> **Answer** ④

**97** 사용자가 인터넷 등을 통해 하드웨어, 소프트웨어 등의 컴퓨팅 자원을 원격으로 필요한 만큼 빌려서 사용하는 방식의 서비스 기술은?  
2018 지방직

① 클라우드 컴퓨팅  ② 유비쿼터스 센서 네트워크
③ 웨어러블 컴퓨터  ④ 소셜 네트워크

> **해설**
> ② 유비쿼터스 센서 네트워크
>   유비쿼터스 환경에서 센서를 통해 수집된 데이터를 네트워크로 전달하고 처리하는 기술
>   예 스마트 홈, 스마트 시티
> ③ 웨어러블 컴퓨터
>   신체에 착용 가능한 컴퓨터 장치
>   예 스마트워치, 스마트글래스
> ④ 소셜 네트워크
>   사람들 간의 관계를 기반으로 정보를 공유하는 온라인 플랫폼
>   예 페이스북, 트위터
>
> **Answer** ①

## 04 무선 통신과 LAN 기술

**98** 다음 내용에 적합한 매체 접근 제어(MAC) 방식은?  
2015 지방직

- IEEE 802.11 무선 랜에서 널리 사용된다.
- 채널이 사용되지 않는 상태임을 감지하더라도 스테이션은 임의의 백오프 값을 선택하여 전송을 지연시킨다.
- 수신 노드는 오류 없이 프레임을 수신하면 수신 확인 ACK 프레임을 전송한다.

① GSM  ② CSMA/CA
③ CSMA/CD  ④ LTE

> **해설**
> ① GSM : 2세대 이동 통신(2G) 시스템에서 사용되는 기술
> ③ CSMA/CD : 유선 LAN(이더넷)에서 사용되는 방식으로, 충돌 발생 후 감지(Collision Detection)하고 복구함. 무선 LAN에서는 충돌 감지가 어렵기 때문에 CSMA/CD 대신 CSMA/CA가 사용
> ④ LTE : 4세대 이동 통신 기술
>
> **Answer** ②

## 99 MAC(Medium Access Control) 부계층(sublayer)에서 반송파 감지(carrier sense)를 하지 않는 것은?

2011 지방직

① FDDI(Fiber Distributed Data Interface)
② Fast Ethernet
③ Ethernet
④ IEEE 802.11b

> **해설**
> ② Fast Ethernet
> → Fast Ethernet은 기존 이더넷의 확장으로, CSMA/CD 프로토콜을 사용하여 반송파 감지를 수행한다.
> ③ Ethernet
> → 이더넷은 CSMA/CD 프로토콜을 사용하며, 데이터를 전송하기 전에 반송파 감지를 통해 채널의 상태를 확인한다.
> ④ IEEE 802.11b
> → 무선랜 표준인 IEEE 802.11b는 CSMA/CA 프로토콜을 사용하며, 데이터 전송 전에 반송파 감지를 수행한다.
>
> **Answer** ①

## 100 다음의 조건을 모두 만족하는 다중 접근방식은?

2012 지방직

- 임의접근(Random Access) 방식 중의 하나임
- 회선사용 상태를 감지하는 캐리어를 사용하고 충돌이 발생하면 임의시간 대기 후 전송함
- 이더넷의 접근방식으로 사용됨

① FDMA
② ALOHA
③ Token Ring
④ CSMA/CD

> **해설**
> ① FDMA : 주파수 분할 다중 접속 방식으로, 무선 통신에서 사용
> ② ALOHA : 임의접근 방식이지만 충돌 감지나 회선 감지 기능이 없음
> ③ Token Ring : 토큰을 전달받은 노드만 통신하는 방식으로 랜덤 접근 방식이 아님
>
> **Answer** ④

## 101 무선 통신 기술에 대한 설명으로 옳은 것은?
2012 국가직

① Wi-Fi의 통신 범위는 셀룰러 통신망에 비해 넓다.
② Wi-Fi는 IEEE 802.3 표준에 기반을 둔 무선 통신 기술이다.
③ WiBro는 국내에서 개발한 무선 인터넷 서비스로서 2.5G에 해당하는 기술이다.
④ 무선 단말기의 이동성의 한계를 극복하기 위해 IMT-2000 표준 기술이 사용되고 있다.

**해설**

① Wi-Fi의 통신 범위는 셀룰러 통신망에 비해 넓다.(×)
 → Wi-Fi의 통신 범위는 일반적으로 셀룰러 통신망(예 LTE, 5G)보다 짧다. Wi-Fi는 보통 수십 미터 이내의 범위를 커버한다.
② Wi-Fi는 IEEE 802.3 표준에 기반을 둔 무선 통신 기술이다.(×)
 → Wi-Fi는 IEEE 802.11 표준에 기반한 무선 LAN 기술이다. IEEE 802.3은 유선 LAN(이더넷) 표준이다.
③ WiBro는 국내에서 개발한 무선 인터넷 서비스로서 2.5G에 해당하는 기술이다.(×)
 → WiBro는 3.5G 기술로, 고속 데이터 전송을 지원하는 국내에서 개발된 기술이다. 2.5G는 주로 GPRS 기술을 의미한다.

**Answer** ④

## 102 CSMA/CD(Carrier Sense Multiple Access/Collision Detection) 방식에 대한 설명으로 옳지 않은 것은?
2009 지방직

① 각 스테이션은 충돌을 감지하는 즉시 전송을 취소한다.
② 모든 스테이션에 보내고자 하는 메세지를 브로드캐스트 한다.
③ 하나의 스테이션이 고장나면 네트워크 전체가 마비된다.
④ 모든 스테이션은 전송매체에 동등한 접근 권리를 갖는다.

**해설**

③ 하나의 스테이션이 고장나면 네트워크 전체가 마비된다.(×)
 → CSMA/CD는 분산형 접근 방식이므로, 하나의 스테이션이 고장나더라도 네트워크 전체에는 영향을 미치지 않는다.

**Answer** ③

## 103. 이더넷(Ethernet)의 매체 접근 제어(MAC) 방식인 CSMA/CD에 대한 설명으로 옳지 않은 것은?

2015 국가직

① CSMA/CD 방식은 CSMA 방식에 충돌 검출 기법을 추가한 것으로 IEEE 802.11b의 MAC 방식으로 사용된다.
② 충돌 검출을 위해 전송 프레임의 길이를 일정 크기 이상으로 유지해야 한다.
③ 전송 도중 충돌이 발생하면 임의의 시간 동안 대기하기 때문에 지연시간을 예측하기 어렵다.
④ 여러 스테이션으로부터의 전송 요구량이 증가하면 회선의 유효 전송률은 단일 스테이션에서 전송할 때 얻을 수 있는 유효 전송률보다 낮아지게 된다.

**해설**
① CSMA/CD 방식은 CSMA 방식에 충돌 검출 기법을 추가한 것으로 IEEE 802.11b의 MAC 방식으로 사용된다.(×)
→ CSMA/CD는 유선 이더넷(IEEE 802.3)에서 사용
→ IEEE 802.11b는 무선 LAN 표준이며, 충돌을 회피하는 CSMA/CA(Collision Avoidance) 방식을 사용

**Answer** ①

## 104. 무선 LAN의 종류 중에 가장 전송속도가 느린 것은?

2022 군무원

① 802.11b
② 802.11a
③ 802.11g
④ 802.11n

**해설**
① 802.11b : 11Mbps
② 802.11a : 54Mbps
③ 802.11g : 54Mbps
④ 802.11n : 600Mbps

**Answer** ①

## 105. IEEE 802.11 방식의 무선 LAN에 사용되는 물리매체 제어방식은?

2008 국가직

① CDMA
② CSMA/CD
③ CSMA/CA
④ ALOHA

> **해설**
> ① CDMA
>   → CDMA는 이동통신에서 주로 사용되는 다중접속 방식이다.
> ② CSMA/CD
>   → 충돌 감지(Carrier Sense Multiple Access with Collision Detection)는 유선 LAN(예 이더넷)에서 사용되는 방식으로, 충돌 발생 후 이를 감지하고 대응하는 방식이다.
> ④ ALOHA
>   → ALOHA는 초기 무선 네트워크에서 사용되던 방식으로, 데이터가 충돌하면 재전송하는 단순한 방식이므로 현대의 무선 LAN 표준인 IEEE 802.11에서는 사용되지 않는다.
>
> **Answer** ③

## 106 다음의 설명과 무선 PAN 기술이 옳게 짝지어진 것은? <sub>2017 국가직</sub>

> (가) 다양한 기기 간에 무선으로 데이터 통신을 할 수 있도록 만든 기술로 에릭슨이 IBM, 노키아, 도시바와 함께 개발하였으며, IEEE 802.15.1 규격으로 발표되었다.
> (나) 약 10cm 정도로 가까운 거리에서 장치 간에 양방향 무선 통신을 가능하게 해주는 기술로 모바일 결제 서비스에 많이 활용된다.
> (다) IEEE 802.15.4 기반 PAN기술로 낮은 전력을 소모하면서 저가의 센서 네트워크 구현에 최적의 방안을 제공하는 기술이다.

|   | (가) | (나) | (다) |
|---|---|---|---|
| ① | Bluetooth | NFC | ZigBee |
| ② | ZigBee | RFID | Bluetooth |
| ③ | NFC | RFID | ZigBee |
| ④ | Bluetooth | ZigBee | RFID |

> **해설**
> (가) IEEE 802.15.1 규격 → Bluetooth
>   IEEE 802.15.1은 블루투스(Bluetooth) 기술의 표준 규격
>   다양한 기기 간 무선 데이터 통신 지원
> (나) 약 10cm 정도의 가까운 거리에서 양방향 무선 통신 → NFC
>   NFC(Near Field Communication)는 10cm 이내의 근거리에서 양방향 무선 통신을 지원하며, 모바일 결제 서비스에 많이 활용
> (다) IEEE 802.15.4 기반 PAN 기술 → ZigBee
>   ZigBee는 IEEE 802.15.4 표준 기반의 저전력, 저속 센서 네트워크 기술로 낮은 전력을 소모하면서 센서 네트워크 구현에 최적화된 기술
>
> **Answer** ①

**107** 다양한 장치들이 서로 통신할 수 있게 하는 PAN(Personal Area Network)을 위한 통신 규격으로, IEEE 802.15.1 표준으로 채택된 통신 방법은? 2014 지방직

① 블루투스(Bluetooth)
② Wi-Fi(Wireless-Fidelity)
③ RFID(Radio Frequency IDentification)
④ USB(Universal Serial Bus)

> **해설**
> ② Wi-Fi(Wireless-Fidelity)
>   → IEEE 802.11 표준을 기반으로 하는 무선 LAN 기술이다. PAN이 아닌 WLAN(Wireless Local Area Network)을 위한 통신 규격이다.
> ③ RFID(Radio Frequency IDentification)
>   → 전자태그를 이용한 무선 인식 기술이다.
> ④ USB(Universal Serial Bus)
>   → 컴퓨터와 주변기기를 연결하는 유선 통신 규격이다.
>
> **Answer** ①

**108** 무선 네트워크 방식에 대한 설명으로 옳은 것은? 2016 계리직

① 블루투스(Bluetooth)는 동일한 유형의 기기 간에만 통신이 가능하다.
② NFC 방식이 블루투스 방식보다 최대 전송 속도가 빠르다.
③ NFC 방식은 액세스 포인트(access point) 없이 두 장치 간의 통신이 가능하다.
④ 최대 통신 가능 거리를 가까운 것에서 먼 순서로 나열하면 Bluetooth < Wi-Fi < NFC < LTE 순이다.

> **해설**
> ① 블루투스(Bluetooth)는 동일한 유형의 기기 간에만 통신이 가능하다.(×)
>   → 블루투스는 다양한 기기 간 통신 가능
> ② NFC 방식이 블루투스 방식보다 최대 전송 속도가 빠르다.(×)
>   → NFC(424Kbps)는 블루투스(24Mbps)보다 속도 느림
> ④ 최대 통신 가능 거리를 가까운 것에서 먼 순서로 나열하면 Bluetooth < Wi-Fi < NFC < LTE 순이다.(×)
>   → NFC(10cm) < Bluetooth(10m) < Wi-Fi(100m) < LTE(수km)
>
> **Answer** ③

## 109 무선주파수를 이용하며 반도체 칩이 내장된 태그와 리더기로 구성된 인식시스템은?

① RFID
② WAN
③ Bluetooth
④ ZigBee

2022 국가직

**해설**
② WAN : Wide Area Network의 약자로, 광범위한 지역을 연결하는 네트워크
③ Bluetooth : 개인 근거리 무선 통신(pan)을 위한 산업 표준
④ ZigBee : 저전력, 저속 무선 통신 기술로, 센서 네트워크와 같은 특정 환경에서 사용

Answer ①

## 110 LTE(Long-Term Evolution) 표준에 대한 설명으로 옳은 것만을 모두 고르면?

2019 국가직

ㄱ. 다중입력 다중출력(MIMO) 안테나 기술을 사용한다.
ㄴ. 4G 무선기술로서 IEEE 802.16 표준으로도 불린다.
ㄷ. 음성 및 데이터 네트워크를 통합한 All-IP 네트워크 구조이다.
ㄹ. 다운스트림에 주파수 분할 멀티플렉싱과 시간 분할 멀티플렉싱을 결합한 방식을 사용한다.

① ㄱ, ㄷ
② ㄴ, ㄹ
③ ㄱ, ㄴ, ㄷ
④ ㄱ, ㄷ, ㄹ

**해설**
ㄴ. 4G 무선기술로서 IEEE 802.16 표준으로도 불린다.(×)
→ IEEE 802.16은 WiMAX의 표준이다. LTE는 3GPP에서 제정한 표준이다.

Answer ④

## 05 네트워크 보안

**111** (가), (나)에서 설명하는 악성 프로그램의 용어를 바르게 짝지은 것은? `2019 계리직`

(가) 사용자 컴퓨터의 데이터를 암호화시켜 파일을 사용할 수 없도록 한 후 암호화를 풀어주는 대가로 금전을 요구하는 악성 프로그램
(나) '○○○초대장' 등의 내용을 담은 문자 메시지 내에 링크된 인터넷 주소를 클릭하면 악성 코드가 설치되어 사용자의 정보를 빼가거나 소액결제를 진행하는 악성 프로그램

|   | (가) | (나) |
|---|------|------|
| ① | 스파이웨어 | 트로이목마 |
| ② | 랜섬웨어 | 파밍(Pharming) |
| ③ | 스파이웨어 | 피싱(Phishing) |
| ④ | 랜섬웨어 | 스미싱(Smishing) |

**✎해설**
(가) 랜섬웨어 → 사용자의 파일 암호화 후 금전 요구
(나) 스미싱 → 문자 메시지를 통해 악성 코드 유포 및 소액결제

**Answer** ④

---

**112** 다음에서 설명하는 보안공격방법은? `2017 국가직`

공격자는 여러 대의 좀비 컴퓨터를 분산 배치하여 가상의 접속자를 만든 후 처리할 수 없을 정도로 매우 많은 양의 패킷을 동시에 발생시켜 시스템을 공격한다. 공격받은 컴퓨터는 사용자가 정상적으로 접속할 수 없다.

① 키로거(Key Logger)
② DDoS(Distributed Denial of Service)
③ XSS(Cross Site Scripting)
④ 스파이웨어(Spyware)

**✎해설**
① 키로거(Key Logger) : 키보드 입력 정보를 몰래 기록하여 비밀번호, 개인 정보를 탈취하는 악성 프로그램
③ XSS(Cross Site Scripting) : 웹사이트의 보안 취약점을 이용해 악성 스크립트를 삽입하고 실행시키는 공격
④ 스파이웨어(Spyware) : 사용자의 컴퓨터에서 동의 없이 정보를 수집하는 악성 소프트웨어

**Answer** ②

**113** 서비스 거부 공격에 해당하는 것을 〈보기〉에서 고른 것은?     2014 계리직

┌─ 보기 ├─────────────────────────────────┐
│ ㄱ. Ping of Death 공격　　　ㄴ. SYN Flooding 공격 │
│ ㄷ. Session Hijacking 공격　ㄹ. ARP Redirect 공격 │
└──────────────────────────────────────┘

① ㄱ, ㄴ　　　　　　② ㄴ, ㄷ
③ ㄷ, ㄹ　　　　　　④ ㄱ, ㄹ

> **해설**
>
> **DoS(서비스 거부) 공격**
> Ping of Death(ㄱ) : 비정상적인 크기의 ICMP 패킷으로 시스템 마비
> SYN Flooding(ㄴ) : TCP 연결 설정 과정을 악용한 자원 고갈 공격
>
> **비DoS 공격**
> Session Hijacking(ㄷ) : 세션 탈취 공격
> ARP Redirect(ㄹ) : ARP 테이블 변조 공격
>
> Answer ①

**114** 자신을 타인이나 다른 시스템에게 속이는 행위를 의미하며 침입하고자 하는 호스트의 IP 주소를 바꾸어서 해킹하는 기법을 가리키는 것은?     2008 계리직

① Spoofing　　　　② Sniffing
③ Phishing　　　　④ DoS 공격

> **해설**
>
> 각 해킹 기법의 특징
> ① Spoofing(위장/스푸핑) : IP나 MAC 주소를 위조하여 정상적인 사용자로 위장
> 　　　　　　　　　　　시스템이나 네트워크를 속이는 공격 기법
> ② Sniffing(스니핑) : 네트워크상의 데이터를 도청하는 행위
> 　　　　　　　　　패킷을 중간에서 가로채 정보 탈취
> ③ Phishing(피싱) : 가짜 사이트로 유도하여 개인정보 탈취
> 　　　　　　　　이메일이나 문자를 이용한 사회공학적 공격
> ④ DoS(서비스 거부 공격) : 시스템 자원을 고갈시켜 서비스 불가능하게 만듦
> 　　　　　　　　　　　　대량의 트래픽 발생시켜 서버 마비
>
> Answer ①

## 115 공개키 암호화 방법을 사용하여 철수가 영희에게 메시지를 보내는 것에 대한 설명으로 옳지 않은 것은?

2017 국가직

① 공개키는 누구에게나 공개된다.
② 공개키의 위조 방지를 위해 인증기관은 인증서를 발급한다.
③ 철수는 자신의 공개키를 사용하여 평문을 암호화한다.
④ 영희는 자신의 개인키를 사용하여 암호문을 복호화한다.

**해설**
③ 철수는 자신의 공개키를 사용하여 평문을 암호화한다.(×)
→ 메시지를 암호화할 때는 수신자의 공개키(영희의 공개키)를 사용해야 한다.

Answer ③

## 116 암호 방식에 대한 설명으로 옳은 것을 〈보기〉에서 모두 고른 것은?

2018 계리직

─| 보기 |─
ㄱ. 대칭키 암호 방식(Symmetric Key Cryptosystem)은 암호화 키와 복호화 키가 동일하다.
ㄴ. 공개키 암호 방식(Public Key Cryptosystem)은 사용자 수가 증가하면 관리해야 할 키의 수가 증가하여 키 변화의 빈도가 높다.
ㄷ. 대칭키 암호 방식은 공개키 암호 방식에 비하여 암호화 속도가 빠르다.
ㄹ. 공개키 암호 방식은 송신자와 발신자가 서로 같은 키를 사용하여 통신을 수행한다.

① ㄱ, ㄴ
② ㄱ, ㄷ
③ ㄴ, ㄷ
④ ㄴ, ㄹ

**해설**
ㄴ. 공개키 암호 방식(Public Key Cryptosystem)은 사용자 수가 증가하면 관리해야 할 키의 수가 증가하여 키 변화의 빈도가 높다.(×)
→ 공개키는 사용자마다 한 쌍의 키만 필요하므로 키 관리가 대칭키보다 용이하다.
ㄹ. 공개키 암호 방식은 송신자와 발신자가 서로 같은 키를 사용하여 통신을 수행한다.(×)
→ 공개키 암호 방식은 공개키(암호화)와 개인키(복호화)로 서로 다른 키를 사용한다.

Answer ②

## 117 공개키(public key) 암호화 방식에 대한 설명으로 옳지 않은 것은?

2012 계리직

① 공개키와 개인키로 이루어진다.
② 대표적 활용 예로는 전자서명이 있다.
③ 송수신자는 서로 다른 키를 사용한다.
④ 개인키는 메시지를 전송할 때 사용한다.

> **해설**
> ④ 개인키는 메시지를 전송할 때 사용한다.(×)
> → 공개키 방식에서는 메시지 전송 시 수신자의 공개키로 암호화하며, 개인키는 수신한 메시지의 복호화나 전자서명을 생성할 때 사용된다.
>
> Answer ④

## 118 해시 함수(hash function)에 대한 설명으로 옳지 않은 것은?

2014 국가직 정보보호론

① 임의 길이의 문자열을 고정된 길이의 문자열로 출력하는 함수이다.
② 대표적인 해시 함수는 MD5, SHA-1, HAS-160 등이 있다.
③ 해시 함수는 메시지 인증과 메시지 부인방지 서비스에 이용된다.
④ 해시 함수의 충돌 회피성은 동일한 출력을 산출하는 서로 다른 두 입력을 계산적으로 찾기 가능한 성질을 나타낸다.

> **해설**
> ④ 해시 함수의 충돌 회피성은 동일한 출력을 산출하는 서로 다른 두 입력을 계산적으로 찾기 가능한 성질을 나타낸다.(×)
> → 충돌 회피성은 동일한 출력을 만들어내는 서로 다른 두 입력을 계산적으로 찾기 어렵다는 성질을 나타낸다.
>
> Answer ④

## 119 다음의 접근 제어 모델 중 대상 기반의 접근 제어가 아니라 특정한 역할들을 정의하고 각 역할에 따라 접근 권한을 지정하고 제어하는 방식은?

2014 서울시 정보보호론

① ACL
② DAC
③ RBAC
④ MAC
⑤ Capability

### 해설
① ACL(Access Control List)
대상 기반 접근 제어로, 각 자원(파일 등)에 접근 가능한 주체(사용자 또는 그룹)와 권한을 명시적으로 설정
② DAC(Discretionary Access Control)
임의 접근 제어로, 데이터의 소유자가 권한을 부여하거나 철회
④ MAC(Mandatory Access Control)
강제 접근 제어로, 보안 등급에 따라 접근 권한이 중앙에서 통제되며 사용자가 임의로 변경 불가능
⑤ Capability
능력 기반 접근 제어로, 주체가 특정 객체에 대해 접근 권한을 부여받는 권한 증명(토큰)을 사용

**Answer** ③

**120** 가상 사설 네트워크(VPN : Virtual Private Network)에 대한 설명으로 옳지 않은 것은?

2017 지방직

① 터널링(tunneling) 기술을 사용한다.
② 전용회선 기반 사설 네트워크보다 구축 및 유지 비용이 높다.
③ 암호화 기술을 사용한다.
④ VPN 기능은 방화벽이나 라우터에 내장될 수 있다.

### 해설
② 전용회선 기반 사설 네트워크보다 구축 및 유지 비용이 높다.(×)
→ VPN은 인터넷과 같은 공중망을 이용하기 때문에 전용회선 기반 사설 네트워크보다 구축 및 유지 비용이 저렴하다.

**Answer** ②

## 06 멀티미디어

**121** 컴퓨터 이미지에 대한 설명으로 옳지 않은 것은?

2015 지방직

① 벡터 방식은 이미지의 크기가 커지면 저장 용량도 커진다.
② GIF와 JPG는 비트맵 방식의 파일 형식이다.
③ 상세한 명암과 색상을 표현하는 사진에 적합한 방식은 비트맵 방식이다.
④ 벡터 방식은 이미지를 확대, 축소, 회전하더라도 이미지의 품질에 영향을 주지 않는다.

> **해설**
> ① 벡터 방식은 이미지의 크기가 커지면 저장 용량도 커진다.(×)
>  → 벡터 방식 이미지는 수학적 수식을 기반으로 구성되므로 이미지의 크기(해상도)가 커져도 저장 용량에는 큰 영향을 주지 않음
>  → 이미지의 복잡도(오브젝트 수와 수학적 함수의 복잡도)에 따라 저장 용량이 결정됨
>
> **Answer** ①

## 122 컴퓨터 그래픽에서 벡터(vector) 방식의 이미지에 대한 설명으로 옳지 않은 것은?

① 직선과 도형을 이용하여 이미지를 구성한다.  
② 색상의 미묘한 차이를 표현하기 용이하여 풍경이나 인물 사진에 적합하다.  
③ 이미지 용량은 오브젝트의 수와 수학적인 함수의 복잡도에 따라 정해진다.  
④ 이미지를 확대/축소하더라도 깨짐이나 변형이 거의 없다.

2012 국가직

> **해설**
> ② 색상의 미묘한 차이를 표현하기 용이하여 풍경이나 인물 사진에 적합하다.(×)
>  → 벡터 이미지는 도형과 선으로 구성되기 때문에 색상의 미세한 차이 표현이 어려움
>  → 풍경이나 인물 사진과 같은 복잡한 이미지에는 비트맵 방식(픽셀 기반)이 더 적합
>
> **Answer** ②

## 123 비트맵 방식의 이미지 파일 형식 중 압축을 하지 않기 때문에 파일 크기가 크다는 단점을 가진 것은?

2017 하반기 지방직

① AI  
② BMP  
③ PNG  
④ JPEG

> **해설**
> ① **AI**
> Adobe Illustrator 파일 형식으로 벡터 방식을 사용하는 그래픽 파일
> ③ **PNG**
> PNG(Portable Network Graphics)는 비손실 압축을 사용하는 비트맵 방식의 파일 형식
> 압축을 하기 때문에 파일 크기가 BMP보다는 작음
> ④ **JPEG**
> JPEG는 손실 압축을 사용하는 파일 형식으로, 파일 크기를 효율적으로 줄임
> 사진이나 복잡한 이미지 표현에 적합
>
> **Answer** ②

**124** 다음 중 컴퓨터에서 사용하는 그림 파일 형식에 대한 설명으로 옳지 않은 것은? 2014 서울시

① GIF : 컬러 사용에 제한이 없고 파일의 크기가 작은 그래픽 파일
② BMP : Windows 운영체제에서 기본적으로 지원하는 비트맵 방식의 그래픽 파일
③ WMF : 벡터방식을 지원하기 위한 공통적인 형식
④ JPG : 불필요하게 복잡한 부분을 생략하여 압축하는 형식
⑤ PSD : 포토샵의 기본적인 파일 형식

> **해설**
> ① GIF : 컬러 사용에 제한이 없고 파일의 크기가 작은 그래픽 파일(×)
>   → GIF는 8비트 컬러 팔레트를 사용하기 때문에 256색으로 제한됨
>   → 파일 크기는 작지만 컬러 사용에 제한 있음
>
> Answer ①

**125** 이미지 표현을 위한 RGB 방식과 CMYK 방식에 대한 설명으로 옳은 것은? 2022 지방직

① CMYK 방식은 가산 혼합 모델로 빛이 하나도 없을 때 검은색을 표현한다.
② CMYK 방식에서 C는 Cyan을 의미한다.
③ RGB 방식은 주로 컬러 프린터, 인쇄, 페인팅 등에 적용된다.
④ RGB 방식에서 B는 Black을 의미한다.

> **해설**
> ① CMYK 방식은 가산 혼합 모델로 빛이 하나도 없을 때 검은색을 표현한다.(×)
>   → CMYK는 감산 혼합 모델로, 빛을 반사하지 않는 상태(모든 색이 혼합될 때)를 검은색으로 표현
>   → 가산 혼합은 RGB 방식에 해당
> ③ RGB 방식은 주로 컬러 프린터, 인쇄, 페인팅 등에 적용된다.(×)
>   → RGB 방식은 디스플레이 장치(모니터, TV 등)에서 사용
>   → 빛의 삼원색(빨강, 초록, 파랑)을 혼합하는 가산 혼합 방식
>   → 컬러 프린터와 인쇄는 CMYK 방식 사용
> ④ RGB 방식에서 B는 Black을 의미한다.(×)
>   → RGB의 B는 Blue(파란색)를 의미
>
> Answer ②

## 126 다음에서 설명하는 이미지 파일 형식(format)으로 옳은 것은?

2016 국가직

- 컴퓨서브사에서 이미지 파일 전송 시간을 줄이기 위해 개발한 이미지 파일 압축 형식이다.
- RLE(Run Length Encoding) 방식을 응용한 압축 방법을 사용한다.
- 사용 가능한 색이 256색으로 제한된다.

① JPEG  
② MPEG  
③ TIFF  
④ GIF

### 해설
① JPEG : 손실 압축 방식을 사용하는 이미지 형식으로 색상 수의 제한이 없음
② MPEG : 비디오 및 오디오 압축 형식
③ TIFF : 고화질 이미지를 저장하는 무압축 또는 비손실 압축 형식

**Answer** ④

## 127 이미지 파일 형식에 해당하지 않는 것은?

2024 지방직

① WAV  
② BMP  
③ TIFF  
④ JPEG

### 해설
① WAV : WAV는 오디오 파일 형식

**Answer** ①

## 128 화소(pixel)당 24비트 컬러를 사용하고 해상도가 352×240 화소인 TV영상프레임(frame)을 초당 30개 전송할 때 필요한 통신 대역폭으로 가장 가까운 것은?

2010 계리직

① 약 10Mbps  
② 약 20Mbps  
③ 약 30Mbps  
④ 약 60Mbps

### 해설
- 한 프레임의 비트 수 계산
  352×240 화소
- 각 화소당 24비트
  352×240×24 = 2,027,520비트
- 초당 전송량 계산
  초당 30프레임
  2,027,520×30 = 60,825,600bps

**Answer** ④

**129** 오디오 CD에 있는 100초 분량의 노래를 MP3 음질의 압축되지 않은 WAV 데이터로 변환하여 저장하고자 한다. 변환시 WAV 파일의 크기는 대략 얼마인가? (단, MP3 음질은 샘플링율이 44.1KHz, 샘플당 비트수는 16bit이고 스테레오이다. 1K = 1,000으로 계산함)  `2008 계리직`

① 141.1KB  
② 8.8MB  
③ 17.6MB  
④ 70.5MB  

> **해설**
> 파일 크기 = 샘플링율×샘플당 비트수×채널 수×시간(초)
> **샘플링율** : 44.1KHz = 44,100Hz
> **샘플당 비트수** : 16비트
> **채널 수** : 2 (스테레오)
> **시간** : 100초
>
> **초당 데이터량 계산**
> **샘플링율** : 44,100Hz (초당 44,100개의 샘플)
> **비트 깊이** : 16비트
> **채널 수** : 2 (스테레오)
> 초당 데이터량 = 44,100 * 16 * 2 = 1,411,200 비트/초
>
> **비트를 바이트로 변환**
> 초당 바이트 = 1,411,200 / 8 = 176,400 바이트/초
>
> **100초 분량의 총 바이트 계산**
> 총 바이트 = 176,400 * 100 = 17,640,000 바이트
>
> **바이트를 메가바이트(MB)로 변환**
> 1MB = 1,000,000 바이트 (문제에서 1K = 1,000으로 명시)
> 메가바이트 = 17,640,000 / 1,000,000 = 17.64MB
>
> **Answer** ③

## 07 신기술동향

**130** 다음에서 설명하는 것은 무엇을 말하는 것인가?  <sub>2014 국회직</sub>

> 기존의 유선통신을 기반으로 한 인터넷이나 모바일 인터넷보다 진화된 단계로 인터넷에 연결된 기기가 사람의 개입 없이 상호간에 알아서 정보를 주고받아 처리하며, 사물은 물론이고 현실과 가상세계의 모든 정보와 상호작용하는 개념을 말한다.

① 사물인터넷(Internet of things)
② 클라우드 컴퓨팅(cloud computing)
③ 유틸리티 컴퓨팅(utility computing)
④ 빅 데이터 서비스(big data service)
⑤ 딥 러닝(deep learning)

### 해설
② 클라우드 컴퓨팅(cloud computing)
  → 클라우드 컴퓨팅은 네트워크를 통해 데이터 저장, 처리, 소프트웨어 등의 컴퓨팅 자원을 제공하는 기술로, 사물 간 상호작용보다는 컴퓨팅 자원의 활용에 초점이 맞춰져 있음
③ 유틸리티 컴퓨팅(utility computing)
  → 유틸리티 컴퓨팅은 사용량에 따라 과금하는 방식으로 컴퓨팅 자원을 제공하는 개념
④ 빅 데이터 서비스(big data service)
  → 빅 데이터 서비스는 대규모 데이터를 분석하고 활용하는 서비스
⑤ 딥 러닝(deep learning)
  → 딥 러닝은 인공신경망을 이용해 데이터를 학습하고 패턴을 인식하는 기술

**Answer** ①

**131** 클라우드 컴퓨팅에 대한 설명으로 옳지 않은 것은?  <sub>2022 국가직</sub>

① 클라우드 컴퓨팅은 기업의 IT 요구를 매우 경제적이고, 신뢰성 있게 충족시킬 수 있는 수단이 된다.
② 클라우드 컴퓨팅 서비스 모델에는 IaaS, PaaS, SaaS가 있다.
③ 클라우드 컴퓨팅을 이용하는 방식에는 사설 클라우드, 공용 클라우드, 하이브리드 클라우드가 있다.
④ IaaS를 통해 사용자는 소프트웨어 설치 및 유지보수에 대한 비용을 절감할 수 있다.

> **해설**
> ④ IaaS를 통해 사용자는 소프트웨어 설치 및 유지보수에 대한 비용을 절감할 수 있다.(×)
>   → 소프트웨어 설치와 유지보수는 사용자 책임
>   → SaaS가 소프트웨어 관련 비용 절감 제공
>
> * **IaaS(Infrastructure as a Service ; 인프라 기반 서비스)** : 서버, 스토리지, 네트워킹, 가상화와 같은 컴퓨팅 리소스에 대한 주문형 액세스를 제공하는 클라우드 컴퓨팅 모델
>
> **Answer** ④

## 132 클라우드 서비스 모델 중 설명이 옳지 않은 것은?    2024 계리직

① SaaS(Software as a Service)는 클라우드에 구성된 소프트웨어를 이용하는 서비스로 사용자는 인프라와 플랫폼 상에서 개발 작업을 수행하고 사용해야 한다.

② IaaS(Infrastructure as a Service)는 네트워크, 서버와 같은 자원을 이용해 사용자 스스로 미들웨어, 소프트웨어 등을 설치해서 이용하는 서비스이다.

③ CaaS(Container as a Service)는 사용자가 컨테이너 및 클러스터를 구동하기 위한 IT 리소스 기술로 애플리케이션 실행에 필요한 라이브러리, 바이너리, 구성 파일 등의 환경을 제공하는 서비스이다.

④ PaaS(Platform as a Service)는 클라우드의 미들웨어를 이용해 소프트웨어 개발 환경을 구성할 수 있는 방식으로 플랫폼의 라이선스, 자원관리, 보안 이슈, 버전 업그레이드 등의 서비스를 제공 받을 수 있다.

> **해설**
> ① SaaS(Software as a Service)는 클라우드에 구성된 소프트웨어를 이용하는 서비스로 사용자는 인프라와 플랫폼 상에서 개발 작업을 수행하고 사용해야 한다.(×)
>   → SaaS는 사용자가 개발 작업을 수행할 필요 없이, 클라우드에서 제공하는 완성된 소프트웨어를 웹브라우저 등을 통해 바로 사용할 수 있는 서비스이다(예 Gmail, Google Docs).
>
> **Answer** ①

## 133
응용프로그램 제작에 필요한 개발환경, SDK 등 플랫폼 자체를 서비스 형태로 제공하는 클라우드 컴퓨팅 서비스 모델은?
2020 국가직

① DNS
② PaaS
③ SaaS
④ IaaS

### 해설
① DNS는 도메인 네임 시스템이다.
③ SaaS는 완성된 소프트웨어를 서비스로 제공하며, 사용자는 웹 브라우저로 접근하여 사용한다.
④ IaaS는 서버, 스토리지 등 IT 인프라를 서비스로 제공하며, 사용자가 직접 운영체제부터 관리한다.

* PaaS(Platform as a Service) : Platform as a Service(PaaS)는 개발자가 서버, 운영체제부터 모든 네트워킹, 스토리지, 미들웨어, 도구 등에 이르기까지 애플리케이션을 빌드, 실행, 관리하는 데 필요한 모든 것을 포함하는 완벽한 클라우드 환경

**Answer** ②

## 134
클라우드 컴퓨팅 서비스에서 애플리케이션을 구축, 테스트, 설치할 수 있도록 통합환경을 제공하는 것은?
2024 국가직

① IaaS
② NAS
③ PaaS
④ SaaS

### 해설
① IaaS(Infrastructure as a Service) : 서버, 네트워크, 스토리지와 같은 기본 인프라를 제공하는 서비스로 개발 환경보다는 하드웨어 리소스를 제공한다.
예 Amazon EC2, Microsoft Azure Virtual Machines
② NAS(Network Attached Storage) : 네트워크에 연결된 스토리지 장치를 의미하며, 데이터 저장 및 파일 공유 용도로 사용된다.
④ SaaS(Software as a Service) : 사용자가 클라우드에서 완전한 애플리케이션을 바로 사용할 수 있도록 제공하는 서비스이다.
예 Google Workspace, Microsoft Office 365

**Answer** ③

## 135 이메일, ERP, CRM 등 다양한 응용 프로그램을 서비스 형태로 제공하는 클라우드 서비스는?

2019 국가직

① IaaS(Infrastructure as a Service)　② NaaS(Network as a Service)
③ PaaS(Platform as a Service)　④ SaaS(Software as a Service)

**해설**

① IaaS(Infrastructure as a Service)
　서버, 스토리지 등 IT 인프라를 서비스로 제공
　사용자가 직접 운영체제부터 관리
② NaaS(Network as a Service)
　네트워크 자원을 서비스로 제공
　가상 네트워크 구성 가능
③ PaaS(Platform as a Service)
　개발 플랫폼을 서비스로 제공
　개발자를 위한 환경 제공

**Answer** ④

## 136 〈보기〉의 설명에 해당하는 기술로 가장 적절한 것은?

2016 계리직

| 보기 |
- 서비스 모델은 IaaS, PaaS, SaaS로 구분한다.
- 필요한 만큼 자원을 임대하여 사용할 수 있다.
- 가상화 기술, 서비스 프로비저닝(provisioning) 기술, 과금 체계 등을 필요로 한다.

① 빅데이터(bigdata)　② 딥 러닝(deep learning)
③ 사물 인터넷(internet of things)　④ 클라우드 컴퓨팅(cloud computing)

**해설**

① **빅데이터** : 대용량 데이터 분석 기술
② **딥 러닝** : 심층 신경망 기반 기계학습
③ **사물 인터넷** : 사물 간 네트워크 연결 기술

**Answer** ④

**137** (가)~(다)에 해당하는 말을 바르게 연결한 것은?  2023 국가직

> (가) 컴퓨터가 데이터를 통해 스스로 학습하여 예측이나 판단을 제공하는 기술
> (나) 인간의 지적 능력을 컴퓨터를 통해 구현하는 기술
> (다) 인공 신경망을 활용하는 개념으로, 여러 계층의 신경망을 구성해 학습을 효과적으로 수행하는 기술

|   | (가) | (나) | (다) |
|---|---|---|---|
| ① | 인공지능 | 머신러닝 | 딥러닝 |
| ② | 인공지능 | 딥러닝 | 머신러닝 |
| ③ | 머신러닝 | 인공지능 | 딥러닝 |
| ④ | 머신러닝 | 딥러닝 | 인공지능 |

### 해설
(가) **머신러닝(Machine Learning)**
 데이터를 통한 자동 학습
 패턴을 찾아 예측과 판단 수행
(나) **인공지능(Artificial Intelligence)**
 가장 넓은 개념
 인간의 지능을 컴퓨터로 구현
(다) **딥러닝(Deep Learning)**
 머신러닝의 한 분야
 다층 신경망을 이용한 심층 학습

Answer ③

**138** 자신이 수행한 행동(action)에 따른 보상(reward)을 통해 스스로 문제 해결방법을 찾아내도록 하는 기계학습(machine learning) 기법으로 옳은 것은?  2017 국회직

① 베이시안 네트워크(bayesian network)
② 지도학습(supervised learning)
③ 군집화(clustering)
④ 경사 하강법(gradient descent method)
⑤ 강화학습(reinforcement learning)

> **해설**
> ① 베이시안 네트워크(bayesian network)
>  → 확률적 그래프 모델로, 변수들 간의 조건부 독립성을 표현하는 방법이다. 행동과 보상을 통한 학습과는 관련이 없다.
> ② 지도학습(supervised learning)
>  → 레이블이 있는 데이터를 통해 입력과 출력의 관계를 학습하는 방법이다. 행동에 대한 보상을 통한 학습이 아니다.
> ③ 군집화(clustering)
>  → 비슷한 특성을 가진 데이터들을 그룹으로 묶는 비지도 학습 방법이다. 행동과 보상을 통한 학습과는 관련이 없다.
> ④ 경사 하강법(gradient descent method)
>  → 손실 함수의 최솟값을 찾기 위한 최적화 알고리즘이다. 행동과 보상을 통한 학습 방법이 아니다.
>
> **Answer** ⑤

## 139 IT 기술에 관한 설명으로 옳지 않은 것은? 〔2016 지방직〕

① IoT(Internet of Things)는 각종 사물에 센서와 통신 기능을 내장하여 인터넷에 연결하는 기술이다.
② 공용 클라우드(public cloud)는 한 기업의 정보 보안을 위해 내부 데이터 센터의 기능을 강화한 형태이다.
③ 빅데이터는 수집·저장된 대량의 정형 또는 비정형 데이터 집합으로부터 가치를 추출하고 결과를 분석하는 기술이다.
④ 가상현실은 가상의 공간과 사물을 컴퓨터에서 만들어, 인간 오감을 활용한 작용으로 현실 세계에서는 경험하지 못하는 상황을 간접적으로 체험할 수 있도록 해준다.

> **해설**
> ② 공용 클라우드(public cloud)는 한 기업의 정보 보안을 위해 내부 데이터 센터의 기능을 강화한 형태이다.(×)
>  → 공용 클라우드(public cloud)는 외부 제공자가 다수의 사용자에게 인터넷을 통해 클라우드 서비스를 제공하는 형태로, 특정 기업의 내부 데이터 센터 보강과는 관련이 없다.
>
> **Answer** ②

**140** OpenAI가 개발한 생성형 인공지능 기반의 대화형 서비스는?     2023 계리직

① LSTM
② ResNET
③ ChatGPT
④ Deep Fake

> **해설**
> ① LSTM은 시계열 데이터 처리에 특화된 순환 신경망(RNN)의 한 종류로, 인공신경망 구조를 의미
> ② ResNET은 마이크로소프트가 개발한 이미지 인식을 위한 심층 신경망 구조로, 딥러닝 모델의 한 종류
> ④ Deep Fake는 딥러닝 기술을 이용해 얼굴 합성이나 음성 모방 등 가짜 영상을 생성하는 기술
>
> **Answer** ③

**141** 빅데이터에 대한 설명으로 옳지 않은 것은?     2017 지방직

① 빅데이터의 특성을 나타내는 3V는 규모(Volume), 속도(Velocity), 가상화(Virtualization)를 의미한다.
② 빅데이터는 그림, 영상 등의 비정형 데이터를 포함한다.
③ 자연어 처리는 빅데이터 분석기술 중의 하나이다.
④ 시각화(visualization)는 데이터 분석 결과를 쉽게 이해할 수 있도록 표현하는 기술이다.

> **해설**
> ① 빅데이터의 특성을 나타내는 3V는 규모(Volume), 속도(Velocity), 가상화(Virtualization)를 의미한다.(×)
> → 빅데이터의 3V는 규모(Volume), 속도(Velocity), 다양성(Variety)을 의미하며, 가상화(Virtualization)는 빅데이터의 특성에 포함되지 않는다.
>
> **Answer** ①

**142** 기계학습(machine learning)에 대한 설명으로 옳지 않은 것은?     2022 계리직

① 강화학습은 기계가 환경과 상호작용하면서 시행착오 과정에서의 보상을 통해 학습을 수행한다.
② 기계학습 모델의 성능 기준으로 사용되는 F1 점수(score)는 정밀도(precision)와 검출률(recall)을 동시에 고려한 조화평균 값이다.
③ 치매환자의 뇌 영상 분류를 위해서 기존에 잘 만들어진 영상 분류 모델에 새로운 종류의 뇌 영상 데이터를 확장하여 학습시키는 방법은 전이학습(transfer learning)의 예이다.
④ 비지도학습은 라벨(label) 정보를 포함하고 있는 훈련 데이터를 사용하며, 주가나 환율 변화, 유가 예측 등의 회귀(regression) 문제에 적용된다.

### 해설

④ 비지도학습은 라벨(label) 정보를 포함하고 있는 훈련 데이터를 사용하며, 주가나 환율 변화, 유가 예측 등의 회귀(regression) 문제에 적용된다. (×)
→ 비지도학습은 라벨이 없는 데이터를 사용하여 패턴을 찾는 학습 방법이다. 라벨이 있는 데이터를 사용하여 예측하는 것은 지도학습에 해당하며, 주가나 환율 예측 등의 회귀 문제는 지도학습의 사례이다.

Answer ④

## 143 기계 학습에서 지도 학습과 비지도 학습에 대한 설명으로 옳은 것은?
2022 국가직

① 지도 학습의 대표적인 기법에는 군집화가 있다.
② 비지도 학습의 기법에는 분류와 회귀분석 등이 있다.
③ 지도 학습은 학습 알고리즘이 수행한 행동에 대해 보상을 받는 학습 방식이다.
④ 비지도 학습은 정답이 없는 데이터를 보고 유용한 패턴을 추출하는 학습 방식이다.

### 해설

① 지도 학습의 대표적인 기법에는 군집화가 있다.
→ 군집화(Clustering)는 비지도 학습의 대표적 기법이다.
② 비지도 학습의 기법에는 분류와 회귀분석 등이 있다.
→ 분류와 회귀분석은 지도 학습의 기법이다.
③ 지도 학습은 학습 알고리즘이 수행한 행동에 대해 보상을 받는 학습 방식이다.
→ 행동에 대해 보상을 받는 것은 강화 학습의 특징이다.

Answer ④

## 144 인공신경망에 대한 설명으로 옳은 것만을 모두 고른 것은?
2018 국가직

ㄱ. 단층 퍼셉트론은 배타적 합(Exclusive-OR) 연산자를 학습할 수 있다.
ㄴ. 다층 신경망은 입력 층, 출력 층, 하나 이상의 은닉 층들로 구성된다.
ㄷ. 뉴런 간 연결 가중치(Connection Weight)를 조정하여 학습한다.
ㄹ. 생물학적 뉴런 망을 모델링한 방식이다.

① ㄱ, ㄴ, ㄷ
② ㄱ, ㄴ, ㄹ
③ ㄱ, ㄷ, ㄹ
④ ㄴ, ㄷ, ㄹ

### 해설

ㄱ. 단층 퍼셉트론은 배타적 합(Exclusive-OR) 연산자를 학습할 수 있다. (×)
→ 단층 퍼셉트론은 선형 분리 가능한 문제만 학습할 수 있으며, 비선형 분리 문제인 XOR 연산자를 학습할 수 없다.

Answer ④

## 145  유비쿼터스 컴퓨팅 기술에 대한 설명으로 옳지 않은 것은?
<small>2021 계리직</small>

① 노매딕 컴퓨팅(nomadic computing)은 사용자가 모든 장소에서 사용자 인증 없이 다양한 정보기기로 동일한 데이터에 접근하는 기술이다.
② 엑조틱 컴퓨팅(exotic computing)은 스스로 생각하여 현실세계와 가상세계를 연계하는 컴퓨팅을 실현해 주는 기술이다.
③ 감지 컴퓨팅(sentient computing)은 센서가 사용자의 상황을 인식하여 사용자가 필요한 정보를 제공해 주는 기술이다.
④ 임베디드 컴퓨팅(embedded computing)은 사물에 마이크로칩을 장착하여 서비스 기능을 내장하는 컴퓨팅 기술이다.

> **해설**
> ① 노매딕 컴퓨팅(nomadic computing)은 사용자가 모든 장소에서 사용자 인증 없이 다양한 정보기기로 동일한 데이터에 접근하는 기술이다.(×)
>   → 노매딕 컴퓨팅은 사용자가 적절한 인증을 거쳐 언제 어디서나 다양한 정보기기로 동일한 데이터와 서비스에 접근할 수 있도록 지원하는 기술이다.
>
> **Answer** ①

## 146  다음에서 설명하는 용어로 가장 옳은 것은?
<small>2018 계리직</small>

> 프랭크 로젠블라트(Frank Rosenblatt)가 고안한 것으로 인공신경망 및 딥러닝의 기반이 되는 알고리즘이다.

① 빠른 정렬(Quick Sort)
② 맵리듀스(MapReduce)
③ 퍼셉트론(Perceptron)
④ 디지털 포렌식(Digital Forensics)

> **해설**
> ① 빠른 정렬(Quick Sort)
>   → Quick Sort는 데이터를 정렬하는 알고리즘
> ② 맵리듀스(MapReduce)
>   → MapReduce는 대규모 데이터를 분산 처리하기 위한 알고리즘
> ④ 디지털 포렌식(Digital Forensics)
>   → 디지털 포렌식은 디지털 데이터를 분석하여 법적 증거를 수집하는 기술
>
> **Answer** ③

## 147 ㉠과 ㉡에 들어갈 용어로 바르게 짝지은 것은?

2019 계리직

( ㉠ )은/는 구글에서 개발해서 공개한 인공지능 응용프로그램 개발용 오픈소스 프레임워크이다. 이 프레임워크를 사용할 때 인공지능 소프트웨어가 이미지 및 음성을 인식하기 위해서는 신경망의 ( ㉡ ) 모델을 주로 사용한다.

|   | ㉠ | ㉡ |   | ㉠ | ㉡ |
|---|---|---|---|---|---|
| ① | 텐서플로우 | 논리곱 신경망 | ② | 알파고 | 퍼셉트론 |
| ③ | 노드레드 | 인공 신경망 | ④ | 텐서플로우 | 합성곱 신경망 |

**해설**

㉠ : 텐서플로우(TensorFlow)
  → 텐서플로우는 구글에서 개발한 인공지능 응용프로그램 개발용 오픈소스 프레임워크로, 딥러닝 및 신경망 모델 개발에 널리 사용됨
㉡ : 합성곱 신경망(Convolutional Neural Network, CNN)
  → 합성곱 신경망은 이미지 및 음성 인식에 주로 사용되는 신경망 모델로, 입력 데이터의 공간적 구조를 학습하여 인식 성능을 높이는 데 적합함

**Answer** ④

계리직 **컴퓨터일반** 기출문제집

PART
04

# 데이터베이스

# 계리직 컴퓨터일반 기출 분석

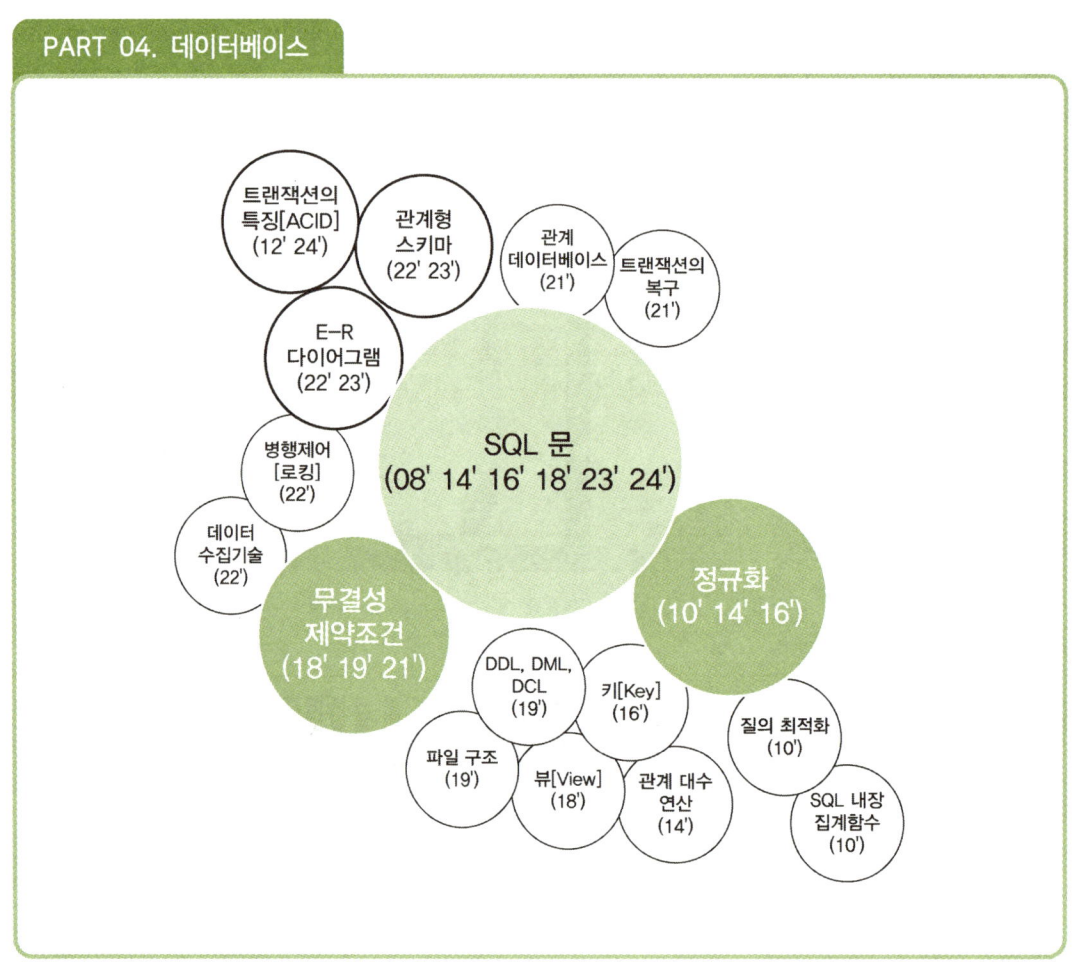

# PART 04 데이터베이스

## 01 데이터베이스

**01** 순차 파일과 인덱스 순차 파일에 대한 설명으로 옳은 것의 총 개수는? `2019 계리직`

> ㄱ. 순차 파일에서의 데이터 레코드 증가는 적용된 순차 기준으로 마지막 위치에서 이루어진다.
> ㄴ. 순차 파일에서는 접근 조건으로 제시된 순차 대상 필드 값 범위에 해당하는 대량의 데이터 레코드들을 접근할 때 효과적이다.
> ㄷ. 순차 파일에서의 데이터 레코드 증가는 오버플로우 블록을 생성시키지 않는다.
> ㄹ. 인덱스 순차 파일의 인덱스에는 인덱스 대상 필드 값과 그 값을 가지는 데이터 레코드를 접근할 수 있게 하는 위치 값이 기록된다.
> ㅁ. 인덱스 순차 파일에서는 인덱스 갱신없이 데이터 레코드를 추가하거나 삭제하는 것이 가능하다.
> ㅂ. 인덱스 순차 파일에서는 접근 조건에 해당하는 인덱스 대상 필드 값을 가지는 소량의 데이터 레코드를 순차 파일보다 효과적으로 접근할 수 있다.
> ㅅ. 인덱스를 다중레벨로 구성할 경우, 최하위 레벨은 순차 파일 형식으로 구성된다.

① 2개  ② 3개
③ 4개  ④ 5개

**해설**

ㄷ. 순차 파일에서의 데이터 레코드 증가는 오버플로우 블록을 생성시키지 않는다.(×)
  → 순차 파일도 오버플로우 발생 가능
ㅁ. 인덱스 순차 파일에서는 인덱스 갱신없이 데이터 레코드를 추가하거나 삭제하는 것이 가능하다.(×)
  → 인덱스 갱신없이 레코드 변경 불가능
ㅅ. 인덱스를 다중레벨로 구성할 경우, 최하위 레벨은 순차 파일 형식으로 구성된다.(×)
  → 최하위 레벨이 순차 파일 형식은 아님

Answer ③

**02** 데이터베이스의 특성에 대한 설명으로 옳은 것만을 〈보기〉에서 모두 고르면?     2020 국회직

―| 보기 |――
ㄱ. 실시간 접근성 : 데이터의 검색이나 조작을 요구하는 수시적이고 비정형적인 질의에 대하여 즉시 응답할 수 있어야 한다.
ㄴ. 계속적인 변화 : 데이터베이스의 상태는 정적이 아니고 동적이므로 현재의 정확한 데이터를 유지해야 한다.
ㄷ. 동시공유 : 데이터베이스는 동시에 여러 사용자가 접근할 수 있어야 한다.
ㄹ. 주소에 의한 참조 : 데이터베이스 내에 있는 데이터 레코드들은 주소에 의해 참조된다.

① ㄱ, ㄴ     ② ㄴ, ㄷ     ③ ㄷ, ㄹ
④ ㄱ, ㄴ, ㄷ     ⑤ ㄴ, ㄷ, ㄹ

**해설**
ㄹ. **주소에 의한 참조** : 데이터베이스 내에 있는 데이터 레코드들은 주소에 의해 참조된다.(×)
→ 데이터베이스의 데이터는 값에 의해 참조되며, 물리적 주소에 의한 참조는 데이터베이스의 특성이 아니다.

**Answer** ④

**03** 데이터베이스 및 DBMS에 대한 설명으로 옳은 것은?     2024 국가직 DB

① 개념적 데이터 모델(conceptual data model)은 데이터가 컴퓨터의 저장 장치에 어떻게 저장되는가에 대한 세부 사항을 명시하는 개념을 제공한다.
② 데이터 정의어(DDL)를 이용하면 개념 스키마를 정의할 수 있다.
③ 데이터 조작어(DML)는 무결성 제약 조건을 정의하는 명령어를 포함한다.
④ DBMS는 데이터베이스 관리자나 일반 사용자가 아닌 응용 프로그래머를 위한 모듈은 제공하지 않는다.

**해설**
① 개념적 데이터 모델(conceptual data model)(×)
→ 데이터의 물리적 저장 구조를 명시하는 것은 물리적 데이터 모델이다. 개념적 데이터 모델은 사용자의 관점에서 데이터베이스의 논리적 구조를 표현한다.
③ 데이터 조작어(DML)(×)
→ 무결성 제약 조건은 DDL로 정의한다. DML은 데이터의 검색, 삽입, 삭제, 수정을 위한 언어이다.
④ DBMS와 응용 프로그래머(×)
→ DBMS는 응용 프로그래머를 위해 응용 프로그램 개발에 필요한 인터페이스와 모듈을 제공한다.

**Answer** ②

## 04 데이터베이스관리시스템(DBMS)의 필수 기능에 대한 설명으로 가장 적절하지 않은 것은?

2023 군무원

① 데이터베이스의 구조와 제약 조건 등의 정의 기능
② 데이터베이스의 무결성을 유지할 수 있는 제어 기능
③ 데이터베이스 사용자의 통제 및 보안 기능
④ 검색, 갱신, 삽입, 삭제 등의 조작 기능

> **해설**
> ③ 데이터베이스 사용자의 통제 및 보안 기능(×)
>   → DBMS의 필수 기능은 크게 정의 기능, 조작 기능, 제어 기능으로 구분된다. 사용자의 통제 및 보안은 DBMS의 중요한 기능이지만, 이는 제어 기능의 일부로 포함되어 있다.
>
> Answer ③

## 05 다음 중 DBMS의 필수 기능으로 가장 옳지 않은 것은?

2022 군무원

① 이식(migration) 기능
② 정의(definition) 기능
③ 조작(manipulation) 기능
④ 제어(control) 기능

> **해설**
> ① 이식(migration) 기능(×)
>   → DBMS의 필수 기능은 정의, 조작, 제어이며, 이식 기능은 DBMS의 필수 기능이 아니다.
>
> Answer ①

## 06 데이터베이스 관리 시스템(database management system)을 구축함으로써 생기는 이점만을 모두 고른 것은?

2016 국가직

ㄱ. 응용 소프트웨어가 데이터베이스에 관한 세부 사항에 자세히 관련할 필요가 없어져서 응용 소프트웨어 설계가 단순화될 수 있다.
ㄴ. 데이터베이스에 대한 접근 제어가 용이해진다.
ㄷ. 데이터 독립성을 제거할 수 있다.
ㄹ. 응용 소프트웨어가 데이터베이스를 직접 조작하게 된다.

① ㄱ, ㄴ
② ㄱ, ㄷ
③ ㄴ, ㄹ
④ ㄷ, ㄹ

> **해설**
> ㄱ. 응용 소프트웨어가 데이터베이스에 관한 세부 사항에 자세히 관련할 필요가 없어져서 응용 소프트웨어 설계가 단순화될 수 있다.(○)
>  → 데이터 추상화로 설계가 단순해짐
> ㄴ. 데이터베이스에 대한 접근 제어가 용이해진다.(○)
>  → 보안과 접근 제어가 DBMS의 중요한 기능
> ㄷ. 데이터 독립성을 제거할 수 있다.(×)
>  → DBMS는 데이터 독립성을 제공하는 것이지 제거하는 것이 아님
> ㄹ. 응용 소프트웨어가 데이터베이스를 직접 조작하게 된다.(×)
>  → DBMS를 통해 간접적으로 조작
>
> **Answer** ①

**07** 파일 처리 시스템(File Process System)과 비교한 데이터베이스관리 시스템(DBMS)에 대한 설명으로 가장 옳지 않은 것은? 〔2018 서울시〕

① 응용 프로그램과 데이터 간의 상호 의존성이 크다.
② 데이터 중복을 최소화한다.
③ 응용 프로그램의 요청을 수행한다.
④ 데이터 공유를 수월하게 한다.

> **해설**
> ① 응용 프로그램과 데이터 간의 상호 의존성이 크다.(×)
>  → DBMS에서는 데이터와 프로그램 간의 결합도가 낮고, 데이터의 구조가 변경되어도 응용 프로그램 수정이 별로 필요 없다.
> *파일 처리 시스템은 데이터 구조가 변경되면 관련된 모든 프로그램을 수정해야 하는 높은 의존성을 가지고 있다.
>
> **Answer** ①

**08** 아래 지문은 파일시스템과 DBMS시스템의 가장 큰 차이점을 설명한 것이다. 지문이 설명하는 DBMS의 장점에 해당하는 것은? 〔2021 군무원〕

> 파일시스템은 파일을 구성하는 레코드 구조가 변경되면 이 파일을 사용하는 모든 프로그램이 변경되어야 한다. 하지만, DBMS시스템은 데이터베이스를 구성하는 데이터 구조가 변경되어도 변경된 데이터 항목을 사용하는 프로그램만 변경되고, 나머지 프로그램은 변경될 필요가 없어 데이터 항목 변경에 따른 프로그램 유지보수 비용을 현격히 줄일 수 있다.

① 보안성(Security)
② 다중접근성(Multi Access)
③ 데이터 독립성(Data Independent)
④ 구조적 접근성(Structured Access)

> **해설**
> ③ 데이터 독립성(Data Independence) (○)
> → 지문은 데이터 구조가 변경되어도 응용 프로그램에 영향을 미치지 않는 특징을 설명한다.
> 이는 데이터와 프로그램 간의 독립성을 의미한다.
>
> Answer ③

## 09 데이터베이스 시스템에서 데이터 독립성에 대한 설명으로 옳은 것은? 〈2016 해경〉

① 논리적 데이터 독립성은 개념 스키마와 내부 스키마 사이의 사상(mapping) 관계에 의하여 제공한다.
② 물리적 데이터 독립성이 제공 될 때, 외부 스키마는 내부 스키마의 변경에 영향을 받는다.
③ 논리적 데이터 독립성은 외부 스키마에 영향을 주지 않고 데이터베이스의 논리적 구조를 변경 시킬 수 있는 능력을 말한다.
④ 물리적 데이터 독립성은 내부 스키마를 변경하지 않으면서 개념 스키마를 변경할 수 있는 능력을 말한다.

> **해설**
> ① 논리적 데이터 독립성은 개념 스키마와 내부 스키마 사이의 사상(mapping) 관계에 의하여 제공한다. (×)
> → 논리적 데이터 독립성은 외부 스키마와 개념 스키마 사이의 사상에 의해 제공된다. 개념 스키마와 내부 스키마 사이의 사상은 물리적 데이터 독립성을 제공한다.
> ② 물리적 데이터 독립성이 제공 될 때, 외부 스키마는 내부 스키마의 변경에 영향을 받는다. (×)
> → 물리적 데이터 독립성이 제공되면 내부 스키마가 변경되어도 개념 스키마와 외부 스키마는 영향을 받지 않는다.
> ④ 물리적 데이터 독립성은 내부 스키마를 변경하지 않으면서 개념 스키마를 변경할 수 있는 능력을 말한다. (×)
> → 물리적 데이터 독립성은 개념 스키마에 영향을 주지 않으면서 내부 스키마를 변경할 수 있는 능력을 말한다.
>
> Answer ③

## 10 다음 데이터베이스에 관한 설명 중 옳은 것은? 〈2015 서울시〉

① 개념스키마는 개체 간의 관계와 제약 조건을 정의한다.
② 데이터베이스는 응용프로그램의 네트워크 종속성을 해결한다.
③ 데이터의 논리적 구조가 변경되어도 응용프로그램은 변경되지 않는 속성을 물리적 데이터 독립성이라고 한다.
④ 외부스키마는 물리적 저장장치와 밀접한 계층이다.

> **해설**
> ② 데이터베이스는 응용프로그램의 네트워크 종속성을 해결한다.(×)
>   → 데이터베이스는 데이터 종속성만 해결, 네트워크 종속성과 무관
> ③ 데이터의 논리적 구조가 변경되어도 응용프로그램은 변경되지 않는 속성을 물리적 데이터 독립성이라고 한다.(×)
>   → 논리적 독립성에 대한 설명임
>   → 물리적 독립성은 물리적 구조 변경시 논리적 구조 영향 없음
> ④ 외부스키마는 물리적 저장장치와 밀접한 계층이다.(×)
>   → 내부스키마가 물리적 저장장치와 밀접
>   → 외부스키마는 사용자 관점의 논리적 구조
>
> Answer ①

## 11 DBMS를 사용하는 이점으로 옳지 않은 것은?
2020 국가직

① 데이터를 프로그램과 분리함으로써 데이터 독립성이 향상된다.
② 데이터의 공유와 동시 접근이 가능하다.
③ 데이터의 중복을 허용하여 데이터의 일관성을 유지한다.
④ 데이터의 무결성과 보안성을 유지한다.

> **해설**
> ③ 데이터의 중복을 허용하여 데이터의 일관성을 유지한다.(×)
>   → 데이터의 중복은 허용되지 않으며, DBMS는 이를 최소화하여 데이터의 일관성을 유지한다.
>
> Answer ③

## 12 데이터베이스 및 데이터베이스 관리시스템(DBMS)의 사용자와 관련된 설명으로 옳지 않은 것은?
2024 국가직 DB

① 일반 사용자(end user)는 응용 프로그램을 통해 데이터베이스에 접속하여 원하는 정보를 얻는 사용자를 말한다.
② 데이터베이스 관리자(DBA)는 일반 사용자가 편리하게 데이터베이스에 접근할 수 있도록 인터페이스를 개발한다.
③ 일반 사용자는 데이터의 삽입, 삭제, 갱신 작업을 수행하기도 한다.
④ 응용 프로그래머(application programmer)는 프로그래밍 언어를 이용하여 데이터베이스 응용 프로그램을 개발하는 사용자이다.

**✏️해설**

② 데이터베이스 관리자(DBA)(×)
→ 인터페이스 개발은 응용 프로그래머의 역할이다. DBA는 데이터베이스 설계, 보안 관리, 권한 관리 등을 담당한다.

Answer ②

**13** 다음 중 DBMS를 이용하여 데이터를 관리하고 활용함으로써 얻을 수 있는 장점으로 옳지 않은 것은?   2016 국회직

① 데이터의 중복성을 제어하여 저장공간의 낭비를 방지한다.
② 조직 내의 다양한 응용 사이의 데이터 일관성을 유지한다.
③ 효율적인 질의 처리를 위한 저장 구조와 탐색 기법을 제공한다.
④ 무결성 제약조건을 만족하도록 데이터를 관리한다.
⑤ 사용자가 데이터베이스의 모든 데이터를 자유롭게 액세스할 수 있다.

**✏️해설**

⑤ 사용자가 데이터베이스의 모든 데이터를 자유롭게 액세스할 수 있다.(×)
→ DBMS는 보안과 권한 관리를 통해 사용자별로 접근 권한을 제한한다.
모든 사용자가 모든 데이터에 자유롭게 접근할 수 있다면 데이터 보안에 심각한 문제가 발생할 수 있다.

Answer ⑤

**14** 데이터베이스에서 데이터의 중복성으로 발생하는 다음의 문제와 설명이 가장 옳지 않은 것은?   2022 군무원

① 일관성 : 중복된 데이터 간에 내용이 일치하지 않는 상황의 발생
② 보안성 : 중복된 모든 데이터에 동등한 보안수준 유지에 어려움
③ 경제성 : 저장 공간의 낭비와 반복 작업으로 비용의 증가
④ 무결성 : 제어의 분산으로 연계된 응용프로그램 간의 불일치

**✏️해설**

④ **무결성** : 제어의 분산으로 연계된 응용프로그램 간의 불일치(×)
→ 데이터 무결성 문제는 중복 데이터 자체로 인해 발생하는 것이지, 제어의 분산으로 발생하는 문제는 아니다.

Answer ④

**15** 대용량 데이터의 관리를 위해 사용되는 데이터베이스 관리 시스템(DBMS)에 대한 설명으로 옳지 않은 것은?　　　　　　　　　　　　　　　　　　　　　2015 국회직

① 트랜잭션 처리 과정에서 데이터의 일관성과 무결성 유지를 위한 기능을 수행한다.
② 트랜잭션은 원자성(atomicity)을 가지도록 한다.
③ 데이터 무결성 유지를 위해 데이터의 중복을 허용하지 않는다.
④ 예상치 못한 시스템 중단으로 시스템이 재가동 될 때, 데이터 무결성이 유지되는 이전의 상태로 복구하는 기능을 수행한다.
⑤ 저장된 데이터에 대한 효과적인 접근을 위해 질의어를 지원한다.

> **해설**
> ③ 데이터 무결성 유지를 위해 데이터의 중복을 허용하지 않는다.(×)
> → DBMS는 데이터 중복을 최소화하려고 하지만, 완전히 제거하지는 않는다.
> → 성능 향상이나 백업을 위해 통제된 중복은 허용되며, 이를 '통제된 중복성'이라고 한다.
>
> **Answer** ③

**16** 데이터베이스 언어에 대한 설명으로 옳지 않은 것은?　　　　　　　　　　　　　　2023 지방직

① 데이터 제어어(data control language)는 사용자가 데이터에 대한 검색, 삽입, 삭제, 수정 등의 처리를 DBMS에 요구하기 위해 사용되는 언어이다.
② 데이터 제어어는 데이터베이스의 보안, 무결성, 회복(recovery) 등을 지원하기 위해 사용된다.
③ 절차적 데이터 조작어(procedural data manipulation language)는 사용자가 원하는 데이터와 그 데이터로의 접근 방법을 명시해야 하는 언어이다.
④ 데이터 정의어(data definition language)는 데이터베이스 스키마의 생성, 변경, 삭제 등에 사용되는 언어이다.

> **해설**
> ① 데이터 제어어(data control language)는 사용자가 데이터에 대한 검색, 삽입, 삭제, 수정 등의 처리를 DBMS에 요구하기 위해 사용되는 언어이다.(×)
> → 이는 데이터 조작어(DML)의 기능을 설명한 것이다.
> 　 데이터 제어어(DCL)는 보안, 권한 관리, 무결성 유지 등을 위한 언어이다.
>
> **Answer** ①

**17** 관계데이터베이스 관련 다음 설명에서 ㉠~㉣에 들어갈 용어를 바르게 짝지은 것은?

2021 계리직

( ㉠ ) 무결성 제약이란 각 릴레이션(relation)에 속한 각 애트리뷰트(attribute)가 해당 ( ㉡ )을 만족하면서 ( ㉢ )할 수 없는 ( ㉣ ) 값을 가져서는 안 된다는 것을 말한다.

|   | ㉠ | ㉡ | ㉢ | ㉣ |
|---|---|---|---|---|
| ① | 참조 | 고립성 | 변경 | 외래키 |
| ② | 개체 | 고립성 | 참조 | 기본키 |
| ③ | 참조 | 도메인 | 참조 | 외래키 |
| ④ | 개체 | 도메인 | 변경 | 기본키 |

**해설**

참조 무결성 제약조건
참조 무결성 제약조건은 릴레이션 간의 외래키(Foreign Key) 관계를 유지하기 위한 규칙으로, 외래키는 참조되는 테이블의 기본키(Primary Key) 값, 유일속성(unique) 값이나 NULL값만을 가질 수 있다. 이는 ON DELETE나 ON UPDATE와 같은 옵션을 통해 참조 관계에 대한 동작을 정의하며, 데이터베이스의 일관성과 정확성을 보장한다.

Answer ③

**18** 관계데이터베이스의 인덱스(index)에 대한 설명으로 옳은 것의 총 개수는?

2021 계리직

ㄱ. 기본키의 경우, 자동으로 인덱스가 생성되며 인덱스 구축 시 두 개 이상의 칼럼(column)을 결합하여 인덱스를 생성할 수 있다.
ㄴ. SQL 명령문의 검색 결과는 인덱스 사용 여부와 관계없이 동일하며 인덱스는 검색 속도에 영향을 미친다.
ㄷ. 데이터베이스의 전체적인 성능을 향상시키기 위해서는 테이블의 모든 칼럼(column)에 대하여 인덱스를 생성해야 한다.
ㄹ. 인덱스는 칼럼(column)에 대하여 생성되며 테이블 내의 데이터를 순차적으로 접근하여 검색 결과를 제공한다.

① 1개  ② 2개
③ 3개  ④ 4개

> **해설**
> ㄷ. 데이터베이스의 전체적인 성능을 향상시키기 위해서는 테이블의 모든 칼럼(column)에 대하여 인덱스를 생성해야 한다.(×)
>   → 모든 칼럼에 인덱스를 생성하면 오히려 성능이 저하될 수 있다. 인덱스는 검색이 자주 발생하는 칼럼에 대해 선별적으로 생성해야 한다.
> ㄹ. 인덱스는 칼럼(column)에 대하여 생성되며 테이블 내의 데이터를 순차적으로 접근하여 검색 결과를 제공한다.(×)
>   → 인덱스는 데이터를 순차적이 아닌 랜덤 접근(random access) 방식으로 검색하여 빠른 검색 결과를 제공한다.
>
> Answer ②

## 02 데이터베이스 시스템

**19** 3단계 데이터베이스 구조에서 개념 스키마에 대한 설명으로 옳은 것만을 모두 고르면?

2022 국가직

> ㄱ. 데이터베이스를 운영하는 기관에 소속되어 있는 모든 응용시스템 또는 사용자들이 필요로 하는 데이터를 통합하여 정의한 조직 전체 데이터베이스의 논리 구조를 말한다.
> ㄴ. 개념 스키마와 외부 스키마 사이에는 논리적 데이터 독립성이 있어야 한다.
> ㄷ. 데이터베이스 내에는 하나의 개념 스키마만 존재한다.
> ㄹ. 데이터에 대한 접근권한, 제약조건 등에 대한 정의도 포함한다.

① ㄱ, ㄴ
② ㄱ, ㄷ
③ ㄴ, ㄷ, ㄹ
④ ㄱ, ㄴ, ㄷ, ㄹ

> **해설**
> ㄱ. 데이터베이스를 운영하는 기관에 소속되어 있는 모든 응용시스템 또는 사용자들이 필요로 하는 데이터를 통합하여 정의한 조직 전체 데이터베이스의 논리 구조를 말한다.(○)
> ㄴ. 개념 스키마와 외부 스키마 사이에는 논리적 데이터 독립성이 있어야 한다.(○)
> ㄷ. 데이터베이스 내에는 하나의 개념 스키마만 존재한다.(○)
>   → 개념 스키마는 데이터베이스의 전체적인 논리 구조를 정의하는 것으로, 하나만 존재한다.
> ㄹ. 데이터에 대한 접근권한, 제약조건 등에 대한 정의도 포함한다.(○)
>
> Answer ④

**20** 스키마(schema)에 대한 설명으로 옳지 않은 것은? <small>2017 국회직</small>
① 내부 스키마는 범 기관적 입장에서 데이터베이스를 정의한 것이다.
② 개념 스키마는 모든 데이터 개체, 관계, 제약 조건, 접근권한, 무결성 규칙 등을 명세한다.
③ 개념 스키마는 일반적으로 스키마를 의미한다.
④ 외부 스키마는 사용자나 응용프로그래머가 접근할 수 있는 데이터베이스를 정의한다.
⑤ 스키마는 데이터베이스의 논리적 정의, 데이터 구조와 제약 조건에 관한 명세를 기술한 것이다.

> **해설**
> ① 내부 스키마는 범 기관적 입장에서 데이터베이스를 정의한 것이다. (×)
> → 이는 개념 스키마에 대한 설명이다.
> → 내부 스키마는 데이터베이스의 물리적 저장 구조를 정의하는 것이다.
>
> **Answer** ①

**21** 3단계 데이터베이스 구조에서 개체 간의 관계와 제약 조건을 나타내고 데이터베이스의 접근 권한, 보안 및 무결성 규칙에 관한 명세를 정의한 것으로 옳은 것은? <small>2019 국회직</small>
① 외부 스키마
② 서브 스키마
③ 물리 스키마
④ 개념 스키마
⑤ 내부 스키마

> **해설**
> ① 외부 스키마 - 사용자나 응용프로그램이 보는 논리적 구조
> ② 서브 스키마 - 외부 스키마의 다른 용어
> ③ 물리 스키마 - 내부 스키마와 동일한 의미
> ⑤ 내부 스키마 - 물리적 저장 구조를 정의
>
> **Answer** ④

## 22. 데이터베이스 스키마에 관한 설명이다. ( ) 안에 들어갈 용어로 옳은 것은? 2023 소방경채

(ㄱ) : 데이터베이스의 물리적 구조를 정의한 것이다.
(ㄴ) : 사용자나 응용 프로그래머가 각 개인의 입장에서 필요로 하는 데이터베이스의 논리적 구조를 정의한 것이다.
(ㄷ) : 개체 간의 관계와 제약 조건을 나타내고, 데이터베이스의 접근 권한, 보안정책 및 무결성 규정에 관한 명세를 정의한 것이다.

|   | ㄱ | ㄴ | ㄷ |
|---|---|---|---|
| ① | 외부스키마 | 내부스키마 | 개념스키마 |
| ② | 외부스키마 | 개념스키마 | 내부스키마 |
| ③ | 내부스키마 | 외부스키마 | 개념스키마 |
| ④ | 내부스키마 | 개념스키마 | 외부스키마 |

### 해설
(ㄱ) **내부스키마** : 데이터베이스의 물리적 구조를 정의한 것이다. 내부스키마는 실제 데이터베이스에 저장될 레코드의 물리적 구조를 정의하고, 저장 데이터 항목의 표현 방법, 내부 레코드의 물리적 순서 등을 나타낸다.
(ㄴ) **외부스키마** : 사용자나 응용 프로그래머가 각 개인의 입장에서 필요로 하는 데이터베이스의 논리적 구조를 정의한 것이다. 외부스키마는 실세계에 존재하는 데이터들을 어떤 형식, 구조, 배치 화면을 통해 사용자에게 보여줄 것인가를 정의한다.
(ㄷ) **개념스키마** : 개체 간의 관계와 제약 조건을 나타내고, 데이터베이스의 접근 권한, 보안정책 및 무결성 규정에 관한 명세를 정의한 것이다. 개념스키마는 조직체 전체를 관장하는 입장에서 데이터베이스를 정의한 것으로, 모든 응용시스템에서 필요로 하는 데이터를 통합한 조직 전체의 데이터베이스 구조를 나타낸다.

Answer ③

## 23. 시스템 카탈로그에 대한 설명으로 옳지 않은 것은? 2023 국가직 DB

① 데이터 사전(data dictionary)이라고도 한다.
② 각 릴레이션의 튜플 수와 블록 수가 저장된다.
③ 일반 사용자도 시스템 카탈로그에 내용을 추가하거나 수정할 수 있다.
④ RDBMS마다 서로 다른 형태로 시스템 카탈로그를 제공한다.

> **해설**
> ③ 일반 사용자도 시스템 카탈로그에 내용을 추가하거나 수정할 수 있다.(×)
> → 시스템 카탈로그는 DBMS가 자동으로 생성하고 관리하며, 사용자는 조회만 가능하고 직접 수정할 수 없다.
>
> Answer ③

## 24. 데이터베이스의 3단계-스키마 구조에 대한 설명으로 〈보기〉에서 옳은 것만을 모두 고른 것은?

2018 지방교행

| 보기 |
ㄱ. 내부 스키마는 물리적 저장 장치의 관점에서 본 데이터베이스 구조이다.
ㄴ. 외부 스키마는 각 사용자의 관점에서 본 데이터베이스 구조로서 여러 개가 존재할 수 있다.
ㄷ. 개념 스키마는 모든 응용 시스템들이나 사용자들이 필요로 하는 데이터를 통합한 조직 전체의 데이터베이스를 기술한 것이다.

① ㄱ, ㄴ  ② ㄱ, ㄷ
③ ㄴ, ㄷ  ④ ㄱ, ㄴ, ㄷ

> **해설**
> ㄱ, ㄴ, ㄷ 모두 옳은 설명이다.
>
> Answer ④

## 03 데이터 모델링

## 25. 다음 중 아래 데이터베이스 모델링에 대한 설명으로 가장 적절한 것은?

2024 군무원

국방전자는 배터리를 이용하는 다양한 전자제품을 생산하고 있다. 각 제품이 동작하는 전압은 배터리 사용 개수에 따라 달려 있으므로, 제품의 동작 전압 규격은 배터리 연결로 만들어지는 특정 전압값으로만 가능하다. 제품과 동작 전압을 데이터베이스화할 때 전압값이 가질 수 있는 제한 조건을 정의하는 것이다.

① 시스템 카탈로그(System Catalog)  ② 도메인(Domain)
③ 일반 집합 연산자  ④ 엔터티(Entity)

> **해설**
> ② 도메인(domain) (○)
> → 도메인은 특정 속성이 가질 수 있는 값의 범위를 제한하는 것이다.
> → 이 문제에서는 제품의 전압값이 배터리 연결로 만들어지는 특정 값으로만 제한되어야 한다.
>
> **Answer** ②

## 26 데이터베이스 데이터 모델에 대한 설명으로 옳지 않은 것은?
2016 국가직

① 계층 데이터 모델은 트리 형태의 데이터 구조를 가진다.
② 관계 데이터 모델은 테이블로 데이터베이스를 나타낸다.
③ 네트워크 데이터 모델은 그래프 형태로 데이터베이스 구조를 표현한다.
④ 계층 데이터 모델, 관계 데이터 모델, 네트워크 데이터 모델은 개념적 데이터 모델이다.

> **해설**
> ④ 계층 데이터 모델, 관계 데이터 모델, 네트워크 데이터 모델은 개념적 데이터 모델이다. (×)
> → 이들은 논리적 데이터 모델이다.
> → 개념적 데이터 모델은 E-R 모델이 대표적이며, 현실 세계를 추상화하여 개념적으로 표현하는 모델이다.
>
> **Answer** ④

## 27 관계 데이터 모델의 설명으로 옳지 않은 것은?
2019 국회직

① 릴레이션(relation)의 튜플(tuple)들은 모두 상이하다.
② 릴레이션에서 속성(attribute)들 간의 순서는 의미가 없다.
③ 한 릴레이션에 포함된 튜플 사이에는 순서가 없다.
④ 튜플은 원자값으로 분해가 불가능하다.
⑤ 릴레이션은 속성들을 가지고 있는 테이블이다.

> **해설**
> ④ 튜플은 원자값으로 분해가 불가능하다. (×)
> → 이는 반대로, 튜플의 모든 속성값은 원자값이어야 한다. 원자값이란 더 이상 분해할 수 없는 값을 의미한다.
>
> **Answer** ④

## 28 관계형 데이터 모델(relational data model)에서 릴레이션에 대한 설명으로 옳지 않은 것은?

2020 국회직

① 릴레이션을 구성하는 속성 값은 서브속성으로 다시 세분화할 수 있다.
② 데이터베이스 스키마(database schema)는 정적이고, 데이터베이스 인스턴스(database instance)는 동적이다.
③ 릴레이션 안에는 똑같은 튜플이 존재할 수 없다.
④ 릴레이션의 속성 사이에 순서는 의미가 없다.
⑤ 릴레이션의 속성의 명칭은 유일하나, 속성을 구성하는 값은 같을 수 있다.

> **해설**
> ① 릴레이션을 구성하는 속성 값은 서브속성으로 다시 세분화할 수 있다.(×)
> → 관계형 데이터 모델의 제1정규형(1NF)에 의하면, 속성 값은 원자값(atomic value)이어야 하며 더 이상 분해할 수 없다.
>
> **Answer** ①

## 29 데이터베이스의 스키마와 인스턴스에 관한 설명을 바르게 연결한 것은?

2023 국가직 DB

| ㄱ. 데이터베이스의 논리적, 물리적 구조 정의 |
| ㄴ. 특정 시점에 데이터베이스에 저장되어 있는 실제 값 |
| ㄷ. DML(Data Manipulation Language)을 활용하여 생성 및 변환 |
| ㄹ. DDL(Data Definition Language)을 활용하여 생성 및 변환 |

|     | 스키마 | 인스턴스 |     | 스키마 | 인스턴스 |
| --- | --- | --- | --- | --- | --- |
| ①   | ㄱ, ㄴ | ㄷ, ㄹ | ②   | ㄱ, ㄹ | ㄴ, ㄷ |
| ③   | ㄴ, ㄷ | ㄱ, ㄹ | ④   | ㄴ, ㄹ | ㄱ, ㄷ |

> **해설**
> • 스키마의 특징
> 데이터베이스의 구조와 제약조건을 정의한다.
> DDL을 사용하여 정의한다.
> 논리적, 물리적 구조를 포함한다.
> • 인스턴스의 특징
> 특정 시점의 실제 데이터 값이다.
> DML을 사용하여 조작한다.
> 스키마에 따라 저장된 실제 데이터이다.
>
> **Answer** ②

**30** 다음 설명 중 가장 옳지 않은 것은?    2024 법원직

① 하나의 릴레이션에서 속성의 전체 개수를 카디널리티라 한다.
② 릴레이션 스키마는 릴레이션의 이름과 릴레이션에 포함된 모든 속성의 이름을 정의하는 릴레이션의 논리적 구조를 의미한다.
③ 릴레이션의 특성 중 튜플(Tuple)의 유일성과 속성의 무순서 특성도 존재한다.
④ 릴레이션의 특성 중 속성의 원자성은 속성값으로 원자값만을 사용할 수 있다라는 의미이다.

> **해설**
> ① 하나의 릴레이션에서 속성의 전체 개수를 카디널리티라 한다.(×)
> → 속성의 전체 개수는 차수(Degree)라 하며, 카디널리티(Cardinality)는 튜플의 전체 개수를 의미한다.
>
> **Answer** ①

**31** 관계 데이터모델의 용어에 대한 설명으로 가장 옳은 것은?    2022 군무원

① 도메인 : 하나의 속성이 가질 수 있는 값들의 집합
② 차수 : 하나의 릴레이션에서 튜플의 전체 개수
③ 카디널리티 : 하나의 릴레이션에서 속성의 전체 개수
④ 튜플 : 하나의 개체에 관한 데이터를 2차원 테이블의 구조로 저장한 것

> **해설**
> ② **차수** : 하나의 릴레이션에서 튜플의 전체 개수(×)
> → 차수는 릴레이션에서 속성(Attribute)의 개수를 의미한다.
> ③ **카디널리티** : 하나의 릴레이션에서 속성의 전체 개수(×)
> → 카디널리티는 릴레이션에서 튜플(Tuple)의 개수를 의미한다.
> ④ **튜플** : 하나의 개체에 관한 데이터를 2차원 테이블의 구조로 저장한 것(×)
> → 튜플은 릴레이션에서 하나의 행(Row)을 의미하며, 개체의 한 사례를 표현한다.
>
> **Answer** ①

**32** 관계형 데이터베이스의 릴레이션에 대한 특성으로 옳지 않은 것은?    2024 국가직 DB

① 하나의 릴레이션에는 동일한 튜플(tuple)이 존재할 수 없다.
② 릴레이션의 튜플에 저장되는 값의 집합을 도메인(domain)이라 한다.
③ 하나의 릴레이션에서 튜플의 순서는 의미가 없다.
④ 하나의 릴레이션에는 동일한 이름의 속성(attribute)을 가질 수 없다.

### 해설

② 릴레이션의 튜플에 저장되는 값의 집합을 도메인(domain)이라 한다.(×)
→ 도메인은 각 속성이 가질 수 있는 값의 범위를 의미한다. 튜플에 저장되는 값의 집합이 아니다.

Answer ②

## 33
〈보기〉의 직원 테이블에서 키(key)와 관련된 설명으로 옳지 않은 것은? (단, 사번과 주민등록번호는 각각 유일한 값을 갖고, 부서번호는 부서 테이블을 참조하는 속성이며, 나이가 같은 동명이인이 존재할 수 있다) 2016 계리직

| 보기 |
직원(사번, 이름, 주민등록번호, 주소, 나이, 성별, 부서번호)

① 부서번호는 외래키이다.
② 사번은 기본키가 될 수 있다.
③ (이름, 나이)는 후보키가 될 수 있다.
④ 주민등록번호는 대체키가 될 수 있다.

### 해설

③ (이름, 나이)는 후보키가 될 수 있다.(×)
→ 이름과 나이는 동명이인이 존재할 수 있어 유일성을 만족할 수 없다.
  · 후보키는 유일성과 최소성을 모두 만족해야 하는데, (이름, 나이)는 유일성조차 만족하지 못한다.

Answer ③

## 34
데이터베이스 모델에서 사용되는 키(key)에 대한 설명으로 옳지 않은 것은? 2023 국가직 DB

① 후보키(candidate key)는 유일성과 최소성의 특성을 만족하는 속성 또는 속성들의 집합이다.
② 슈퍼키(super key)는 유일성의 특성을 만족하는 속성 또는 속성들의 집합이다.
③ 대체키(alternate key)는 기본키(primary key)로 선택되지 못한 외래키(foreign key)들이다.
④ 널(NULL) 값을 가질 수 있는 속성이 포함된 후보키는 기본키로 부적합하다.

### 해설

③ 대체키(alternate key)는 기본키(primary key)로 선택되지 못한 외래키(foreign key)들이다.(×)
→ 대체키는 기본키로 선택되지 않은 후보키들을 의미한다.

Answer ③

**35** 다음 중 관계형 데이터베이스의 키(Key)에 대한 설명으로 가장 옳지 않은 것은? 2024 해경

① 기본키(Primary Key)는 후보키 중에서 기본적으로 사용하기 위해 선택한 키이다.
② 슈퍼키(Super Key)는 유일성과 최소성을 만족하는 속성 또는 속성들의 집합이다.
③ 대체키(Alternate Key)는 후보키가 둘 이상일 때 기본키를 제외한 나머지 후보키들을 말한다.
④ 외래키(Foreign Key)는 다른 릴레이션의 기본키를 참조하는 속성 또는 속성들의 집합이다.

> **해설**
> ② 슈퍼키(Super Key)는 유일성과 최소성을 만족하는 속성 또는 속성들의 집합이다.(×)
> → 슈퍼키는 유일성만 만족하고 최소성은 만족하지 않아도 된다. 유일성과 최소성을 모두 만족하는 것은 후보키이다.
>
> **Answer** ②

**36** 키(Key)란 데이터베이스에서 조건에 만족하는 튜플을 찾거나 순서대로 정렬할 때 다른 튜플들과 구별할 수 있는 유일한 기준이 되는 속성(Attribute)이다. 그 중 릴레이션을 구성하는 모든 튜플에 대해 유일성은 만족하지만 최소성은 만족하지 못하는 키로 옳은 것은? 2021 국회직

① 기본키(Primary Key)  ② 대체키(Alternate Key)
③ 복합키(Composite Key) ④ 후보키(Candidate Key)
⑤ 슈퍼키(Super Key)

> **해설**
> ⑤ 슈퍼키(Super Key)
> → 슈퍼키는 튜플을 유일하게 식별할 수 있는 속성 또는 속성들의 집합이다.
> 유일성은 만족하지만, 최소성은 만족하지 않을 수 있다는 특징을 가진다.
>
> **Answer** ⑤

## 37 관계형 데이터베이스에 대한 설명으로 옳은 것만을 모두 고르면?   2021 지방직

ㄱ. 관계형 데이터베이스 스키마(schema)는 릴레이션 스키마의 집합과 무결성 제약조건(integrity constraint)으로 구성된다.
ㄴ. 개체(entity) 무결성 제약조건은 기본 키(primary key)를 구성하는 모든 속성은 널(null) 값을 가지면 안된다는 규칙이다.
ㄷ. 참조(referential) 무결성 제약조건이란 외래 키(foreign key)는 참조할 수 없는 값을 가질 수 없다는 규칙이다.
ㄹ. 후보 키(candidate key)가 되기 위해서는 유일성(uniqueness)과 효율성(efficiency)을 항상 만족해야 한다.

① ㄱ, ㄴ, ㄷ
② ㄱ, ㄴ, ㄹ
③ ㄱ, ㄷ, ㄹ
④ ㄴ, ㄷ, ㄹ

### 해설
ㄹ. 후보 키(candidate key)가 되기 위해서는 유일성(uniqueness)과 효율성(efficiency)을 항상 만족해야 한다.(×)
→ 후보키는 유일성(uniqueness)과 최소성(minimality)을 만족해야 한다. 효율성이 아닌 최소성이 필요조건이다.

**Answer** ①

## 38 데이터베이스에서 사용되는 NULL에 대한 설명으로 옳은 것만을 모두 고르면?   2021 국회직

ㄱ. NULL은 데이터 값이 존재하지 않는다는 것을 나타내는 특별한 표시어(special marker)이다.
ㄴ. NULL인 데이터를 검색할 때 IS NULL을 사용한다.
ㄷ. NULL은 값이 없으므로 "0(Zero)" 값을 가지고 있다.

① ㄱ
② ㄱ, ㄴ
③ ㄱ, ㄷ
④ ㄴ, ㄷ
⑤ ㄱ, ㄴ, ㄷ

### 해설
ㄷ. NULL은 값이 없으므로 "0(Zero)" 값을 가지고 있다.(×)
→ NULL은 '0'이나 '공백'과는 다른 개념으로, 아예 값이 존재하지 않거나 알 수 없는 상태를 의미한다.

**Answer** ②

## 39 관계형 데이터베이스의 키(key)에 대한 설명으로 옳지 않은 것은?
2014 지방직

① 수퍼키(superkey)는 릴레이션을 구성하는 속성(attribute)들 중에서 각 투플(tuple)을 유일하게 식별할 수 있도록 하는 속성 또는 속성들의 집합이다.
② 후보키(candidate key)는 유일성(uniqueness)과 최소성(minimality)을 만족시킨다.
③ 기본키(primary key)는 후보키 중에서 투플을 식별하는 기준으로 선택된 특별한 키이다.
④ 두 개 이상의 후보키 중에서 기본키로 선택되지 않은 나머지 후보키를 외래키(foreign key)라고 한다.

✏️ 해설
④ 두 개 이상의 후보키 중에서 기본키로 선택되지 않은 나머지 후보키를 외래키(foreign key)라고 한다.(×)
→ 이는 대체키(alternate key)에 대한 설명이다.
→ 외래키는 다른 릴레이션의 기본키를 참조하는 속성이다.

**Answer** ④

## 40 속성 A, B, C로 정의된 릴레이션의 인스턴스가 아래와 같을 때, 후보키의 조건을 충족하는 것은?
2016 지방직

| A | B | C |
|---|---|---|
| 1 | 12 | 7 |
| 20 | 12 | 7 |
| 1 | 12 | 3 |
| 1 | 1 | 4 |
| 1 | 2 | 6 |

① (A)
② (A, C)
③ (B, C)
④ (A, B, C)

✏️ 해설
속성 A와 C를 조합하면 모든 행이 유일하게 구분되기 때문에 후보키 조건을 충족한다.
* 후보키는 릴레이션에서 튜플을 유일하게 식별할 수 있는 속성 또는 속성들의 집합(유일성)이며, 속성의 개수가 최소(최소성)여야 한다.

**Answer** ②

**41** 데이터베이스 무결성 제약조건에 대한 설명으로 옳지 않은 것은? 2017 하반기 지방직

① 무결성 제약조건은 사용자에 의한 데이터베이스 갱신이 데이터의 일관성을 손상하지 않도록 보장하는 데에 사용된다.
② DBMS는 무결성 제약조건을 검사하는 기능을 가진다.
③ 도메인 무결성 제약조건은 기본 키가 널(NULL) 값을 가질 수 없고 튜플을 유일하게 식별해야 한다는 것이다.
④ 참조 무결성 제약조건은 릴레이션 사이의 참조를 위해 사용되는 외래키에 대한 것이다.

**해설**
③ 도메인 무결성 제약조건은 기본 키가 널(NULL) 값을 가질 수 없고 튜플을 유일하게 식별해야 한다는 것이다.(×)
→ 이는 개체 무결성 제약조건에 대한 설명이다.
→ 도메인 무결성은 각 속성의 값이 정의된 도메인에 속한 값이어야 한다는 제약조건이다.

Answer ③

**42** 다음에서 설명하는 데이터베이스 무결성 제약조건(integrity constraint)은? 2023 국가직 DB

- 기본키 제약(primary key constraint)이라고도 한다.
- 기본키는 널(NULL) 값을 가져서는 안되며 릴레이션 내에 오직 하나의 값만 존재해야 한다.

① 개체 무결성 제약조건
② 고유 무결성 제약조건
③ 도메인 무결성 제약조건
④ 참조 무결성 제약조건

**해설**
② 고유 무결성 제약조건
→ 특정 속성에 대해 유일성을 보장하는 제약조건이다. 기본키와 달리 NULL을 허용한다.
③ 도메인 무결성 제약조건
→ 각 속성 값이 정의된 도메인에 속한 값이어야 한다는 제약조건이다.
④ 참조 무결성 제약조건
→ 외래키는 참조하는 릴레이션의 기본키 값과 동일하거나 NULL이어야 한다는 제약조건이다.

Answer ①

**43** 학생 테이블에 튜플들이 아래와 같이 저장되어 있을 때, 〈NULL, '김영희', '서울'〉 튜플을 삽입하고자 한다. 해당 연산에 대한 [결과]와 [원인]으로 옳은 것은? (단, 학생 테이블의 기본키는 학번이다.)

2018 계리직

| 학번 | 이름 | 주소 |
|---|---|---|
| 1 | 김철희 | 경기 |
| 2 | 이철수 | 천안 |
| 3 | 박민수 | 제주 |

    [결과]        [원인]
① 삽입 가능 – 무결성 제약조건 만족
② 삽입 불가 – 관계 무결성 위반
③ 삽입 불가 – 개체 무결성 위반
④ 삽입 불가 – 참조 무결성 위반

> **해설**
> ① 삽입 가능 – 무결성 제약조건 만족(×)
>   → 학번이 NULL이므로 기본키 제약조건 위배 (개체 무결성 위반)
> ② 삽입 불가 – 관계 무결성 위반(×)
>   → 관계 무결성은 외래키와 관련된 제약조건이므로 해당 없음
> ④ 삽입 불가 – 참조 무결성 위반(×)
>   → 참조 무결성은 외래키와 관련된 제약조건이므로 해당 없음
>
> Answer ③

**44** 관계형 모델(relational model)의 릴레이션(relation)에 대한 설명으로 옳지 않은 것은?

① 릴레이션의 한 행(row)을 투플(tuple)이라고 한다.
② 속성(attribute)은 릴레이션의 열(column)을 의미한다.

2015 국가직

③ 한 릴레이션에 존재하는 모든 투플들은 상이해야 한다.
④ 한 릴레이션의 속성들은 고정된 순서를 갖는다.

> **해설**
> ④ 한 릴레이션의 속성들은 고정된 순서를 갖는다.(×)
>   → 관계형 데이터베이스의 릴레이션에서 속성들은 순서가 없다. 속성들의 순서는 중요하지 않으며, 속성의 이름으로 구분한다.
>
> Answer ④

## 45 참조 무결성에 대한 설명으로 옳지 않은 것은?
2019 계리직

① 검색 연산의 수행 결과는 어떠한 참조 무결성 제약조건도 위배하지 않는다.
② 참조하는 릴레이션에서 튜플이 삭제되는 경우, 참조 무결성 제약조건이 위배될 수 있다.
③ 외래 키 값은 참조되는 릴레이션의 어떤 튜플의 기본 키 값과 같거나 널(NULL) 값일 수 있다.
④ 참조 무결성 제약조건은 DBMS에 의하여 유지된다.

**해설**
② 참조하는 릴레이션에서 튜플이 삭제되는 경우, 참조 무결성 제약조건이 위배될 수 있다.(×)
→ 참조하는 릴레이션(외래키를 포함한 릴레이션)에서 튜플이 삭제되는 것은 참조 무결성과 관련이 없다. 참조되는 릴레이션(기본키를 가진 부모 릴레이션)에서 튜플이 삭제될 때 참조 무결성이 위배될 수 있다.

**Answer** ②

## 46 논리적 데이터 모델에 대한 설명으로 옳지 않은 것은?
2017 국가직

① 개체관계 모델은 개체와 개체 사이의 관계성을 이용하여 데이터를 모델링한다.
② 관계형 모델은 논리적 데이터 모델에 해당한다.
③ SQL은 관계형 모델을 따르는 DBMS의 표준 데이터 언어이다.
④ 네트워크 모델, 계층 모델은 레거시 데이터 모델로도 불린다.

**해설**
① 개체관계 모델은 개체와 개체 사이의 관계성을 이용하여 데이터를 모델링한다.(×)
→ 개체관계(E-R) 모델은 개념적 데이터 모델이다. 논리적 데이터 모델은 관계형, 계층형, 네트워크형 모델을 말한다.

**Answer** ①

**47** 다음 그림은 스마트폰 수리와 관련된 E-R 다이어그램의 일부이다. 이에 대한 설명으로 옳지 않은 것은?

2021 지방직

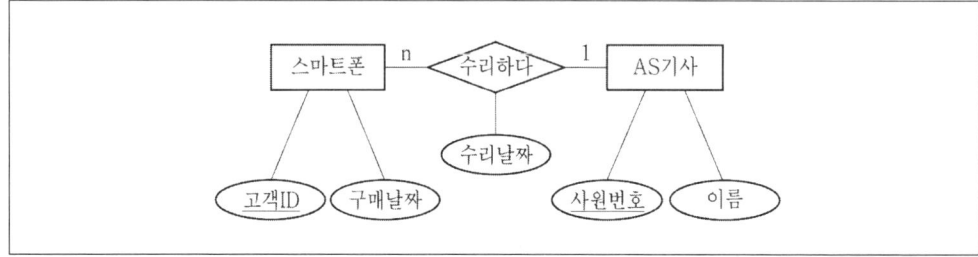

① '수리하다' 관계는 속성을 가지고 있다.
② 'AS기사'와 '스마트폰'은 일대다 관계이다.
③ '스마트폰'은 다중값 속성을 가지고 있다.
④ '사원번호'는 키 속성이다.

> ✏ 해설
> ③ '스마트폰'은 다중값 속성을 가지고 있다.(×)
>  → 다중값 속성(다치 애트리뷰트)은 이중타원으로 표현한다.
>
> Answer ③

**48** 다음 E-R다이어그램을 관계형 스키마로 올바르게 변환한 것은? (단, 속성명의 밑줄은 해당 속성이 기본키임을 의미한다.)

2023 계리직

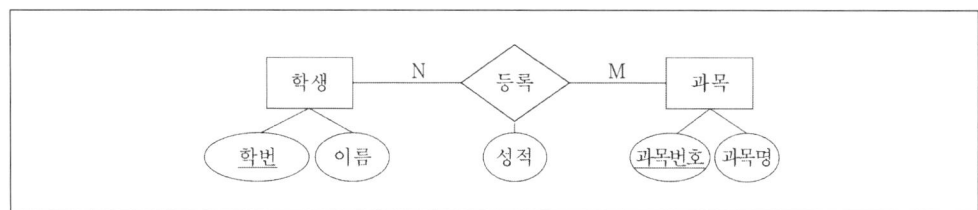

① 학생(<u>학번</u>, 이름)
　등록(성적)
　과목(<u>과목번호</u>, 과목명)

② 학생(<u>학번</u>, 이름)
　등록(<u>과목번호</u>, 성적)
　과목(<u>과목번호</u>, 과목명, 성적)

③ 학생(<u>학번</u>, 이름)
　등록(<u>학번</u>, 성적)
　과목(<u>과목번호</u>, 과목명)

④ 학생(<u>학번</u>, 이름)
　등록(<u>학번</u>, <u>과목번호</u>, 성적)
　과목(<u>과목번호</u>, 과목명)

### 해설
① 등록을 독립 릴레이션으로 만들지 않음
② 과목 릴레이션에 성적을 포함시킴
③ 등록 릴레이션의 기본키가 학번만으로 구성됨

Answer ④

**49** 다음 E-R 다이어그램을 관계형 스키마로 올바르게 변환한 것은? (단, 속성명의 밑줄은 해당 속성이 기본키임을 의미한다.)

2022 계리직

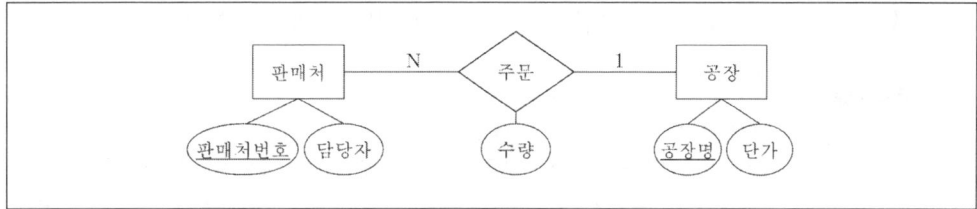

① 판매처(<u>판매처번호</u>, 담당자)
   공장(<u>공장명</u>, 단가, 판매처번호, 수량)
② 판매처(<u>판매처번호</u>, 담당자, 공장명, 수량)
   공장(<u>공장명</u>, 단가)
③ 판매처(<u>판매처번호</u>, 담당자)
   주문(<u>판매처번호</u>, 수량)
   공장(<u>공장명</u>, 단가)
④ 판매처(<u>판매처번호</u>, 담당자)
   주문(<u>공장명</u>, 수량)
   공장(<u>공장명</u>, 단가)

### 해설
② 판매처(<u>판매처번호</u>, 담당자, 공장명, 수량)
   공장(<u>공장명</u>, 단가)

1:N 관계에서는 N측 릴레이션에 1측의 기본키를 외래키로 추가하고, 관계의 속성도 N측에 포함한다.
따라서 판매처(N):공장(1) 관계에서는, 판매처 릴레이션에 공장의 기본키(공장명)를 외래키로 추가하며, 관계의 속성인 수량도 판매처 릴레이션에 포함한다.

Answer ②

## 04 관계 데이터 연산

**50** 데이터베이스 관리시스템(DBMS)에서 질의 처리를 빠르게 수행하기 위해 질의를 최적화한다. 질의 최적화 시에 사용하는 경험적 규칙으로서 알맞지 않은 것은?  
<small>2010 계리직</small>

① 추출(project) 연산은 일찍 수행한다.
② 조인(join) 연산은 가능한 한 일찍 수행한다.
③ 선택(select) 연산은 가능한 한 일찍 수행한다.
④ 중간 결과를 적게 산출하면서 빠른 시간에 결과를 줄 수 있어야 한다.

> **해설**
> ② 조인(join) 연산은 가능한 한 일찍 수행한다.(×)
> → 조인은 비용이 큰 연산이므로 먼저 다른 연산으로 중간 결과 크기를 줄인 후 가능한 늦게 수행한다.
>
> **Answer** ②

**51** 아래의 고객 릴레이션에서 등급이 gold이고 나이가 25 이상인 고객들을 검색하기 위해 기술한 관계대수 표현으로 옳은 것은?  
<small>2022 국가직</small>

〈고객 릴레이션〉

| 고객 | | | | |
|---|---|---|---|---|
| 고객아이디 | 이름 | 나이 | 등급 | 직업 |
| hohoho | 이순신 | 29 | gold | 교사 |
| grace | 홍길동 | 24 | gold | 학생 |
| mango | 삼돌이 | 27 | silver | 학생 |
| juce | 갑순이 | 31 | gold | 공무원 |
| orange | 강감찬 | 23 | silver | 군인 |

〈검색결과〉

| 고객아이디 | 이름 | 나이 | 등급 | 직업 |
|---|---|---|---|---|
| hohoho | 이순신 | 29 | gold | 교사 |
| juce | 갑순이 | 31 | gold | 공무원 |

① $\sigma_{고객}(등급 = \text{'gold'} \wedge 나이 \geq 25)$
② $\sigma_{등급 = \text{'gold'} \wedge 나이 \geq 25}(고객)$
③ $\pi_{고객}(등급 = \text{'gold'} \wedge 나이 \geq 25)$
④ $\pi_{등급 = \text{'gold'} \wedge 나이 \geq 25}(고객)$

> ✏️ 해설
> ② 조건에 만족하는 튜플(행)을 구하는 연산은 셀렉트(SELECT, $\sigma$)이며, 식은 $\sigma$〈조건들〉(릴레이션)으로 표현한다.
>
> Answer  ②

## 52 다음 관계 대수 연산의 수행 결과로 옳은 것은? (단, $\Pi$는 프로젝트, $\sigma$는 실렉트, $\bowtie_N$은 자연 조인을 나타내는 연산자이다)

2014 계리직

관계 대수 : $\Pi_{\text{고객번호, 상품코드}} (\sigma_{\text{가격}<=40}(\text{구매} \bowtie_N \text{상품}))$

구매

| 고객번호 | 상품코드 |
|---|---|
| 100 | P1 |
| 200 | P2 |
| 100 | P3 |
| 100 | P2 |
| 200 | P1 |
| 300 | P2 |

상품

| 상품코드 | 비용 | 가격 |
|---|---|---|
| P1 | 20 | 35 |
| P2 | 50 | 65 |
| P3 | 10 | 27 |
| P4 | 20 | 45 |
| P5 | 30 | 50 |
| P6 | 40 | 55 |

① 
| 고객번호 | 상품코드 |
|---|---|
| 100 | P1 |
| 100 | P3 |

② 
| 고객번호 | 상품코드 |
|---|---|
| 100 | P1 |
| 200 | P1 |

③ 
| 고객번호 | 상품코드 |
|---|---|
| 100 | P1 |
| 100 | P3 |
| 200 | P1 |

④ 
| 고객번호 | 상품코드 |
|---|---|
| 200 | P2 |
| 100 | P2 |
| 300 | P2 |

> **해설**

**1단계** : 구매⋈N상품 (자연 조인)
- 상품코드를 기준으로 구매와 상품 테이블을 조인

| 고객번호 | 상품코드 | 비용 | 가격 |
|---|---|---|---|
| 100 | P1 | 20 | 35 |
| 200 | P2 | 50 | 65 |
| 100 | P3 | 10 | 27 |
| 100 | P2 | 50 | 65 |
| 200 | P1 | 20 | 35 |
| 300 | P2 | 50 | 65 |

**2단계** : $\sigma_{가격<=40}$ (가격 필터링)
- 가격이 40 이하인 튜플만 선택

| 고객번호 | 상품코드 | 비용 | 가격 |
|---|---|---|---|
| 100 | P1 | 20 | 35 |
| 100 | P3 | 10 | 27 |
| 200 | P1 | 20 | 35 |

**3단계** : $\Pi_{고객번호, 상품코드}$ (속성 선택)
고객번호와 상품코드만 추출

| 고객번호 | 상품코드 |
|---|---|
| 100 | P1 |
| 100 | P3 |
| 200 | P1 |

최종 결과는 고객번호와 상품코드만 포함하며, 가격이 40 이하인 거래 내역만 보여준다.

**Answer** ③

## 53. 그림과 같이 S 테이블과 T 테이블이 있을 때, SQL 실행 결과는?

`2023 국가직`

| S | a | b |
|---|---|---|
|   | 1 | 가 |
|   | 2 | 나 |
|   | 3 | 다 |

| T | c | d |
|---|---|---|
|   | 나 | X |
|   | 다 | Y |
|   | 라 | Z |

```
SELECT S.a, S.b, T.d
FROM S
LEFT JOIN T
ON S.b = T.c
```

① 

| a | b | d |
|---|---|---|
| 1 | 가 | (NULL) |
| 2 | 나 | X |
| 3 | 다 | Y |

② 

| a | b | d |
|---|---|---|
| 2 | 나 | X |
| 3 | 다 | Y |
| 1 | 가 | (NULL) |

③ 

| a | b | d |
|---|---|---|
| 1 | 가 | (NULL) |
| 2 | 나 | X |
| 3 | 다 | Y |
| (NULL) | 라 | Z |

④ 

| a | b | d |
|---|---|---|
| 2 | 나 | X |
| 3 | 다 | Y |
| (NULL) | 라 | Z |

### 해설

① Left Join (튜플의 무순서성으로 정답 인정)
② Left Join
③ Full Join
④ Right Join

**Answer** ①②

## 54 다음 릴레이션 R1과 R2에 대한 디비전 연산(R1 ÷ R2)의 결과는?

2023 국가직 DB

| R1 | | |
|---|---|---|
| A1 | A2 | A3 |
| s1 | t1 | u1 |
| s1 | t2 | u1 |
| s2 | t1 | u1 |
| s2 | t1 | u2 |
| s2 | t2 | u2 |
| s3 | t1 | u1 |
| s3 | t1 | u2 |
| s4 | t1 | u1 |
| s5 | t2 | t2 |

| R2 | |
|---|---|
| A2 | A3 |
| t1 | u1 |
| t1 | u2 |

① 
| A1 |
|---|
| s1 |

② 
| A1 |
|---|
| s2 |
| s3 |

③ 
| A1 |
|---|
| s2 |
| s4 |
| s5 |

④ 
| A1 |
|---|
| s1 |
| s2 |
| s3 |
| s4 |
| s5 |

### 해설

디비전 연산은 릴레이션 R1에서 R2의 모든 튜플 조건을 만족하는 R1의 속성 중 R2에 포함되지 않은 속성 값들의 집합을 반환하는 연산이다.
R2의 모든 튜플 조건을 만족하는 A1 값의 교집합으로, 최종 결과는 {s2, s3}이다.

Answer ②

**55** 다음 도서 테이블에 대한 SQL문을 수행하였을 때, 결과 테이블의 튜플 수는? 2023 국가직 DB

| 도서 | | | |
|---|---|---|---|
| 도서번호 | 도서명 | 저자명 | 출판사 |
| 1 | 국어 기초 | Anderson | Blue |
| 2 | 국어 심화 | Bella | White |
| 3 | 국어 심화 | Anderson | White |
| 4 | 영어 기초 | Anderson | White |
| 5 | 영어 심화 | Cooper | Green |
| 6 | 영어 심화 | Cooper | Green |
| 7 | 수학 기초 | Anderson | Green |
| 8 | 수학 기초 | Frank | White |
| 9 | 수학 심화 | Davis | Blue |
| 10 | 수학 심화 | Frank | Red |

```
SELECT DISTINCT 출판사
FROM 도서
WHERE 저자명 = 'Anderson';
```

① 1 　　　　　　　　　② 2
③ 3 　　　　　　　　　④ 4

**해설**
저자명이 'Anderson'인 책이 속한 출판사를 조회하며, 결과는 중복 없이 고유한 출판사 이름만 반환한다.

**Answer** ③

**56** SQL에서 다음 상품 테이블에 대한 ANY와 ALL 연산의 결과로 옳지 않은 것은? 2023 국가직 DB

| 상품 | |
|---|---|
| 상품번호 | 가격 |
| 1 | 25000 |
| 2 | 30000 |
| 3 | 40000 |

① '40000 = ANY (SELECT 가격 FROM 상품)'은 참이다.
② '40000 <> ANY (SELECT 가격 FROM 상품)'은 참이다.
③ '30000 <> ALL (SELECT 가격 FROM 상품)'은 참이다.
④ '30000 > ALL (SELECT 가격 FROM 상품)'은 거짓이다.

**해설**

③ '30000 < > ALL (SELECT 가격 FROM 상품)'은 참이다.(×)
→ 30000은 상품번호 2의 가격과 같으므로 거짓이다.
ALL은 모든 값과 비교해서 참이어야 한다. 하나라도 거짓이면 전체가 거짓이다.

Answer ③

**57** 판매 데이터베이스의 제품과 주문 테이블에서 홍길동 고객이 2회 이상 주문한 제품의 제품명과 제조업체를 검색하는 SQL 명령을 작성할 때, ( ) 안에 들어갈 내용으로 옳은 것은?

2023 소방경채

―――――― 〈판매 데이터베이스의 테이블 스키마〉 ――――――
제품(<u>제품번호</u>, 제품명, 재고량, 단가, 제조업체)
주문(<u>주문번호</u>, 주문고객, 주문제품, 수량, 배송지, 주문일자)

―――――― 〈SQL 명령〉 ――――――
SELECT 제품명, 제조업체
FROM 제품
WHERE 제품번호 ( ㄱ ) ( SELECT 주문제품
　　　　　　　　　　　　FROM 주문
　　　　　　　　　　　　WHERE 주문고객 = '홍길동'
　　　　　　　　　　　　GROUP BY ( ㄴ )
　　　　　　　　　　　　HAVING COUNT(*) >= 2 );

|   | ㄱ | ㄴ |   | ㄱ | ㄴ |
|---|----|----|---|----|----|
| ① | IN | 주문제품 | ② | IN | 주문고객 |
| ③ | = | 주문고객 | ④ | = | 주문제품 |

**해설**

(ㄱ) **IN** : 제품 테이블의 제품번호가 서브쿼리 결과와 일치하는 경우를 찾기 위한 연산자
(ㄴ) **주문제품** : 그룹화 기준이 되는 열이다. 이 쿼리에서는 주문제품별로 주문 횟수를 계산해야 하므로, 주문제품으로 그룹화해야 한다.

Answer ①

## 05 SQL 및 관계 데이터베이스 언어

**58** DDL(Data Definition Language) 명령어에 해당하지 않는 것은?   2024 지방직

① ALTER
② DROP
③ SELECT
④ CREATE

**해설**

③ SELECT
→ SELECT는 데이터 조작어(DML)에 해당하는 명령어이다.
→ 데이터의 검색을 위해 사용되는 명령어이다.

Answer ③

**59** SQL의 명령을 DDL, DML, DCL로 구분할 경우, 이를 바르게 짝지은 것은?   2019 계리직

|   | DDL | DML | DCL |
|---|---|---|---|
| ① | RENAME | SELECT | COMMIT |
| ② | UPDATE | SELECT | GRANT |
| ③ | RENAME | ALTER | COMMIT |
| ④ | UPDATE | ALTER | GRANT |

**해설**

- DDL(데이터 정의어)
  CREATE : 생성 / ALTER : 수정 / DROP : 삭제
  RENAME : 이름 변경 / TRUNCATE : 내용 전체 삭제 (구조 유지, 롤백 불가)
- DML(데이터 조작어)
  SELECT : 검색 / INSERT : 삽입 / UPDATE : 갱신 / DELETE : 삭제
- DCL(데이터 제어어)
  GRANT : 권한 부여 / REVOKE : 권한 취소
  COMMIT : 작업 확정 (변경 내용 저장)
  ROLLBACK : 작업 취소 (변경 내용 원복)

  COMMIT과 ROLLBACK은 TCL(트랜잭션 제어어)로 구분하기도 한다.

Answer ①

## 60 관계형 데이터베이스 언어인 SQL에 대한 설명으로 옳은 것은?

2017 하반기 지방직

① 데이터 정의어(DDL)를 이용하여 데이터를 검색한다.
② 데이터 조작어(DML)를 이용하여 권한을 부여하거나 취소한다.
③ DELETE 문은 테이블을 삭제하는 데 사용한다.
④ SELECT 문에서 FROM 절은 필수 항목이고, WHERE 절은 선택 항목이다.

> **해설**
> ① 데이터 검색(×)
>   → 데이터 정의어(DDL)는 데이터베이스의 논리적, 물리적 구조를 정의하거나 변경할 때 사용하는 언어이다.
>     데이터를 검색할 때는 DML(Data Manipulation Language)의 SELECT 문을 사용한다.
> ② 권한 부여/취소(×)
>   → 데이터 조작어(DML)는 데이터를 조회, 삽입, 수정, 삭제하는 데 사용하는 언어이다.
>     권한 부여나 취소는 DCL(Data Control Language)의 GRANT, REVOKE 문을 이용한다.
> ③ 테이블 삭제(×)
>   → DELETE 문은 테이블의 행(row)을 삭제할 때 사용하는 DML 문이다.
>     테이블 자체를 삭제할 때는 DDL의 DROP 문을 사용한다.

**Answer** ④

## 61 SQL 명령어 중에서 데이터 제어어(DCL)만을 모두 고르면?

2023 국가직 DB

| ㄱ. CREATE | ㄴ. GRANT |
| ㄷ. DROP | ㄹ. REVOKE |

① ㄱ, ㄴ
② ㄴ, ㄹ
③ ㄷ, ㄹ
④ ㄴ, ㄷ, ㄹ

> **해설**
> ㄱ. CREATE
>   → DDL(데이터 정의어)에 속한다. 데이터베이스 객체를 생성하는 명령이다.
> ㄷ. DROP
>   → DDL(데이터 정의어)에 속한다. 데이터베이스 객체를 삭제하는 명령이다.

**Answer** ②

## 62 다음 중 SQL에 대한 설명으로 가장 적절하지 않은 것은?

① SQL은 비절차적 언어이며 다른 언어에 삽입되어 내장 SQL로도 사용 가능하다.
② SQL 뷰(view)는 하나 이상의 테이블로부터 만들어진 가상 테이블이다.
③ SQL ALTER 문을 사용하여 테이블을 변경할 수 있다.
④ SQL 뷰가 정의된 기본 테이블이 변경되어도 뷰는 변경되지 않는다.

2024 군무원

**해설**
④ SQL 뷰가 정의된 기본 테이블이 변경되어도 뷰는 변경되지 않는다.(×)
→ 뷰는 기본 테이블에 종속적이므로, 기본 테이블의 데이터가 변경되면 뷰의 내용도 자동으로 변경된다.

**Answer** ④

## 63 직원(사번, 이름, 입사년도, 부서) 테이블에 대한 SQL문 중 문법적으로 옳은 것은?

① SELECT COUNT(부서) FROM 직원 GROUP 부서;
② SELECT * FROM 직원 WHERE 입사년도 IS NULL;
③ SELECT 이름, 입사년도 FROM 직원 WHERE 이름 = '최%';
④ SELECT 이름, 부서 FROM 직원 WHERE 입사년도 = (2014, 2015);

2016 계리직

**해설**
① SELECT COUNT(부서) FROM 직원 GROUP 부서; (×)
→ 올바른 문법 : GROUP BY 부서
③ SELECT 이름, 입사년도 FROM 직원 WHERE 이름 = '최%'; (×)
→ 올바른 문법 : LIKE '최%'(= 연산자가 아닌 LIKE 사용)
④ SELECT 이름, 부서 FROM 직원 WHERE 입사년도 = (2014, 2015); (×)
→ 올바른 문법 : WHERE 입사년도 IN (2014, 2015)

**Answer** ②

**64** 다음 SQL문을 통해 생성된 학생 테이블에 새로운 속성으로 '나이'를 추가하고자 한다. 이를 위한 SQL문으로 옳은 것은? (단, '나이'의 데이터 타입은 CHAR(3)이다) 2023 국가직 DB

```
CREATE TABLE 학생 (
    학번         CHAR(10)  PRIMARY KEY,
    이름         CHAR(20),
    주소         CHAR(50),
    전화번호     CHAR(13)  );
```

① INSERT INTO 학생 VALUES 나이 CHAR(3);
② ALTER TABLE 학생 INSERT 나이 CHAR(3);
③ ALTER TABLE 학생 ADD CONSTRAINT 나이 CHAR(3);
④ ALTER TABLE 학생 ADD 나이 CHAR(3);

**해설**

① INSERT INTO 학생 VALUES 나이 CHAR(3); (×)
  → INSERT문은 테이블에 데이터를 삽입하는 명령이며, 새로운 속성을 추가할 수 없다.
② ALTER TABLE 학생 INSERT 나이 CHAR(3); (×)
  → ALTER TABLE에서는 INSERT가 아닌 ADD를 사용하여 새로운 속성을 추가한다.
③ ALTER TABLE 학생 ADD CONSTRAINT 나이 CHAR(3); (×)
  → CONSTRAINT는 제약조건을 추가할 때 사용하며, 새로운 속성을 추가할 때는 사용하지 않는다.

Answer ④

**65** 다음 중 데이터 수정을 위한 Update SQL 구문으로 올바른 것은?(단, 테이블의 속성은 2개로 구성됨) 2024 법원직

① UPDATE INTO 테이블_이름[(속성이름1, 속성이름2)] SELECT 속성이름1, 속성이름2;
② UPDATE 테이블_이름 SET 속성이름1 = 값1, 속성이름2 = 값2;
③ UPDATE FROM 테이블_이름 WHERE 속성이름1 = 값1 AND 속성이름2 = 값2;
④ UPDATE 테이블_이름 VALUES('변경값1', '변경값2');

> **해설**
> ① UPDATE INTO 테이블_이름[(속성이름1, 속성이름2)] SELECT 속성이름1, 속성이름2; (×)
>   → UPDATE INTO는 잘못된 구문이다. INTO는 INSERT 문에서 사용된다.
> ③ UPDATE FROM 테이블_이름 WHERE 속성이름1 = 값1 AND 속성이름2 = 값2; (×)
>   → UPDATE 문에서 FROM은 사용하지 않는다. WHERE 절은 SET 절 뒤에 와야 한다.
> ④ UPDATE 테이블_이름 VALUES('변경값1', '변경값2'); (×)
>   → VALUES 절은 INSERT 문에서 사용되며, UPDATE 문에서는 사용할 수 없다.
>
> **Answer** ②

## 66 다음은 〈질의〉를 〈SQL 문〉으로 표현한 것이다. 빈칸 ㉠에 들어갈 내용으로 옳은 것은?

2018 지방교행

〈질의〉
사원 릴레이션에서 사원이 7명 이상인 부서에 대해서 부서명과 평균 급여를 구하시오. (단, 사원 릴레이션의 스키마는 (사원번호, 사원명, 부서명, 급여)이고, 기본키는 사원번호이다.)

〈SQL 문〉
  SELECT 부서명, AVG(급여)
  FROM 사원
  GROUP BY 부서명
  [ ㉠ ] ;

① HAVING CHECK(*)>=7
② HAVING COUNT(*)>=7
③ WHERE CHECK(*)>=7
④ WHERE COUNT(*)>=7

> **해설**
> ① HAVING CHECK(*)>=7 (×)
>   → CHECK는 SQL의 집계 함수가 아니며, 테이블 생성 시 제약조건을 지정할 때 사용한다.
> ③ WHERE CHECK(*)>=7 (×)
>   → WHERE 절은 그룹 함수를 사용할 수 없으며, CHECK는 집계 함수가 아니다.
> ④ WHERE COUNT(*)>=7 (×)
>   → WHERE 절은 개별 레코드를 필터링하는 데 사용되며, 그룹 함수인 COUNT를 사용할 수 없다.
>
> **Answer** ②

**67** MS Access의 데이터베이스를 이용한 성적 테이블에서 적어도 2명 이상이 수강하는 과목에 대해 등록한 학생수와 평균점수를 구하기 위한 SQL 질의문을 작성할 경우 빈칸에 적절한 표현은?

2008 계리직

<테이블명 : 성적>

| 학번 | 과목 | 성적 | 점수 |
|---|---|---|---|
| 100 | 자료구조 | A | 90 |
| 100 | 운영체제 | A | 95 |
| 200 | 운영체제 | B | 85 |
| 300 | 프로그래밍 | A | 90 |
| 300 | 데이터베이스 | C | 75 |
| 300 | 자료구조 | A | 95 |

```
SELECT 과목, COUNT(*) AS 학생수, AVG(점수) AS 평균점수
FROM 성적
GROUP BY 과목 _____
```

① WHERE SUM(학번) >= 2;
② WHERE COUNT(학번) >= 2;
③ HAVING SUM(학번) >= 2;
④ HAVING COUNT(학번) >= 2;

**해설**

① WHERE SUM(학번) >= 2; (×)
→ WHERE는 GROUP BY 이후의 집계 함수 조건에 사용할 수 없다.
② WHERE COUNT(학번) >= 2; (×)
→ 마찬가지로 집계 함수 조건에 WHERE는 사용할 수 없다.
③ HAVING SUM(학번) >= 2; (×)
→ HAVING은 맞지만, 문제의 조건은 학번의 총합(SUM)이 아니라, 학번의 개수(COUNT)를 기준으로 해야 한다.

Answer ④

**68** 다음 SQL 문장 중 구문이 옳은 것은?   2017 국회직

① DELETE FROM STUDENT, ENROL
　　WHERE SNO = 100;
② SELECT COUNT(DISTINCT CNO)
　　FROM ENROL
　　WHERE SNO = 100;
③ SELECT SNO, SNAME
　　FROM STUDENT
　　WHERE DEPT = NULL;
④ INSERT STUDENT INTO VALUES(100, '홍길동', 2, '전산과')
⑤ SELECT DNO, SUM(SNAME)
　　FROM STUDENT
　　GROUP BY DNO
　　WHERE SUM(SNAME)<100;

> **해설**
> ①은 DELETE 문에서 두 개의 테이블을 지정할 수 없다. 올바른 형태는 DELETE FROM STUDENT WHERE SNO = 100이다.
> ③에서는 NULL 값을 비교할 때 = 대신 IS를 사용해야 한다. 올바른 형태는 WHERE DEPT IS NULL이다.
> ④는 INSERT 문의 순서가 잘못되었다. 올바른 형태는 INSERT INTO STUDENT VALUES(100, '홍길동', 2, '전산과')이다.
> ⑤에서는 GROUP BY 절의 조건은 HAVING 절이다. 또한 SUM 함수는 숫자에 사용가능하다.
>
> **Answer** ②

**69** SQL에서는 데이터베이스 검색의 성능 및 편의 향상을 위하여 내장함수를 제공한다. 다음 중 SQL의 내장 집계함수(aggregate function)가 아닌 것은?   2010 계리직

① COUNT
② SUM
③ TOTAL
④ MAX

> **해설**
> SQL의 주요 집계 함수
> - **COUNT** : 행의 개수를 세는 함수
> - **SUM** : 합계를 구하는 함수
> - **MAX** : 최댓값을 구하는 함수
> - **AVG** : 평균을 구하는 함수
> - **MIN** : 최솟값을 구하는 함수
>
> TOTAL은 SQL의 내장 집계함수가 아니다. SUM 함수를 사용하여 합계를 구할 수 있다.
>
> **Answer** ③

**70** 다음 SQL 명령문들의 실행 후 상황에 대한 설명으로 옳은 것은?   2016 국회직

```
CREATE TABLE UWORDS (ID INTEGER PRIMARY KEY, UWORD CHAR(5),
FREQ INTEGER);
INSERT INTO UWORDS VALUES (500, 'THIS', 500);
INSERT INTO UWORDS VALUES (510, 'IS', 600);
INSERT INTO UWORDS VALUES (520, 'TEST', 700);
SELECT UWORD FROM UWORDS WHERE ID > 500;
DELETE FROM UWORDS WHERE FREQ < 600;
COMMIT;
```

① UWORDS 테이블의 레코드(record)의 개수는 3개이다.
② 3개의 레코드가 출력된다.
③ 출력 결과에서 700이란 숫자는 보이지 않는다.
④ UWORDS 테이블의 컬럼(column)의 개수는 2개이다.
⑤ UWORDS 테이블에 TEST라는 단어는 저장되어 있지 않다.

> **해설**
> 각 명령어의 실행 결과는 다음과 같다.
> INSERT : 3개의 레코드 삽입한다.
> SELECT : ID가 500보다 큰 2개의 레코드 중 UWORD 출력한다. (ID와 FREQ는 출력되지 않는다.)
> DELETE : FREQ가 600보다 작은 1개의 레코드 삭제한다.
>
> ① UWORDS 테이블의 레코드(record)의 개수는 3개이다.(×)
>   → DELETE 명령으로 1개의 레코드가 삭제되었으므로 최종적으로 2개의 레코드만 남음
> ② 3개의 레코드가 출력된다.(×)
>   → SELECT 명령은 조건에 따라 2개의 레코드만 출력함
> ④ UWORDS 테이블의 컬럼(column)의 개수는 2개이다.(×)
>   → 테이블 생성 시 3개의 칼럼(ID, UWORD, FREQ)이 정의됨
> ⑤ UWORDS 테이블에 TEST라는 단어는 저장되어 있지 않다.(×)
>   → TEST는 삽입되었고 삭제되지 않았으므로 테이블에 남아 있음
>
> **Answer** ③

## 71. 다음과 같이 '인사'로 시작하는 모든 부서에 속한 직원들의 봉급을 10% 올리고자 SQL문을 작성하였다. ㉠과 ㉡의 내용으로 옳은 것은?

2023 계리직

```
UPDATE 직원
SET 봉급 = 봉급 * 1.1
WHERE 부서번호 ___㉠___ ( SELECT 부서번호
                        FROM 부서
                        WHERE 부서명 ___㉡___ '인사%' )
```

|     | ㉠      | ㉡     |     | ㉠      | ㉡     |
|-----|--------|-------|-----|--------|-------|
| ①   | IN     | LIKE  | ②   | EXISTS | HAVING |
| ③   | AMONG  | LIKE  | ④   | AS     | HAVING |

> **해설**
> ㉠의 위치 : WHERE 절에서 서브쿼리 결과와 비교할 때는 IN 연산자 사용
>             서브쿼리가 반환하는 여러 부서번호 중 하나와 일치하는지 확인
> ㉡의 위치 : 문자열 패턴 매칭을 할 때는 LIKE 연산자 사용
>             '인사%'는 '인사'로 시작하는 모든 문자열을 의미
>
> **Answer** ①

**72** 사원(사번, 이름) 테이블에서 사번이 100인 투플을 삭제하는 SQL문으로 옳은 것은? (단, 사번의 자료형은 INT이고, 이름의 자료형은 CHAR(20)으로 가정한다)  
2014 계리직

① DELETE FROM 사원
   WHERE 사번=100;
② DELETE IN 사원
   WHERE 사번=100;
③ DROP TABLE 사원
   WHERE 사번=100;
④ DROP 사원 COLUMN
   WHERE 사번=100;

> 🖉 해설
> ② DELETE 문에는 IN 대신 FROM을 사용해야 한다.
> ③ DROP TABLE은 테이블 전체를 삭제하며, WHERE 절을 쓰지 않는다.
> ④ DROP COLUMN은 테이블의 칼럼을 삭제하는데, WHERE 절을 쓰지 않는다. 또한 DROP 다음에 COLUMN이 빠져 있다.
>
> **Answer** ①

**73** 고객, 제품, 주문, 배송업체 테이블을 가진 판매 데이터베이스를 SQL을 이용해 구축하고자 한다. 각 테이블이 〈보기〉와 같은 속성을 가진다고 가정할 때, 다음 중 가장 옳지 않은 SQL문은? (단, 밑줄은 기본키를 의미한다.)  
2019 서울시

---| 보기 |---
- 고객(고객아이디, 고객이름, 나이, 등급, 직업, 적립금)
- 제품(제품번호, 제품명, 재고량, 단가, 제조업체)
- 주문(주문번호, 주문제품, 주문고객, 수량, 배송지, 주문일자)
- 배송업체(업체번호, 업체명, 주소, 전화번호)

① 고객 테이블에 가입 날짜를 추가한다. →
   "ALTER TABLE 고객 ADD 가입 날짜 DATE;"
② 주문 테이블에서 배송지를 삭제한다. →
   "ALTER TABLE 주문 DROP COLUMN 배송지;"
③ 고객 테이블에 18세 이상의 고객만 가입 가능하다는 무결성 제약 조건을 추가한다. →
   "ALTER TABLE 고객 ADD CONSTRAINT CHK_AGE CHECK(나이>=18);"
④ 배송업체 테이블을 삭제한다. →
   "ALTER TABLE 배송업체 DROP;"

✏️해설

④ ALTER TABLE 배송업체 DROP; (×)
→ 테이블을 삭제할 때는 DROP TABLE 배송업체; 명령을 사용해야 한다.
  ALTER TABLE은 테이블 구조를 변경할 때 사용하는 명령어이다.

Answer ④

## 74. 다음 SQL(Structured Query Language)문으로 생성한 테이블에 내용을 삽입할 때 올바르게 동작하지 않는 SQL 문장은?

2022 지방직

CREATE TABLE Book (ISBN CHAR(17) PRIMARY KEY,
TITLE VARCHAR(30) NOT NULL, PRICE INT NOT NULL,
PUBDATE DATE, AUTHOR VARCHAR(30));

① INSERT INTO Book (ISBN, TITLE, PRICE, AUTHOR) VALUES ('978-89-8914-892-1', '데이터베이스 개론', 20000, '홍길동');

② INSERT INTO Book VALUES ('978-89-8914-892-2', '데이터베이스 개론', 20000, '2022-06-18', '홍길동');

③ INSERT INTO Book (ISBN, TITLE, PRICE) VALUES ('978-89-8914-892-3', '데이터베이스 개론', 20000);

④ INSERT INTO Book (ISBN, TITLE, AUTHOR) VALUES ('978-89-8914-892-4', '데이터베이스 개론', '홍길동');

✏️해설

④ **오류 발생** : PRICE는 NOT NULL 제약 조건이 있으므로 반드시 값을 제공해야 한다.

Answer ④

**75** 제품 테이블에 대하여 SQL 명령을 실행한 결과가 다음과 같을 때, ㉠과 ㉡에 들어갈 내용을 바르게 연결한 것은?

2021 국가직

〈제품 테이블〉

| 제품ID | 제품이름 | 단가 | 제조업체 |
|---|---|---|---|
| P001 | 나사못 | 100 | A |
| P010 | 망치 | 1,000 | B |
| P011 | 드라이버 | 3,000 | B |
| P020 | 망치 | 1,500 | C |
| P021 | 장갑 | 800 | C |
| P022 | 너트 | 200 | C |
| P030 | 드라이버 | 4,000 | D |
| P031 | 절연테이프 | 500 | D |

〈SQL 명령〉

```
SELECT 제조업체, MAX(단가) AS 최고단가
FROM 제품
GROUP BY ( ㉠ )
HAVING COUNT(*) > ( ㉡ );
```

〈실행 결과〉

| 제조업체 | 최고단가 |
|---|---|
| B | 3,000 |
| C | 1,500 |
| D | 4,000 |

| | ㉠ | ㉡ | | ㉠ | ㉡ |
|---|---|---|---|---|---|
| ① | 제조업체 | 1 | ② | 제조업체 | 2 |
| ③ | 단가 | 1 | ④ | 단가 | 2 |

> **해설**
> GROUP BY 조건 확인
> 실행 결과가 제조업체별로 그룹화되므로 ⊙은 제조업체
>
> HAVING 조건 확인
> COUNT(*)가 1 초과인 제조업체만 포함되므로 ⓒ은 1
>
> Answer ①

**76** 〈보기 1〉의 테이블 R에 대해 〈보기 2〉의 SQL을 수행한 결과로 옳은 것은?  2019 서울시

―| 보기 1 |―

| A | B |
|---|---|
| 3 | 1 |
| 2 | 4 |
| 3 | 2 |
| 2 | 5 |
| 3 | 3 |
| 1 | 5 |

―| 보기 2 |―

SELECT SUM(B) FROM R GROUP BY A
HAVING COUNT(B) = 2;

① 2  
② 5  
③ 6  
④ 9

> **해설**
> 주어진 SQL 문은 A로 그룹화했을 때 B의 개수가 2개인 그룹의 B 합계를 구하는 것이다.
> 데이터에서 A=2인 B의 개수가 2개이고, 이 B그룹의 합계는 9이다.
>
> Answer ④

**77** 관계형 데이터베이스의 표준 질의어인 SQL(Structured Query Language)에서 CREATE TABLE문에 대한 설명으로 옳지 않은 것은?
2014 국가직

① CREATE TABLE문은 테이블 이름을 기술하며 해당 테이블에 속하는 칼럼에 대해서 칼럼이름과 데이터타입을 명시한다.
② PRIMARY KEY절에서는 기본키 속성을 지정한다.
③ FOREIGN KEY절에서는 참조하고 있는 행이 삭제되거나 변경될 때의 옵션으로 NO ACTION, CASCADE, SET NULL, SET DEFAULT 등을 사용할 수 있다.
④ CHECK절은 무결성 제약 조건으로 반드시 UPDATE 키워드와 함께 사용한다.

> **해설**
> ④ CHECK절은 무결성 제약 조건으로 반드시 UPDATE 키워드와 함께 사용한다.(×)
> → CHECK절은 특정 조건을 정의하여 입력 데이터의 무결성을 보장하는 데 사용되며, UPDATE 키워드와는 관련이 없다.
>
> Answer ④

**78** 직원 테이블 emp의 모든 레코드를 근무연수 wyear에 대해서는 내림차순으로, 동일 근무연수에 대해서는 나이 age의 오름차순으로 정렬한 결과를 얻기 위한 SQL 질의문은?

① SELECT * FROM emp ORDER BY age, wyear DESC;
2018 지방직
② SELECT * FROM emp ORDER BY age ASC, wyear;
③ SELECT * FROM emp ORDER BY wyear DESC, age;
④ SELECT * FROM emp ORDER BY wyear, age ASC;

> **해설**
> ①, ②는 age가 먼저 제시되어 조건에 위배된다(먼저 나온 속성이 동일 값인 경우 뒤의 조건이 반영됨).
> ④ wyear를 오름차순으로 정렬해서 wyear 내림차순 조건을 위반한다.
> * 오름차순 옵션 ASC는 생략 가능
>
> Answer ③

**79** 고객계좌 테이블에서 잔고가 100,000원에서 3,000,000원 사이인 고객들의 등급을 '우대고객'으로 변경하고자 〈보기〉와 같은 SQL문을 작성하였다. ⊙과 ⓒ의 내용으로 옳은 것은?

2018 계리직, 2021 해경

| 보기 |
UPDATE 고객계좌
( ⊙ ) 등급 = '우대고객'
WHERE 잔고 ( ⓒ ) 100000 AND 3000000

|     | ⊙      | ⓒ       |     | ⊙      | ⓒ       |
| --- | ------ | ------- | --- | ------ | ------- |
| ①   | SET    | IN      | ②   | SET    | BETWEEN |
| ③   | VALUES | IN      | ④   | VALUES | BETWEEN |

**해설**

⊙ : SET
　SET 키워드를 사용하여 변경하고자 하는 칼럼과 값을 지정한다.
ⓒ : BETWEEN
　BETWEEN 연산자를 사용하여 잔고의 범위를 지정한다.
　'BETWEEN 100000 AND 3000000'과 같이 사용하면 100,000원 이상, 3,000,000원 이하의 범위를 나타낼 수 있다.

Answer ②

**80** 〈보기〉의 테이블(COURSE, STUDENT, ENROLL)을 참조하여 과목 번호 'C413'에 등록하지 않은 학생의 이름을 검색하려고 한다. 〈SQL문 결괏값〉을 도출하기 위한 SQL문으로 옳은 것은?

2024 계리직

┤보기├

〈COURSE Table〉

| Cno | Cname | Credit | Dept | PRname |
|---|---|---|---|---|
| C123 | 프로그래밍 | 3 | 컴퓨터 | 김성국 |
| C312 | 자료구조 | 3 | 컴퓨터 | 황수관 |
| C324 | 화일구조 | 3 | 컴퓨터 | 이규찬 |
| C413 | 데이타베이스 | 3 | 컴퓨터 | 이일로 |
| E412 | 반도체 | 3 | 전자 | 홍봉진 |

〈STUDENT Table〉

| Sno | Sname | Syear | Dept |
|---|---|---|---|
| 100 | 나수영 | 4 | 컴퓨터 |
| 200 | 이찬수 | 3 | 전기 |
| 300 | 정기태 | 1 | 컴퓨터 |
| 400 | 송병길 | 4 | 컴퓨터 |
| 500 | 박종화 | 2 | 산공 |

〈ENROLL Table〉

| Sno | Cno | Grade | Midterm | Final |
|---|---|---|---|---|
| 100 | C413 | A | 90 | 95 |
| 100 | E412 | A | 95 | 95 |
| 200 | C123 | B | 85 | 80 |
| 300 | C312 | A | 90 | 95 |
| 300 | C324 | C | 75 | 75 |
| 300 | C413 | A | 95 | 90 |
| 400 | C312 | A | 90 | 95 |
| 400 | C324 | A | 95 | 90 |
| 400 | C413 | B | 80 | 85 |
| 400 | E412 | C | 65 | 75 |
| 500 | C312 | B | 85 | 80 |

〈SQL문 결괏값〉

| Sname |
|---|
| 이찬수 |
| 박종화 |

① SELECT Sname
　FROM STUDENT
　WHERE Sno NOT IN
　　(SELECT Sno
　　FROM ENROLL
　　WHERE Cno = 'C413');

② SELECT Sname
　FROM STUDENT
　WHERE Sno NOT IN
　　(SELECT Cno
　　FROM ENROLL
　　WHERE Cno = 'C413');

③ SELECT Sname
　FROM STUDENT
　WHERE Sno NOT EXISTS
　　(SELECT Sno
　　FROM ENROLL
　　WHERE Cno = 'C413');

④ SELECT Sname
　FROM STUDENT
　WHERE Sno NOT EXISTS
　　(SELECT Cno
　　FROM ENROLL
　　WHERE Cno = 'C413');

> ✏️ 해설
> ② WHERE절의 서브쿼리에서 Cno를 선택하면 과목번호와 학번을 비교하게 되어 논리적 오류 발생
> ③ NOT EXISTS는 WHERE절 다음에 바로 사용해야 하므로 Sno NOT EXISTS는 문법적으로 잘못된 표현
> ④ Sno(학생 번호)와 관련된 비교 조건이 없어서 논리적 오류 발생
>
> Answer ①

## 81 다음 중 데이터베이스에서 사용하는 뷰(View)에 대한 설명으로 가장 옳지 않은 것은?

2024 해경

① 독자적인 인덱스를 가질 수 있다.
② 사용자의 데이터 관리를 간단하게 한다.
③ 뷰는 삽입, 갱신, 삭제 연산에 제약이 있다.
④ 여러 사용자의 상이한 응용이나 요구를 지원한다.

> ✏️ 해설
> ① 독자적인 인덱스를 가질 수 있다.(×)
>   → 뷰는 실제 데이터를 가지고 있지 않은 가상 테이블이므로 독자적인 인덱스를 가질 수 없다.
>
> Answer ①

## 82 관계형 데이터베이스의 뷰(view)에 대한 장점으로 옳지 않은 것은?

2018 계리직

① 뷰는 데이터의 논리적 독립성을 일정 부분 제공할 수 있다.
② 뷰를 통해 데이터의 접근을 제어함으로써 보안을 제공할 수 있다.
③ 뷰에 대한 연산의 제약이 없어서 효율적인 응용프로그램의 개발이 가능하다.
④ 뷰는 여러 사용자의 상이한 응용이나 요구를 지원할 수 있어서 데이터 관리를 단순하게 한다.

> ✏️ 해설
> ③ 뷰에 대한 연산의 제약이 없어서 효율적인 응용프로그램의 개발이 가능하다.(×)
>   → 뷰는 여러 연산 제약이 있으며, 특히 갱신 연산에 제한이 있다.
>
> Answer ③

## 83 SQL 뷰에 대한 설명으로 옳은 것은?

2023 국가직

① 복잡한 질의를 간단하게 표현할 수 있게 한다.
② 데이터 무결성을 보장하지만 독립성을 제공하지는 않는다.
③ 제거할 때는 DELETE문을 사용한다.
④ 동일한 데이터에 대해 하나의 뷰만 생성 가능하다.

> **해설**
> ② 데이터 무결성을 보장하지만 독립성을 제공하지는 않는다.(×)
>   → 뷰는 논리적 독립성을 제공
>   → 기본 테이블의 구조가 변경되어도 응용 프로그램 수정 불필요
> ③ 제거할 때는 DELETE문을 사용한다.(×)
>   → DELETE가 아닌 DROP VIEW 명령어 사용
>   → DELETE는 데이터 삭제 명령어
> ④ 동일한 데이터에 대해 하나의 뷰만 생성 가능하다.(×)
>   → 동일 데이터에 대해 여러 개의 뷰 생성 가능
>   → 사용자별로 다른 관점의 뷰 제공 가능
>
> **Answer** ①

## 84 데이터베이스에서 사용하는 뷰(view)에 대한 설명으로 옳은 것을 〈보기〉에서 모두 고르면?

2018 국회직

─┤보기├─
ㄱ. 뷰의 정의는 변경할 수 없다.
ㄴ. 뷰는 삽입, 갱신, 삭제 연산에 제약이 있다.
ㄷ. 뷰 위에 다른 뷰를 정의할 수 없다.
ㄹ. 뷰가 정의된 테이블이 삭제되더라도 뷰는 남는다.
ㅁ. 뷰는 물리적으로 구현되는 테이블이다.

① ㄱ, ㄴ  ② ㄱ, ㅁ  ③ ㄴ, ㄷ
④ ㄷ, ㄹ  ⑤ ㄹ, ㅁ

> **해설**
> ㄷ. 뷰 위에 다른 뷰를 정의할 수 없다.(×)
>   → 뷰를 기반으로 새로운 뷰를 정의하는 것이 가능하다.
> ㄹ. 뷰가 정의된 테이블이 삭제되더라도 뷰는 남는다.(×)
>   → 기본 테이블이 삭제되면 해당 테이블을 기반으로 한 뷰도 함께 삭제된다.
> ㅁ. 뷰는 물리적으로 구현되는 테이블이다.(×)
>   → 뷰는 물리적으로 저장되지 않는 가상 테이블이다.
>
> **Answer** ①

## 85 뷰(view)에 대한 설명으로 옳지 않은 것은?

2017 국회직

① 뷰는 독자적인 인덱스를 가질 수 없다.
② 뷰의 정의를 변경하기 위해 ALTER 문을 사용할 수 있다.
③ 뷰의 정의만 시스템 카탈로그에 저장하였다가 필요시 실행시간에 테이블을 구축한다.
④ 데이터에 대한 보안을 제공한다.
⑤ 뷰는 또 다른 뷰의 정의에 사용될 수 있다.

> **해설**
> ② 뷰의 정의를 변경하기 위해 ALTER 문을 사용할 수 있다.(×)
> → 뷰의 정의를 변경하기 위해서는 DROP VIEW로 삭제 후 CREATE VIEW로 재생성해야 한다. ALTER 문으로는 변경할 수 없다.
>
> **Answer** ②

## 86 도서관 데이터베이스의 도서 테이블이 '도서ID', '도서명', '대출횟수'를 포함하여 총 30개의 속성으로 구성되어 있다. 100번 이상 대출된 도서만을 대상으로 별도의 서비스를 준비하기 위해 다음과 같이 '인기도서' 뷰를 생성하였을 때 이에 대한 설명으로 옳지 않은 것은? (단, 도서 테이블의 기본키는 '도서ID'이며, 도서 테이블에 '도서ID'가 123인 레코드는 저장되어 있지 않다)

2023 국가직 DB

```
CREATE VIEW 인기도서
AS SELECT 도서ID, 도서명, 대출횟수
    FROM 도서 WHERE 대출횟수 >= 100
WITH CHECK OPTION;
```

① '인기도서' 뷰를 정의할 때 도서 테이블에서 보안이 필요한 속성들은 제외함으로써 보안성을 높일 수 있다.
② '인기도서' 뷰를 삭제하더라도 도서 테이블은 삭제되지 않는다.
③ 'SELECT 도서명 FROM 인기도서 WHERE 대출횟수 <= 500;'을 수행하면 100번 이상 500번 이하 대출된 도서의 '도서명'이 검색된다.
④ 'INSERT INTO 인기도서 VALUES(123, '데이터베이스', 5);'를 수행하면 도서 테이블에 레코드가 추가된다.

> **✏️해설**
> ④ 'INSERT INTO 인기도서 VALUES(123, '데이터베이스', 5);'를 수행하면 도서 테이블에 레코드가 추가된다. (×)
>   → WITH CHECK OPTION 때문에 뷰의 조건(대출횟수 >= 100)을 위반하는 데이터는 삽입될 수 없다.
>
> **Answer** ④

**87** 뷰에 대한 설명으로 옳지 않은 것은?  2024 국가직 DB

① 뷰를 생성하는 질의가 수행되면 결과 데이터가 물리적 저장 장치에 저장된다.
② 하나의 테이블로 여러 개의 상이한 뷰를 정의할 수 있다.
③ 뷰는 데이터의 접근을 제어함으로써 보안을 제공할 수 있다.
④ DROP 문을 이용해 뷰를 삭제할 수 있다.

> **✏️해설**
> ① 뷰를 생성하는 질의가 수행되면 결과 데이터가 물리적 저장 장치에 저장된다. (×)
>   → 뷰는 물리적으로 데이터를 저장하지 않는 가상 테이블이다. 뷰 정의만 시스템 카탈로그에 저장된다.
>
> **Answer** ①

## 06 정규화

**88** 데이터베이스 설계 시에 양질의 데이터베이스를 구축하기 위하여 데이터베이스 릴레이션을 정규화한다. 이때 고려해야 할 사항과 가장 관련이 없는 것은?  2010 계리직

① 원하지 않는 데이터의 중복을 제거한다.
② 원하지 않는 데이터의 종속을 제거한다.
③ 한 릴레이션 내의 속성들 간의 관계를 고려한다.
④ 한 릴레이션 내의 투플들 간의 관계를 고려한다.

> **✏️해설**
> ④ 한 릴레이션 내의 투플들 간의 관계를 고려한다. (×)
>   → 정규화는 속성들 간의 관계를 고려하는 것이다. 투플(행) 간의 관계는 정규화 대상이 아니다.
>
> **Answer** ④

## 89
〈보기〉는 관계형 데이터베이스의 정규화 작업을 설명한 것이다. 제1정규형, 제2정규형, 제3정규형, BCNF를 생성하는 정규화 작업을 순서대로 나열한 것은? 〔2016 계리직〕

―| 보기 |―
ㄱ. 결정자가 후보키가 아닌 함수 종속성을 제거한다.
ㄴ. 부분 함수 종속성을 제거한다.
ㄷ. 속성을 원자값만 갖도록 분해한다.
ㄹ. 이행적 함수 종속성을 제거한다.

① ㄱ → ㄴ → ㄷ → ㄹ
② ㄱ → ㄷ → ㄹ → ㄴ
③ ㄷ → ㄱ → ㄴ → ㄹ
④ ㄷ → ㄴ → ㄹ → ㄱ

### 해설
정규화 과정의 순서를 단계별로 분석하면 다음과 같다.
**제1정규형(1NF)** : 모든 속성이 원자값을 가져야 함
→ ㄷ. 속성을 원자값만 갖도록 분해
**제2정규형(2NF)** : 부분 함수적 종속 제거(모든 칼럼이 완전 함수 종속)
→ ㄴ. 부분 함수 종속성을 제거
**제3정규형(3NF)** : 이행적 함수 종속 제거(기본키가 아닌 속성은 기본키에 종속)
→ ㄹ. 이행적 함수 종속성을 제거
**BCNF** : 결정자가 후보키가 아닌 함수적 종속 제거
→ ㄱ. 결정자가 후보키가 아닌 함수 종속성을 제거

**Answer** ④

## 90
관계형 데이터베이스에서 불필요한 정보 중복으로 인한 문제점이 없도록 릴레이션(relation)을 작게 분해하는 과정을 의미하는 것은? 〔2014 국회직〕

① 조인(join)
② 인덱싱
③ 정규화(normalization)
④ 증분 백업(incremental backup)
⑤ 스키마 변환

### 해설
① 조인(join)
→ 분리된 릴레이션들을 공통 속성을 기준으로 결합하는 연산이다.
② 인덱싱
→ 데이터베이스의 검색 성능을 향상시키기 위해 별도의 색인을 만드는 기법이다.
④ 증분 백업(incremental backup)
→ 마지막 백업 이후 변경된 데이터만을 백업하는 방식이다.
⑤ 스키마 변환
· 데이터베이스의 **구조**를 변경하는 것을 의미한다.

**Answer** ③

**91** 관계형 데이터베이스 설계에서의 정규화에 대한 설명으로 옳지 않은 것은?  2016 지방직

① 질의처리 성능 향상을 위해 비효율적인 릴레이션들을 병합하는 과정이다.
② 데이터 중복을 감소시켜 저장 공간의 효율성을 향상시킨다.
③ 삽입, 삭제, 수정 시 발생할 수 있는 이상(anomaly) 현상을 제거한다.
④ 정규형에는 1NF, 2NF, 3NF, BCNF, 4NF, 5NF 등이 있다.

> **해설**
> ① 질의처리 성능 향상을 위해 비효율적인 릴레이션들을 병합하는 과정이다.(×)
> → 정규화는 릴레이션을 분해하는 과정이지 병합하는 과정이 아니다. 오히려 정규화로 인해 릴레이션이 분해되어 조인 연산이 증가할 수 있다.
>
> Answer ①

**92** 관계형 데이터베이스(relational database)에 대한 설명으로 옳은 것을 〈보기〉에서 모두 고르면?  2018 국회직

―| 보기 |―
ㄱ. 스키마 변환 시 정보의 무손실, 자료 중복의 감소, 관련된 구조 간의 통합의 원칙을 준수하여야 한다.
ㄴ. 관계대수(relational algebra)의 연산에서 피연산자는 모두 릴레이션이지만 연산결과는 릴레이션이 아니다.
ㄷ. 릴레이션에 연산을 수행 시 삽입이상(insertion anomaly), 삭제이상(deletion anomaly), 갱신이상(update anomaly)이 발생할 수 있다.
ㄹ. 튜플을 구성하는 속성 사이에 존재하는 종속관계를 고려하지 않고 하나의 릴레이션으로 표현하여 이상(anomaly)을 해결할 수 있다.
ㅁ. 릴레이션이 여러 속성을 표현할 때 이를 작게 분해(decomposition)하는 과정을 정규화(normalization)라고 한다.
ㅂ. 릴레이션들은 관계대수(relational algebra)로 조작이 가능하다.

① ㄱ, ㄴ, ㄷ
② ㄴ, ㄷ, ㄹ
③ ㄴ, ㄹ, ㅁ
④ ㄷ, ㄹ, ㅂ
⑤ ㄷ, ㅁ, ㅂ

### 해설
ㄱ. 스키마 변환 시 정보의 무손실, 자료 중복의 감소, 관련된 구조 간의 통합의 원칙을 준수하여야 한다.(×)
  → 관련된 구조 간의 '통합'이 아닌 '분리'의 원칙을 준수해야 한다.
ㄴ. 관계대수의 연산결과는 릴레이션이 아니다.(×)
  → 관계대수 연산의 결과도 릴레이션이다.
ㄹ. 속성 사이에 존재하는 종속관계를 고려하지 않고 이상을 해결할 수 있다.(×)
  → 속성간 종속관계를 고려하여 정규화해야 이상현상을 해결할 수 있다.

**Answer** ⑤

---

**93** 다음 데이터베이스 스키마에 대한 설명으로 옳지 않은 것은? (단, 밑줄이 있는 속성은 그 릴레이션의 기본키를, 화살표는 외래키 관계를 의미한다)

*2015 지방직*

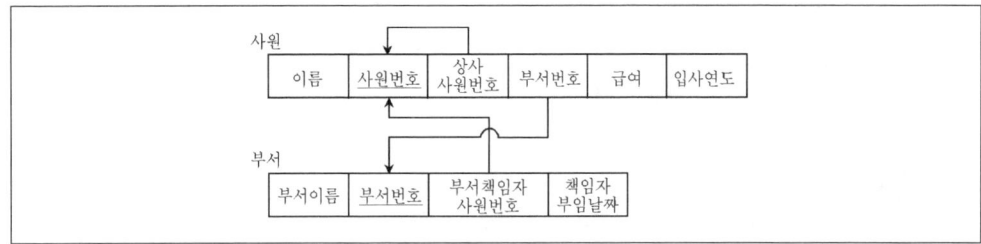

① 외래키는 동일한 릴레이션을 참조할 수 있다.
② 사원 릴레이션의 부서번호는 부서 릴레이션의 부서번호 값 중 하나 혹은 널이어야 한다는 제약조건은 참조무결성을 의미한다.
③ 신입사원을 사원 릴레이션에 추가할 때 그 사원의 사원번호는 반드시 기존 사원의 사원번호와 같지 않아야 한다는 제약조건은 제1정규형의 원자성과 관계있다.
④ 부서 릴레이션의 책임자부임날짜는 반드시 그 부서책임자의 입사연도 이후이어야 한다는 제약조건을 위해 트리거(trigger)와 주장(assertion)을 사용할 수 있다.

### 해설
③ 신입사원을 사원 릴레이션에 추가할 때 그 사원의 사원번호는 반드시 기존 사원의 사원번호와 같지 않아야 한다는 제약조건은 제1정규형의 원자성과 관계있다.(×)
  → 이는 제1정규형의 원자성이 아닌, 기본키의 '유일성' 제약조건과 관련 있다.
    원자성은 속성값이 더 이상 분해될 수 없는 단일값을 가져야 한다는 것을 의미한다.

* 트리거(Trigger)와 주장(Assertion)은 데이터베이스의 무결성을 유지하기 위한 방법이다.
* **트리거** : 특정 이벤트(삽입, 수정, 삭제)가 발생할 때 자동으로 실행되는 프로시저
  데이터 변경 전후로 특정 작업을 자동 수행
  예 재고가 부족할 때 자동 주문
* **주장(Assertion)** : 데이터베이스가 항상 만족해야 하는 제약조건을 명시
  복잡한 무결성 제약조건을 표현할 때 사용
  예 부서장 부임날짜는 입사일보다 늦어야 함

**Answer** ③

**94** 다음은 속성(attribute) A, B, C, D와 4개의 투플(tuple)로 구성되고 두 개의 함수 종속 AB → C, A → D를 만족하는 릴레이션을 나타낸다. ㉠과 ㉡에 들어갈 수 있는 속성 값이 옳게 짝지어진 것은? (단, A 속성의 도메인은 {a1, a2, a3, a4}이고, D 속성의 도메인은 {d1, d2, d3, d4, d5}이다)

2017 지방직

| A | B | C | D |
|---|---|---|---|
| a1 | b1 | c1 | d1 |
| a1 | b2 | c2 | ㉠ |
| ㉡ | b1 | c1 | d3 |
| a4 | b1 | c4 | d4 |

|   | ㉠ | ㉡ |   | ㉠ | ㉡ |
|---|---|---|---|---|---|
| ① | d1 | a1 | ② | d1 | a2 또는 a3 |
| ③ | d5 | a2 또는 a4 | ④ | d4 | a4 |

> **해설**
> 함수 종속성에 따른 제약조건을 확인하면 다음과 같다.
> A→D 종속성 검사:
> 첫 번째 행에서 A=a1, D=d1
> 따라서 ㉠은 반드시 d1
>
> AB→C 종속성 검사:
> ㉡이 a1이면 A→D 종속성 위배
> ㉡이 a4면 AB→C 종속성 위배
> 따라서 ㉡은 a2나 a3
>
> **Answer** ②

**95** 릴레이션 R={A, B, C, D, E}이 함수적 종속성들의 집합 FD = {A → C, {A, B} → D, D → E, {A, B} → E}를 만족할 때, R이 속할 수 있는 가장 높은 차수의 정규형으로 옳은 것은? (단, 기본키는 복합속성 {A, B}이고, 릴레이션 R의 속성 값은 더 이상 분해될 수 없는 원자 값으로만 구성된다)

2019 지방직

① 제1정규형
② 제2정규형
③ 제3정규형
④ 보이스/코드 정규형

> **해설**
>
> 기본키는 {A, B}
> 모든 속성이 원자값 → 1NF 만족
> **함수적 종속성** : A → C, {A, B} → D, D → E, {A, B} → E
>
> **2NF 검사** : A → C에서 부분 함수적 종속 존재 (기본키 {A, B}의 일부인 A만으로 C 결정)
> 2NF 위배
>
> **3NF와 BCNF 검사**
> **불필요** : 이미 2NF를 만족하지 않으므로 더 높은 정규형 검사 불필요
>
> 릴레이션 R은 1NF는 만족하지만 2NF는 만족하지 않음
> 따라서 가장 높은 정규형은 제1정규형(1NF)
>
> Answer ①

**96** 릴레이션 스키마 R(A, B, C, D, E, F)에서 함수적 종속이 다음과 같을 때, 제3 정규형을 만족하도록 R을 분해한 것으로 옳은 것은? (단, R의 기본키는 (A, B)이다.)  2018 지방교행

{ (A, B) → C,  B → D,  A → E,  E → F }

① R1(A, B, C, D)
　 R2(A, E)
　 R3(E, F)

② R1(A, B, C)
　 R2(B, D)
　 R3(A, E, F)

③ R1(A, B, C)
　 R2(B, D)
　 R3(A, E)
　 R4(E, F)

④ R1(A, C)
　 R2(B, C)
　 R3(B, D)
　 R4(A, E, F)

> **해설**
>
> ① R1(A, B, C, D), R2(A, E), R3(E, F)
> 　→ R1에서 B → D 부분 종속이 존재하여 2NF를 위반한다.
> ② R1(A, B, C), R2(B, D), R3(A, E, F)
> 　→ R3에서 A → E → F 이행적 종속이 존재하여 3NF를 위반한다.
> ④ R1(A, C), R2(B, C), R3(B, D), R4(A, E, F)
> 　→ R4에서 A → E → F 이행적 종속이 존재하여 3NF를 위반한다.
>
> Answer ③

## 97 다음에서 설명하는 모든 조건을 만족하는 릴레이션 R의 정규형은?

2024 국가직 DB

- 릴레이션 R의 함수 종속 관계에서 기본키가 아닌 모든 속성들이 기본키에 이행적 함수 종속이 아니다.
- 릴레이션 R에 속한 모든 속성의 도메인이 원잣값만으로 되어 있으며, 기본키가 아닌 모든 속성이 기본키에 완전 함수 종속이다.
- 릴레이션 R의 함수 종속 관계에서 결정자(determinant) 중에 후보키가 아닌 것이 포함되어 있을 수 있다.

① 제2정규형
② 제3정규형
③ 제4정규형
④ BCNF

### 해설

1정규형(1NF)의 조건(원잣값 조건)을 만족
2정규형(2NF)의 조건(완전 함수 종속)을 만족
3정규형(3NF)의 조건(이행적 함수 종속)을 만족
BCNF의 조건(모든 결정자가 반드시 후보키)을 위배

**Answer** ②

## 98 어떤 릴레이션 R(A, B, C, D)이 복합 애트리뷰트 (A, B)를 기본키로 가지고, 함수 종속이 다음과 같을 때 이 릴레이션 R은 어떤 정규형에 속하는가?

2014 계리직

$$\{A, B\} \to C, D$$
$$B \to C$$
$$C \to D$$

① 제1정규형
② 제2정규형
③ 제3정규형
④ 보이스-코드 정규형(BCNF)

### 해설

기본키 {A, B}에 대해 부분 함수적 종속이 존재
B → C (B가 기본키의 부분집합)
C → D (이행적 종속)

**정규형 판단**
도메인이 원자값이면 1NF
부분 종속이 있어 2NF 위반
따라서 1NF

**Answer** ①

**99** 보이스 코드 정규형(BCNF : Boyce-Codd Normal Form)을 만족하기 위한 조건에 해당하지 않는 것은?

2019 국가직

① 조인(join) 종속성이 없어야 한다.
② 모든 속성 값이 원자 값(atomic value)을 가져야 한다.
③ 이행적 함수 종속성이 없어야 한다.
④ 기본 키가 아닌 속성이 기본 키에 완전 함수 종속적이어야 한다.

> **해설**
> ① 조인 종속성은 제5정규형(5NF)의 조건이다.
>
> Answer ①

**100** 역정규화(denormalization)에 대한 설명으로 옳지 않은 것은?

2023 국가직 DB

① 중복된 데이터를 일관성 있게 유지하기 위한 추가적인 작업이 필요하다.
② 갱신 시간이 중요한(time critical) 연산을 지원하기 위해 사용된다.
③ 더 높은 정규형 릴레이션들을 조인한 결과를 저장하여 더 낮은 정규형으로 되돌아가는 과정이다.
④ 여러 테이블을 결합하는 데 시간이 오래 걸리는 경우, 역정규화를 통해 검색 시간을 단축할 수 있다.

> **해설**
> ② 갱신 시간이 중요한(time critical) 연산을 지원하기 위해 사용된다.(×)
>   → 역정규화는 조회(검색) 시간이 중요한 경우에 사용한다. 갱신 시간은 오히려 증가한다.
>
> Answer ②

## 07 트랜잭션

**101** 트랜잭션이 정상적으로 완료(commit)되거나, 중단(abort)되었을 때 롤백(rollback)되어야 하는 트랜잭션의 성질은?

2017 국가직

① 원자성(atomicity)
② 일관성(consistency)
③ 격리성(isolation)
④ 영속성(durability)

> **해설**
> ① 원자성(Atomicity)
> → All or Nothing. 트랜잭션의 모든 연산이 완전히 수행되거나(commit), 전혀 수행되지 않은 것(rollback)처럼 되돌려져야 한다.
>
> 트랜잭션의 나머지 ACID 특성
> • **일관성(Consistency)** : 트랜잭션 수행 후 데이터베이스는 일관된 상태를 유지해야 함
> • **격리성(Isolation)** : 동시에 실행되는 트랜잭션들이 서로 영향을 미치지 않아야 함
> • **지속성(Durability)** : 성공적으로 완료된 트랜잭션의 결과는 영구적으로 보존되어야 함
>
> **Answer** ①

**102** 트랜잭션의 특성과 이에 대한 설명으로 옳지 않은 것은?

2012 계리직

① 원자성(atomicity) : 트랜잭션은 완전히 수행되거나 전혀 수행되지 않아야 한다.
② 일관성(consistency) : 트랜잭션을 완전히 실행하면 데이터베이스를 하나의 일관된 상태에서 다른 일관된 상태로 바꿔야 한다.
③ 고립성(isolation) : 하나의 트랜잭션의 실행은 동시에 실행 중인 다른 트랜잭션의 간섭을 받아서는 안 된다.
④ 종속성(dependency) : 완료한 트랜잭션에 의해 데이터베이스에 가해진 변경은 어떠한 고장에도 손실되지 않아야 한다.

> **해설**
> 트랜잭션의 특성(ACID)
> ① **원자성(Automicity)** : 트랜잭션에 포함된 오퍼레이션(작업)들은 모두 수행되거나, 아니면 전혀 수행되지 않아야 한다.
> ② **일관성(Consistency)** : 트랜잭션이 성공적으로 완료되면, 일관성 있는 상태로 있어야 한다.
> ③ **고립성, 독립성(Isolation)** : 각 트랜잭션은 독립적으로 수행되고, 실행 중 다른 트랜잭션이 끼어들지 않아야 한다.
> ④ **지속성(Durability)** : 성공적으로 수행된 트랜잭션의 결과는 계속해서 유지되어야 한다.
>
> **Answer** ④

## 103 데이터베이스에서 트랜잭션에 대한 설명 중 다음의 특성이 의미하는 것으로 옳은 것은?

2018 국회직

> 각 트랜잭션은 다른 트랜잭션과 독립적으로 수행되는 것처럼 보여야 하며, 다른 트랜잭션에 영향을 미치지 않는다.

① 고립성(Isolation)
② 일관성(Consistency)
③ 원자성(Atomicity)
④ 지속성(Durability)
⑤ 투명성(Transparency)

**해설**

① 고립성/격리성(Isolation)
→ 여러 트랜잭션이 동시에 수행될 때, 각각의 트랜잭션은 서로 간섭 없이 독립적으로 수행되어야 한다.

트랜잭션의 나머지 ACID 특성
- 원자성(Atomicity) : 트랜잭션은 모두 수행되거나 전혀 수행되지 않아야 함
- 일관성(Consistency) : 트랜잭션 수행 후 데이터베이스는 일관된 상태를 유지해야 함
- 지속성(Durability) : 성공적으로 완료된 트랜잭션의 결과는 영구적으로 보존되어야 함

Answer ①

## 104 데이터베이스 트랜잭션이 올바르게 수행된다는 것을 보장하기 위해 지원해야 하는 트랜잭션 성질에 대한 설명으로 옳지 않은 것은?

2024 국가직 DB

① 각 트랜잭션의 모든 연산이 정상적으로 수행 완료되거나, 아니면 어떠한 연산도 수행되지 않은 원래 상태가 되어야 한다.
② 트랜잭션이 그 실행을 성공적으로 완료하면 언제나 일관성 있는 데이터베이스 상태로 변환한다.
③ 트랜잭션이 성공적으로 끝난 뒤에는, 시스템에 오류가 발생하더라도 트랜잭션에 의해 변경된 데이터베이스 내용은 계속 유지되어야 한다.
④ 트랜잭션이 실행되는 동안의 값은 다른 트랜잭션이 접근할 수 있어야 한다.

**해설**

④ 트랜잭션이 실행되는 동안의 값은 다른 트랜잭션이 접근할 수 있어야 한다. (×)
→ 트랜잭션 수행 중간 결과는 다른 트랜잭션이 접근할 수 없어야 한다. 각 트랜잭션은 서로 독립적으로 수행되어야 한다.

Answer ④

## 105 다음 〈보기〉 중 트랜잭션의 ACID 특성에 해당되는 것을 나열한 것으로 옳은 것은?

2019 국회직

―| 보기 |―
ㄱ. 하나의 트랜잭션은 부분적으로 반영될 수 있다.
ㄴ. 완료된 트랜잭션의 결과는 시스템의 장애 등이 발생해도 손실되지 않는다.
ㄷ. 트랜잭션 실행이 완료되면 언제나 일관성 있는 데이터베이스 상태로 유지되어야 한다.
ㄹ. 트랜잭션이 갱신 중인 데이터에 다른 트랜잭션이 접근할 수 있다.

① ㄱ, ㄴ   ② ㄱ, ㄷ   ③ ㄴ, ㄷ
④ ㄴ, ㄹ   ⑤ ㄷ, ㄹ

> **해설**
> ㄱ. 하나의 트랜잭션은 부분적으로 반영될 수 있다.(×)
>    → 원자성(Atomicity)에 위배됨
>    → 트랜잭션은 전부 또는 전무(all or nothing) 원칙이 적용됨
> ㄹ. 트랜잭션이 갱신 중인 데이터에 다른 트랜잭션이 접근할 수 있다.(×)
>    → 격리성(Isolation)에 위배됨
>    → 다른 트랜잭션의 중간 결과를 볼 수 없어야 함
>
> **Answer** ③

## 106 트랜잭션의 특성(ACID)에 대한 설명으로 옳지 않은 것은?

2024 계리직

① 지속성(durability) : 트랜잭션이 실행을 성공적으로 완료하면 결과는 영속적이다.
② 일관성(consistency) : 트랜잭션이 실행을 성공적으로 완료하면 언제나 일관성 있는 데이터베이스 상태로 변환한다.
③ 원자성(atomicity) : 트랜잭션은 전체 또는 일부 실행만으로도 트랜잭션의 기능을 갖는다.
④ 고립성(isolation) : 트랜잭션 실행 중에 있는 연산의 중간 결과는 다른 트랜잭션이 접근할 수 없다.

> **해설**
> ③ **원자성(atomicity)** : 트랜잭션은 전체 또는 일부 실행만으로도 트랜잭션의 기능을 갖는다.(×)
>    → 트랜잭션은 반드시 전체가 성공적으로 완료되어야 하며, 일부만 실행되는 것은 허용되지 않는다.
>
> **Answer** ③

## 107  DBMS에서의 병행 수행 및 병행 제어에 대한 설명으로 옳은 것은?  2024 국가직

① 2단계 로킹 규약을 적용하면 트랜잭션 스케줄의 직렬 가능성을 보장할 수 있으나 교착 상태가 발생할 수도 있다.
② 트랜잭션이 데이터에 공용 lock 연산을 수행하면 해당 데이터에 read, write 연산을 모두 수행할 수 있다.
③ 연쇄 복귀는 하나의 트랜잭션이 여러 개의 데이터 변경 연산을 수행할 때 일관성 없는 상태의 데이터베이스에서 데이터를 가져와 연산을 수행함으로써 모순된 결과가 발생하는 것이다.
④ 갱신 분실은 트랜잭션이 완료되기 전에 장애가 발생하여 rollback 연산을 수행하면, 이 트랜잭션이 장애 발생 전에 변경한 데이터를 가져가 변경 연산을 수행한 또 다른 트랜잭션에도 rollback 연산을 수행하여야 한다는 것이다.

> **해설**
> ② 트랜잭션이 데이터에 공용 lock 연산을 수행하면 해당 데이터에 read, write 연산을 모두 수행할 수 있다.(×)
>   → 공용 lock(Shared Lock)은 읽기(Read)만 허용하며, 쓰기(Write)는 허용되지 않음
> ③ 연쇄 복귀는 하나의 트랜잭션이 여러 개의 데이터 변경 연산을 수행할 때 일관성 없는 상태의 데이터베이스에서 데이터를 가져와 연산을 수행함으로써 모순된 결과가 발생하는 것이다.(×)
>   → 연쇄 복귀는 하나의 트랜잭션이 Rollback될 때, 이를 참조한 다른 트랜잭션들도 Rollback되어야 하는 상황을 말함
> ④ 갱신 분실은 트랜잭션이 완료되기 전에 장애가 발생하여 rollback 연산을 수행하면, 이 트랜잭션이 장애 발생 전에 변경한 데이터를 가져가 변경 연산을 수행한 또 다른 트랜잭션에도 rollback 연산을 수행하여야 한다는 것이다.(×)
>   → 갱신 분실(Lost Update)은 두 트랜잭션이 같은 데이터를 동시에 수정할 때, 하나의 수정 결과가 다른 수정 결과에 의해 덮어씌워져 손실되는 상황을 말함
>
> **Answer** ①

## 108  데이터베이스 회복(recovery) 기법에 대한 설명으로 옳은 것은?  2023 국가직 DB

① 트랜잭션이 갱신한 캐시 버퍼 페이지를 트랜잭션이 완료되기 전에 디스크에 기록할 수 있는 방식을 steal이라고 한다.
② 트랜잭션이 갱신한 모든 페이지가 트랜잭션이 완료되기 전에 즉시 디스크에 반영되는 것을 no-force 방식이라고 한다.
③ 지연갱신을 기반으로 하는 회복 기법에서 로그 레코드는 〈트랜잭션 ID, 데이터 아이템, 변경 이전 값〉의 형식을 갖는다.
④ 즉시갱신에 기반을 둔 회복 기법은 NO-UNDO/REDO에 의해 수행된다.

> **해설**
> ② no-force(×)
>   → force는 트랜잭션 완료 시 모든 변경사항을 즉시 디스크에 반영하는 정책이다. no-force는 즉시 반영하지 않아도 되는 정책이다.
> ③ 지연갱신의 로그 레코드(×)
>   → 지연갱신의 로그 레코드는 〈트랜잭션 ID, 데이터 아이템, 변경 후 값〉의 형식을 가진다.
> ④ 즉시갱신의 회복 기법(×)
>   → 즉시갱신은 UNDO/REDO 방식으로 수행된다. NO-UNDO/REDO는 지연갱신 회복 기법이다.
>
> **Answer** ①

**109** 다음은 A고객의 포인트 1000점을 B고객에게 전송하는 SQL문이다. 이 SQL문을 하나의 트랜잭션으로 처리할 때 이에 대한 설명으로 옳지 않은 것은? (단, A고객과 B고객의 'ID'는 각각 123과 456이며, 트랜잭션 수행 전 '포인트'는 각각 5000과 200이다)   2023 국가직 DB

```
UPDATE 고객
    SET 포인트 = 포인트 - 1000
    WHERE ID = 123;  ……………  (가)
UPDATE 고객
    SET 포인트 = 포인트 + 1000
    WHERE ID = 456;  ……………  (나)
```

① 동시 공유라는 데이터베이스의 특성으로 인해 (가)까지 수행된 결과를 다른 트랜잭션에서 접근할 수 있도록 허용해야 한다.
② (가)까지 수행한 직후 시스템이 다운되었다면, 시스템이 재가동된 후에 고객 테이블에서 A고객의 포인트는 5000점으로 되돌려야 한다.
③ 트랜잭션이 (나)까지 성공적으로 수행된 후에 고객 테이블에서 A고객과 B고객의 포인트 합은 5200점이다.
④ 트랜잭션이 (나)까지 성공적으로 완료되면 A고객과 B고객의 포인트 변경 결과는 장애가 발생하더라도 손실되지 않도록 보장되어야 한다.

> **해설**
> ① 동시 공유 특성과 트랜잭션 수행 결과 접근(×)
>   → 트랜잭션의 독립성(isolation) 특성에 따라 트랜잭션이 완전히 수행되기 전까지는 다른 트랜잭션에서 중간 결과를 볼 수 없다.
>
> **Answer** ①

**110** 지연갱신(deferred update)을 기반으로 한 회복기법을 사용하는 DBMS에서 다음과 같은 로그 레코드가 생성되었다. 시스템 실패가 발생하여 DBMS가 재시작할 때, 데이터베이스에 수행되는 연산으로 옳지 않은 것은? (단, ⟨Tn, A, old, new⟩는 트랜잭션 Tn이 데이터 A의 이전값(old)을 이후값(new)으로 갱신했다는 의미이다)

2012 국가직

```
⟨T₁, Start⟩                          시간
⟨T₁, A, 900, 1000⟩                    ↓
⟨T₁, Commit⟩
⟨T₄, Start⟩
⟨T₃, Start⟩
⟨T₂, Start⟩
⟨검사점 연산(Checkpoint)⟩
⟨T₂, B, 2100, 2200⟩
⟨T₂, Commit⟩
⟨T₃, C, 1700, 1800⟩
⟨T₃, Abort⟩
⟨T₄, A, 600, 700⟩
시스템 실패
```

① $T_1$ : no operation
② $T_2$ : redo
③ $T_3$ : no operation
④ $T_4$ : undo

### 해설

**지연갱신 회복기법의 특징**
- 트랜잭션이 commit되기 전까지는 데이터베이스에 실제 변경을 반영하지 않음
- commit된 트랜잭션만 redo
- abort되거나 commit 안 된 트랜잭션은 무시(no operation), 로그 폐기됨

**각 트랜잭션 분석**
$T_1$ : commit 완료 → no operation
$T_2$ : commit 완료 → redo 필요
$T_3$ : abort 완료 → no operation
$T_4$ : commit 안됨 → no operation (undo 아님)

**Answer** ④

**111** 다음은 A계좌에서 B계좌로 3,500원을 이체하는 계좌 이체 트랜잭션 $T_1$과, C계좌에서 D계좌로 5,200원을 이체하는 계좌 이체 트랜잭션 $T_2$가 순차적으로 수행되면서 기록된 로그파일 내용이다. (가)의 시점에서 장애가 발생했을 경우 지연 갱신 회복 기법을 적용했을 때 트랜잭션에 대한 회복조치로 옳은 것은?

2022 지방직

```
1 : ⟨T₁, start⟩
2 : ⟨T₁, A, 7800⟩
3 : ⟨T₁, B, 3500⟩
4 : ⟨T₁, commit⟩
5 : ⟨T₂, start⟩
6 : ⟨T₂, C, 9820⟩
─────── (가) ───────
7 : ⟨T₂, D, 5200⟩
8 : ⟨T₂, commit⟩
```

① $T_1$, $T_2$ 트랜잭션 모두 별다른 조치를 수행하지 않는다.
② $T_1$ 트랜잭션의 로그 내용을 무시하고 버린다.
③ $T_1$ 트랜잭션에는 별다른 회복조치를 하지 않지만, $T_2$ 트랜잭션에는 redo($T_2$) 연산을 실행한다.
④ $T_2$ 트랜잭션에는 별다른 회복조치를 하지 않지만, $T_1$ 트랜잭션에는 redo($T_1$) 연산을 실행한다.

> **✏️ 해설**
> ④ $T_1$은 redo, $T_2$는 no operation(O)
>   → 지연갱신 기법에서는 $T_1$은 commit 완료되어 redo 필요, $T_2$는 commit 전에 장애 발생해서 무시
>
> **Answer** ④

## 112 트랜잭션(transaction)의 복구(recovery) 진행 시 복구대상을 제외, 재실행(Redo), 실행취소(Undo) 할 것으로 구분하였을 때 옳은 것은?

2021 계리직

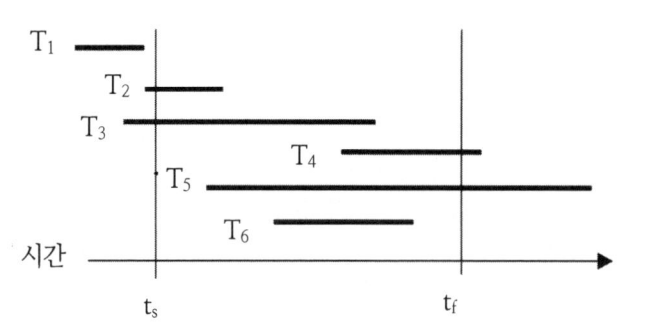

$T_1$, $T_2$, $T_3$, $T_4$, $T_5$, $T_6$ 선분은 각각 해당 트랜잭션의 시작과 끝 시점을, $t_s$는 검사점(checkpoint)이 이루어진 시점을, $t_f$는 장애(failure)가 발생한 시점을 의미한다.

| | 제외 | 재실행 | 실행취소 |
|---|---|---|---|
| ① | $T_1$ | $T_2$, $T_3$ | $T_4$, $T_5$, $T_6$ |
| ② | $T_1$ | $T_2$, $T_3$, $T_6$ | $T_4$, $T_5$ |
| ③ | $T_2$, $T_3$ | $T_1$, $T_6$ | $T_4$, $T_5$ |
| ④ | $T_4$, $T_5$ | $T_6$ | $T_1$, $T_2$, $T_3$ |

### 해설

**제외 대상**
$T_1$ : 체크포인트 이전에 완료된 트랜잭션

**재실행(Redo) 대상**
$T_2$, $T_3$, $T_6$ : 장애 발생($t_f$) 전에 완료된 트랜잭션들

**실행취소(Undo) 대상**
$T_4$, $T_5$ : 장애 발생 시점($t_f$)에 아직 실행 중이던 트랜잭션들

Answer ②

## 113 데이터베이스 상의 병행제어를 위한 로킹(locking) 기법에 대한 〈보기〉의 설명 중 옳은 것의 총 개수는?

2022 계리직

―| 보기 |―
ㄱ. 로크(lock)는 하나의 트랜잭션이 데이터를 접근하는 동안 다른 트랜잭션이 그 데이터를 접근할 수 없도록 제어하는 데 쓰인다.
ㄴ. 트랜잭션이 로크한 데이터에 대해서는 해당 트랜잭션이 종료되기 전에 해당 데이터에 대한 언로크(unlock)를 실행하여야 한다.
ㄷ. 로킹의 단위가 작아질수록 로크의 수가 많아서 관리가 복잡해지지만 병행성 수준은 높아지는 장점이 있다.
ㄹ. 2단계 로킹 규약을 적용하면 트랜잭션의 직렬 가능성을 보장할 수 있어서 교착상태 발생을 예방할 수 있다.

① 1개
② 2개
③ 3개
④ 4개

**해설**
ㄹ. 2단계 로킹 규약을 적용하면 트랜잭션의 직렬 가능성을 보장할 수 있어서 교착상태 발생을 예방할 수 있다.(×)
→ 2단계 로킹 규약은 직렬 가능성을 보장하지만, 교착상태를 예방하지는 못한다.

Answer ③

## 08 고급 데이터베이스

**114** 정책 수립에 있어 중요성이 커지고 있는 빅데이터에 대한 설명으로 가장 옳지 않은 것은?

2018 서울시

① 디지털 환경에서 생성되는 데이터로 규모가 방대하고, 생성 주기가 길며, 형태가 다양하다.
② 하둡(Hadoop)과 같은 오픈 소스 소프트웨어 시스템을 빅데이터 처리에 이용하는 것이 가능하다.
③ 보건, 금융과 같은 분야의 빅데이터는 사회적으로 유용한 정보나 데이터 활용 측면에서 프라이버시 침해에 대한 대비가 필요하다.
④ 구글 및 페이스북, 아마존의 경우 이용자의 성향과 검색패턴, 구매패턴을 분석해 맞춤형 광고를 제공하는 등 빅데이터의 활용을 증대시키고 있다.

**해설**
① 디지털 환경에서 생성되는 데이터로 규모가 방대하고, 생성 주기가 길며, 형태가 다양하다.(×)
→ 빅데이터는 생성 주기가 짧고 실시간으로 데이터가 생성되는 특징을 가진다.

**Answer** ①

**115** 조직의 내부나 외부에 분산된 여러 데이터 소스로부터 필요로 하는 데이터를 검색하여 수동 혹은 자동으로 수집하는 과정과 관련된 기술에 해당하지 않는 것은?

2022 계리직

① ETL(Extraction, Transformation, Loading)
② 로그 수집기
③ 맵리듀스(MapReduce)
④ 크롤링(crawling)

**해설**
③ 맵리듀스(MapReduce)
→ 맵리듀스는 대규모 데이터를 처리하고 분석하기 위한 분산 처리 기술로, 데이터 수집보다는 데이터를 분산 저장된 상태에서 처리 및 변환하는 데 사용된다.

**Answer** ③

계리직 **컴퓨터일반** 기출문제집

PART
05

# 소프트웨어 공학

# 계리직 컴퓨터일반 기출 분석

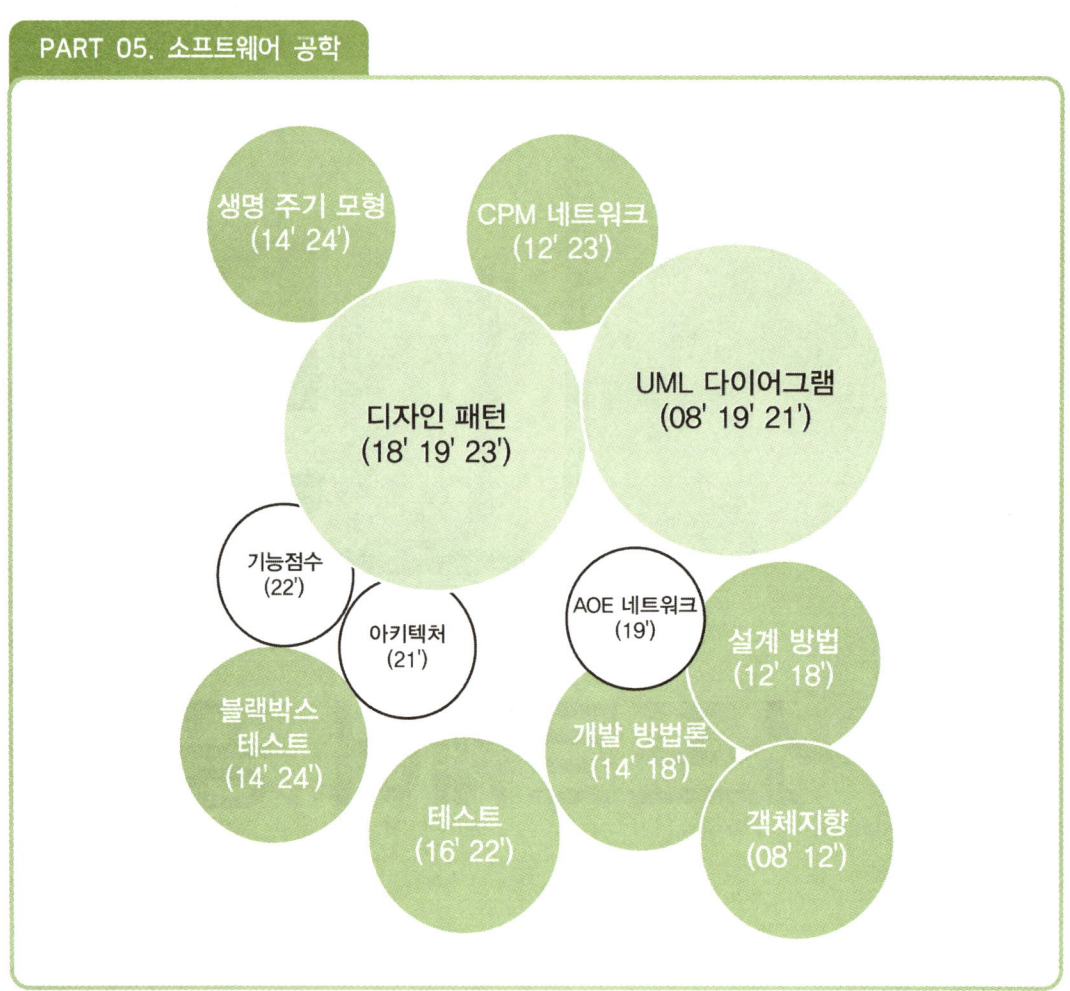

# PART 05 소프트웨어 공학

## 01 소프트웨어 공학 개론

**01** 다음 중 소프트웨어 개발 생명주기의 대표적인 모델에 대한 설명으로 옳지 않은 것은?

2016 국회직

① 프로토타입 모델, 폭포수 모델, 익스트림 프로그래밍 모델, 나선형 모델 등이 있다.
② 가장 전통적인 방법은 폭포수 모델이다.
③ 프로토타입 모델은 사용자의 의견을 중요하게 여긴다.
④ 최근에 등장한 소규모 소프트웨어 개발에 유리한 것은 익스트림 프로그래밍 모델이다.
⑤ 시간과 비용이 적게 들며, 위험 요인을 사전에 분석하여 제거하거나 낮출 수 있는 것은 나선형 모델이다.

> **해설**
> ⑤ 시간과 비용이 적게 들며, 위험 요인을 사전에 분석하여 제거하거나 낮출 수 있는 것은 나선형 모델이다.(×)
> → 나선형 모델은 위험 분석과 프로토타입 작성을 반복하므로 많은 시간과 비용이 소요된다.
>
> **Answer** ⑤

**02** 소프트웨어 공학의 개발 과정에 대한 설명으로 옳지 않은 것은?

2021 국회직

① 계획 – 목표를 세우고 달성하기 위하여 체계적인 진행 상황 관리를 할 수 있도록 행동 방안을 마련한다.
② 요구사항 문서화 – 사용자의 요구사항을 명세서로 작성하는 과정으로 프로젝트에 관계된 모든 사람이 이해하기 쉽게 작성해야 한다.
③ 설계 – 요구사항을 반영하여 설계서를 작성하는 과정으로 변화에 쉽게 적응할 수 있고 유지보수가 용이하도록 작성해야 한다.
④ 구현 – 프로그램을 제작 및 구현하는 단계로 보통 본 과정에서 완벽히 제작하여 시험 단계를 생략한다.
⑤ 시험과 유지 및 보수 – 프로그램 구현 이후 품질 보증을 위하여 제품의 오류를 발견하고 수정, 배포 이후에는 사용 시에 생기는 문제에 관하여 관리하여야 한다.

> **해설**
> ④ 구현-프로그램을 제작 및 구현하는 단계로 보통 본 과정에서 완벽히 제작하여 시험 단계를 생략한다.(×)
> → 시험 단계는 절대 생략해서는 안 되는 필수 과정이다. 시험 단계를 통해 오류를 발견하고 수정하여 소프트웨어의 품질을 보장한다.
>
> **Answer** ④

## 03 소프트웨어 프로토타이핑(prototyping)에 대한 설명으로 옳지 않은 것은? 2015 서울시

① 개발자가 구축할 소프트웨어의 모델을 사전에 만드는 공정으로서 요구사항을 효과적으로 유도, 수집한다.
② 프로토타이핑에 의해 만들어진 프로토타입은 폐기될 수 있고, 재사용될 수도 있다.
③ 프로토타입은 기능적으로 제품의 하위 기능을 담당하는 작동 가능한 모형이다.
④ 적용사례가 많고, 가장 오래됐으며 널리 사용되는 방법으로 결과물이 명확하므로 가시성이 매우 좋다.

> **해설**
> ④ 적용사례가 많고, 가장 오래됐으며 널리 사용되는 방법으로 결과물이 명확하므로 가시성이 매우 좋다.(×)
> → 이는 폭포수 모델(Waterfall Model)에 대한 설명이다. 프로토타이핑은 상대적으로 새로운 방법이며, 빠른 피드백을 위한 모델이다.
>
> **Answer** ④

## 04 소프트웨어 개발 생명 주기(Software Development Life Cycle)의 순서로 옳은 것은?

① 계획 → 분석 → 설계 → 구현 → 테스트 → 유지보수   2017 서울시
② 분석 → 계획 → 설계 → 구현 → 테스트 → 유지보수
③ 분석 → 계획 → 설계 → 테스트 → 구현 → 유지보수
④ 계획 → 설계 → 분석 → 구현 → 테스트 → 유지보수

> **해설**
> ① 계획 → 분석 → 설계 → 구현 → 테스트 → 유지보수(○)
>
> • SDLC의 올바른 단계별 순서
> **계획**: 프로젝트 계획 수립      **분석**: 요구사항 분석
> **설계**: 시스템 설계             **구현**: 코딩 및 개발
> **테스트**: 오류 검증             **유지보수**: 시스템 유지관리
>
> **Answer** ①

## 05 소프트웨어 개발 생명주기 모형 중 나선형 모형에 대한 설명으로 옳지 않은 것은?

2019 국회직

① Boehm이 제안한 것으로, 폭포수 모형과 프로토타입 모형의 장점에 위험 분석 기능이 추가된 모형이다.
② 나선을 따라 돌듯이 여러 번의 소프트웨어 개발 과정을 거쳐 점진적으로 최종 소프트웨어를 개발하는 것이다.
③ 프로토타입을 점진적으로 발전시켜, 누락되거나 추가된 요구사항을 반영할 수 있다.
④ 가장 현실적이며, 소규모 시스템에 적합하다.
⑤ 발생할 수 있는 위험을 관리하고 최소화하는 것이 목적이며, 위험성 평가에 크게 의존한다.

**해설**
④ 가장 현실적이며, 소규모 시스템에 적합하다.(×)
→ 나선형 모델은 대규모 시스템에 적합하며, 소규모 시스템에는 비용과 시간이 많이 들어 비효율적이다.

**Answer** ④

## 06 다음 소프트웨어의 개발 생명주기 모형 중 나선형 모형에 대한 설명으로 가장 옳은 것은?

2024 해경

① 시스템 개발 초기에 아키텍처와 전체적인 구조를 확정하고, 전체를 통합해서 반복적이고 점증적으로 개발한다.
② 각 단계가 끝난 후 결과물이 명확히 나와야 하며, 중간 산출물이 명확하여 관리하기 좋다.
③ 폭포수 모델의 제어와 프로토타입 모델의 반복적 특성을 수용하고, 새로운 요소인 위험 분석을 추가하였다.
④ 잘 쓴 문서보다는 실행되는 소프트웨어에 더 가치를 두며, 계획을 따라 하는 것보다 고객의 요구사항 변화에 잘 대응하는 것을 중요하게 여긴다.

> **해설**
> ① 시스템 개발 초기에 아키텍처와 전체적인 구조를 확정하고, 전체를 통합해서 반복적이고 점증적으로 개발한다.(×)
>   → 통합 프로세스(UP) 모형의 특징이다. 나선형 모형은 초기에 구조를 확정하지 않고 점진적으로 발전시킨다.
> ② 각 단계가 끝난 후 결과물이 명확히 나와야 하며, 중간 산출물이 명확하여 관리하기 좋다.(×)
>   → 폭포수 모형의 특징이다. 나선형 모형은 각 반복마다 결과물이 점진적으로 발전한다.
> ④ 잘 쓴 문서보다는 실행되는 소프트웨어에 더 가치를 두며, 계획을 따라 하는 것보다 고객의 요구사항 변화에 잘 대응하는 것을 중요하게 여긴다.(×)
>   → 애자일 방법론의 특징이다.
>
> **Answer** ③

**07** 소프트웨어 개발 과정에서 발생하는 리스크에 대한 관리를 가장 잘 대처할 수 있는 개발 접근 모형은?    2016 해경

① 폭포수 모형
② 점진적 모형
③ 애자일 모형
④ 나선형 모형

> **해설**
> ① 폭포수 모형
>   → 순차적이고 단계적인 개발 방법으로, 초기에 모든 요구사항을 정의해야 하며 리스크 관리가 어렵다.
> ② 점진적 모형
>   → 시스템을 여러 버전으로 나누어 점진적으로 개발하는 방식이지만, 체계적인 리스크 관리 프로세스가 없다.
> ③ 애자일 모형
>   → 빠른 개발과 고객 피드백을 중시하지만, 체계적인 리스크 관리보다는 변화에 대한 대응에 초점을 맞춘다.
>
> **Answer** ④

**08** 소프트웨어 개발 프로세스 중 원형(Prototyping) 모델의 단계별 진행 과정을 올바르게 나열한 것은?    2020 국가직

① 요구 사항 분석 → 시제품 설계 → 고객의 시제품 평가 → 시제품 개발 → 시제품 정제 → 완제품 생산
② 요구 사항 분석 → 시제품 설계 → 시제품 개발 → 고객의 시제품 평가 → 시제품 정제 → 완제품 생산
③ 요구 사항 분석 → 고객의 시제품 평가 → 시제품 개발 → 시제품 설계 → 시제품 정제 → 완제품 생산
④ 요구 사항 분석 → 시제품 개발 → 시제품 설계 → 고객의 시제품 평가 → 시제품 정제 → 완제품 생산

> **해설**
>
> 프로토타이핑 모델(Prototyping Model)은 소프트웨어 개발 초기 단계에서 고객의 요구 사항을 반영하기 위해 시제품(Prototype)을 제작하고, 이를 기반으로 최종 제품을 개발하는 반복적이고 점진적인 개발 모델이다.
>
> 1. 요구 사항 분석(Requirement Analysis)
>    고객의 요구 사항을 수집하고 이해한다.
> 2. 시제품 설계(Prototype Design)
>    고객의 요구 사항에 따라 시제품의 구조와 기능을 설계한다.
> 3. 시제품 개발(Prototype Development)
>    설계된 시제품을 실제로 개발한다.
> 4. 고객의 시제품 평가(Prototype Evaluation)
>    고객이 시제품을 평가하고, 추가 요구 사항이나 수정 사항을 제공한다.
> 5. 시제품 정제(Prototype Refinement)
>    고객의 피드백을 반영하여 시제품을 개선한다.
> 6. 완제품 생산(Final Product Development)
>    정제된 시제품을 기반으로 최종 소프트웨어를 개발한다.
>
> **Answer** ②

**09** 소프트웨어 생명주기 모형 중 프로토타입(prototype) 모형에 대한 설명으로 옳은 것을 〈보기〉에서 고른 것은? 〔2014 계리직〕

―| 보기 |―
ㄱ. 프로토타입 모형의 마지막 단계는 설계이다.
ㄴ. 발주자가 목표 시스템의 모습을 미리 볼 수 있다.
ㄷ. 폭포수 모형보다 발주자의 요구사항을 반영하기가 용이하다.
ㄹ. 프로토타입별로 구현시스템에 대하여 베타테스트를 실시한다.

① ㄱ, ㄴ
② ㄴ, ㄷ
③ ㄷ, ㄹ
④ ㄱ, ㄹ

> **해설**
>
> ㄱ. 프로토타입 모형의 마지막 단계는 설계이다.(×)
>    → 요구분석 → 빠른 설계 → 프로토타입 구축 → 고객평가 → 제품구축 → 인수/설치 순으로 진행
> ㄹ. 프로토타입별로 구현시스템에 대하여 베타테스트를 실시한다.(×)
>    → 프로토타입은 사용자 피드백을 위한 중간 산출물이며, 베타테스트는 최종 제품에 대해 수행
>
> **Answer** ②

## 10. 다음은 폭포수 모델에서 제시하는 소프트웨어 개발 단계들 중 일부에 대한 설명이다. 제시된 소프트웨어 개발 단계를 순서대로 바르게 나열한 것은?

2017 지방직

ㄱ. 시스템 구조, 프로그램, 인터페이스를 설계한다.
ㄴ. 소프트웨어를 이용하면서 문제점을 수정하거나 새로운 기능을 추가한다.
ㄷ. 요구대로 소프트웨어가 적합하게 작동하는지 확인한다.
ㄹ. 사용자의 요구사항을 파악한다.

① ㄱ → ㄴ → ㄷ → ㄹ
② ㄱ → ㄹ → ㄴ → ㄷ
③ ㄹ → ㄱ → ㄷ → ㄴ
④ ㄹ → ㄷ → ㄴ → ㄱ

**해설**

폭포수 모델의 올바른 개발 단계 순서
ㄹ → ㄱ → ㄷ → ㄴ
(요구분석 → 설계 → 테스트 → 유지보수)

**Answer** ③

## 11. 소프트웨어 개발방법론 중 폭포수 모델에 관한 설명으로 옳은 것은?

2024 소방경채

① 개발 단계별로 반복하여 소프트웨어의 품질을 개선한다.
② 시제품(prototype)을 활용하여 신속하게 결과물을 개발한다.
③ 소프트웨어 개발 절차보다 실제 동작하는 결과물을 강조한다.
④ 소프트웨어 개발 과정에서 단계별 결과 산출물 관리를 강조한다.

**해설**

① 개발 단계별로 반복하여 소프트웨어의 품질을 개선한다.(×)
→ 반복(iteration)을 통해 품질을 개선하는 방식은 반복적(iterative) 개발 모델이나 애자일(Agile) 방법론의 특징이다.
② 시제품(prototype)을 활용하여 신속하게 결과물을 개발한다.(×)
→ 시제품(프로토타입)을 사용하는 방식은 프로토타입 모델의 특징이다.
③ 소프트웨어 개발 절차보다 실제 동작하는 결과물을 강조한다.(×)
→ 실제 동작하는 결과물을 강조하는 것은 애자일(Agile) 개발 방법론의 철학이다.

**Answer** ④

## 12 폭포수 모형(waterfall model)의 진행 단계를 순서대로 바르게 나열한 것은? 2009 국가직

ㄱ. 요구분석　　　ㄴ. 유지보수　　　ㄷ. 시험
ㄹ. 구현　　　　　ㅁ. 설계

① ㄱ-ㅁ-ㄷ-ㄹ-ㄴ
② ㅁ-ㄱ-ㄹ-ㄷ-ㄴ
③ ㅁ-ㄱ-ㄷ-ㄹ-ㄴ
④ ㄱ-ㅁ-ㄹ-ㄷ-ㄴ

**해설**

폭포수 모형의 진행 단계
- **요구분석(ㄱ)** : 사용자의 요구사항을 분석하고 시스템의 목표와 기능을 명확히 정의하는 단계
- **설계(ㅁ)** : 요구분석 결과를 바탕으로 시스템 구조와 설계를 정의하며, 시스템 구현에 필요한 상세 설계도 작성
- **구현(ㄹ)** : 설계된 내용을 바탕으로 실제 프로그램을 개발하는 단계
- **시험(ㄷ)** : 구현된 프로그램이 요구사항을 만족하는지 검증하고 오류를 찾아 수정하는 단계
- **유지보수(ㄴ)** : 시스템 배포 후 운영 중 발견된 문제를 해결하거나 새로운 요구사항을 반영하는 단계

Answer ④

## 13 소프트웨어 프로세스 모델에 대한 설명으로 옳지 않은 것은? 2012 지방직

① 폭포수(Waterfall) 모델은 요구사항이 잘 이해되고 시스템 개발 중 급격한 변경이 없는 경우에 효과적이다.
② 컴포넌트 기반(Component-based) 모델은 개발될 소프트웨어의 양을 줄일 수 있다.
③ 나선형(Spiral) 모델은 프로토타입핑(Prototyping) 모델의 반복성을 포함하지 않는다.
④ V 모델은 폭포수 모델에 시스템 테스트와 검증 작업을 강조한 것이다.

**해설**

③ 나선형(Spiral) 모델은 프로토타입핑(Prototyping) 모델의 반복성을 포함하지 않는다.(×)
→ 나선형 모델은 프로토타입핑 모델의 반복성을 포함하며, 위험 분석을 추가한 반복적 개발 모델이다.

Answer ③

**14** 소프트웨어 개발 과정에서 발생하는 리스크에 대한 관리를 가장 잘 대처할 수 있는 개발 접근 모형은?  2016 해경

① 폭포수 모형
② 점진적 모형
③ 애자일 모형
④ 나선형 모형

> **해설**
> ④ 나선형 모형
> → 나선형 모형은 각 개발 단계마다 위험 분석을 수행하고, 이를 바탕으로 다음 단계를 계획하는 특징이 있어 리스크 관리에 가장 적합하다.
>
> **Answer** ④

**15** 소프트웨어 개발 프로세스 모델에 대한 설명으로 가장 옳지 않은 것은?  2018 서울시

① 폭포수(Waterfall) 모델은 단계별 정형화된 접근 방법 및 체계적인 문서화가 용이하다.
② RAD(Rapid Application Development) 모델은 CASE(Computer Aided Software Engineering) 도구를 활용하여 빠른 개발을 지향한다.
③ 나선형(Spiral) 모델은 폭포수(Waterfall) 모델과 원형(Prototype) 모델의 장점을 결합한 모델이다.
④ 원형(Prototype) 모델은 고객의 요구를 완전히 이해하여 개발을 진행하는 것으로 시스템 이해도가 높은 관리자가 있는 경우 유용하다.

> **해설**
> ④ 프로토타입 모델은 오히려 사용자의 요구사항이 불명확하거나 시스템 이해도가 낮을 때 사용한다. 프로토타입을 통해 점진적으로 요구사항을 이해하고 개선하는 것이 목적이다.
>
> **Answer** ④

**16** 다음 중 소프트웨어 생명주기 모형 중 Bohea이 제시한 고전적 생명주기 모형으로서 선형 순차적 모델이라고 하며, 타당성 검토, 계획 요구사항 분석, 설계, 구현, 테스트, 유지보수의 단계를 통해 소프트웨어를 개발하는 모형은?  2023 해경

① 폭포수 모형
② 프로토타입 모형
③ 나선형 모형
④ RAD 모형

**해설**

① 폭포수 모형
→ Boehm이 제시한 고전적이고 선형 순차적인 모델로, 각 단계가 순차적으로 진행되는 특징이 있다.

Answer ①

## 17 〈보기〉에서 소프트웨어 생명 주기 모형에 대한 설명으로 옳은 것의 총 개수는? 2024 계리직

┤보기├
ㄱ. 폭포수 모형은 각 단계를 완전히 수행한 뒤 다음 단계로 진행하는 방식으로, 개발 적용 사례가 많다.
ㄴ. 프로토타입 모형은 실제 개발될 소프트웨어 일부분을 개발하여 사용자의 요구사항을 미리 파악하기 위한 모형이다.
ㄷ. 나선형 모형은 폭포수 모형과 프로토타입 모형의 장점을 수용하여 위험 분석 단계를 추가한 진화적 개발 모형이다.
ㄹ. 애자일 모형은 프로세스와 도구 중심이 아닌 개발과정의 소통을 중요하게 생각하는 소프트웨어 개발 방법론으로 반복적인 개발을 통한 작은 출시를 목표로 한다.

① 1개
② 2개
③ 3개
④ 4개

**해설**

① **폭포수 모형(Waterfall Model)**
 • 순차적 접근 방식
 • 각 단계 완료 후 다음 단계 진행
 • 전통적이고 널리 사용되는 모형
② **프로토타입 모형(Prototype Model)**
 • 시제품을 통한 요구사항 파악
 • 사용자 피드백 반영 가능
③ **나선형 모형(Spiral Model)**
 • 폭포수와 프로토타입의 장점 결합
 • 위험 분석 단계 포함
 • 점진적 개발 방식
④ **애자일 모형(Agile Model)**
 • 소통 중심의 개발 방법론
 • 반복적 개발과 잦은 출시
 • 변화 수용에 유연함

Answer ④

## 18 다음에서 설명하는 소프트웨어 개발 방법론으로 옳은 것은?

2018 계리직

> 프로세스와 도구 중심이 아닌 개발 과정의 소통을 중요하게 생각하는 소프트웨어 개발 방법론으로 반복적인 개발을 통한 잦은 출시를 목표로 한다.

① 애자일 개발 방법론
② 구조적 개발 방법론
③ 객체지향 개발 방법론
④ 컴포넌트 기반 개발 방법론

### 해설
② **구조적 방법론** : 하향식 접근, 체계적 분석 중시
③ **객체지향 방법론** : 객체 단위 설계, 재사용성 중시
④ **CBD** : 재사용 가능한 컴포넌트 기반 개발

**Answer** ①

## 19 익스트림 프로그래밍(XP : eXtreme Programming) 방법에서 채택한 것으로 일련의 차례와 계획을 기반으로 하여 개발을 진행시키지 않고, 일정한 주기를 가지고 끊임없이 프로토타입을 만들어내며 그 때 그 때 필요한 요구를 더하고 수정하여 하나의 커다란 소프트웨어를 만들어 내는 소프트웨어 개발 방법론은?

2015 국회직

① Waterfall development
② Spiral development
③ Agile development
④ Rapid application development
⑤ Plan-driven development

### 해설
① Waterfall development
→ 폭포수 개발 모델은 각 단계를 순차적으로 진행하며, 한 단계를 끝낸 후에 다음 단계로 넘어가는 방식
② Spiral development
→ 나선형 개발 모델은 위험 분석을 강조하며, 점진적으로 소프트웨어를 완성하지만 XP와는 다르게 반복 주기보다는 위험 중심으로 개발을 진행
④ Rapid Application Development(RAD)
→ RAD는 빠르게 프로토타입을 개발하는 데 중점을 둔 방식으로, Agile과는 유사하지만 팀 간의 상호작용보다는 도구와 기술에 의존
⑤ Plan-driven development
→ 계획 기반 개발은 명확한 계획과 문서화를 기반으로 진행하며, 변화 대응보다는 사전 정의된 계획을 따르는 방식

**Answer** ③

## 20 소프트웨어 개발을 위한 애자일 기법에 대한 설명으로 옳은 것은?
2018 지방직

① 소프트웨어를 점증적으로 개발한다.
② 작동하는 소프트웨어보다 포괄적인 문서에 더 가치를 둔다.
③ 계획에 따라 단계적으로 개발하므로 변화에 대응하기 어렵다.
④ 고객과의 협업보다 계약 협상을 더 중요시한다.

> **해설**
> ② 작동하는 소프트웨어 vs 문서
>   → 애자일은 포괄적인 문서보다 작동하는 소프트웨어를 더 중요시함
> ③ 계획과 변화 대응
>   → 애자일은 단계적 개발이 아닌 유연한 계획으로 변화에 빠르게 대응함
> ④ 고객 협업 vs 계약 협상
>   → 애자일은 계약 협상보다 고객과의 지속적인 협업을 중시함
>
> Answer ①

## 02 소프트웨어 개발 관리

## 21 기능점수에 대한 〈보기〉의 설명 중 옳은 것의 총 개수는?
2022 계리직

― 보기 ―
ㄱ. 소프트웨어가 사용자에게 제공하는 기능의 수를 수치로 정량화하여 소프트웨어의 규모를 산정하는 데 주로 사용한다.
ㄴ. 트랜잭션의 기능을 측정하기 위한 기준으로 내부입력, 내부출력, 내부조회가 있다.
ㄷ. 응용 패키지의 규모 산정, 소프트웨어의 품질 및 생산성 분석, 소프트웨어 개발과 유지보수를 위한 비용 및 소요자원 산정 등에 사용할 수 있다.
ㄹ. 기능점수 산출 시 적용되는 조정인자는 시스템의 특성을 반영하지 않는다.

① 1개   ② 2개
③ 3개   ④ 4개

> **해설**
> ㄴ. 내부입력, 내부출력, 내부조회(×)
>   → 올바른 용어는 외부입력, 외부출력, 외부조회
> ㄹ. 조정인자는 시스템의 특성을 반영하지 않는다.(×)
>   → 조정인자는 시스템의 특성을 반영하여 보정하는 요소
>
> Answer ②

**22** 소프트웨어 규모를 예측하기 위한 기능점수(function point)를 산정할 때 고려하지 않는 것은?

2019 국가직, 2022 해경

① 내부논리파일(Internal Logical File)   ② 외부입력(External Input)
③ 외부조회(External inQuiry)   ④ 원시 코드 라인 수(Line Of Code)

> **해설**
> ④ 원시 코드 라인 수(Line Of Code)
>   → LOC는 기능점수 산정의 고려사항이 아니다. LOC는 COCOMO(COnstructive COst MOdel)와 같은 비용 산정 모델에서 사용한다.
> ① **내부논리파일(ILF)** : 애플리케이션 내부에서 관리되는 논리적 데이터 그룹
> ② **외부입력(EI)** : 애플리케이션 경계 밖에서 들어오는 데이터를 처리하는 기능
> ③ **외부조회(EQ)** : 입력한 데이터에 따라 즉각적인 응답을 제공하는 조회 기능
>
> Answer ④

**23** 소프트웨어 프로젝트의 계획 단계에서 사용되는 방법이나 도구를 모두 고른 것은?

2011 지방직

> ㄱ. 간트 도표(Gantt Chart)
> ㄴ. CPM(Critical Path Method) 네트워크
> ㄷ. 나씨 - 슈나이더만(Nassi - Shneiderman) 도표
> ㄹ. 기능 점수(Function Point)

① ㄱ, ㄷ   ② ㄷ, ㄹ
③ ㄱ, ㄴ, ㄹ   ④ ㄱ, ㄴ, ㄷ, ㄹ

> **해설**
> ㄷ. 나씨 - 슈나이더만(Nassi-Shneiderman) 도표
>   → 구조적 프로그래밍을 위한 순서도의 한 종류로, 설계 단계에서 사용되는 도구이다.
>
> Answer ③

**24** 개발할 프로그램의 LOC(Line of Code)가 50,000이고 개발에 참여할 프로그래머가 5명, 각 프로그래머들의 평균 생산성이 1,000LOC/MM(Man Month)일 때 개발에 소요되는 기간은?

① 10개월
② 15개월
③ 20개월
④ 30개월
⑤ 40개월

2016 국회직

> **해설**
>
> 계산 과정
> 총 개발량 = 50,000 LOC
> 1인당 생산성 = 1,000 LOC/MM
> 5명의 프로그래머 = 5,000 LOC/MM
> 개발 기간 = 50,000 ÷ 5,000 = 10개월
> 따라서 정답은 ① 10개월이다.
>
> **Answer** ①

**25** 다음 CPM(Critical Path Method) 네트워크에 나타난 임계 경로(critical path)의 전체 소요 기간으로 옳은 것은?

2023 계리직

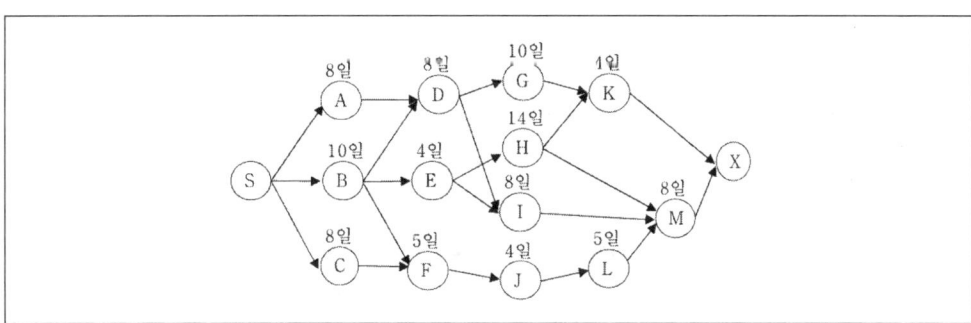

① 30일
② 32일
③ 34일
④ 36일

> **해설**
>
> S → B → E → H → M → X
> CPM 네트워크에서 임계 경로는 프로젝트의 시작부터 종료까지 가장 많은 시간이 소요되는 경로를 말하며, 전체 프로젝트 완료 시간을 결정하는 중요한 경로이다. 임계 경로상의 작업이 지연되면 전체 프로젝트가 지연되므로, 특별한 관리가 필요하다.
>
> **Answer** ④

**26** 〈표〉의 CPM(Critical Path Method) 소작업 리스트에서 작업 C의 가장 빠른 착수일(earliest start time), 가장 늦은 착수일(latest start time), 여유 기간(slack time)을 순서대로 나열한 것은?

2012 계리직

〈표〉 CPM 소작업 리스트

| 소작업 | 선행 작업 | 소요 기간(일) |
|---|---|---|
| A | 없음 | 15 |
| B | 없음 | 10 |
| C | A, B | 10 |
| D | B | 25 |
| E | C | 15 |

① 15일, 15일, 0일
② 10일, 15일, 5일
③ 10일, 25일, 5일
④ 15일, 25일, 0일

> **✎ 해설**
>
>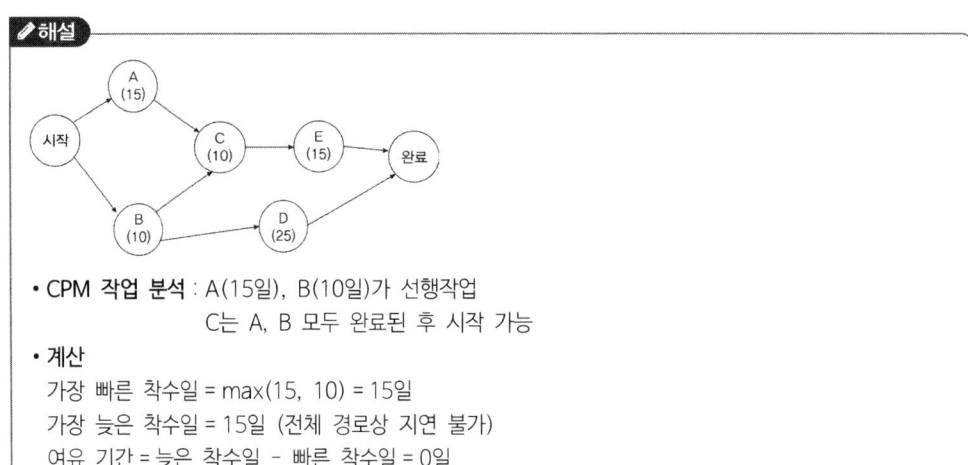
>
> - **CPM 작업 분석**: A(15일), B(10일)가 선행작업
>   C는 A, B 모두 완료된 후 시작 가능
> - **계산**
>   가장 빠른 착수일 = max(15, 10) = 15일
>   가장 늦은 착수일 = 15일 (전체 경로상 지연 불가)
>   여유 기간 = 늦은 착수일 − 빠른 착수일 = 0일
>   따라서 정답은 ① (15일, 15일, 0일)
>
> **Answer** ①

**27** 어떤 프로젝트를 완성하기 위해 작업 분할(Work Breakdown)을 통해 파악된, 다음 소작업(activity) 목록을 AOE(Activity On Edge) 네트워크로 표현하였을 때, 이 프로젝트가 끝날 수 있는 가장 빠른 소요시간은?

`2019 계리직`

| 소작업 이름 | 소요시간 | 선행 소작업 |
|---|---|---|
| a | 5 | 없음 |
| b | 5 | 없음 |
| c | 8 | a, b |
| d | 2 | c |
| e | 3 | b, c |
| f | 4 | d |
| g | 5 | e, f |

① 13
② 21
③ 24
④ 32

> **해설**
>
>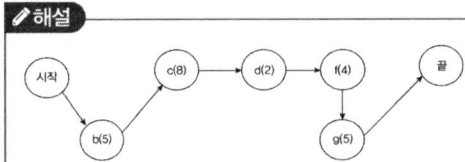
>
> 임계경로는 b-c-d-f-g 작업을 거치며 총 소요시간은 24(5+8+2+4+5)로, 이는 프로젝드의 최소 완료 시간이다.
>
> Answer ③

**28** PMBOK(Project Management Body of Knowledge)에서 제시하는 소프트웨어 프로젝트 관리 영역에 대한 설명으로 옳지 않은 것은?

`2017 지방직`

① 프로젝트 일정 관리(time management)는 주어진 기간 내에 프로젝트를 완료하기 위한 활동에 대해 다룬다.
② 프로젝트 비용 관리(cost management)는 승인된 예산 내에서 프로젝트를 완료하기 위한 활동에 대해 다룬다.
③ 프로젝트 품질 관리(quality management)는 품질 요구를 만족하여 수행 목표를 달성하기 위한 활동에 대해 다룬다.
④ 프로젝트 조달 관리(procurement management)는 완성된 소프트웨어를 고객에게 전달하기 위한 활동에 대해 다룬다.

> **해설**
> ④ 프로젝트 조달 관리(procurement management)는 완성된 소프트웨어를 고객에게 전달하기 위한 활동에 대해 다룬다.(×)
> → 프로젝트에 필요한 제품/서비스를 외부에서 구매하는 것이며, 소프트웨어 납품/인도는 통합 관리에 해당한다.
>
> Answer ④

## 29 소프트웨어 프로젝트 관리가 어려운 이유로 옳지 않은 것은? 2016 서울시

① 소프트웨어는 형태가 없어 프로젝트 관리자는 프로젝트 진척사항을 분석하는 데 어려움이 있다.
② 소프트웨어 개발 프로세스는 조직에 따라 가변적이므로 관리에 어려움이 있다.
③ 컴퓨터와 통신에서의 빠른 기술적 변화로 인해 관리자의 경험이 새로운 프로젝트에 전달되지 않을 수 있다.
④ 대규모 소프트웨어 프로젝트는 일회성(one-off) 프로젝트가 전혀 없어서, 경험이 충분한 관리자가 문제를 예측할 수 없다.

> **해설**
> ④ 대규모 소프트웨어 프로젝트는 일회성(one-off) 프로젝트가 전혀 없어서, 경험이 충분한 관리자가 문제를 예측할 수 없다.(×)
> → 대규모 소프트웨어 프로젝트는 오히려 일회성 프로젝트가 많으며, 이로 인해 관리자가 문제를 예측하기 어렵다.
>
> Answer ④

## 03 품질보증과 형상관리

**30** 소프트웨어에 대한 ISO/IEC 품질 표준 중에서 프로세스 품질 표준으로 옳은 것은?

① ISO/IEC 12119
② ISO/IEC 12207
③ ISO/IEC 14598
④ ISO/IEC 25010

2022 국가직

> **해설**
> ① ISO/IEC 12119
>    → 패키지 소프트웨어의 품질 요구사항과 테스트를 다루는 제품 품질 표준
> ③ ISO/IEC 14598
>    → 소프트웨어 제품 평가를 위한 제품 품질 표준
> ④ ISO/IEC 25010
>    → SQuaRE(품질 요구사항과 평가)의 품질 특성을 정의하는 제품 품질 표준
>
> **Answer** ②

**31** 시간 순서대로 제시된 다음의 시스템 운영 기록만을 이용하여 시스템의 가용성(availability)을 계산한 결과는?

2017 지방직

(단위 : 시간)

| 가동시간 | 고장시간 | 가동시간 | 고장시간 | 가동시간 | 고장시간 |
|---|---|---|---|---|---|
| 8 | 1 | 7 | 2 | 9 | 3 |

① 80%
② 400%
③ 25%
④ 75%

> **해설**
>
> $$\text{Availability} = \frac{\text{가동시간(Total Up Time)}}{\text{가동시간 + 고장시간(Total Time)}} \times 100$$
>
> **가동시간** : 8 + 7 + 9 = 24 시간
> **고장시간** : 1 + 2 + 3 = 6 시간
> **총 시간** : 가동시간 + 고장시간 = 24 + 6 = 30 시간
>
> $$\text{Availability} = \frac{\text{가동시간}}{\text{총시간}} \times 100$$
>
> $$\text{Availability} = \frac{24}{30} \times 100 = 80\%$$
>
> **Answer** ①

**32** 시스템의 신뢰성 평가를 위해 사용되는 지표로 평균 무장애시간(mean time to failure, MTTF)과 평균 복구시간(mean time to repair, MTTR)이 있다. 이 두 지표를 이용하여 시스템의 가용성(availability)을 나타낸 것은?

2013 국가직

① $\dfrac{MTTF}{MTTR}$
② $\dfrac{MTTR}{MTTF}$
③ $\dfrac{MTTR}{MTTF+MTTR}$
④ $\dfrac{MTTF}{MTTF+MTTR}$

> **해설**
> MTTF(Mean Time To Failure) : 시스템이 고장 없이 운영되는 평균 시간
> MTTR(Mean Time To Repair) : 시스템이 고장난 후 복구되는 데 걸리는 평균 시간
>
> **Answer** ④

**33** 평균고장간격이 45시간이고, 평균수리시간이 5시간인 시스템의 가동률은 몇 %인가?

2020 해경

① 40%
② 50%
③ 80%
④ 90%

> **해설**
> 가동률 = MTTF / (MTTF + MTTR) × 100%
>
> 가동률 = 45 / (45 + 5) × 100%
> = 45 / 50 × 100%
> = 0.9 × 100%
> = 90%
>
> **Answer** ④

**34** 소프트웨어 형상 관리(configuration management)에 대한 설명으로 옳지 않은 것은?

2014 지방직

① 형상 관리는 소프트웨어에 가해지는 변경을 제어하고 관리하는 활동을 포함한다.
② 기준선(baseline) 변경은 공식적인 절차에 의해서 이루어진다.
③ 개발 과정의 산출물인 원시 코드(source code)는 형상 관리 항목에 포함되지 않는다.
④ 형상 관리는 소프트웨어 운용 및 유지보수 단계뿐 아니라 소프트웨어 개발 단계에서도 적용될 수 있다.

> **해설**
> ③ 개발 과정의 산출물인 원시 코드(source code)는 형상 관리 항목에 포함되지 않는다. (×)
> → 원시 코드는 핵심적인 형상 관리 항목이며, 반드시 포함되어야 한다.
>
> Answer ③

## 04 객체지향 개념

**35** 객체지향 프로그래밍에 대한 설명으로 옳지 않은 것은? <sub></sub>2017 지방직

① 다형성(polymorphism)을 이용할 수 있다.
② 추상 클래스(abstract class)로부터 객체를 직접 생성할 수 없다.
③ 객체 간에는 메시지(message)를 통해 명령을 전달한다.
④ 상속(inheritance)이란 기존의 여러 클래스들을 조합하여 새로운 클래스를 만드는 기법이다.

> **해설**
> ④ 상속(inheritance)이란 기존의 여러 클래스들을 조합하여 새로운 클래스를 만드는 기법이다. (×)
> → 상속은 기존 클래스(부모 클래스)의 속성과 메서드를 하나의 클래스로 물려받아 새로운 클래스를 만드는 기법으로 코드 재사용성을 증대시킨다.
>
> Answer ④

**36** 객체지향 기법에 관한 설명이다. ( ) 안에 들어갈 용어로 옳은 것은? 2023 소방경채

( ㄱ ) : 상위 클래스의 속성을 하위 클래스가 물려받는 것이다.
( ㄴ ) : 정보처리에 필요한 변수, 함수 등을 묶어 필요한 인터페이스만 밖으로 드러내는 과정이다.
( ㄷ ) : 객체의 세부 사항을 없애고 중요한 부분만 추출하여 간결하고 이해하기 쉽게 하는 과정이다.

| | ㄱ | ㄴ | ㄷ |
|---|---|---|---|
| ① | 상속 | 캡슐화 | 추상화 |
| ② | 캡슐화 | 상속 | 추상화 |
| ③ | 추상화 | 상속 | 캡슐화 |
| ④ | 상속 | 추상화 | 캡슐화 |

> **해설**
> (ㄱ): 상속(Inheritance)의 정의이다. 상속은 기존 클래스의 속성과 메서드를 재사용하여 새로운 클래스를 정의하는 메커니즘이다.
> (ㄴ): 캡슐화(Encapsulation)의 정의이다. 캡슐화는 데이터와 해당 데이터를 처리하는 메서드를 하나로 묶고, 외부에서의 접근을 제한하는 것을 의미한다.
> (ㄷ): 추상화(Abstraction)의 정의이다. 추상화는 복잡한 시스템에서 핵심적인 개념이나 기능을 추출하는 과정이다.
>
> Answer ①

## 37 객체지향 언어의 설명으로 옳은 것은 모두 몇 개 인가?   2018 해경

> ㄱ. 객체와 클래스는 재사용이 가능하다.
> ㄴ. 다형성을 지원한다.
> ㄷ. 추상 메소드는 선언만 하고 그 내용은 기술하지 않는 메소드이다.
> ㄹ. 상속이란 새로운 클래스를 정의할 때 기존클래스의 속성을 물려받고 더 필요한 부분을 추가하는 방법이다.

① 1개  ② 2개
③ 3개  ④ 4개

> **해설**
> ㄱ. 객체와 클래스는 재사용이 가능하다.(○)
>   → 객체지향의 주요 장점 중 하나로, 이미 만들어진 클래스와 객체를 다른 프로그램에서 재사용할 수 있다.
> ㄴ. 다형성을 지원한다.(○)
>   → 다형성은 객체지향의 핵심 특징으로, 동일한 메소드 호출에 대해 객체의 타입에 따라 다른 동작을 할 수 있게 한다.
> ㄷ. 추상 메소드는 선언만 하고 그 내용은 기술하지 않는 메소드이다.(○)
>   → 추상 메소드는 메소드의 시그니처만 정의하고 실제 구현은 하위 클래스에서 하도록 하는 메소드이다.
> ㄹ. 상속이란 새로운 클래스를 정의할 때 기존클래스의 속성을 물려받고 더 필요한 부분을 추가하는 방법이다.(○)
>   → 상속은 기존클래스의 특성을 새로운 클래스가 물려받아 재사용성을 높이고 확장성을 제공하는 메커니즘이다.
>
> Answer ④

## 38 객체 지향 개념에 관한 설명 중 옳지 않은 것은?

2007 국가직

① 객체들 간의 상호 작용은 메시지를 통해 이루어진다.
② 클래스는 인스턴스(instance)들이 갖는 변수들과 인스턴스들이 사용할 메소드(method)를 갖는다.
③ 다중 상속(multiple inheritance)은 두 개 이상의 클래스가 한 클래스로부터 상속받는 것을 말한다.
④ 객체가 갖는 데이터를 처리하는 연산(operation)을 메소드(method)라 한다.

> **해설**
> ③ 다중 상속(multiple inheritance)은 두 개 이상의 클래스가 한 클래스로부터 상속받는 것을 말한다.(×)
> → 다중 상속은 하나의 클래스가 두 개 이상의 상위 클래스(부모 클래스)로부터 상속받는 것을 의미한다.
>
> **Answer** ③

## 39 객체지향 소프트웨어에 대한 설명으로 옳지 않은 것은?

2012 지방직

① 동일한 클래스의 객체들은 서로 다른 클래스 변수 값을 가진다.
② 클래스의 객체에 대한 연산을 정의하는 부프로그램을 메소드라 한다.
③ 클래스가 하나의 부모 클래스를 갖는 것을 단일상속이라 한다.
④ UML(Unified Modeling Language)은 객체지향 소프트웨어의 정적모델과 동적모델을 표현할 수 있다.

> **해설**
> ① 동일한 클래스의 객체들은 서로 다른 클래스 변수 값을 가진다.(×)
> → 클래스 변수(static 변수)는 해당 클래스의 모든 객체가 공유하는 변수이므로, 동일한 클래스의 객체들은 같은 클래스 변수 값을 가진다. 서로 다른 값을 가지는 것은 인스턴스 변수이다.
>
> **Answer** ①

**40** 객체지향 프로그래밍의 특징 중 상속 관계에서 상위 클래스에 정의된 메소드(method) 호출에 대해 각 하위 클래스가 가지고 있는 고유한 방법으로 응답할 수 있도록 유연성을 제공하는 것은?

2015 국가직

① 재사용성(reusability)  ② 추상화(abstraction)
③ 다형성(polymorphism)  ④ 캡슐화(encapsulation)

> **해설**
> ① 재사용성(reusability)
>   기존에 작성된 코드를 재사용하여 개발 시간을 단축하고 중복 코드를 줄이는 개념
> ② 추상화(abstraction)
>   객체의 필요한 특성만을 추출하여 모델링하고, 불필요한 부분을 제거하는 과정
>   예) 인터페이스나 추상 클래스 사용
> ④ 캡슐화(encapsulation)
>   데이터와 메소드를 하나의 단위(클래스)로 묶고, 외부에서 접근을 제한하는 특성, 데이터의 무결성과 보안을 유지
>
> **Answer** ③

**41** 객체지향 시스템의 특성이 아닌 것은?

2008 국가직

① 캡슐화(Encapsulation)  ② 재귀용법(Recursion)
③ 상속성(Inheritance)  ④ 다형성(Polymorphism)

> **해설**
> ② 재귀용법(Recursion)
>   → 재귀용법은 함수가 자기 자신을 호출하는 프로그래밍 기법으로, 객체지향 시스템의 특성이 아니다.
>
> **Answer** ②

**42** 다음에서 설명하는 객체지향 프로그래밍의 특징은?

2019 지방직

- 객체를 구성하는 속성과 메서드가 하나로 묶여 있다.
- 객체의 외부와 내부를 분리하여 외부 모습은 추상적인 내용으로 보여준다.
- 객체 내의 정보를 외부로부터 숨길 수도 있고, 외부에 보이게 할 수도 있다.
- 객체 내부의 세부 동작을 모르더라도 객체의 메서드를 통해 객체의 기능을 활용할 수 있다.

① 구조성  ② 다형성
③ 상속성  ④ 캡슐화

> **해설**
> ① **구조성** : 객체지향 프로그래밍이 아닌 구조적 프로그래밍의 특징
> ② **다형성** : 같은 이름의 메서드를 다양한 방식으로 구현하여 사용할 수 있는 특성
> ③ **상속성** : 상위 클래스의 속성과 메서드를 하위 클래스에 물려주는 특성
>
> Answer ④

## 43 ㉠, ㉡에 들어갈 단어를 바르게 연결한 것은?   2022 국회직

> 기존 현실 세계의 객체에서 불필요한 속성을 제거하고, 중요한 정보만 클래스로 표현하는 일종의 모델링 기법으로 객체지향 프로그래밍에서는 클래스를 통해서 ㉠ 을/를 지원하고 있다. 객체의 상세한 내용을 객체 외부에 철저히 숨기고 단순히 메시지만으로 객체와의 상호작용을 하게 하는 것을 ㉡ (이)라고 말한다.

|   | ㉠ | ㉡ |   | ㉠ | ㉡ |
|---|---|---|---|---|---|
| ① | 추상화 | 다형성 | ② | 추상화 | 캡슐화 |
| ③ | 다형성 | 캡슐화 | ④ | 상속 | 다형성 |
| ⑤ | 캡슐화 | 추상화 |   |   |   |

> **해설**
> ㉠ **추상화**
>   • 기존 현실 세계의 객체에서 불필요한 속성을 제거하고, 중요한 정보만 클래스로 표현하는 일종의 모델링 기법
>   • 객체지향 프로그래밍에서 추상화(Abstraction)는 불필요한 정보를 제외하고 중요한 속성만을 추출하여 클래스로 표현하는 과정
> ㉡ **캡슐화**
>   • 객체의 상세한 내용을 객체 외부에 철저히 숨기고 단순히 메시지만으로 객체와의 상호작용을 하게 하는 것
>   • 캡슐화(Encapsulation)는 객체의 내부 데이터를 외부에서 숨기고, 객체와의 상호작용은 메서드(인터페이스)를 통해서만 이루어지게 하는 특징
>
> Answer ②

## 44 다음 중 객체지향 언어의 특징으로 알맞지 않은 것은?

① 상속성  ② 다형성
③ 구조화  ④ 추상화

2008 계리직

**해설**

③ 구조화
→ 구조화는 객체지향 언어의 특징이 아닌 구조적 프로그래밍의 특징이다.

Answer ③

## 45 〈보기〉에서 설명하는 객체지향 개념은?

2012 계리직

| 보기 |

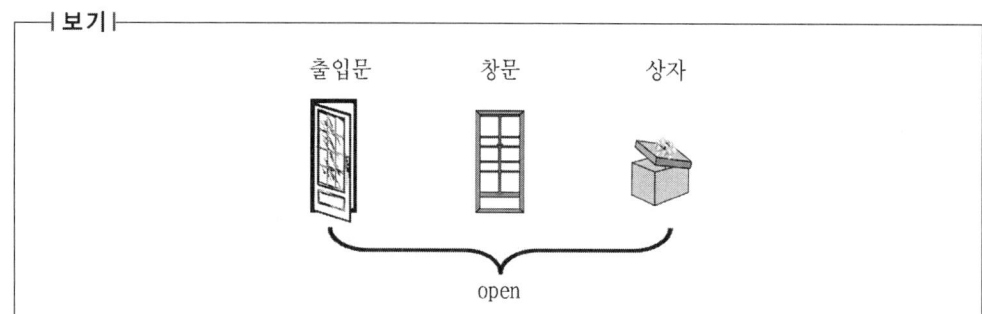

- 그림에서 'open'이라는 오퍼레이션(operation)은 객체마다 다르게 기능한다.
- Java 언어에서 오버로딩(overloading), 오버라이딩(overriding)으로 구현되는 개념이다.

① 캡슐화(encapsulation)  ② 인스턴스(instance)
③ 다형성(polymorphism)  ④ 상속(inheritance)

**해설**

① **캡슐화(Encapsulation)** : 데이터와 이를 처리하는 함수를 하나로 묶어 외부로부터 보호하고 은닉하는 것이다.
② **인스턴스(Instance)** : 클래스를 실제로 구현한 구체적인 실체로, 객체가 클래스의 개념이라면 인스턴스는 이를 실체화한 것이다.
④ **상속(Inheritance)** : 상위 클래스의 특성을 하위 클래스가 물려받아 재사용하거나 확장하는 것이다.

Answer ③

**46** 소프트웨어 분석설계 기법 중 객체지향 기법의 장점으로 가장 옳지 않은 것은? `2013 경찰승진`

① 기존 객체의 기능을 쉽게 확장할 수 있다.
② 독립적인 설계가 가능하여 시스템 개발이 용이하다.
③ 시스템의 전체적인 기능을 표현하는데 적합하다.
④ 한 부분의 수정 효과를 지역화시킴으로써 수정할 때 유지보수 비용을 줄일 수 있다.

> **해설**
> ③ 시스템의 전체적인 기능을 표현하는데 적합하다.(×)
>  → 객체지향 기법은 개별 객체들의 특성과 상호작용을 표현하는데 적합하지만, 시스템의 전체적인 기능을 표현하는 데는 구조적 방법론이 더 적합하다.
>
> Answer ③

**47** 객체 지향 소프트웨어 공학의 개념 중 상이한 클래스들이 동일한 메소드(Method)명을 이용할 수 있도록 하는 것은 무엇인가? `2017 해경`

① 캡슐화(Encapsulation)
② 공용 인터페이스(Public Interface)
③ 상속(Inheritance)
④ 다형성(Polymorphism)

> **해설**
> ① 캡슐화(Encapsulation)
>  → 데이터와 해당 데이터를 처리하는 메소드를 하나의 단위로 묶고 외부로부터 접근을 제한하는 개념이다.
> ② 공용 인터페이스(Public Interface)
>  → 클래스의 외부에서 접근 가능한 메소드들의 집합을 의미하며, 정보 은닉과 관련이 있다.
> ③ 상속(Inheritance)
>  → 기존 클래스의 속성과 메소드를 새로운 클래스가 물려받아 재사용하는 개념이다.
>
> Answer ④

## 05 UML

**48** UML의 클래스 다이어그램에서 클래스 사이의 관계에 대한 설명으로 옳지 않은 것은?

2021 계리직

① 일반화(generalization) 관계는 일반화한 부모 클래스와 실체화한 자식 클래스 간의 상속 관계를 나타낸다.
② 연관(association) 관계에서 다중성(multiplicity)은 관계 사이에 개입하는 클래스의 인스턴스 개수를 의미한다.
③ 의존(dependency) 관계는 한 클래스가 다른 클래스를 참조하는 것으로 지역변수, 매개변수 등을 일시적으로 사용하는 관계이다.
④ 집합(aggregation) 관계는 강한 전체와 부분의 클래스 관계이므로 전체 객체가 소멸되면 부분 객체도 소멸된다.

> **해설**
> ④ 집합(aggregation) 관계는 강한 전체와 부분의 클래스 관계이므로 전체 객체가 소멸되면 부분 객체도 소멸된다.(×)
> → 집합 관계는 약한 전체-부분 관계를 나타내며, 전체 객체가 소멸되더라도 부분 객체는 소멸되지 않는다.
>
> Answer ④

**49** 구조 다이어그램(structural diagram)에 해당하는 것으로 옳은 것은?

2024 소방경채

① 클래스 다이어그램
② 시퀀스 다이어그램
③ 액티비티 다이어그램
④ 유스케이스 다이어그램

> **해설**
> ② 시퀀스 다이어그램
> → 행위 다이어그램에 속하며, 객체 간의 상호작용을 시간 순서에 따라 표현한다.
> ③ 액티비티 다이어그램
> → 행위 다이어그램에 속하며, 시스템의 동적인 측면을 표현하는 순서도와 유사한 다이어그램이다.
> ④ 유스케이스 다이어그램
> → 행위 다이어그램에 속하며, 시스템과 사용자(액터) 간의 상호작용을 표현한다.
>
> Answer ①

**50** UML(Unified Modeling Language) 버전 2.0에 대한 설명으로 옳지 않은 것은? 2021 지방직

① 액터(actor)는 사람이 아닌 경우도 있다.
② 클래스(class) 다이어그램은 시스템의 클래스들과 그들 간의 연관을 보여준다.
③ 유스케이스(usecase) 다이어그램은 사용자와 시스템 간의 상호 작용을 보여준다.
④ 시퀀스(sequence) 다이어그램은 시스템이 내부 또는 외부 이벤트에 대해 어떻게 반응하는지 보여준다.

> **해설**
> ④ 시퀀스(sequence) 다이어그램은 시스템이 내부 또는 외부 이벤트에 대해 어떻게 반응하는지 보여준다.(×)
> → 시퀀스 다이어그램은 객체 간 메시지 교환의 순서를 시간 축에 따라 표현한다. 시스템의 내부 또는 외부 이벤트에 대한 반응은 상태(State) 다이어그램에서 주로 다룬다.
>
> **Answer** ④

**51** UML(Unified Modeling Language)에 대한 설명으로 가장 옳지 않은 것은? 2019 서울시

① UML은 방법론으로, 단계별로 어떻게 작업해야 하는지 자세하게 나타낸다.
② UML은 소프트웨어의 구성요소와 그것들의 관계 및 상호작용을 시각화한 것이다.
③ UML은 객체지향 소프트웨어를 모델링하는 표준 그래픽 언어로, 심벌과 그림을 사용해 객체지향 개념을 나타낼 수 있다.
④ UML은 소프트웨어 개발의 중요한 작업인 분석, 설계, 구현의 정확하고 완벽한 모델을 제공한다.

> **해설**
> ① UML은 방법론으로, 단계별로 어떻게 작업해야 하는지 자세하게 나타낸다.(×)
> → UML은 표준 모델링 언어이지 소프트웨어 개발 방법론이 아니며, UML은 소프트웨어의 구성요소, 관계 및 상호작용을 시각화하고 표현하는 데 사용된다.
>
> **Answer** ①

**52** 〈보기〉의 UML 다이어그램 중 시스템의 구조(structure)보다는 주로 동작(behavior)을 묘사하는 다이어그램들만 고른 것은?

2019 서울시

―| 보기 |―
ㄱ. 클래스 다이어그램(class diagram)
ㄴ. 상태 다이어그램(state diagram)
ㄷ. 시퀀스 다이어그램(sequence diagram)
ㄹ. 패키지 다이어그램(package diagram)
ㅁ. 배치 다이어그램(deployment diagram)

① ㄱ, ㄹ  
② ㄴ, ㄷ  
③ ㄴ, ㅁ  
④ ㄷ, ㄹ

**해설**

UML 구조 다이어그램 : 시스템의 정적 구조를 표현하며, 클래스 다이어그램, 패키지 다이어그램 등이 있음
UML 동작 다이어그램 : 시스템의 동작과 상호작용을 나타내며, 상태 다이어그램, 시퀀스 다이어그램 등이 있음
ㄱ. 클래스 다이어그램 → 구조 다이어그램
ㄴ. 상태 다이어그램 → 동작 다이어그램
ㄷ. 시퀀스 다이어그램 → 동작 다이어그램
ㄹ. 패키지 다이어그램 → 구조 다이어그램
ㅁ. 배치 다이어그램 → 구조 다이어그램

Answer ②

**53** 다음에서 설명하는 UML(Unified Modeling Language) 다이어그램(diagram)은?

2023 지방직

객체들이 어떻게 상호 동작하는지를 메시지 순서에 초점을 맞춰 나타낸 것으로, 어떠한 작업이 객체 간에 발생하는지를 시간 순서에 따라 보여준다.

① 클래스(class) 다이어그램
② 순차(sequence) 다이어그램
③ 배치(deployment) 다이어그램
④ 컴포넌트(component) 다이어그램

> **해설**
> ① 클래스(class) 다이어그램
>    → 클래스 다이어그램은 시스템의 정적 구조를 표현하며, 클래스들의 속성, 메서드 및 클래스 간의 관계를 보여준다.
> ③ 배치(deployment) 다이어그램
>    → 배치 다이어그램은 시스템의 물리적 아키텍처와 구성요소들의 배치를 보여준다.
> ④ 컴포넌트(component) 다이어그램
>    → 컴포넌트 다이어그램은 시스템의 구성요소들과 그들 간의 의존관계를 보여준다.
>
> **Answer** ②

**54** 다음 중 UML(Unified Modeling Language) 다이어그램에 대한 설명 중 가장 적절하지 않은 것은?

2024 군무원

① Class 다이어그램은 클래스 내부의 내용과 클래스 사이의 연관관계를 이용하여 시스템의 구조를 정의한다.
② State 다이어그램은 객체의 동적 행위를 모형화하기 위해 객체 간의 메시지 처리를 시간적 흐름으로 표현한다.
③ Use Case 다이어그램은 사용자(actor) 관점에서 시스템의 기능과 상호작용을 표현한다.
④ Component 다이어그램은 시스템을 구성하는 컴포넌트와 상호작용을 표현한다.

> **해설**
> ② State 다이어그램은 객체의 동적 행위를 모형화하기 위해 객체 간의 메시지 처리를 시간적 흐름으로 표현한다. (×)
>    → 상태 다이어그램(State Diagram)은 객체의 상태 변화를 중심으로 모델링하며, 시간적 흐름이 아니라 상태와 상태 전환을 중점적으로 나타낸다.
>    → 객체 간 메시지 처리의 시간적 흐름은 시퀀스 다이어그램(Sequence Diagram)이 담당한다.
>
> **Answer** ②

## 55
〈그림〉은 전자계산기(Calculator)를 객체지향적으로 분석한 다이어그램이다. 어떤 다이어그램인가?

2008 계리직

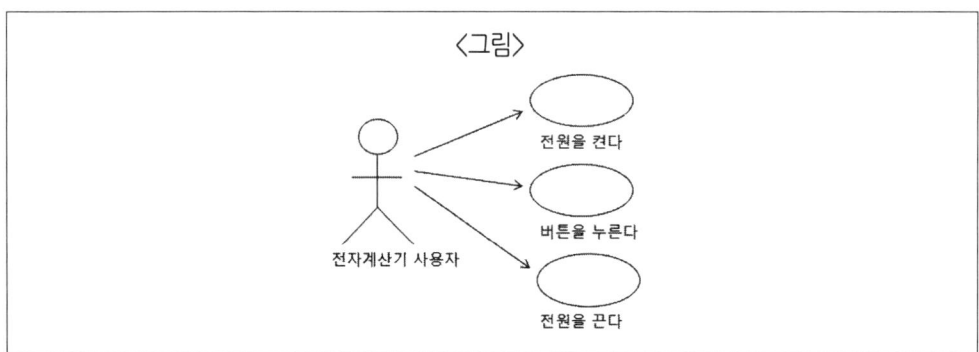

① Usecase Diagram
② Sequence Diagram
③ State Diagram
④ Class Diagram

> **해설**
> 유스케이스 다이어그램(Usecase Diagram)
> 사용자(Actor)와 시스템의 상호작용을 시각화
> 타원(Usecase)을 사용해 시스템의 기능을 표현
> 액터(Stick figure, 사용자)는 시스템과 상호작용하는 주체를 표현
>
> Answer  ①

## 56
객체지향 소프트웨어 개발 및 UML Diagram에 대한 설명이다. ㉠~㉢에 들어갈 내용을 바르게 짝지은 것은?

2019 계리직

- ( ㉠ )은/는 외부에서 인식할 수 있는 특성이 담긴 소프트웨어의 골격이 되는 기본 구조로, 시스템 전체에 대한 큰 밑그림이다. 소프트웨어 품질 요구 사항은 ( ㉠ )을/를 결정하는 데 주요한 요소로 작용한다.
- ( ㉡ )은/는 두 개 이상의 클래스에서 동일한 메시지에 대해 객체가 다르게 반응하는 것이다.
- ( ㉢ )은/는 객체 간의 메시지 통신을 분석하기 위한 것으로 시스템의 동작을 정형화하고 객체들의 메시지 교환을 시각화한다.

|   | ㉠ | ㉡ | ㉢ |
|---|---|---|---|
| ① | 소프트웨어 아키텍처 | 다형성 | 시퀀스 모델 |
| ② | 유스케이스 | 다형성 | 시퀀스 모델 |
| ③ | 클래스 다이어그램 | 캡슐화 | 상태 모델 |
| ④ | 디자인 패턴 | 캡슐화 | 상태 모델 |

### 해설

- ㉠ : 소프트웨어 아키텍처 → 시스템의 큰 구조와 설계를 나타냄
- ㉡ : 다형성 → 동일한 메시지에 대해 객체가 다르게 반응
- ㉢ : 시퀀스 모델 → 객체 간 메시지 교환을 시간 순서로 표현

Answer ①

**57** 〈보기〉는 소프트웨어 개발방법론에 사용되는 분석, 설계 도구에 대한 설명이다. ㉠~㉢에 들어갈 내용을 옳게 나열한 것은?   2014 계리직

| 보기 |

- 시스템 분석을 위하여 구조적 방법론에서는 (㉠) 다이어그램(diagram)이, 객체지향 방법론에서는 (㉡) 다이어그램이 널리 사용된다.
- 시스템 설계를 위하여 구조적 방법론에서는 구조도(structured chart), 객체지향 방법론에서는 (㉢) 다이어그램 등이 널리 사용된다.

| | ㉠ | ㉡ | ㉢ |
|---|---|---|---|
| ① | 시퀀스(sequence) | 데이터흐름(data flow) | 유스케이스(use case) |
| ② | 시퀀스 | 유스케이스 | 데이터흐름 |
| ③ | 데이터흐름 | 시퀀스 | 유스케이스 |
| ④ | 데이터흐름 | 유스케이스 | 시퀀스 |

### 해설

- **구조적 방법론**
  - **분석** : 데이터흐름(DFD) - 데이터흐름과 처리 과정 시각화
  - **설계** : 구조도
- **객체지향 방법론**
  - **분석** : 유스케이스 다이어그램 - 사용자와 시스템 간 상호작용 표현
  - **설계** : 시퀀스 다이어그램 - 객체 간 시간 순서별 상호작용 표현

Answer ④

**58** 다음 중 Use case diagram에서 사용하는 기본 요소가 아닌 것은?   2016 서울시

①
② ----<<Extend>>---->
③ ----<<Include>>---->
④ ▭

🖉 해설
① Actor(액터)
   시스템과 상호작용하는 외부 사용자 또는 다른 시스템을 표현
② Extend 관계
   Use-case 간의 확장 관계를 표현
   특정 상황에서 다른 Use-case의 기능이 확장될 때 사용
③ Include 관계
   Use-case 간의 포함 관계를 표현
   한 Use-case가 다른 Use-case의 기능을 반드시 포함할 때 사용

Answer ④

## 06 소프트웨어 시험

**59** 블랙박스 테스트 기법에 해당하는 것은?   2024 지방직
① 조건 커버리지(condition coverage)
② 기본 경로 테스트(basis path test)
③ 문장 커버리지(statement coverage)
④ 동등 분할(equivalence partitioning)

🖉 해설
④ 동등 분할(○)
   → 블랙박스 테스트에는 동등 분할, 경계값 분석, 원인-효과 그래프 등이 있음

Answer ④

## 60 블랙박스(Black box) 시험 기법이 아닌 것은 몇 개인가?

2018 해경

> ㄱ. 프로그램의 입력 도메인을 시험사례가 산출될 수 있는 데이터의 클래스로 분류하는 방법이다.
> ㄴ. 오류를 감각과 경험으로 찾아본다.
> ㄷ. 프로그램 내의 변수 정의의 위치와 변수들의 사용에 따라 프로그램 검사 경로를 선택하는 조건 구조 검사방법이다.
> ㄹ. 모듈 내의 논리적인 조건을 수행하는 시험사례 설계방법이다.
> ㅁ. 똑같은 기능의 소프트웨어를 두 개 이상 개발하여 발생 가능한 오류 확률을 최소화하는 것이다.

① 1개
② 2개
③ 3개
④ 4개

**해설**

ㄷ. 프로그램 내의 변수 정의의 위치와 변수들의 사용에 따라 프로그램 검사 경로를 선택하는 조건 구조 검사방법이다.(×)
→ 데이터 흐름 테스트로, 내부 로직을 검사하는 화이트박스 테스트 기법이다.
ㄹ. 모듈 내의 논리적인 조건을 수행하는 시험사례 설계방법이다.(×)
→ 논리 커버리지 테스트로, 내부 로직을 검사하는 화이트박스 테스트 기법이다.
ㅁ. 똑같은 기능의 소프트웨어를 두 개 이상 개발하여 발생 가능한 오류 확률을 최소화하는 것이다.(×)
→ N-버전 프로그래밍으로, 소프트웨어 개발 방법론이며 블랙박스 테스트 기법이 아니다.

Answer ③

## 61 소프트웨어의 화이트박스 테스트에 대한 설명으로 옳지 않은 것은?

2022 지방직

① 글래스 박스(Glass-box) 테스트라고 부른다.
② 소프트웨어의 내부 경로에 대한 지식을 보지 않고 테스트 대상의 기능이나 성능을 테스트하는 기술이다.
③ 문장 커버리지, 분기 커버리지, 조건 커버리지 등의 검증 기준이 있다.
④ 모듈의 논리적인 구조를 체계적으로 점검하기 때문에 구조적 테스트라고도 한다.

**해설**

② 소프트웨어의 내부 경로에 대한 지식을 보지 않고 테스트(×) → 블랙박스 테스트의 설명
화이트박스 테스트는 내부 로직과 구조를 보면서 테스트하는 기법

Answer ②

## 62  <보기>에서 블랙박스 테스트의 종류로 옳은 것을 모두 고른 것은?  2024 계리직

┌─ 보기 ─────────────────────────┐
ㄱ. 비교검사(comparison testing)
ㄴ. 조건 커버리지(condition coverage)
ㄷ. 문장 커버리지(statement coverage)
ㄹ. 경곗값 분석(boundary value analysis)
└─────────────────────────────┘

① ㄱ, ㄴ  
② ㄱ, ㄷ  
③ ㄱ, ㄹ  
④ ㄴ, ㄹ

**해설**
ㄱ. 비교검사(○)
ㄴ. 조건 커버리지(×) - 화이트박스 테스트
ㄷ. 문장 커버리지(×) - 화이트박스 테스트
ㄹ. 경곗값 분석(○)

Answer ③

## 63  소프트웨어 오류를 찾는 블랙박스 시험의 종류로 옳지 않은 것은?  2014 계리직

① 비교 시험(comparison testing)
② 기초 경로 시험(basic path testing)
③ 동치 분할 시험(equivalence partitioning testing)
④ 원인-효과 그래프 시험(cause-effect graph testing)

**해설**
② 기초 경로 시험(basic path testing)
→ 기초 경로 시험은 내부 로직을 확인하는 화이트박스 테스트 기법이다.

Answer ②

## 64 소프트웨어 테스트에 대한 설명으로 옳지 않은 것은? 2022 계리직

① 통합 테스트는 단위 테스트가 끝난 모듈들을 통합하여 모듈 간의 인터페이스 관련 오류가 있는지를 찾는 검사이다.
② 테스트의 목적은 소프트웨어 요구사항의 만족도 및 예상 결과와 실제 결과의 차이점을 파악함으로써 소프트웨어의 오류를 찾아 내는 것이다.
③ 화이트 박스 테스트는 프로그램 원시 코드의 논리적 구조를 체계적으로 점검하며, 프로그램 구조에 의거하여 검사한다.
④ 블랙 박스 테스트에는 기초 경로(basic path), 조건 기준(condition coverage), 루프(loop) 검사, 논리 위주(logic driven) 검사 등이 있다.

**해설**
④ 블랙 박스 테스트에는 기초 경로(basic path), 조건 기준(condition coverage), 루프(loop) 검사, 논리 위주(logic driven) 검사 등이 있다.(×)
→ 기초 경로 검사, 조건 기준 검사, 루프 검사, 논리 위주 검사는 화이트박스 테스트 기법에 해당된다.

**Answer** ④

## 65 프로그램의 내부구조나 일고리즘을 보지 않고, 요구사항 명세서에 기술되어 있는 소프트웨어 기능을 토대로 실시하는 테스트는? 2014 국가직

① 경로 테스트
② 블랙 박스 테스트
③ 구조 테스트
④ 화이트 박스 테스트

**해설**
① 경로 테스트(×)
→ 프로그램의 내부 논리 경로를 확인하는 화이트 박스 테스트의 한 종류임
③ 구조 테스트(×)
→ 프로그램 내부 구조를 점검하는 화이트 박스 테스트와 유사한 테스트 방식임
④ 화이트 박스 테스트(×)
→ 프로그램의 내부 구조와 알고리즘을 기반으로 코드의 논리와 경로를 점검하는 테스트임

**Answer** ②

## 66  통합 테스팅 방법에 대한 설명으로 옳지 않은 것은?  2021 국가직

① 연쇄식(Threads) 통합은 초기에 시스템 골격을 파악하기 어렵다.
② 빅뱅(Big-bang) 통합은 모든 모듈을 동시에 통합하여 테스팅한다.
③ 상향식(Bottom-up) 통합은 가장 하부 모듈부터 통합하여 테스팅한다.
④ 하향식(Top-down) 통합은 프로그램 제어 구조에서 상위 모듈부터 통합하는 것을 말한다.

> **해설**
> ① 연쇄식(Threads) 통합은 초기에 시스템 골격을 파악하기 어렵다.(×)
> → 연쇄식 통합은 오히려 시스템의 주요 기능을 따라 통합하므로 초기에 시스템 골격 파악이 용이하다.
>
> **Answer** ①

## 67  결정 명령문 내의 각 조건식이 참, 거짓을 한 번 이상 갖도록 조합하여 테스트 케이스를 설계하는 방법은?  2018 국가직

① 문장 검증 기준(Statement Coverage)
② 조건 검증 기준(Condition Coverage)
③ 분기 검증 기준(Branch Coverage)
④ 다중 조건 검증 기준(Multiple Condition Coverage)

> **해설**
> ① 문장 검증(Statement Coverage) : 모든 문장이 최소 한 번 실행되도록 테스트
> ③ 분기 검증(Branch Coverage) : 조건문의 T/F가 최소 한 번씩 실행되도록 테스트
> ④ 다중 조건 검증(Multiple Condition) : 마스크 문제(and/or 연산에서의 조건식) 해결을 위한 테스트
>
> **Answer** ②

## 68  소프트웨어 테스트에 대한 설명으로 옳지 않은 것은?  2016 계리직

① 베타(beta) 테스트는 고객 사이트에서 사용자에 의해서 수행된다.
② 회귀(regression) 테스트는 한 모듈의 수정이 다른 부분에 미치는 영향을 검사한다.
③ 화이트 박스(white box) 테스트는 모듈의 내부 구현보다는 입력과 출력에 의해 기능을 검사한다.
④ 스트레스(stress) 테스트는 비정상적으로 과도한 분량 또는 빈도로 자원을 요청할 때의 영향을 검사한다.

> **해설**
> ③ 화이트 박스 테스트는 모듈의 내부 구현보다는 입력과 출력에 의해 기능을 검사한다. (×)
>  → 이는 블랙박스 테스트의 설명이다. 화이트 박스 테스트는 내부 로직과 구조를 검사하는 테스트이다.
> Answer ③

## 69 소프트웨어 테스트에 대한 설명으로 옳지 않은 것은? 2016 국가직

① 단위(unit) 테스트는 개별적인 모듈에 대한 테스트이며 테스트 드라이버(driver)와 테스트 스텁(stub)을 사용할 수 있다.
② 통합(integration) 테스트는 모듈을 통합하는 방식에 따라 빅뱅(big-bang) 기법, 하향식(top-down) 기법, 상향식(bottom-up) 기법을 사용한다.
③ 시스템(system) 테스트는 모듈들이 통합된 후 넓이 우선 방식 또는 깊이 우선 방식을 사용하여 테스트한다.
④ 인수(acceptance) 테스트는 인수 전에 사용자의 요구 사항이 만족되었는지 테스트한다.

> **해설**
> ③ 시스템 테스트는 넓이 우선 방식 또는 깊이 우선 방식을 사용 (×)
>  → 이는 통합 테스트의 방법이며, 시스템 테스트는 전체 시스템의 성능, 부하, 보안 등을 검사한다.
> Answer ③

## 70 소프트웨어 테스트 방법 중 한 모듈의 수정이 다른 부분에 영향을 끼칠 수도 있다고 생각하여 수정 전 모듈 뿐 아니라 관련된 모듈까지 문제가 없는지 검사하는 테스트 방법은? 2021 국회직

① 회귀 테스트(Regression Test)
② 인수 테스트(Acceptance Test)
③ 통합 테스트(Integration Test)
④ 단위 테스트(Unit Test)
⑤ 시스템 테스트(System Test)

> **해설**
> ② 인수 테스트
>  → 사용자 요구사항을 충족하는지 확인하는 테스트로, 최종 사용자가 실제로 사용해보는 테스트이다.
> ③ 통합 테스트
>  → 모듈들을 통합하여 모듈 간 인터페이스와 상호작용을 테스트한다.
> ④ 단위 테스트
>  → 개별 모듈이나 컴포넌트를 독립적으로 테스트한다.
> ⑤ 시스템 테스트
>  → 전체 시스템이 요구사항을 만족하는지 검증하는 테스트이다.
> Answer ①

## 71 소프트웨어 회귀 테스트에 관한 설명으로 옳은 것만을 〈보기〉에서 고른 것은? 2023 소방경채

**보기**
ㄱ. 확정 테스트(confirmation test)가 끝난 후 또 한 번 테스트한다.
ㄴ. 출시 전 최종 피드백을 위해 다수의 사용자 환경에서 테스트한다.
ㄷ. 수정된 모듈뿐 아니라 관련된 모듈까지 문제가 없는지 테스트한다.
ㄹ. 테스트 케이스의 일부분을 재실행할 수 있고, 도구를 이용해 자동으로 테스트할 수 있다.

① ㄱ, ㄴ, ㄷ
② ㄱ, ㄴ, ㄹ
③ ㄱ, ㄷ, ㄹ
④ ㄴ, ㄷ, ㄹ

**해설**
ㄴ. 출시 전 최종 피드백을 위해 다수의 사용자 환경에서 테스트한다.(×)
→ 베타 테스트와 관련된 설명으로, 회귀 테스트의 목적과는 다르다.

**Answer** ③

## 72 다음 설명 중 가장 옳지 않은 것은? 2024 법원직

① 명세 기반 테스트를 블랙박스 테스트라 하며 방법으로는 신택스 기법, 동등 분할 기법, 경계 값 분석 기법 등이 있다.
② 맥케이브의 기본경로 테스트에서 지역(Region)을 계산한 순환복잡도와 분기(Predicate)를 계산한 순환복잡도의 결과는 일치한다.
③ 회귀 테스트(Regression)는 모듈 회귀 테스트와 증분적 회귀 테스트가 있다.
④ 통합 테스트는 단위 테스트가 끝난 모듈을 통합하는 과정에서 발생하는 오류를 찾는 테스트를 말한다.

**해설**
③ 회귀 테스트(Regression)는 모듈 회귀 테스트와 증분적 회귀 테스트가 있다.(×)
→ 회귀 테스트의 유형은 단순 회귀, 부분 회귀, 완전 회귀로 구분된다.

**Answer** ③

## 07 소프트웨어 유지보수

**73** 현재 운영 중인 도서정보시스템에 보유 중인 도서를 판매할 수 있는 기능을 추가할 때, 해당하는 소프트웨어 유지보수 유형은?　　　2012 경찰청

① 수정 유지보수(corrective maintenance)
② 적응 유지보수(adaptive maintenance)
③ 완전 유지보수(perfective maintenance)
④ 예방 유지보수(preventive maintenanc)

> **해설**
> ① **수정 유지보수** - 오류 수정
> ② **적응 유지보수** - 환경 변화 대응
> ④ **예방 유지보수** - 미래의 문제 예방
>
> **Answer** ③

**74** 소프트웨어 유지보수 단계에서 수행해야 할 작업으로 옳지 않은 것은?　　　2012 경찰청

① 소프트웨어의 이해
② 변경 요구 분석
③ 변경 및 효과 예측
④ 재사용 테스트

> **해설**
> ④ 재사용 테스트
> → "재사용 테스트"는 유지보수 단계의 작업이 아니다. 올바른 용어는 "회귀 테스트(Regression Test)"로, 변경된 부분이 기존 기능에 영향을 미치지 않는지 확인하는 테스트이다.
>
> **Answer** ④

## 75 〈보기〉의 항목들이 해당되는 소프트웨어 유지보수의 종류로 가장 옳은 것은?

2020 서울시 7급 소프트웨어공학

┤보기├
- 리눅스(Linux)에서 동작하는 프로그램을 다른 운영 체제에서도 동작하도록 함
- 인터넷 익스플로러(Internet Explorer)에 최적화된 웹 프로그램을 크롬(Chrome)에서도 동작하도록 함
- 특정 버전의 라이브러리(Library)를 사용하여 개발된 프로그램을 좀 더 최신 버전의 라이브러리도 사용이 가능하도록 개선함

① 수정 유지보수(corrective maintenance)
② 적응 유지보수(adaptive maintenance)
③ 완전 유지보수(perfective maintenance)
④ 예방 유지보수(preventive maintenance)

/해설
① 수정 유지보수
　→ 소프트웨어의 오류를 수정하는 유지보수
③ 완전 유지보수
　→ 성능 개선이나 기능 추가하는 유지보수
④ 예방 유지보수
　→ 미래의 유지보수를 더 쉽게 하기 위한 유지보수

Answer ②

## 76 K대학은 외국인 신입생의 증가에 대응하기 위해 다음과 같이 정보시스템을 유지보수하려고 한다. (가), (나)에 해당하는 유지보수 유형을 바르게 연결한 것은?

2023 국가직 7급 소프트웨어공학

(가) DBMS가 다국어 지원이 가능한 제품으로 변경되어 이와 관련된 프로그램을 수정하고자 한다.
(나) 기존 비대면 수업 등록 기능에서 발생한 오류 사항을 수정하고자 한다.

|   | (가) | (나) |
|---|---|---|
| ① | 수정(corrective) | 예방(preventive) |
| ② | 예방(preventive) | 수정(corrective) |
| ③ | 완전(perfective) | 적응(adaptive) |
| ④ | 적응(adaptive) | 수정(corrective) |

### 해설
- **적응 유지보수** : 변화된 환경에 소프트웨어를 적응시키는 것
- **수정 유지보수** : 소프트웨어의 오류를 수정하는 것
- **완전 유지보수** : 성능 향상이나 기능 추가
- **예방 유지보수** : 미래의 유지보수를 더 쉽게 하기 위한 것

**Answer** ④

## 08 소프트웨어 재공학

**77** 완성된 바이너리 형태의 소프트웨어를 역으로 분석하여 원래 소스 코드의 구조를 파악하는 리버스 엔지니어링의 목적으로 옳지 않은 것은?　　　2021 군무원 정보보호론

① 취약점 분석　　② 악성코드 분석
③ 디지털 포렌식　　④ 컴파일 및 링킹

### 해설
④ 컴파일 및 링킹
→ 컴파일과 링킹은 소스 코드를 실행 파일로 만드는 정방향 과정
→ 리버스 엔지니어링은 반대로 실행 파일을 분석하는 역방향 과정

**Answer** ④

**78** 소프트웨어 재사용에 대한 설명으로 옳지 않은 것은?　　　2014 국회직
① 소프트웨어 개발 시간과 비용 절감
② 프로젝트 실패 위험률 감소
③ 소프트웨어 개발자의 생산성 증가
④ 소프트웨어 구축에 대한 지식 공유
⑤ 새로운 소프트웨어 개발 방법론 개발

### 해설
⑤ 새로운 소프트웨어 개발 방법론 개발(×)
→ 소프트웨어 재사용은 기존 구성요소를 활용하는 것이지, 새로운 개발 방법론을 만드는 것이 아니다.

**Answer** ⑤

**79** 시스템의 유지보수에 대한 설명으로 옳지 않은 것은? <sub>2010 지방직</sub>

① 변경된 환경과 적절하게 조화를 이루도록 소프트웨어를 변경시키는 것은 유지보수 활동에 속한다.
② 원시코드를 이용하여 원시코드 이상의 추상화된 표현으로 나타내고 코드를 분석하는 과정을 역공학이라 하며, 역공학을 통해 시스템을 재구성하여 변경이 용이한 시스템을 만들거나 보다 나은 기능을 추가할 수 있다.
③ 유지보수에 대한 요청은 공식적인 절차를 밟아 표준화된 방법으로 이루어져야 하며 유지보수 요청서에 의해 이루어진다.
④ 소프트웨어 유지보수 과정에서 발생하는 결과물에 대한 계획, 개발, 운용 등을 종합하여 시스템 형상을 만들고, 이에 대한 변경을 체계적으로 관리하기 위한 활동을 소프트웨어 형상관리라 한다.

> **해설**
> ② 원시코드를 이용하여 원시코드 이상의 추상화된 표현으로 나타내고 코드를 분석하는 과정을 역공학이라 하며, 역공학을 통해 시스템을 재구성하여 변경이 용이한 시스템을 만들거나 보다 나은 기능을 추가할 수 있다.(×)
> → 역공학은 실행코드에서 원시코드나 설계 문서를 복원하는 과정으로, 시스템 개선과 기능 확장에 활용
>
> **Answer** ②

## 09 소프트웨어 설계

**80** 소프트웨어 설계의 원칙으로 옳지 않은 것은? <sub>2015 서울시</sub>

① 상세설계로 갈수록 추상화 수준은 증가한다.
② 계층적 조직이 제시되며, 모듈적이어야 한다.
③ 설계는 분석 모델까지 추적이 가능하도록 한다.
④ 요구사항 분석에서 얻은 정보를 이용하여 반복적 방법을 통해 이루어져야 한다.

> **해설**
> ① 상세설계로 갈수록 추상화 수준은 증가한다.(×)
> → 상세설계로 갈수록 추상화 수준은 감소한다. 구체적이고 상세한 내용을 다루기 때문에 추상화 수준이 낮아진다.
>
> **Answer** ①

## 81 소프트웨어 설계과정에서 고려하는 모듈화에 대한 설명으로 적합한 것은? <small>2016 해경</small>

① 모듈화에 대한 척도는 일반적으로 결합력과 응집력으로 나타낸다.
② 모듈화를 달성하기 위해서는 결합력과 응집력은 모두 높아야 한다.
③ 전역변수를 사용한 모듈화는 매개변수 전달 방법보다 우수하다.
④ 제어용 플래그 매개변수의 사용은 좋은 모듈화 달성 방법이다.

> **해설**
> ② 모듈화를 달성하기 위해서는 결합력과 응집력은 모두 높아야 한다.(×)
>   → 좋은 모듈화를 위해서는 결합도는 낮고 응집도는 높아야 한다.
> ③ 전역변수를 사용한 모듈화는 매개변수 전달 방법보다 우수하다.(×)
>   → 전역변수 사용은 모듈 간 결합도를 높이므로 매개변수를 통한 데이터 전달보다 좋지 않다.
> ④ 제어용 플래그 매개변수의 사용은 좋은 모듈화 달성 방법이다.(×)
>   → 제어 플래그를 통한 제어는 모듈의 독립성을 해치고 결합도를 높이므로 좋은 모듈화 달성 방법이 아니다.
>
> **Answer** ①

## 82 정보은닉(information hiding)에 대한 설명으로 옳지 않은 것은? <small>2017 서울시</small>

① 필요하지 않은 정보는 접근을 제한하는 것이다.
② 모듈 사이의 독립성을 유지시킨다.
③ 설계전략을 지역화하여 전략의 변경에 따른 영향을 최소화한다.
④ 모듈 사이의 결합도를 높여 신뢰성을 향상시킨다.

> **해설**
> ④ 모듈 사이의 결합도를 높여 신뢰성을 향상시킨다.(×)
>   → 정보은닉은 결합도를 낮추는 것이 목적
>   → 높은 결합도는 모듈 간 의존성을 증가시켜 신뢰성 저하
>
> **Answer** ④

**83** 결합도(Coupling)는 모듈 간의 상호 의존 정도 또는 모듈 간의 연관 관계를 의미한다. 아래에 나타낸 결합도를 약한 정도에서 강한 정도 순으로 올바르게 나열한 것은?  2018 계리직

ㄱ. 내용 결합도(Content Coupling)  ㄴ. 제어 결합도(Control Coupling)
ㄷ. 자료 결합도(Data Coupling)     ㄹ. 공통 결합도(Common Coupling)

① ㄷ - ㄴ - ㄹ - ㄱ
② ㄷ - ㄹ - ㄱ - ㄴ
③ ㄹ - ㄴ - ㄷ - ㄱ
④ ㄹ - ㄷ - ㄱ - ㄴ

> **해설**
> 결합도의 강도를 약한 것에서 강한 것 순으로 나열하면
> 자료 결합도(Data) - 가장 약함
> 스탬프 결합도(Stamp)
> 제어 결합도(Control)
> 외부 결합도(External)
> 공통 결합도(Common)
> 내용 결합도(Content) - 가장 강함
>
> **Answer** ①

**84** 다음 중 소프트웨어 모듈 결합도(Coupling)에 대한 설명으로 가장 옳지 않은 것은?
① 모듈간 결합도는 약할수록 바람직하다.  2024 해경
② 데이터(Data) 결합은 모델들이 매개변수를 통해 데이터만 주고 받는다.
③ 레코드나 배열같은 데이터 구조는 스탬프(Stamp) 결합에 해당된다.
④ 외부(External) 결합보다는 제어(Control) 결합이 상호 의존도가 강하다.

> **해설**
> ④ 외부(External) 결합보다는 제어(Control) 결합이 상호 의존도가 강하다.(×)
> → 결합도 강도는 '내용 > 공통 > 외부 > 제어 > 스탬프 > 데이터' 순이다. 따라서 외부 결합이 제어 결합보다 상호 의존도가 강하다.
>
> **Answer** ④

## 85 다음 중 소프트웨어 모듈 설계의 평가에 대한 설명으로 가장 적절하지 않은 것은?

2024 군무원

① 모듈의 결합도(coupling)는 모듈들이 서로 관련되거나 연결된 정도를 의미하며 낮을수록 좋다.
② 모듈의 응집도(cohesion)는 모듈 간에 기능적인 연관 정도를 의미하며 높을수록 좋다.
③ 어떤 모듈이 다른 모듈을 호출하며 데이터를 넘겨주는 경우 이 모듈 간에 제어 결합도를 가진다고 한다.
④ 모듈 내 모든 요소가 한 가지 기능을 수행하기 위해 구성되는 경우 이들 요소는 기능적 응집도로 묶여있다고 한다.

**해설**
② 모듈의 응집도(cohesion)는 모듈 간에 기능적인 연관 정도를 의미하며 높을수록 좋다. (×)
→ 응집도는 모듈 내부 구성요소들의 기능적 연관성을 의미한다. 모듈 간의 연관성이 아니다.

**Answer** ②

## 86 다음 설명에 해당하는 모듈의 결합도는?

2024 국가직

> 한 모듈이 다른 모듈의 내부 기능 및 자료를 직접 참조하거나 사용하는 경우로, 한 모듈에서 다른 모듈의 내부로 제어가 이동하는 경우도 이에 해당한다.

① 공통 결합도(common coupling)   ② 내용 결합도(content coupling)
③ 외부 결합도(external coupling)   ④ 자료 결합도(data coupling)

**해설**
① **공통 결합도**(common coupling) : 여러 모듈이 공통 데이터(전역 변수)를 공유하며 의존하는 경우
③ **외부 결합도**(external coupling) : 모듈들이 외부 파일이나 장치를 통해 데이터를 교환하는 경우
④ **자료 결합도**(data coupling) : 모듈 간에 파라미터(데이터)만 전달하여 상호작용하는 경우로, 결합도가 가장 낮음

**Answer** ②

## 87 모듈의 결합도(coupling)와 응집력(cohesion)에 대한 설명으로 옳은 것은? 2011 국가직

① 결합도란 모듈 간에 상호 의존하는 정도를 의미한다.
② 결합도는 높을수록 좋고 응집력은 낮을수록 좋다.
③ 여러 모듈이 공동 자료 영역을 사용하는 경우 자료 결합(data coupling)이라 한다.
④ 가장 이상적인 응집은 논리적 응집(logical cohesion)이다.

### 해설

② 결합도는 높을수록 좋고 응집력은 낮을수록 좋다.(×)
→ 결합도는 낮을수록, 응집력은 높을수록 좋은 설계이다. 모듈의 독립성을 높이기 위해서는 결합도는 최소화하고 응집력은 최대화해야 한다.
③ 여러 모듈이 공동 자료 영역을 사용하는 경우 자료 결합(data coupling)이라 한다.(×)
→ 여러 모듈이 공동 자료 영역을 사용하는 것은 공통 결합(common coupling)이다. 자료 결합은 모듈 간에 파라미터로만 데이터를 주고받는 경우를 의미한다.
④ 가장 이상적인 응집은 논리적 응집(logical cohesion)이다.(×)
→ 가장 이상적인 응집은 기능적 응집(functional cohesion)이다. 논리적 응집은 오히려 낮은 수준의 응집도에 해당한다.

**Answer** ①

## 88 다음 소프트웨어 모듈 간 응집 관계에서 ( ) 안에 들어갈 용어로 옳은 것은? 2024 소방경채

낮은 응집도 ─────────→ 높은 응집도
우연적 응집, ( ㄱ ), ( ㄴ ), ( ㄷ ), 교환적 응집

|   | ㄱ | ㄴ | ㄷ |
|---|---|---|---|
| ① | 논리적 응집 | 시간적 응집 | 절차적 응집 |
| ② | 논리적 응집 | 절차적 응집 | 시간적 응집 |
| ③ | 절차적 응집 | 논리적 응집 | 시간적 응집 |
| ④ | 절차적 응집 | 시간적 응집 | 논리적 응집 |

### 해설

제시된 그림의 단계를 적용하면 다음과 같다.
우연적 응집 (가장 낮은 응집도)
논리적 응집
시간적 응집
절차적 응집
교환적 응집 (높은 응집도)

**Answer** ①

**89** 소프트웨어의 응집력이란 모듈 내부의 요소들이 서로 관련되어 있는 정도를 말한다. 응집의 종류에 대한 설명으로 옳은 것은? 2010 국가직

① 기능적 응집(functional cohesion)은 모듈 내 한 구성 요소의 출력이 다른 구성 요소의 입력이 되는 경우이다.
② 교환적 응집(communicational cohesion)은 모듈이 여러 가지 기능을 수행하며 모듈 내 구성 요소들이 같은 입력 자료를 이용하거나 동일 출력 데이터를 만들어 내는 경우이다.
③ 논리적 응집(logical cohesion)은 응집도 스펙트럼에서 가장 높은 곳에 위치하며, 응집력이 가장 강하다.
④ 순차적 응집(sequential cohesion)은 모듈 내 구성 요소들이 연관성이 있고, 특정 순서에 의해 수행되어야 하는 경우이다.

> **해설**
> ① 기능적 응집(functional cohesion)은 모듈 내 한 구성 요소의 출력이 다른 구성 요소의 입력이 되는 경우이다.(×)
>   → 순차적 응집(sequential cohesion)에 대한 설명이다.
> ③ 논리적 응집(logical cohesion)은 응집도 스펙트럼에서 가장 높은 곳에 위치하며, 응집력이 가장 강하다.(×)
>   → 논리적 응집은 모듈 내 구성 요소들이 유사한 기능을 수행하는 경우에 해당하며, 응집도 스펙트럼에서 낮은 수준의 응집이다.
> ④ 순차적 응집(sequential cohesion)은 모듈 내 구성 요소들이 연관성이 있고, 특정 순서에 의해 수행되어야 하는 경우이다.(×)
>   → 순차적 응집은 한 구성 요소의 출력이 다른 구성 요소의 입력이 되는 경우를 말한다.
>
> **Answer** ②

**90** 소프트웨어 모듈 평가 기준으로 판단할 때, 다음 4명 중 가장 좋게 설계한 사람과 가장 좋지 않게 설계한 사람을 순서대로 바르게 나열한 것은? 2018 국가직

- 철수 : 절차적 응집도 + 공통 결합도
- 영희 : 우연적 응집도 + 내용 결합도
- 동수 : 기능적 응집도 + 자료 결합도
- 민희 : 논리적 응집도 + 스탬프 결합도

① 철수, 영희
② 철수, 민희
③ 동수, 영희
④ 동수, 민희

### 해설

A. 응집도 순서 (좋음 → 나쁨)
  기능적 응집도 (가장 좋음)
  순차적 응집도
  통신적 응집도
  절차적 응집도
  일시적 응집도
  논리적 응집도
  우연적 응집도 (가장 나쁨)

B. 결합도 순서 (좋음 → 나쁨)
  자료 결합도 (가장 좋음)
  스탬프 결합도
  제어 결합도
  외부 결합도
  공통 결합도
  내용 결합도 (가장 나쁨)

Answer ③

**91** 〈보기〉는 모듈화를 중심으로 한 소프트웨어 설계방법에 대한 설명이다. 빈칸의 내용을 올바르게 나열한 것은?

2012 계리직, 2017 해경

─| 보기 |─
- 결합도(coupling)와 응집도(cohesion)는 모듈의 ( ㉠ )을 판단하는 기준이다.
- 결합도란 모듈 ( ㉡ )의 관련성을 의미하며, 응집도란 모듈 ( ㉢ )의 관련성을 의미한다.
- 좋은 설계를 위해서는 결합도는 ( ㉣ ), 응집도는 ( ㉤ ) 방향으로 설계해야 한다.

|   | ㉠ | ㉡ | ㉢ | ㉣ | ㉤ |
|---|---|---|---|---|---|
| ① | 독립성 | 사이 | 내부 | 작게 | 큰 |
| ② | 독립성 | 내부 | 사이 | 크게 | 작은 |
| ③ | 추상성 | 사이 | 내부 | 작게 | 큰 |
| ④ | 추상성 | 내부 | 사이 | 크게 | 작은 |

### 해설

결합도와 응집도는 모듈의 독립성을 평가하는 지표이다.
- **결합도(Coupling)**: 모듈 간 상호 의존성을 나타내며, 낮을수록 독립성이 높다.
  - **데이터 결합**: 매개변수를 통해 데이터만 주고받아 간섭을 최소화한다.
  - **내용 결합**: 인터페이스 없이 데이터를 직접 공유하며, 가장 높은 간섭을 유발한다.
- **응집도(Cohesion)**: 모듈 내부 구성 요소 간의 밀접한 연관성을 의미하며, 높을수록 바람직하다.
  - **기능적 응집**: 단일 기능으로 구성된 응집도가 가장 높은 경우이다.
  - **우연적 응집**: 구성 요소들이 특별한 이유 없이 묶인 것으로, 응집도가 가장 낮다.

Answer ①

## 92 모듈의 응집도에 대한 설명으로 〈보기〉에서 옳은 것만을 모두 고른 것은?  2018 지방교행

**보기**

ㄱ. 모듈 내 한 구성 요소의 출력이 다른 구성 요소의 입력이 되는 경우는 순차적 응집도(sequential cohesion)에 해당한다.
ㄴ. 모듈 내 구성 요소들이 서로 다른 기능을 같은 시간대에 함께 실행하는 경우는 우연적 응집도(coincidental cohesion)에 해당한다.
ㄷ. 모듈이 여러 가지 기능을 수행하며 모듈 내 구성 요소들이 같은 입력 자료를 이용하거나 동일 출력 데이터를 만들어내는 경우는 통신적 응집도(communicational cohesion)에 해당한다.

① ㄱ
② ㄴ
③ ㄱ, ㄷ
④ ㄴ, ㄷ

**해설**

ㄴ. 모듈 내 구성 요소들이 서로 다른 기능을 같은 시간대에 함께 실행하는 경우는 우연적 응집도(coincidental cohesion)에 해당한다. (×)
→ 시간적 응집도(temporal cohesion)의 정의이다. 우연적 응집도는 모듈 내 구성 요소들 간에 아무런 의미 있는 관계가 없는 경우를 의미한다.

**Answer** ③

## 93 ㉠에 들어갈 용어로 옳은 것은?  2018 계리직

( ㉠ )(은)는 유사한 문제를 해결하기 위해 설계들을 분류하고 각 문제 유형별로 가장 적합한 설계를 일반화하여 체계적으로 정리해 놓은 것으로 소프트웨어 개발에서 효율성과 재사용성을 높일 수 있다.

① 디자인 패턴
② 요구사항 정의서
③ 소프트웨어 개발 생명주기
④ 소프트웨어 프로세스 모델

**해설**

② **요구사항 정의서** - 요구사항 명세를 위한 문서
③ **소프트웨어 개발 생명주기** - 개발 과정의 단계 구분
④ **소프트웨어 프로세스 모델** - 개발 방법론의 종류

**Answer** ①

**94** 디자인 패턴에 대한 설명으로 옳지 않은 것은?     2015 지방직

① 일반적으로 디자인 패턴을 이용하면 좋은 설계나 아키텍처를 재사용하기 쉬워진다.
② 패턴은 사용 목적에 따라서 생성 패턴, 구조 패턴, 행위 패턴으로 분류할 수 있다.
③ 생성 패턴은 빌더(builder), 추상 팩토리(abstract factory) 등을 포함한다.
④ 행위 패턴은 가교(bridge), 적응자(adapter), 복합체(composite) 등을 포함한다.

> **해설**
> ④ 행위 패턴은 가교(bridge), 적응자(adapter), 복합체(composite) 등을 포함한다.(×)
>   → 가교, 적응자, 복합체는 구조 패턴에 속한다. 행위 패턴에는 옵저버, 스트래티지, 템플릿 메서드 등이 포함된다.
>
> **Answer** ④

**95** 소프트웨어 디자인 패턴(design pattern)에 대한 설명 중 가장 옳지 않은 것은?     2022 군무원

① 생성(creational)패턴, 구조(structural)패턴, 행위(behavioral)패턴 등으로 분류할 수 있다.
② 각기 다른 소프트웨어 모듈이나 기능 간의 설계 또는 해결책 간의 공통되는 요소를 재사용할 수 있게 해준다.
③ 소스나 기계 코드로 바로 전환될 수 있는 완성된 디자인을 제공함으로써 소프트웨어 개발 효율을 향상하게 한다.
④ 어댑터 패턴(adapter pattern)은 클래스의 인터페이스를 다른 인터페이스로 변환하는 데 활용되며, 비호환적 인터페이스를 갖춘 클래스들이 함께 작동하도록 지원한다.

> **해설**
> ③ 소스나 기계 코드로 바로 전환될 수 있는 완성된 디자인을 제공(×)
>   → 디자인 패턴은 문제 해결을 위한 설계 템플릿을 제공
>   → 바로 실행 가능한 코드를 제공하는 것이 아님
>
> **Answer** ③

## 96
〈보기〉에서 디자인 패턴에 대한 설명으로 옳은 것의 총 개수는?    2023 계리직

┤보기├
ㄱ. 디자인 패턴은 유사한 문제를 해결하기 위하여 각 문제 유형별로 적합한 설계를 일반화하여 정리해 놓은 것이다.
ㄴ. 싱글턴(singleton) 패턴은 특정 클래스의 객체가 오직 하나만 존재하도록 보장하여 객체가 불필요하게 여러 개 만들어질 필요가 없는 경우에 주로 사용한다.
ㄷ. 메멘토(memento) 패턴은 한 객체의 상태가 변경되었을 때 의존 관계에 있는 다른 객체들에게 이를 자동으로 통지하도록 하는 패턴이다.
ㄹ. 데코레이터(decorator) 패턴은 기존에 구현된 클래스의 기능 확장을 위하여 상속을 활용하는 설계 방안을 제공한다.

① 1개
② 2개
③ 3개
④ 4개

**해설**
ㄷ. 메멘토 패턴은 상태 변경 자동 통지(×)
→ 이는 옵저버 패턴의 설명
→ 메멘토 패턴은 객체의 상태를 저장하고 복원하는 패턴
ㄹ. 데코레이터 패턴은 상속 활용(×)
→ 상속이 아닌 구성(composition)을 활용
→ 객체에 동적으로 새로운 책임을 추가

Answer ②

## 97
개발자가 사용해야 하는 서브시스템의 가장 앞쪽에 위치하면서 서브시스템에 있는 객체들을 사용할 수 있도록 인터페이스 역할을 하는 디자인 패턴은?    2018 국가직

① Facade 패턴
② Strategy 패턴
③ Adapter 패턴
④ Singleton 패턴

**해설**
② Strategy - 알고리즘을 캡슐화하여 교체 가능하게 함
③ Adapter - 호환되지 않는 인터페이스를 변환
④ Singleton - 클래스의 인스턴스를 하나만 생성

Answer ①

## 98. 다음에서 설명하는 디자인 패턴으로 옳은 것은?

2019 계리직

클라이언트와 서브시스템 사이에 ○○○ 객체를 세워놓음으로써 복잡한 관계를 구조화한 디자인 패턴이다. ○○○ 패턴을 사용하면 서브시스템의 복잡한 구조를 의식하지 않고, ○○○ 에서 제공하는 단순화된 하나의 인터페이스만 사용하므로 클래스 간의 의존관계가 줄어들고 복잡성 또한 낮아지는 효과를 가져 온다.

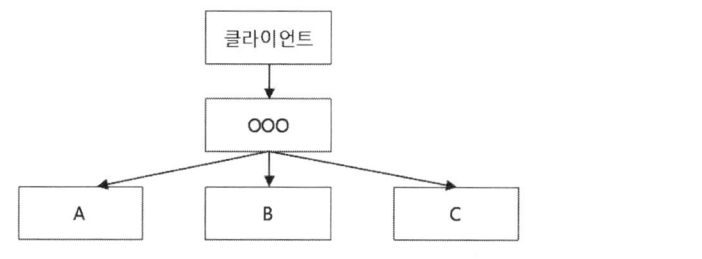

① MVC pattern
② facade pattern
③ mediator pattern
④ bridge pattern

### 해설
**Facade 패턴의 특징**
- 클라이언트와 서브시스템 사이의 중간 인터페이스 제공
- 서브시스템의 복잡성을 감추고 단순화된 인터페이스 제공
- 클래스 간의 결합도 감소
- 서브시스템에 대한 통합된 단일 진입점 제공

**Answer** ②

---

## 99. 다음에서 설명하는 소프트웨어 아키텍처의 유형으로 옳은 것은?

2021 계리직

- 사용자 인터페이스를 시스템의 비즈니스 로직 부분과 분리하는 구조
- 결합도(coupling)를 낮추기 위한 소프트웨어 아키텍처 패턴 구조
- 디자인 패턴 중 옵서버(observer) 패턴에 해당하는 구조

① 클라이언트-서버(client-server) 아키텍처
② 브로커(broker) 아키텍처
③ MVC(Model-View-Controller) 아키텍처
④ 계층형(layered) 아키텍처

> **해설**
> ① 클라이언트-서버 - 분산 시스템을 위한 구조
> ② 브로커 - 분산 시스템의 통신을 중재
> ④ 계층형 - 기능을 계층으로 분리한 구조
>
> Answer ③

**100** 자료가 소프트웨어 내의 각 절차에 따라 흐르면서 변화되는 과정을 도형으로 나타낸 것을 무엇이라 하는가?
2006 국가직

① 자료흐름도(data flow diagram)
② 자료사전(data dictionary)
③ 소단위 명세서(mini specification)
④ 구조도(structure chart)

> **해설**
> ② 자료사전(data dictionary)
>  → 자료의 정의, 형식, 구조 등을 문서화한 것
> ③ 소단위 명세서(mini specification)
>  → 프로세스의 내부 처리 로직을 상세히 기술한 문서
> ④ 구조도(structure chart)
>  → 시스템의 계층적 구조와 모듈 간의 관계를 나타내는 도구
>
> Answer ①

**101** 구조적 개발 방법론에서 사용자 요구사항을 분석한 후 결과를 표현할 때 사용되는 도구에 대한 설명으로 옳은 것은?
2023 국가직

① 자료흐름도에서 자료저장소는 원으로 표현한다.
② 자료사전은 계획(ISP), 분석(BAA), 설계(BSD), 구축(SC)의 절차로 작성한다.
③ 자료사전에서 사용하는 기호 중 ( )는 선택에 사용되는 기호이다.
④ 소단위 명세서를 작성하는 도구에는 구조적언어, 의사결정표 등이 있다.

> **해설**
> ① 자료흐름도(DFD)의 표기법
>  자료저장소는 평행선(=)으로 표현
>  원은 프로세스를 표현
> ② 자료사전은 개발 절차가 아님
>  자료사전은 데이터 정의를 위한 도구
>  제시된 절차는 정보공학 방법론의 절차
> ③ 자료사전의 기호 의미
>  ( )는 반복을 의미
>  [ ]가 선택을 의미
>
> Answer ④

계리직 **컴퓨터일반 기출문제집**

PART

# 06

# 엑셀

# 계리직 컴퓨터일반 기출 분석

## PART 06. 엑셀

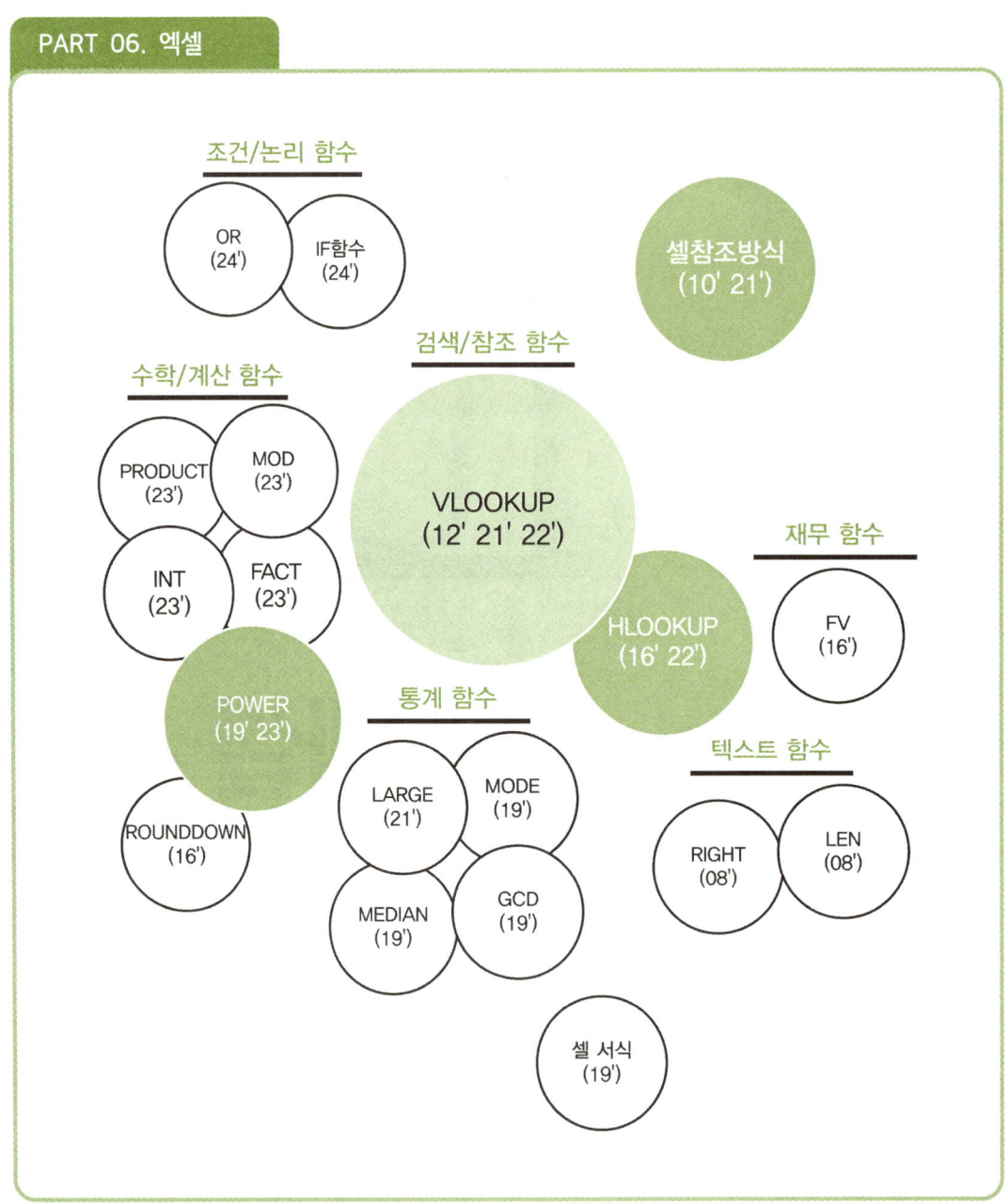

# PART 06 엑셀

## 01 데이터 입력 및 서식 설정

**01** 다음에 제시된 입력 데이터를 엑셀 서식의 표시 형식 코드에 따라 출력한 결과로 옳은 것은?

2019 계리직

입력 데이터 : 1234.5
표시 형식 코드 : #,##0

① 1,234
② 1,235
③ 1,234.5
④ 1,234.50

**해설**

입력값 1234.5를 #,##0 형식에 적용하면 천 단위 구분을 위해 콤마(,)가 들어가므로 1,234가 된다.
소수점 이하를 표시하는 형식이 지정되지 않았으므로 소수점 이하는 반올림된다.
따라서 1234.5는 반올림되어 1,235로 표시된다.
엑셀 셀 서식에서 #,##0와 #,###의 주요 차이점은 0 값의 표시 방식에 있다.
#,##0는 값이 0일 때 숫자 0을 그대로 보여준다. 반면에 #,###은 값이 0인 경우 빈 공간으로 표시하여 화면에 아무것도 나타나지 않는다.

Answer ②

## 02 수식 및 함수 활용

**02** MS Excel의 워크시트에서 사원별 수주량과 판매금액, 그리고 수주량과 판매금액의 합계가 입력되어 있다. 이때 C열에는 전체 수주량 대비 각 사원 수주량의 비율을, E열에는 전체 판매금액 대비 각 사원 판매금액의 비율을 보이고자 한다. 이를 위해 C2셀에 수식을 입력한 다음에 이를 C열과 E열의 나머지 셀에 복사하여 사용하고자 한다. C2셀에 입력할 내용으로 옳은 것은?

2010 계리직

| | A | B | C | D | E |
|---|---|---|---|---|---|
| 1 | 사원 | 수주량 | 비율 | 판매금액 | 비율 |
| 2 | 김철수 | 78 | | 8,000,000 | |
| 3 | 홍길동 | 56 | | 7,500,000 | |
| 4 | 김민호 | 93 | | 13,000,000 | |
| 5 | 나영철 | 34 | | 10,000,000 | |
| 6 | 최건 | 80 | | 8,000,000 | |
| 7 | 합계 | 341 | | 46,500,000 | |

① =B2/B7*100
② =$B$2/B7*100
③ =B2/$B$7*100
④ =B2/B$7*100

**✎ 해설**

엑셀에는 세 가지 주소 참조 방식이 있다.
상대주소(B2)는 복사할 때 행과 열이 모두 변하는 방식이다.
절대주소($B$2)는 복사해도 행과 열이 모두 고정되는 방식이다.
혼합주소(B$2 또는 $B2)는 행이나 열 중 하나만 고정되는 방식이다.
이 문제는 각 사원의 수주량을 전체 수주량으로 나누어야 한다. B2/B7*100 형태의 수식이 필요한데, 여기서 핵심은 분모인 B7(전체 수주량)을 고정해야 한다는 점이다.
정답인 ④ 수식 =B2/B$7*100을 보면,
B2는 상대주소로 복사하면 B3, B4로 변하면서 각 사원의 수주량을 가져올 수 있다.
B$7은 혼합주소로 행($7)만 고정되어 있어 복사해도 항상 전체 합계를 가리킬 수 있다.
이렇게 하면 각 사원의 수주량이 전체에서 차지하는 비율을 정확하게 계산할 수 있다.

Answer ④

03 다음 워크시트에서 [D1] 셀에 =$A$1+$B2를 입력한 후 [D1] 셀을 복사하여 [D5] 셀에 붙여넣기 했을 때 [D5] 셀에 표시될 수 있는 결과로 옳은 것은?

2021 계리직

|   | A | B | C | D |
|---|---|---|---|---|
| 1 | 1 | 2 | 3 |   |
| 2 | 2 | 4 | 6 |   |
| 3 | 3 | 6 | 9 |   |
| 4 | 4 | 8 | 12 |   |
| 5 | 5 | 10 | 15 |   |
| 6 |   |   |   |   |

① 1
② 7
③ 9
④ 15

**해설**

D1 셀에 입력된 수식 =$A$1+$B2를 분석하면,
$A$1은 절대참조로, A1 셀의 값 1을 항상 가리킨다.
$B2는 열($B)만 고정되고 행(2)은 상대참조다.

이 수식을 D1에서 D5로 복사하면,
$A$1은 절대참조이므로 계속 1을 가리킨다.
$B2는 행이 상대참조이므로 B3, B4, B5, B6으로 변한다.
B6은 비어있으므로 0으로 처리된다.

따라서 D5 셀의 최종 계산은
$A$1 + $B6 = 1 + 0 = 1

Answer ①

04 MS Excel의 워크시트에서 D4셀에 =RIGHT(C4,LEN(C4)−4)&"****"을 입력했을 때 결과 값으로 알맞은 것은?

2008 계리직

|   | A | B | C |
|---|---|---|---|
| 1 | 이름 | 학번 | 연락처 |
| 2 | 김철수 | 208-4101 | 010-2109-8765 |
| 3 | 이영희 | 208-4102 | 011-3456-7890 |
| 4 | 홍길동 | 208-4103 | 019-2119-9019 |

① ****2119-9019
② 019-2119-****
③ 019-****-9019
④ 2119-9019****

**해설**

주어진 수식
=RIGHT(C4,LEN(C4)-4)&****을 단계별로 분석해보면
1. LEN(C4)는 019-2119-9019의 길이인 13을 반환
2. LEN(C4)-4는 13-4 = 9
3. RIGHT(C4, 9)는 C4 셀 값의 오른쪽에서 9개 문자를 추출하므로 2119-9019를 반환
4. 여기에 ****를 &(연결) 연산자로 붙이면 정답은 ④ 2119-9019****이다.

**Answer** ④

**05** 엑셀 워크시트에서 B1셀에 "=COUNT(A1:A7)", B2셀에 "=COUNTA(A1:A7)"을 입력했을 때 B1셀과 B2셀의 결과 값으로 바르게 짝지어진 것은?  
<small>2012 경북교행</small>

|   | A | B |
|---|---|---|
| 1 | 1 |   |
| 2 | 대한민국 |   |
| 3 |   |   |
| 4 | 2012-04-14 |   |
| 5 | computer |   |
| 6 | 3 |   |
| 7 | 5 |   |

① 3, 3  ② 3, 4  ③ 4, 6
④ 4, 7  ⑤ 6, 7

**해설**

COUNT 함수 : 지정된 범위에서 숫자만을 카운트
COUNTA 함수 : 지정된 범위에서 비어있지 않은 셀을 모두 카운트

**Answer** ③

**06** 엑셀 시트를 이용한 수식의 결과값으로 옳은 것의 총 개수는?  
<small>2023 계리직</small>

| 수식 | 결과 |
|---|---|
| =FACT(5) | 15 |
| =INT(-3.14) | -3 |
| =MOD(3, 4) | 1 |
| =POWER(3, 3) | 27 |
| =PRODUCT(3, 6, 2) | 36 |

① 2개  ② 3개
③ 4개  ④ 5개

> **해설**
> =FACT(5)의 결과는 120
> (5! = 5 × 4 × 3 × 2 × 1 = 120)
>
> =INT(-3.14)의 결과는 -4
> (소수점 아래를 버리면 -4가 됨)
>
> =MOD(3, 4)의 결과는 3
> (3을 4로 나눈 나머지는 3)
>
> =POWER(3, 3)의 결과는 27
> (3의 3제곱은 3 × 3 × 3 = 27)
>
> =PRODUCT(3, 6, 2)의 결과는 36
> (3 × 6 × 2 = 36)
>
> 따라서 총 5개의 수식 중 올바른 결과값을 가진 것은 2개이므로, 정답은 ① (2개)이다.
>
> **Answer** ①

**07** 엑셀에서는 서로 다른 시트 사이에 셀 참조가 가능하다. 아래 그림에서 Sheet2의 시금치 가격을 VLOOKUP 함수를 사용하여 Sheet1에서 가져오고자 한다. 이를 위해 Sheet2의 B3 셀에 입력할 수식으로 알맞은 것은?

<small>2012 계리직</small>

Sheet1

| | A | B | C | D |
|---|---|---|---|---|
| 1 | 상품명 | 산지 | 생산자 | 가격 |
| 2 | 오이 | 청주 | 김철수 | 500 |
| 3 | 배추 | 울산 | 황인용 | 2000 |
| 4 | 무우 | 김제 | 김영운 | 1500 |
| 5 | 시금치 | 평창 | 나윤로 | 1000 |
| 6 | 상추 | 대전 | 김윤철 | 700 |

Sheet2

| | A | B |
|---|---|---|
| 1 | 상품명 | 가격 |
| 2 | 무우 | |
| 3 | 시금치 | |
| 4 | | |
| 5 | | |
| 6 | | |

① =VLOOKUP(시금치,Sheet1!A2:D6,4,0)
② =VLOOKUP(시금치,A2:A6,5,0)
③ =VLOOKUP(A3,Sheet1!A2:D6,4,0)
④ =VLOOKUP(A3,Sheet1!A2:A6,5,0)

> **해설**
> VLOOKUP의 형식은
> **찾을 값** : Sheet2의 A3에 있는 시금치
> **찾을 범위** : Sheet1의 A2:D6
> **반환할 열** : 가격이 있는 4번째 열(D열)
> **일치조건** : 정확히 일치(0)
>
> **Answer** ③

## 08 다음과 같은 데이터가 입력되어 있는 엑셀시트에서 수식 =HLOOKUP(INDEX(A2:C5,2,2), B7:E9,2)를 계산한 결과는?

2014 계리직

|   | A | B | C | D | E |
|---|---|---|---|---|---|
| 1 | 학번 | 과목번호 | 성적 | | |
| 2 | 100 | C413 | D | | |
| 3 | 200 | C123 | F | | |
| 4 | 300 | C324 | C | | |
| 5 | 400 | C312 | C | | |
| 6 | | | | | |
| 7 | 과목번호 | C123 | C312 | C324 | C413 |
| 8 | 과목이름 | 알고리즘 | 자료구조 | 운영체제 | 반도체 |
| 9 | 수강인원 | 90명 | 80명 | 75명 | 70명 |
| 10 | | | | | |

① 80명  
② 75명  
③ 반도체  
④ 알고리즘

> **해설**
> HLOOKUP과 INDEX 함수의 조합을 단계별로 분석해보면
> 1. INDEX(A2:C5,2,2) 부분은
>    A2:C5 범위에서 2행 2열의 값을 찾는다.
>    즉, C123을 반환한다.
> 2. HLOOKUP(C123,B7:E9,2)는
>    B7:E9 범위에서 C123을 찾아 그 열의 2행 값인 "알고리즘"을 반환한다.
>    따라서 정답은 ④ 알고리즘이다.
>
> **Answer** ④

## 09 다음 워크시트에서 수식 =VLOOKUP(LARGE(C4:C11, 3), C4:F11, 4, 0)에 의해 표시될 수 있는 결과로 옳은 것은?

2021 계리직

|   | A | B | C | D | E | F |
|---|---|---|---|---|---|---|
| 1 | | | 2021년 1월 판매현황 분석 | | | |
| 2 | | | | | | |
| 3 | 상품명 | 판매단가 | 초과/부족수량 | 목표수량 | 판매수량 | 판매금액 |
| 4 | 공기청정기 | 150 | 10 | 100 | 110 | 16,500 |
| 5 | 김치냉장고 | 85 | 13 | 15 | 28 | 2,380 |
| 6 | 드럼세탁기 | 90 | -5 | 35 | 30 | 2,700 |
| 7 | 스마트TV | 150 | 13 | 45 | 58 | 8,700 |
| 8 | 의류건조기 | 230 | 5 | 20 | 25 | 5,750 |
| 9 | 인덕션오븐 | 120 | 20 | 30 | 50 | 6,000 |
| 10 | 무선청소기 | 70 | 8 | 30 | 38 | 2,660 |
| 11 | 식기세척기 | 150 | -10 | 40 | 30 | 4,500 |

① 58  
② 2,380  
③ 8,700  
④ 16,500

> **해설**
> 함수의 조합을 단계별로 분석해보면
> 1. LARGE(C4:C11, 3) 부분은
>    현재점수(C열)에서 3번째로 높은 값을 찾음
>    즉, 13을 반환한다.
> 2. VLOOKUP(탐색값, 탐색범위, 탐색범위에서 표시할 값이 있는 열번호, 탐색방식)은
>    VLOOKUP(13, C4:F11, 4, 0)이므로 2,380을 반환한다.
>
> Answer ②

**10** 다음 워크시트에서 D3셀에 수식 '=IF(OR(B3<1%, C3>=500), "합격", "재작업")'을 삽입하고 D4셀과 D5셀에 D3셀의 채우기 핸들을 이용하여 드래그했을 때 D3:D5셀의 출력 결괏값은?    2024 계리직

| | A | B | C | D |
|---|---|---|---|---|
| 1 | | 공정별 작업 현황 | | |
| 2 | 공정 | 오차율 | 생산량 | 판정 |
| 3 | A | 1.05% | 495 | |
| 4 | B | 1.10% | 510 | |
| 5 | C | 0.90% | 537 | |

① 합격, 재작업, 합격  
② 재작업, 합격, 합격  
③ 재작업, 재작업, 합격  
④ 합격, 재작업, 재작업

> **해설**
> D3 : 재작업(1.05%, 495 → 두 조건 모두 거짓)
> D4 : 합격(1.10%, 510 → C4가 500 이상)
> D5 : 합격(0.90%, 537 → B5가 1% 미만)
>
> Answer ②

**11** 엑셀 시트를 이용해 수식을 실행한 결과, 값이 나머지와 다른 것은?    2019 계리직

| | A |
|---|---|
| 1 | 3 |
| 2 | 7 |
| 3 | 5 |
| 4 | 3 |
| 5 | 0 |
| 6 | 1 |

① =GCD(A1,A6)  
② =MEDIAN(A1:A6)  
③ =MODE(A1:A6)  
④ =POWER(A1,A6)

> **해설**
> GCD(A1,A6) = GCD(3,1) = 1
> 최대공약수를 구하는 함수
>
> MEDIAN(A1:A6) = 3
> 중앙값을 구하는 함수
>
> MODE(A1:A6) = 3
> 최빈값을 구하는 함수
>
> POWER(A1,A6) = $3^1$ = 3
> 거듭제곱을 구하는 함수
>
> GCD 함수만 결과가 1이고 나머지는 모두 3이므로, 정답은 ①이다.
>
> **Answer** ①

**12** 다음은 3년간 연이율 4%로 매월 적립하는 월 복리 정기적금의 만기지급금을 계산한 결과이다. 셀 C2에 들어갈 수식으로 옳은 것은?(단, 만기지급금의 10원 단위 미만은 절사한다)

2016 계리직

| | A | B | C |
|---|---|---|---|
| 1 | 성명 | 월적립액 | 만기지급금 |
| 2 | 김** | ₩30,000 | ₩1,145,440 |
| 3 | 이** | ₩50,000 | ₩1,909,070 |

① =ROUNDDOWN(FV(4%, 3*12, −B2), −1)
② =ROUNDDOWN(FV(4%, 3*12, −B2), −2)
③ =ROUNDDOWN(FV(4%/12, 3*12, −B2), −1)
④ =ROUNDDOWN(FV(4%/12, 3*12, −B2), −2)

> **해설**
> **FV(미래가치) 함수 구성**
> 형식 : FV(기간이자율, 납입횟수, 매회투자금, 현재금액, 납입시기)
> 예시 : =FV(4%/12, 3*12, −30000)
>
> **ROUNDDOWN(내림) 함수**
> 형식 : ROUNDDOWN(값, 소수점자릿수)
> −1 : 10단위 내림
> 0 : 1단위 내림
> 1 : 소수점 첫째자리까지
>
> **Answer** ③

**13** 다음 워크시트의 [A6]셀과 [A7]셀에 아래와 같이 입력하였다. [A6]과 [A7]의 결과값을 순서대로 바르게 나타낸 것은?

2022 계리직

[A6] 셀 : =HLOOKUP(11, B1:D5, 3)
[A7] 셀 : =VLOOKUP("나", A2:D5, 4, TRUE)

|   | A | B | C | D |
|---|---|---|---|---|
| 1 |   | 10 | 20 | 30 |
| 2 | 가 | 10원 | 50원 | 90원 |
| 3 | 나 | 20원 | 60원 | 100원 |
| 4 | 다 | 30원 | 70원 | 110원 |
| 5 | 라 | 40원 | 80원 | 120원 |

① 20원, 100원
② 20원, 120원
③ 60원, 100원
④ 60원, 120원

**해설**

HLOOKUP(11, B1:D5, 3)
B1:D5에서 11에 가장 가까운 작은 값(10) 찾기
10이 있는 열에서 3번째 행의 값(20원) 반환

VLOOKUP("나", A2:D5, 4, TRUE)
A2:A5에서 "나" 찾아서 해당 행 선택
선택된 행에서 4번째 열의 값(100원) 반환

Answer ①

계리직 **컴퓨터일반 기출문제집**

PART

# 07

# 정보보호개론

# 계리직 컴퓨터일반 기출 분석

## PART 07. 정보보호개론

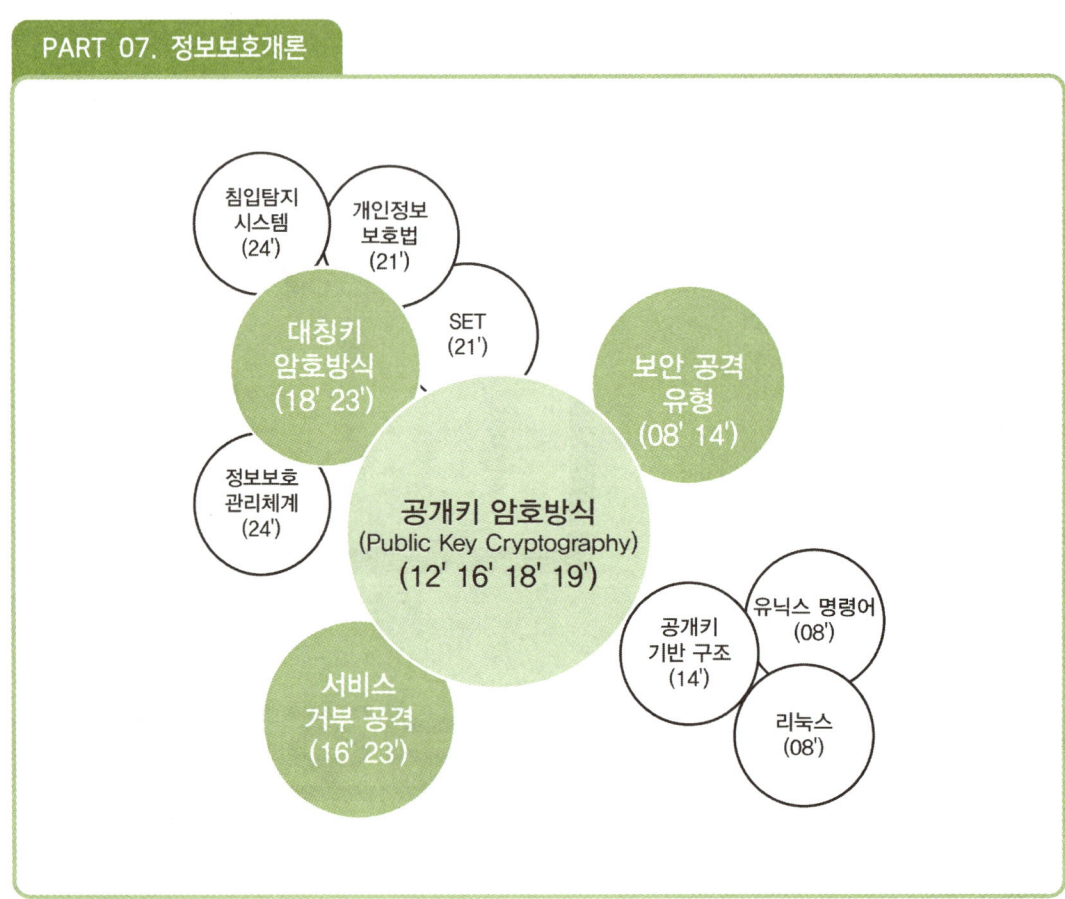

# PART 07 정보보호개론

## 01 정보 보안 개요

**01** 정보보호의 주요 목적에 대한 설명으로 옳지 않은 것은?   2014 국가직 정보보호론

① 기밀성(confidentiality)은 인가된 사용자만이 데이터에 접근할 수 있도록 제한하는 것을 말한다.
② 가용성(availability)은 필요할 때 데이터에 접근할 수 있는 능력을 말한다.
③ 무결성(integrity)은 식별, 인증 및 인가 과정을 성공적으로 수행했거나 수행 중일 때 발생하는 활동을 말한다.
④ 책임성(accountability)은 제재, 부인방지, 오류제한, 침입탐지 및 방지, 사후처리 등을 지원하는 것을 말한다.

> **해설**
> ③ 무결성은 식별, 인증 및 인가 과정(×)
>  → 이는 인증(Authentication)에 대한 설명임
>  → 무결성은 데이터가 허가되지 않은 방법으로 변경되지 않도록 보호하는 것
>
> **Answer** ③

**02** 정보보호의 주요 목표 중 하나인 인증성(Authenticity)을 보장하는 사례를 설명한 것으로 옳은 것은?   2014 지방직 정보보호론

① 대학에서 개별 학생들의 성적이나 주민등록번호 등 민감한 정보는 안전하게 보호되어야 한다. 따라서 이러한 정보는 인가된 사람에게만 공개되어야 한다.
② 병원에서 특정 환자의 질병 관련 기록을 해당 기록에 관한 접근 권한이 있는 의사가 이용하고자 할 때 그 정보가 정확하며 오류 및 변조가 없었음이 보장되어야 한다.
③ 네트워크를 통해 데이터를 전송할 때는 데이터를 송신한 측이 정당한 송신자가 아닌 경우 수신자가 이 사실을 확인할 수 있어야 한다.
④ 회사의 웹 사이트는 그 회사에 대한 정보를 얻고자 하는 허가받은 고객들이 안정적으로 접근할 수 있어야 한다.

> **해설**
> ① 민감 정보는 인가된 사람에게만 공개 : 기밀성(Confidentiality)
> ② 정보의 정확성과 변조 없음 보장 : 무결성(Integrity)
> ④ 허가받은 고객의 안정적 접근 : 가용성(Availability)
>
> Answer ③

**03** 다음 중 정보보호의 요소들에 대한 설명으로 옳은 것은?    2014 서울시 정보보호론

① 부인방지(non-repudiation)란 정보가 비인가된 방식으로 변조되는 것을 방지하는 것을 의미한다.
② 무결성(integrity)이란 특정한 작업 또는 행위에 대해 책임소재를 확인 가능함을 의미한다.
③ 인증성(authenticity)이란 인가된 사용자가 필요 시 정보를 접근하고 변경하는 것이 가능함을 의미한다.
④ 가용성(availability)이란 정보나 해당 정보의 주체가 진짜임을 의미한다.
⑤ 기밀성(confidentiality)이란 정보의 비인가된 유출이 불가능함을 의미한다.

> **해설**
> ① **부인방지** : 행위나 전송 사실을 부인할 수 없도록 하는 것
> ② **무결성** : 데이터가 허가되지 않은 방법으로 변경되지 않도록 보호
> ③ **인증성** : 사용자나 데이터의 신원이 확실함을 보장
> ④ **가용성** : 필요할 때 정보 시스템을 사용할 수 있는 것
>
> Answer ⑤

**04** 정보보호의 목적 중 '기밀성'을 보장하기 위한 방법만을 묶은 것은?    2014 서울시 정보보호론

① 데이터 백업 및 암호화
② 데이터 백업 및 데이터 복원
③ 데이터 복원 및 바이러스 검사
④ 접근통제 및 암호화
⑤ 접근통제 및 바이러스 검사

> **해설**
> ① 데이터 백업은 가용성 보장 방법
> ② 데이터 백업과 복원은 가용성 보장 방법
> ③ 데이터 복원은 가용성, 바이러스 검사는 무결성 보장 방법
> ⑤ 바이러스 검사는 무결성 보장 방법
>
> Answer ④

## 02 시스템 보안

**05** 해커가 리눅스 서버에 침입 후 백도어를 설치하였다. 백도어와 연관된 포트가 열려있는지 확인하기 위해 사용할 수 있는 프로그램으로 옳은 것은?  <sub>2016 국회직 정보보호론</sub>

① ps  ② nmap  ③ nslookup
④ traceroute  ⑤ ping

> **해설**
> ① ps : 실행 중인 프로세스 확인
> ③ nslookup : DNS 조회
> ④ traceroute : 네트워크 경로 추적
> ⑤ ping : 네트워크 연결 상태 확인
>
> Answer  ②

**06** 리눅스 시스템에서 사용자 로그인 실패 정보가 저장되는 파일은?  <sub>2020 국회직 정보보호론</sub>

① btmp  ② extmp  ③ wtmp
④ utmp  ⑤ atmp

> **해설**
> ② extmp : 존재하지 않는 로그 파일
> ③ wtmp : 사용자의 로그인/로그아웃 내역, 시스템 부팅/종료 기록을 저장
> ④ utmp : 현재 시스템에 로그인한 사용자의 상태 정보를 저장
> ⑤ atmp : 존재하지 않는 로그 파일
>
> Answer  ①

## 03 네트워크 보안

**07** 침입탐지시스템의 비정상(anomaly) 탐지 기법에 대한 설명으로 옳지 않은 것은?

2021 국가직 정보보호론

① 상대적으로 급격한 변화나 발생 확률이 낮은 행위를 탐지한다.
② 정상 행위를 예측하기 어렵고 오탐률이 높지만 알려지지 않은 공격에도 대응할 수 있다.
③ 수집된 다양한 정보로부터 생성한 프로파일이나 통계적 임계치를 이용한다.
④ 상태전이 분석과 패턴 매칭 방식이 주로 사용된다.

> **해설**
> ④ 상태전이 분석과 패턴 매칭 방식이 주로 사용된다.(×)
> → 상태전이 분석과 패턴 매칭은 서명 기반 탐지 기법에 주로 사용되는 방식으로, 비정상 탐지(Anomaly Detection) 기법과는 관련이 적다. 비정상 탐지 기법은 프로파일링, 통계적 분석, 기계 학습 등을 활용하여 알려지지 않은 공격을 탐지한다.
>
> **Answer** ④

**08** 침입탐지시스템(Intrusion Detection System)의 동작 단계에 대한 설명으로 옳지 않은 것은?

2024 계리직

① 데이터 필터링과 축약 단계에서는 효과적인 필터링을 위해 데이터 수집 규칙을 설정하는 작업이 필요하다.
② 데이터 수집 단계에서는 데이터의 소스에 따라서 호스트 기반 IDS와 네트워크 기반 IDS로 나뉘며 상호 보완적으로 사용된다.
③ 보고 및 대응 단계에서는 침입자의 공격에 대응하여 역추적하기도 하고, 침입자가 시스템이나 네트워크를 사용하지 못하도록 하는 능동적인 기능이 추가되기도 한다.
④ 침입탐지 단계에서는 다양한 탐지 방법이 있는데 이상탐지(anomaly detection)는 이미 발견된 공격 패턴을 미리 입력해 두었다가 매칭되는 패턴이 발견되면 공격으로 판단하는 기법이다.

> **해설**
> ④ 침입탐지 단계에서는 다양한 탐지 방법이 있는데 이상탐지(anomaly detection)는 이미 발견된 공격 패턴을 미리 입력해 두었다가 매칭되는 패턴이 발견되면 공격으로 판단하는 기법이다.(×)
> → 오용탐지(misuse detection)에 대한 설명이며, 이상탐지(anomaly detection)는 정상적인 행위를 프로파일로 구축해두고 이와 다른 행위를 탐지하는 방식이다.
>
> **Answer** ④

**09** 인터넷과 같은 공중망에 터널을 형성하고 이를 통해 패킷을 캡슐화해서 전달함으로써 사설망과 같은 전용 회선처럼 사용할 수 있게 하는 기술로 적절한 것은? 〈2021 군무원 정보보호론〉

① 가상 사설망
② 접근 제어
③ 회선 관리
④ 세션 관리

> **해설**
> ② 접근 제어(Access Control)
> → 접근 제어는 네트워크 또는 시스템 자원에 접근하는 사용자를 제어하고 권한을 부여하는 보안 기술
> ③ 회선 관리(Line Management)
> → 회선 관리는 네트워크 회선의 상태를 모니터링하고 유지 관리하는 기술
> ④ 세션 관리(Session Management)
> → 세션 관리는 사용자와 시스템 간의 연결 상태를 관리하는 기술
>
> **Answer** ①

## 04 웹 보안

**10** HTML5의 특징에 대한 설명으로 옳지 않은 것은? 〈2017 국가직〉

① 플러그인의 도움 없이 음악과 동영상 재생이 가능하다.
② 쌍방향 통신을 제공하여 실시간 채팅이나 온라인 게임을 만들 수 있다.
③ 디바이스에 접근할 수 없어서 개인정보 보호 및 보안을 철저히 유지할 수 있다.
④ 스마트폰의 일반 응용프로그램도 HTML5를 사용해 개발할 수 있다.

> **해설**
> ③ 디바이스에 접근할 수 없어서 개인정보 보호 및 보안을 철저히 유지할 수 있다.(×)
> → HTML5는 디바이스 API(Device API)를 통해 카메라, 마이크, 위치 정보 등 디바이스의 하드웨어에 접근할 수 있다. 이로 인해 보안 및 개인정보 보호 문제가 발생할 가능성이 있으므로 적절한 보안 조치가 필요하다.
>
> **Answer** ③

## 11 시스템의 보안 취약점을 활용한 공격방법에 대한 설명으로 옳지 않은 것은? 2014 계리직

① Sniffing 공격은 네트워크 상에서 자신이 아닌 다른 상대방의 패킷을 엿보는 공격이다.
② Exploit 공격은 공격자가 패킷을 전송할 때 출발지와 목적지의 IP 주소를 같게 하여 공격대상 시스템에 전송하는 공격이다.
③ SQL Injection 공격은 웹 서비스가 예외적인 문자열을 적절히 필터링하지 못하도록 SQL문을 변경하거나 조작하는 공격이다.
④ XSS(Cross Site Scripting) 공격은 공격자에 의해 작성된 악의적인 스크립트가 게시물을 열람하는 다른 사용자에게 전달되어 실행되는 취약점을 이용한 공격이다.

**해설**

② Exploit 공격은 공격자가 패킷을 전송할 때 출발지와 목적지의 IP 주소를 같게 하여 공격대상 시스템에 전송하는 공격이다.(×)
→ Exploit은 시스템의 보안 취약점을 악용하여 권한을 탈취하거나 악의적인 행위를 수행하는 공격 기법을 통칭하는 용어이다. ②에 나온 공격 기법은 Land Attack으로, 출발지와 목적지의 IP 주소를 동일하게 설정하여 대상 시스템에 혼란을 주는 공격이다.

**Answer** ②

### 05 암호

## 12 암호화 기술에 대한 설명으로 옳은 것은? 2020 국가직

① 공개키 암호화는 암호화하거나 복호화하는 데 동일한 키를 사용한다.
② 공개키 암호화는 비공개키 암호화에 비해 암호화 알고리즘이 복잡하여 처리속도가 느리다.
③ 공개키 암호화의 대표적인 알고리즘에는 데이터 암호화 표준(Data Encryption Standard)이 있다.
④ 비밀키 암호화는 암호화와 복호화 과정에서 서로 다른 키를 사용하는 비대칭 암호화(asymmetric encryption)다.

> **해설**
> ① 공개키 암호화는 암호화하거나 복호화하는 데 동일한 키를 사용한다.(×)
>   → 공개키 암호화는 암호화와 복호화에 서로 다른 키를 사용하는 비대칭 암호화 방식이다. 암호화에는 공개키를, 복호화에는 비공개키를 사용한다.
> ③ 공개키 암호화의 대표적인 알고리즘에는 데이터 암호화 표준(Data Encryption Standard)이 있다.(×)
>   → 데이터 암호화 표준(DES)은 대칭키 암호화 방식의 알고리즘으로, 공개키 암호화와는 관련이 없다. 공개키 암호화의 대표적인 알고리즘에는 RSA, ECC 등이 있다.
> ④ 비밀키 암호화는 암호화와 복호화 과정에서 서로 다른 키를 사용하는 비대칭 암호화(asymmetric encryption)다.(×)
>   → 비밀키 암호화는 암호화와 복호화 과정에서 동일한 키를 사용하는 대칭 암호화 방식이다. 비대칭 암호화는 공개키 암호화에 해당한다.
>
> **Answer** ②

**13** 공개키 암호화에 대한 설명으로 옳지 않은 것은? `2020 국가직 정보보호론`

① ECC(Elliptic Curve Cryptography)와 Rabin은 공개키 암호 방식이다.
② RSA는 소인수 분해의 어려움에 기초를 둔 알고리즘이다.
③ 전자서명 할 때는 서명하는 사용자의 공개키로 암호화한다.
④ ElGamal은 이산대수 문제의 어려움에 기초를 둔 알고리즘이다.

> **해설**
> ③ 전자서명 할 때는 서명하는 사용자의 공개키로 암호화한다.(×)
>   → 전자서명을 생성할 때는 서명자의 비공개키로 데이터를 암호화하며, 검증할 때는 서명자의 공개키를 사용한다.
>
> **Answer** ③

**14** 공개키 기반 구조(Public Key Infrastructure)에 대한 설명으로 옳지 않은 것은? `2014 계리직`

① 인증기관은 공개키 인증서의 발급을 담당한다.
② 공개키 기반 구조는 부인방지 서비스 제공이 가능하다.
③ 공개키로 암호화 한 데이터는 암호화에 사용된 공개키로 해독한다.
④ 공개키 기반 구조는 공개키 알고리즘을 통한 암호화와 전자서명을 제공하는 복합적인 보안 시스템 환경이다.

> ✏ 해설
> ③ 공개키로 암호화 한 데이터는 암호화에 사용된 공개키로 해독한다.(×)
>
> 공개키로 암호화 → 개인키로 복호화
> 개인키로 암호화 → 공개키로 복호화
>
> Answer ③

**15** 〈보기〉는 대칭형 암호알고리즘이다. 이 중 국내에서 개발된 암호알고리즘을 모두 고른 것은?

2023 계리직

| 보기 |
| ㄱ. AES    ㄴ. ARIA   ㄷ. IDEA |
| ㄹ. LEA    ㅁ. RC5    ㅂ. SEED |

① ㄱ, ㄴ, ㄷ
② ㄱ, ㄷ, ㅁ
③ ㄴ, ㄹ, ㅂ
④ ㄹ, ㅁ, ㅂ

> ✏ 해설
> ㄱ. AES
>   → AES(Advanced Encryption Standard)는 미국 NIST에서 개발한 표준 대칭키 암호화 알고리즘
> ㄷ. IDEA
>   → IDEA(International Data Encryption Algorithm)는 스위스에서 개발된 대칭키 암호화 알고리즘
> ㅁ. RC5
>   → RC5는 미국 RSA 연구소에서 개발한 대칭키 블록 암호 알고리즘
>
> Answer ③

**16** 암호화 및 복호화를 위하여 개인키와 공개키가 필요한 비대칭키 암호화 기법은? 2024 국가직

① AES
② DES
③ RSA
④ SEED

> ✏ 해설
> ① AES(Advanced Encryption Standard)
>   대칭키 암호화 기법으로, 하나의 키로 암호화와 복호화를 수행한다.
> ② DES(Data Encryption Standard)
>   대칭키 암호화 기법으로, AES와 마찬가지로 하나의 키를 사용한다.
> ④ SEED
>   한국에서 개발된 대칭키 암호화 알고리즘으로, 하나의 키로 암호화와 복호화를 수행한다.
>
> Answer ③

## 06 인증

**17** 메시지 인증 코드(MAC : Message Authentication Code)에 대한 설명으로 옳지 않은 것은?

2017 국회직 정보보호론

① MAC 검증을 통하여 메시지의 위조 여부를 판별할 수 있다.
② MAC을 이용하여 송신자 인증이 가능하다.
③ MAC 검증을 위해서는 메시지와 공개키가 필요하다.
④ 해시함수를 이용하여 MAC을 생성할 수 있다.
⑤ MAC 생성자와 검증자는 동일한 키를 사용한다.

> **해설**
> ③ MAC 검증을 위해서는 메시지와 공개키가 필요하다.(×)
> → MAC은 대칭키 암호화 방식을 사용하므로, 검증 시 비밀키가 필요하며, 공개키는 사용되지 않는다.
>
> Answer ③

**18** 메시지 인증에 사용되는 해시함수의 요건으로 옳지 않은 것은?

2018 국가직 정보보호론

① 임의 크기의 메시지에 적용될 수 있어야 한다.
② 해시를 생성하는 계산이 비교적 쉬워야 한다.
③ 다양한 길이의 출력을 생성할 수 있어야 한다.
④ 하드웨어 및 소프트웨어에 모두 실용적이어야 한다.

> **해설**
> ③ 다양한 길이의 출력을 생성할 수 있어야 한다.(×)
> → 해시함수는 고정된 길이의 출력을 생성
>
> Answer ③

**19** 해시 함수에 대한 설명으로 옳지 않은 것은?  2018 국회직 정보보호론

① 해시 함수를 사용하면 임의 길이의 메시지에 대해 특정 길이를 갖는 출력값을 얻을 수 있다.
② 해시 함수는 일방향 함수에 해당한다.
③ 동일한 출력값을 갖는 임의의 두 입력 메시지를 찾기 어렵다는 것을 강한 충돌 저항성(strong collision resistance)이라고 한다.
④ 해시 함수는 블록체인에서 체인 형태로 사용되어 데이터의 신뢰성을 보장한다.
⑤ 해시 함수는 대칭키 암호와 달리 키 값을 적용할 수 없기 때문에 MAC(Message Authentication Code)로 사용할 수 없다.

> **해설**
> ⑤ 해시 함수는 대칭키 암호와 달리 키 값을 적용할 수 없기 때문에 MAC(Message Authentication Code)로 사용할 수 없다.(×)
> → 해시 함수에 비밀키를 추가적으로 사용하는 HMAC(Hash-based Message Authentication Code) 방식이 존재하며, 이는 메시지 인증에 널리 사용된다.
>
> **Answer** ⑤

**20** 〈보기〉에서 블록체인과 관련한 설명으로 옳은 것의 총 개수는?  2024 계리직

―| 보기 |―
ㄱ. 비트코인 반감기는 5년이다.
ㄴ. 블록체인의 첫 번째 블록은 제네시스 블록(genesis block)이다.
ㄷ. 작업증명(Proof of Work)은 계산 능력으로 해결해야 하는 문제를 의미한다.
ㄹ. 하드포크는 채굴 소프트웨어를 업그레이드하여 네트워크를 바꾸는 것으로 블록체인의 대표 기업이 결정한다.

① 1개   ② 2개
③ 3개   ④ 4개

> **해설**
> ㄱ. 비트코인 반감기는 5년이다.(×)
> → 비트코인의 반감기는 4년이다(정확히는 약 21만 개의 블록 생성 주기마다 보상이 반감된다).
> ㄹ. 하드포크는 채굴 소프트웨어를 업그레이드하여 네트워크를 바꾸는 것으로 블록체인의 대표 기업이 결정한다.(×)
> → 노드들의 합의에 의해 결정되며, 중앙화된 단일 기업이 결정하는 것이 아니다.
>
> **Answer** ②

**21** 블록체인(Block Chain)에 대한 설명으로 옳지 않은 것은? 　　2022 국가직

① 블록에는 트랜잭션(Transaction)이 저장되어 있다.
② 스마트 컨트랙트(Smart Contract)는 실세계의 계약이 블록체인에서 이루어질 수 있도록 하는 기술이다.
③ 중앙 서버를 통해 전파된 블록은 네트워크에 참가한 개별 노드에서 유효성을 검증받은 후, 중앙 서버로 다시 전송된다.
④ 블록체인은 공개범위에 따라 Public 블록체인과 Private 블록체인으로 나눌 수 있다.

> **해설**
> ③ 중앙 서버를 통해 전파된 블록은 네트워크에 참가한 개별 노드에서 유효성을 검증받은 후, 중앙 서버로 다시 전송된다.(×)
> → 블록체인의 가장 중요한 특징은 탈중앙화(Decentralization)이다. 블록체인 네트워크에는 중앙 서버가 존재하지 않으며, 블록은 P2P 네트워크를 통해 각 노드에 전파된다. 노드들은 블록을 개별적으로 검증하며, 중앙 서버로 다시 전송되는 과정은 없다.
>
> Answer ③

**22** 전자 서명(digital signature) 보안 메커니즘이 제공하는 보안 서비스가 아닌 것은?

① 근원 인증
② 메시지 기밀성　　2020 지방직 정보보호론
③ 메시지 무결성
④ 부인 방지

> **해설**
> ② 메시지 기밀성(×)
> → 전자 서명은 메시지가 변경되지 않았음을 보장하지만, 메시지를 암호화하지는 않으므로 기밀성을 제공하지 않는다. 메시지 기밀성은 대칭키 암호화나 공개키 암호화로 해결한다.
>
> Answer ②

**23** 전자서명의 활용 사례로 적합하지 않은 것은?　　2020 국회직 정보보호론

① 인증서 로그인을 통해 사용자의 신원을 증명한다.
② 다운로드하는 소프트웨어의 위변조 여부를 확인한다.
③ 이메일 내용이 중간 메일서버에 노출되지 않도록 한다.
④ 웹브라우저로 통신하는 서버의 사이트가 유효한지 검증한다.
⑤ 폐기된 인증서들을 모아서 인증서 폐기 목록(CRL)을 발행한다.

> **해설**
> ③ 이메일 내용이 중간 메일서버에 노출되지 않도록 한다.(×)
>   → 기밀성을 보장하려면 메시지를 암호화해야 하며, 전자서명은 기밀성이 아닌 무결성, 인증, 부인방지를 제공한다. 전자서명만으로는 이메일 내용 노출을 막을 수 없다.
>
> Answer ③

## 24 부인방지 서비스를 제공하기 위한 전자서명에 대한 설명으로 옳지 않은 것은?

2021 국가직 정보보호론

① 서명할 문서에 의존하는 비트 패턴이어야 한다.
② 다른 문서에 사용된 서명을 재사용하는 것이 불가능해야 한다.
③ 전송자(서명자)와 수신자(검증자)가 공유한 비밀 정보를 이용하여 서명하여야 한다.
④ 서명한 문서의 내용을 임의로 변조하는 것이 불가능해야 한다.

> **해설**
> ③ 전송자(서명자)와 수신자(검증자)가 공유한 비밀 정보를 이용하여 서명하여야 한다.(×)
>   → 전자서명은 공개키 기반 암호화(PKI)를 사용하며, 공유된 비밀 정보가 아닌 전송자의 개인키로 서명한다. 검증은 수신자가 서명자의 공개키를 통해 이루어진다.
>
> Answer ③

## 25 SET(Secure Electronic Transaction)에 대한 설명으로 옳지 않은 것은?

2021 계리직

① 프라이버시 보호를 위해 이중서명 프로토콜을 사용한다.
② 카드 소지자는 전자 지갑 소프트웨어가 필요하다.
③ 인증기관(Certification Authority)이 필요하다.
④ SSL(Secure Socket Layer)에 비해 고속으로 동작한다.

> **해설**
> ④ SSL(Secure Socket Layer)에 비해 고속으로 동작한다.(×)
>   → SET은 전자상거래를 위한 보안 프로토콜로, SSL보다 복잡한 보안 절차(이중서명, 인증서 검증 등)를 수행하므로 처리 속도가 더 느리다.
>
> Answer ④

## 26
다음 중 메시지 인증 코드(MAC : Message Authentication Code)와 전자서명을 비교한 설명으로 가장 적절하지 않은 것은?
    2023 군무원 정보보호론
① MAC와 전자서명 모두 메시지의 무결성을 보장하려는 경우 사용할 수 있다.
② MAC은 대칭키 환경에서 사용하고, 전자서명은 공개키 환경에서 사용한다.
③ 전자서명과는 다르게 MAC은 부인방지(Non-repudiation) 기능을 제공한다.
④ 대표적인 MAC 기법으로 CBC-MAC과 HMAC이 사용된다.

**해설**
③ 전자서명과는 다르게 MAC은 부인방지(Non-repudiation) 기능을 제공한다.(×)
 → MAC은 부인방지 기능을 제공하지 않는다. MAC은 대칭키를 사용하므로 송신자와 수신자가 동일한 키를 공유하며, 메시지가 조작되었는지 여부는 알 수 있지만, 송신자가 서명을 했다는 사실을 증명할 수는 없다. 전자서명이 부인방지 기능을 제공한다.

**Answer** ③

## 27
사용자 A가 사용자 B에게 보낼 메시지에 대한 전자서명을 생성하는 데 필요한 키는?
    2024 국가직 정보보호론
① 사용자 A의 개인키    ② 사용자 A의 공개키
③ 사용자 B의 개인키    ④ 사용자 B의 공개키

**해설**
② 사용자 A의 공개키(×)
 → 공개키는 검증에 사용되며, 전자서명 생성에는 사용되지 않는다.
③ 사용자 B의 개인키(×)
 → 수신자(B)의 개인키는 메시지 암호화에 사용될 수 있지만, 서명 생성에는 관련이 없다.
④ 사용자 B의 공개키(×)
 → 수신자(B)의 공개키는 메시지 암호화 및 키 교환 과정에서 사용될 수 있으나, 서명 생성에는 사용되지 않는다.

**Answer** ①

**28** 〈보기〉는 공개키 암호 방식을 전자 서명(digital signature)에 적용하여 A가 B에게 메시지를 전송하는 과정에 대한 설명이다. ㉠, ㉡에 들어갈 내용으로 옳은 것은?  2016 계리직

> **보기**
> (1) A와 B는 개인키와 공개키 쌍을 각각 생성한다.
> (2) A는 ( ㉠ )를 사용하여 암호화한 메시지를 B에게 전송한다.
> (3) B는 ( ㉡ )를 사용하여 수신된 메시지를 해독한다.

|   | ㉠ | ㉡ |
|---|---|---|
| ① | A의 개인키 | A의 공개키 |
| ② | A의 개인키 | B의 공개키 |
| ③ | A의 공개키 | B의 개인키 |
| ④ | B의 공개키 | B의 개인키 |

**해설**
전자서명의 과정
A는 자신의 개인키로 메시지를 암호화(서명)
B는 A의 공개키로 메시지를 복호화(검증)

**Answer** ①

---

**29** 전자서명(digital signature)은 내가 받은 메시지를 어떤 사람이 만들었는지를 확인하는 인증을 말한다. 다음 중 전자서명의 특징이 아닌 것은?  2015 서울시 정보보호론

① 서명자 인증 : 서명자 이외의 타인이 서명을 위조하기 어려워야 한다.
② 위조 불가 : 서명자 이외의 타인의 서명을 위조하기 어려워야 한다.
③ 부인 불가 : 서명자는 서명 사실을 부인할 수 없어야 한다.
④ 재사용 가능 : 기존의 서명을 추후에 다른 문서에도 재사용할 수 있어야 한다.

**해설**
④ 재사용 가능 : 기존의 서명을 추후에 다른 문서에도 재사용할 수 있어야 한다.(×)
→ 전자서명은 특정 문서와 고유하게 연결되어 있어야 하며, 다른 문서에 재사용할 수 없다.

**Answer** ④

## 30
온라인에서 멀티미디어 콘텐츠의 불법 유통을 방지하기 위해 삽입된 워터마킹 기술의 특성으로 옳지 않은 것은?                    2019 계리직

① 부인 방지성
② 비가시성
③ 강인성
④ 권리정보 추출성

> **해설**
> ① 부인 방지성
>   → 부인 방지성은 디지털 서명과 같은 인증 기술의 특성
>
> * Plus
> ② 비가시성 : 워터마크는 콘텐츠에 삽입되더라도 사용자에게 보이지 않아야 한다.
> ③ 강인성 : 워터마크는 압축, 편집, 전송 등의 공격에도 손상되지 않아야 한다.
> ④ 권리정보 추출성 : 워터마크에서 저작권 및 소유권 정보를 정확히 추출할 수 있어야 한다.
>
> Answer ①

## 31
사진이나 동영상 등의 디지털 콘텐츠에 저작권자나 판매자 정보를 삽입하여 원본의 출처 정보를 제공하는 기술은?                    2019 국가직

① 디지털 사이니지
② 디지털 워터마킹
③ 디지털 핑거프린팅
④ 콘텐츠 필터링

> **해설**
> ① 디지털 사이니지는 디지털 디스플레이를 이용한 옥외 광고나 정보 전달 시스템이다.
> ③ 디지털 핑거프린팅은 각 사용자마다 고유한 식별 정보를 삽입하여 불법 배포자를 추적하는 기술이다.
> ④ 콘텐츠 필터링은 부적절한 콘텐츠를 걸러내는 기술이다.
>
> Answer ②

## 07 접근 제어

**32** 다음 중 사용자 인증(user authentication)에 대한 설명으로 옳은 것은? 2014 서울시 정보보호론

① 인터넷 뱅킹에 활용되는 OTP 단말(One Time Password Token)은 지식 기반 인증(authentication by what the entity knows)의 일종이다.
② 패스워드에 대한 사전 공격(dictionary attack)을 막기 위해 전통적으로 salt가 사용되어 왔다.
③ 통장 비밀번호로 흔히 사용되는 4자리 PIN(Personal Identification Number)은 소유 기반 인증(authentication by what the entity has)의 일종이다.
④ 지식 기반 인증(authentication by what the entity knows)의 가장 큰 문제는 오인식(False Acceptance), 오거부(False Rejection)가 존재한다는 것이다.
⑤ 건물 출입시 사용되는 ID 카드는 사람의 신체 또는 행위 특성을 활용하는 바이오 인식(biometric verification)의 일종이다.

> **해설**
> ① OTP 단말은 지식 기반 인증이 아니라 소유 기반 인증에 해당한다. 사용자가 단말기를 소유하고 있어야 인증 가능하므로 지식 기반 인증이 아니다.
> ③ PIN은 소유 기반 인증이 아니라 지식 기반 인증에 해당한다. 사용자가 기억하는 정보를 입력해 인증하므로 지식 기반 인증이다.
> ④ 오인식(False Acceptance)과 오거부(False Rejection)는 지식 기반 인증의 문제가 아니라 바이오메트릭 인증의 주요 문제이다. 비밀번호 등 지식 기반 인증은 주로 추측 가능성이나 잊어버림이 문제이다.
> ⑤ ID 카드는 바이오 인식이 아니라 소유 기반 인증에 해당한다. ID 카드는 사용자가 소유하는 물리적 카드로 인증을 받는다.
> * 패스워드에 덧붙이는 랜덤 문자열을 '솔트(Salt)'라 한다.
>
> Answer ②

**33** 데이터 소유자가 다른 사용자의 식별자에 기초하여 자신의 의지대로 데이터에 대한 접근 권한을 부여하는 것은? 2015 지방직 정보보호론

① 강제적 접근 제어(MAC)
② 임의적 접근 제어(DAC)
③ 역할 기반 접근 제어(RBAC)
④ 규칙 기반 접근 제어(Rule-based AC)

> **해설**
> ① 강제적 접근 제어(MAC)
>   접근 권한이 보안 정책에 따라 중앙에서 통제되며, 데이터 소유자가 이를 변경할 수 없음
> ③ 역할 기반 접근 제어(RBAC)
>   접근 권한이 사용자의 역할에 따라 부여되며, 개인의 의지로 접근 권한을 부여하거나 변경할 수 없음
> ④ 규칙 기반 접근 제어(Rule-based AC)
>   미리 정해진 규칙(예 시간, 위치 등)에 의해 접근이 제어되며, 데이터 소유자의 의지가 반영되지 않음
>
> Answer ②

## 34 유닉스 시스템 신호에 대한 설명으로 옳은 것은? <sub>2023 국가직</sub>

① SIGKILL : abort()에서 발생되는 종료 시그널
② SIGTERM : 잘못된 하드웨어 명령어를 수행하는 시그널
③ SIGILL : 터미널에서 CTRL+Z 할 때 발생하는 중지 시그널
④ SIGCHLD : 프로세스의 종료 혹은 중지를 부모에게 알리는 시그널

> **해설**
> ① **SIGKILL** : SIGKILL은 프로세스를 즉시 종료시키는 신호
> ② **SIGTERM** : SIGTERM은 프로세스에게 정상적으로 종료할 것을 요청하는 신호
> ③ **SIGILL** : SIGILL은 잘못된, 알 수 없는, 또는 특권 명령어를 실행하려고 할 때 발생하는 신호
>
> Answer ④

## 35 임의접근제어(DAC)에 대한 설명으로 옳지 않은 것은? <sub>2016 국가직 정보보호론</sub>

① 사용자에게 주어진 역할에 따라 어떤 접근이 허용되는지를 말해주는 규칙들에 기반을 둔다.
② 주체 또는 주체가 소속되어 있는 그룹의 식별자(ID)를 근거로 객체에 대한 접근을 승인하거나 제한한다.
③ 소유권을 가진 주체가 객체에 대한 권한의 일부 또는 전부를 자신의 의지에 따라 다른 주체에게 부여한다.
④ 전통적인 UNIX 파일 접근제어에 적용되었다.

> **해설**
> ① 사용자에게 주어진 역할에 따라 어떤 접근이 허용되는지를 말해주는 규칙들에 기반을 둔다.(×)
>   → 역할기반 접근제어(RBAC)에 대한 설명이다.
>
> Answer ①

**36** 자원의 접근제어 방법 중 강제적 접근제어(Mandatory Access Control)에 해당하는 것으로 옳은 것은?

<small>2016 국회직 정보보호론</small>

① 자원마다 보안등급이 부여된다.
② 사용자별로 접근권리를 이전할 수 있다.
③ UNIX 운영체제의 기본 접근제어 방식이다.
④ 조직의 역할에 따라 접근권한을 부여하는 방식이다.
⑤ 자원의 소유자가 자원에 대한 접근권한을 설정한다.

> **해설**
> ② 사용자별로 접근권리를 이전할 수 있다.(×)
>   → 임의적 접근제어(DAC)의 특징으로, 소유자가 다른 사용자에게 권리를 이전할 수 있는 방식이다.
> ③ UNIX 운영체제의 기본 접근제어 방식이다.(×)
>   → UNIX는 임의적 접근제어(DAC)를 기본적으로 사용한다.
> ④ 조직의 역할에 따라 접근권한을 부여하는 방식이다.(×)
>   → 역할기반 접근제어(RBAC)의 특징으로, 사용자 역할에 따라 권한이 부여된다.
> ⑤ 자원의 소유자가 자원에 대한 접근권한을 설정한다.(×)
>   → 임의적 접근제어(DAC)에 해당하는 특징이다.
>
> **Answer** ①

**37** 접근 제어 모델에 대한 설명으로 옳지 않은 것은?

<small>2017 국회직 정보보호론</small>

① DAC(Discretionary Access Control)는 정보의 소유자가 보안 등급을 결정하고 이에 대한 정보의 접근제어도 설정하는 모델이다.
② MAC(Mandatory Access Control)는 사용자 계정에 기반하며, 자원의 소유자가 다른 사용자의 보안 레벨을 수정할 수 있다.
③ BLP(Bell-LaPadula) 모델은 자신보다 높은 보안 레벨의 문서에 쓰기 가능하지만, 보안 레벨이 낮은 문서에는 쓰기 권한이 없다.
④ BLP의 보안 목적은 기밀성이지만, Biba 모델은 정보의 무결성을 높이는 데 있다.
⑤ RBAC(Role Based Access Control)는 정보에 대한 사용자의 접근을 개별적인 신분이 아니라 조직 내 개인 역할에 따라 허용 여부를 결정하는 모델이다.

> **해설**
> ② MAC(Mandatory Access Control)는 사용자 계정에 기반하며, 자원의 소유자가 다른 사용자의 보안 레벨을 수정할 수 있다.(×)
>   → 강제적 접근 제어(MAC)는 중앙화된 정책에 의해 보안 등급이 결정되며, 자원의 소유자가 보안 레벨을 수정할 수 없다. 보안 등급과 접근 권한은 시스템 관리자나 보안 정책에 의해 관리된다.
>
> **Answer** ②

## 38 임의적 접근 통제(Discretionary Access Control) 모델에 대한 설명으로 옳은 것은?

<small>2020 국가직 정보보호론</small>

① 주체가 소유권을 가진 객체의 접근 권한을 다른 사용자에게 부여할 수 있으며, 사용자 신원에 따라 객체의 접근을 제한한다.
② 주체와 객체가 어떻게 상호 작용하는지를 중앙 관리자가 관리하며, 사용자 역할을 기반으로 객체의 접근을 제한한다.
③ 주체와 객체에 각각 부여된 서로 다른 수준의 계층적인 구조의 보안등급을 비교하여 객체의 접근을 제한한다.
④ 주체가 접근할 수 있는 상위와 하위의 경계를 설정하여 해당 범위 내 임의 객체의 접근을 제한한다.

> **해설**
> ② 주체와 객체가 어떻게 상호 작용하는지를 중앙 관리자가 관리하며, 사용자 역할을 기반으로 객체의 접근을 제한한다.(×)
>   → 역할기반 접근제어(RBAC)의 설명이다. 사용자의 역할에 따라 권한이 부여된다.
> ③ 주체와 객체에 각각 부여된 서로 다른 수준의 계층적인 구조의 보안등급을 비교하여 객체의 접근을 제한한다.(×)
>   → 강제적 접근제어(MAC)의 설명이다. 보안등급을 기반으로 접근 권한을 관리한다.
> ④ 주체가 접근할 수 있는 상위와 하위의 경계를 설정하여 해당 범위 내 임의 객체의 접근을 제한한다.(×)
>   → 무결성 모델(Biba 모델)의 특징이다.
>
> **Answer** ①

## 08 악성코드와 소프트웨어 보안

## 39 겉으로는 유용한 프로그램으로 보이지만 사용자가 의도하지 않은 악성 루틴이 숨어 있어서 사용자가 실행시키면 동작하는 악성 소프트웨어는?

<small>2021 국가직 정보보호론</small>

① 키로거
② 트로이목마
③ 애드웨어
④ 랜섬웨어

> **해설**
> ① **키로거** : 키보드 입력을 기록하는 악성코드
> ③ **애드웨어** : 광고를 표시하는 프로그램
> ④ **랜섬웨어** : 파일을 암호화하고 금전을 요구
>
> **Answer** ②

**40** 〈보기〉는 서비스거부(DoS : Denial of Service) 공격 방법이다. 이 중 ICMP 프로토콜을 이용한 공격 방법으로 옳은 것의 총 개수는?

2023 계리직

┌─ 보기 ┐
ㄱ. 랜드 공격(land attack)
ㄴ. SYN 플러딩 공격(SYN flooding attack)
ㄷ. 티어드롭 공격(teardrop attack)
ㄹ. HTTP GET 플로딩 공격(HTTP GET flooding attack)
ㅁ. 스머프 공격(smurf attack)
ㅂ. 죽음의 핑 공격(ping of death attack)

① 2개
② 3개
③ 4개
④ 5개

**해설**

ㄱ. 랜드 공격(×)
출발지와 목적지의 IP 주소가 동일한 TCP SYN 패킷을 전송하는 공격
ㄴ. SYN 플로딩 공격(×)
TCP의 3-way handshaking의 취약점을 이용한 공격으로, 대량의 TCP SYN 패킷을 전송
ㄷ. 티어드롭 공격(×)
IP 패킷의 Fragment Offset 필드를 조작하여 시스템을 마비시키는 공격
ㄹ. HTTP GET 플로딩 공격(×)
웹 서버에 대량의 HTTP GET 요청을 전송하여 자원을 고갈시키는 공격
ㅁ. 스머프 공격(O)
ICMP 에코 요청 패킷을 브로드캐스트 주소로 전송하여 다수의 응답을 발생시키는 공격
ㅂ. 죽음의 핑 공격(O)
비정상적으로 큰 크기의 ICMP 패킷을 전송하여 시스템을 마비시키는 공격

Answer ①

## 41  악성코드에 대한 설명으로 옳지 않은 것은?  2021 국회직 정보보호론

① Backdoor는 비인가된 접근을 허용하는 것으로 공격자가 사용자 인증 과정 등의 정상 절차를 거치지 않고 프로그램이나 시스템에 접근하도록 지원한다.
② Rootkit은 보안 관리자나 보안 시스템의 탐지를 피하면서 시스템을 제어하기 위해 공격자가 설치하는 악성파일이다.
③ Ransomware는 사용자의 파일을 암호화하여 사용자가 실행하거나 읽을 수 없도록 한 뒤 자료복구 대가로 돈을 요구한다.
④ Launcher는 Downloader나 Dropper 등으로 생성된 파일을 실행하는 기능을 가지고 있다.
⑤ Exploit은 악성코드에 감염되지 않았는데도 악성코드를 탐지했다고 겁을 주어 자사의 안티바이러스 제품으로 제거해야 한다는 식으로 구매를 유도한다.

**해설**
⑤ Exploit에 대한 설명이 잘못됨
 → 스케어웨어(Scareware)의 설명
 → Exploit은 시스템의 취약점을 이용하여 공격하는 프로그램

Answer ⑤

## 42  다음에서 설명하는 해킹 공격 방법은?  2018 국가직

> 공격자는 사용자의 합법적 도메인을 탈취하거나 도메인 네임 시스템(DNS) 또는 프락시 서버의 주소를 변조하여, 사용자가 진짜 사이트로 오인하여 접속하도록 유도한 후 개인정보를 훔친다.

① 스니핑(Sniffing)  
② 파밍(Pharming)  
③ 트로이 목마(Trojan Horse)  
④ 하이재킹(Hijacking)

> ✎해설
> ① 스니핑(Sniffing)
>   네트워크상의 데이터를 중간에서 도청
>   패킷을 가로채서 정보 탈취
> ② 파밍(Pharming)
>   DNS 정보나 호스트 파일을 변조
>   사용자를 가짜 사이트로 유도하여 정보 탈취
>   정상적인 도메인을 입력해도 가짜 사이트로 연결
> ③ 트로이 목마(Trojan Horse)
>   정상 프로그램으로 위장한 악성코드
>   설치 시 해커에게 시스템 제어권 제공
> ④ 하이재킹(Hijacking)
>   정상적인 세션을 가로채기
>   사용자 권한을 탈취하여 악용
>
> Answer ②

**43** 다음 중 자체적으로 실행되면서 네트워크를 통해 자신을 복제하고 전파할 수 있는 악성코드는?   2023 군무원 정보보호론

① 루트킷            ② 바이러스
③ 웜              ④ 트로이목마

> ✎해설
> ① **루트킷**: 시스템을 은밀히 제어하는 도구
> ② **바이러스**: 다른 프로그램에 감염되어 전파
> ④ **트로이목마**: 정상 프로그램으로 위장
>
> Answer ③

**44** 컴퓨터 바이러스에 대한 설명으로 옳지 않은 것은?   2014 국가직 정보보호론

① 트랩도어(Trapdoor)는 정상적인 인증 과정을 거치지 않고 프로그램에 접근하는 일종의 통로이다.
② 웜(Worm)은 네트워크 등의 연결을 통하여 자신의 복제품을 전파한다.
③ 트로이목마(Trojan Horse)는 정상적인 프로그램으로 가장한 악성프로그램이다.
④ 루트킷(Rootkit)은 감염된 시스템에서 활성화되어 다른 시스템을 공격하는 프로그램이다.

> **해설**
> ④ 루트킷에 대한 설명이 잘못됨
>   → 좀비 프로그램에 대한 설명임
>   → 루트킷은 악성프로그램을 은폐하고 지속적인 접근을 가능하게 하는 도구
>
> Answer ④

**45** 다음 중 랜섬웨어에 대한 설명으로 가장 옳지 않은 것은?  `2022 군무원 정보보호론`

① 인질의 몸값을 나타내는 'ransom'과 'software'의 합성어
② 파일 암호화로 피해자는 파일의 읽기 및 실행 불가
③ 백업과 같은 사전대비가 중요
④ 24시간 후 복호화는 가능하나 많은 양의 정보 손실 발생

> **해설**
> ④ 24시간 후 복호화는 가능하나 많은 양의 정보 손실 발생(×)
>   → 랜섬웨어는 몸값을 지불하지 않으면 복호화가 불가능
>   → 시간이 지난다고 자동으로 복호화되지 않음
>
> Answer ④

**46** Log4j 악성 코드에 대한 설명 및 대책 중 가장 옳지 않은 것은?  `2022 군무원 정보보호론`

① 최초 제로데이 취약점(CVE-2021-44228)이 발견된 이후에도 다수의 추가 취약점이 발견되었다.
② 다양한 제품에 패키지 형태로 내장된 프로그램이라 발견하기가 대단히 어렵다.
③ 제품 패치 이후에도 내부 중요 시스템에 전반적인 비정상 프로세스 여부 등 다양한 관점에서 점검이 필요하다.
④ 사용자가 많은 공개 소프트웨어는 검증된 것으로 인식하고 자유롭게 사용한다.

> **해설**
> ④ 사용자가 많은 공개 소프트웨어는 검증된 것으로 인식하고 자유롭게 사용한다.(×)
>   → 공개 소프트웨어도 취약점이 있을 수 있음
>   → Log4j 사례처럼 널리 사용되는 소프트웨어도 심각한 보안 취약점 발생 가능, 사용 전 보안성 검증이 필요
>
> Answer ④

## 09 정보보호 및 개인정보보호 관리체계

**47** 정보보호 관련 법률과 소관 행정기관을 잘못 짝 지은 것은? `2021 국가직 정보보호론`
① 「전자정부법」 – 행정안전부
② 「신용정보의 이용 및 보호에 관한 법률」 – 금융위원회
③ 「정보통신망 이용촉진 및 정보보호 등에 관한 법률」 – 개인정보보호위원회
④ 「정보통신기반 보호법」 – 과학기술정보통신부

> **해설**
> ③ 「정보통신망법」 – 개인정보보호위원회(×)
>   → 「정보통신망법」은 과학기술정보통신부 소관
>   → 개인정보보호위원회는 「개인정보 보호법」 담당
>
> Answer ③

**48** 「개인정보 보호법」상의 개인정보에 대한 설명으로 옳지 않은 것은? `2021 지방직 정보보호론`
① 개인정보 보호위원회의 위원 임기는 3년이다.
② 개인정보는 가명처리를 할 수 없다.
③ 개인정보 보호위원회의 위원은 대통령이 임명 또는 위촉한다.
④ 개인정보처리자는 개인정보파일의 운용을 위하여 다른 사람을 통하여 개인정보를 처리할 수 있다.

> **해설**
> ② 개인정보는 가명처리를 할 수 없다.(×)
>   → 2020년 2월 4일 법 개정되어 개인정보는 가명처리가 가능함
>   → 과학적 연구, 통계작성, 공익적 기록보존 등을 위해 가명처리 허용
>
> Answer ②

## 49 「개인정보 보호법」의 개인정보 보호 원칙으로 옳은 것의 총 개수는?

2021 계리직

ㄱ. 개인정보처리자는 개인정보의 처리 목적에 필요한 범위에서 개인정보의 정확성, 완전성 및 최신성이 보장되도록 하여야 한다.
ㄴ. 개인정보처리자는 개인정보의 처리 목적에 필요한 범위에서 적합하게 개인정보를 처리하여야 하며, 그 목적 외의 용도로 활용 하고자 하는 경우 개인정보 보호책임자의 동의를 받아야 한다.
ㄷ. 개인정보처리자는 개인정보 처리방법 등 개인정보의 처리에 관한 사항은 비공개하여야 하며, 열람청구권 등 정보주체의 권리를 보장하여야 한다.
ㄹ. 개인정보처리자는 개인정보를 가명 또는 익명으로 처리하여도 개인정보 수집목적을 달성할 수 있는 경우 가명처리가 가능한 경우에는 가명에 의하여, 가명처리로 목적을 달성할 수 없는 경우에는 익명에 의하여 처리될 수 있도록 하여야 한다.

① 1개  ② 2개
③ 3개  ④ 4개

### 해설

ㄴ. 개인정보처리자는 개인정보의 처리 목적에 필요한 범위에서 적합하게 개인정보를 처리하여야 하며, 그 목적 외의 용도로 활용 하고자 하는 경우 개인정보 보호책임자의 동의를 받아야 한다.(×)
→ 개인정보 보호책임자가 아닌 정보주체(개인)의 동의를 받아야 한다.
ㄷ. 개인정보처리자는 개인정보 처리방법 등 개인정보의 처리에 관한 사항은 비공개하여야 하며, 열람청구권 등 정보주체의 권리를 보장하여야 한다.(×)
→ 개인정보 처리방법은 공개가 원칙이며, 비공개가 아니다.
ㄹ. 개인정보처리자는 개인정보를 가명 또는 익명으로 처리하여도 개인정보 수집목적을 달성할 수 있는 경우 가명처리가 가능한 경우에는 가명에 의하여, 가명처리로 목적을 달성할 수 없는 경우에는 익명에 의하여 처리될 수 있도록 하여야 한다.(×)
→ 가명처리가 목적 달성에 적합한 경우 익명처리보다 우선하는 것이 아니다.

Answer ①

**50** 현재 운영되고 있는 정보보호 및 개인정보보호 관리체계(Personal Information & Information Security Management System)에 대한 설명으로 옳지 않은 것은? 2024 계리직

① 한국인터넷진흥원에서 제도운영 및 인증품질 관리, 인증심사원 양성, 금융 분야를 포함하여 인증 심사를 진행하고 있다.
② 보호대책 요구사항은 인적 보안, 외부자 보안, 물리보안, 접근통제, 암호화 적용, 사고 예방 및 대응 등의 내용으로 구성되어 있다.
③ ISMS-P 인증 심사를 받는 기관은 기관의 개인정보를 취급하는 모든 서비스에 대해 개인정보를 식별하고 흐름도 또는 흐름표를 작성해야 한다.
④ 정보보호 및 개인정보보호 관리체계는 침해위협에 효과적으로 대응하고 기관의 부담을 최소화하기 위하여 ISMS-P로 통합해 운영하고 있다.

> **해설**
> ① 한국인터넷진흥원에서 제도운영 및 인증품질 관리, 인증심사원 양성, 금융 분야를 포함하여 인증 심사를 진행하고 있다.(×)
>  → 금융 분야의 ISMS-P 인증은 금융보안원(FSI)이 담당하고 있으며, 한국인터넷진흥원(KISA)은 비금융 분야의 인증 심사를 담당한다.
>
> **Answer** ①

편저자 **김진수**
에듀윌 공무원 전산직, 계리직 강의
중등임용고시 전공 정보컴퓨터 강의
한국교원대 컴퓨터교육학 박사과정 수료
전. 경기도 교육청 소속 정보컴퓨터 교직(중등임용고시 합격)

편저자 **이정숙**
한국교원대 컴퓨터교육학 박사과정 수료
한국교원대 컴퓨터교육학과 강의

# 2025 (계리직) 김진수 컴퓨터일반 기출문제집

| | |
|---|---|
| 출간일 | 2025년 3월 10일 |
| 편저자 | 김진수, 이정숙 |
| 발행자 | 송소현 |
| 주 소 | (12248) 경기도 남양주시 다산순환로20, C동 668호 (다산동, 다산현대프리미어캠퍼스 지식산업센터) |
| e-mail | pnpedu01@naver.com |
| URL | https://blog.naver.com/pnpedu01 |
| ISBN | 979-11-989548-1-7 |
| 정 가 | 28,000원 |

저자와의
협의하에
인지생략

PERSON PEOPLE
PERSON PEOPLE EDUCATION
person & people
피앤피에듀(PNPEDU)

이 책의 저작권은 출판사에 있으므로 무단전재 또는 복제행위는 저작권법에 의해 처벌될 수 있습니다.
파본은 구입한 곳에서 교환해 드립니다.